C·H·Beck
PAPERBACK

Lesen 13.–18.08.18

Diktatoren des 20. Jahrhunderts

Herausgegeben von Thomas Schlemmer,
Andreas Wirsching und Hans Woller

Institut für
Zeitgeschichte
München–Berlin

Helmut Altrichter

STALIN

Der Herr des Terrors

C.H.Beck

Mit 14 Abbildungen

© Verlag C.H.Beck oHG, München 2018
Satz: C.H.Beck.Media.Solutions, Nördlingen
Druck und Bindung: Pustet, Regensburg
Umschlaggestaltung: Rothfos & Galber, Hamburg
Umschlagabbildung: © akg-images/Pictures From History
Gedruckt auf säurefreiem, alterungsbeständigem Papier
(hergestellt aus chlorfrei gebleichtem Zellstoff)
ISBN 978 3 406 71982 0
Printed in Germany

www.chbeck.de

Inhalt

Annäherungen 7

I. GORI – 6. DEZEMBER 1878
Soso – Herkunft und Schulzeit 17

II. TIFLIS – 13. JUNI 1907
Koba – der Sozialbandit 36

III. PETROGRAD – 26. OKTOBER 1917
Die Revolution – Stalins «Meisterstück»? 71

IV. ZARIZYN – 6. JUNI 1918
Der Volkskommissar im Bürgerkrieg 83

V. MOSKAU – 3. APRIL 1922
Der Generalsekretär 108

VI. GORKI – 21. JANUAR 1924
Der Nachfolger Lenins 130

VII. NOWOSIBIRSK – 18. JANUAR 1928
Der linke Revolutionär 159

VIII. MOSKAU – 31. JULI 1937
Der Staatsterrorist 191

IX. MOSKAU – 7. NOVEMBER 1941
Der Vaterländische Generalissimus 236

X. JALTA – FEBRUAR 1945
Zuchtmeister und Weltenlenker 271

XI. KUNZEWO – 5. MÄRZ 1953
Der Tod 300

Entstalinisierung und kein Ende 328

ANHANG
Danksagung 339
Bildnachweis 340
Quellen- und Literaturhinweise 341

Annäherungen

Sein langjähriger Schulfreund, Josseb Iremaschwili, nahm für sich in Anspruch, Stalins «Charaktereigenschaften mehr als jeder andere» zu kennen. Für ihn wurden die entscheidenden Weichen bereits in Stalins Kindheit gestellt. Schon in der Schule sei er die Niedertracht in Person gewesen. Man konnte mit ihm nur auskommen, wenn man sich «seinem befehlshaberischen Willen fügte». Die Natur vermochte ihn zwar «ehrlich [zu] begeistern», «Liebe zu lebenden Wesen» habe er aber nie gekannt: «Für Freud und Leid seiner Mitschüler hatte er schon als Kind nur ein sarkastisches Lächeln. Ich habe ihn nie weinen gesehen. Siegen und gefürchtet zu werden war ihm ein Triumph.»

Stalin habe nur einen Menschen geliebt und verehrt: seine Mutter, eine «fleißige, gute und gottesfürchtige Frau»; und am meisten gehasst habe er seinen Vater, der «durch sein Verhalten dem Kinde die Liebe zu Gott und den Menschen aus der Seele riß». Der Vater habe seinen spärlichen Verdienst als Schuster vertrunken und damit die Mutter zu nächtelanger Arbeit an der Nähmaschine gezwungen. Und über ihm selbst habe sich «tagaus, tagein der grimmige Jähzorn des Vaters [entladen]. Die unverdienten, furchtbaren Schläge machten den Knaben so hart und herzlos, wie der Vater selbst es war. Da alle Menschen, die über andere durch Kraft und Alter bestimmen und herrschen durften, ihm wie der Vater dünkten, lebte bald in ihm das Rachegefühl gegen alle Menschen auf, die sich über ihn stellten.»

In der Schule setzten sich die häuslichen Demütigungen fort: Es hagelte «Strafen, von denen auch der eifrigste, beste und artigste Schüler nicht verschont blieb. Schläge mit der Faust, mit dem Lineal und Stock waren wir von unseren ehemaligen [georgischen] Lehrern gewohnt. Wir nahmen sie hin und bemühten uns, uns tapfer damit abzufinden. Die russischen Lehrer aber verteilten ihre Schläge mit besonderer Wut. Zweifellos hielten sie uns Georgier überhaupt für Menschen niederer Kultur, denen die Segnungen der russischen Bildung nur mit Schlägen einzubleuen waren.» Erschienen die Schläge noch als «männlich», erregten besonderen Groll «feige und beleidigende Strafen wie ein ein- bis zweistündiges Knien auf kleinen Steinen mit nackten Beinen oder In-der-Ecke-Stehen mit dem Gesicht an die Wand. [...] Am gefürchtetsten war der Karzer, in den man uns bis in die späten Abendstunden ohne Essen und Trinken bei völliger Finsternis einschloß.»

Liegt in diesen Gewalterfahrungen und Kindheitstraumata tatsächlich ein Schlüssel zum Verständnis der Psyche des Diktators, seines Aufstiegs in der Russischen Sozialdemokratie, der Entstehung jenes nach ihm benannten «stalinistischen» Systems? Die Quellenlage ist schmal, Stalin hat nicht Tagebuch geführt, und Iremaschwili ist eine eher problematische Quelle. Seine Erinnerungen erschienen vier bis fünf Jahrzehnte nach jenen Beobachtungen und Vorgängen - und im Wissen um das Kommende. Und dass es «Hass» war, der den Autor zur Feder greifen ließ, räumt er unumwunden ein: Hass auf die Bolschewiki und auf den «Verräter der Heimat, Stalin», der lange Jahre sein Freund gewesen war; Hass darauf, dass sie der Unabhängigkeit Georgiens ein Ende gesetzt und das Land der Sowjetunion eingegliedert hatten; dass sie den Autor verhaftet, ins Gefängnis geworfen und schließlich nach Deutschland abgeschoben hatten.

Dass die späteren Verbrechen Stalins «letztendlich» auf die Psychopathologie seines Charakters zurückzuführen sind, ist schwer zu widerlegen; zu beweisen allerdings ebenso schwierig. In jedem Falle erklärt Stalins Psychopathologie weder seinen Aufstieg in der bolschewistischen Partei noch die Ziele und Folgen seiner Politik, allenfalls deren Mittel, die Russland und Europa tiefgreifend veränderten, nachhaltiger, als dies die Revolution 1917 getan hatte. Dass im Westen immer wieder auf die Erinnerungen Iremaschwilis als Quelle zurückgegriffen wurde, hatte mehrere Gründe: Sie kamen anscheinend «aus erster Hand», bestätigten das gängige Bild Stalins, und andere Zeitzeugnisse zum jungen Stalin fehlten. Zeitgenossen galt er, Anfang der 1920er Jahre zum «Generalsekretär» der Bolschewiki aufgestiegen, als «Mann ohne Biographie», und ihm selbst war es nicht unrecht, wenn es dabei blieb.

Als die regionalen Parteichefs von Georgien und Aserbaidschan (Lawrenti Berija und Mir Dschafar Bagirow) in den 1930er Jahren darangingen, in Vorbereitung auf Stalins 60. Geburtstag die weißen Flecken in dessen Lebensgeschichte zu tilgen, Historiker ausschwärmten, um für die geplante Biographie und Werkausgabe nach Spuren seines Lebens zu suchen, wieder andere sich auf die Suche nach Zeitzeugen machten, wurde vieles zusammengetragen. Wer wollte sich nicht an ihn erinnern, seine Bekanntschaft mit ihm zu Protokoll geben, seine Erinnerungen an ihn, seine Erlebnisse mit ihm schildern? Doch beim Generalsekretär stießen die Recherchen auf Skepsis. War es das eine oder andere Zeitungsartikelchen oder Gedicht wirklich wert, in den «Werken» publiziert zu werden? Und was von den «Erinnerungen», Geschichten und Legenden wirklich «wahr» war, hätte nur er selbst beurteilen können, wenn er sich die Zeit dafür genommen hätte. Nur ein Bruchteil davon wurde, selbstredend zensiert, gedruckt. Dass etwas in die vom Marx-Engels-Lenin-Institut 1939 herausgegebene offizielle Biographie «Stalin. Kurze Lebensbeschreibung» eingeflossen wäre, ist nicht ersichtlich. Deren Held war von der ersten Seite an «Stalin», der «Generalsekretär», der «Lehrer» und «Führer» (woschd), für *seine* Lebensgeschichte schien die Kindheit mit ihren Privatheiten und Kümmernissen keine einzige Seite wert.

Im Mittelpunkt sollte der große «Stalin» stehen, nicht jener kleine Iossif Dschugaschwili, als der er geboren worden war und über dessen Kindheit und Jugend es, so gesehen, kaum Bemerkenswertes zu berichten gab. Das heißt: nichts, was früh die spätere glanzvolle Karriere in Partei und Staat erahnen ließ; und manches, was nicht so recht zur späteren Karriere «passte» und daher «entbehrlich» schien. Dieser Dschugaschwili kam nicht aus der Hauptstadt, aus Sankt Petersburg oder Moskau, er wurde 1878 in Georgien geboren, ganz im Süden des Zarenreiches, das von der Ostsee bis zum Pazifik, vom Eismeer bis zum Schwarzen Meer und nach Mittelasien reichte. Georgien gehörte erst seit Anfang des 19. Jahrhunderts zum russischen Vielvölkerreich. Hier war man noch immer stolz auf die eigene Geschichte und Kultur und der Gegensatz zu allem «Russischen» weiterhin spürbar.

Iossif wuchs in ärmlichen Verhältnissen auf. Der Vater, früh dem Alkohol verfallen, musste seine Flickschusterei aufgeben und sich in einer Schuhfabrik verdingen. Für den kleinen Iossif war er nie ein Vorbild gewesen, auch in seiner «Arbeiterkarriere» nicht. Iossif kannte sein Leben lang Fabriken fast nur von außen. Die Grundlagen für den Aufstieg schuf die ehrgeizige Mutter: Sie schickte ihren Sohn, den sie «Soso» nannte, auf die kirchliche Schule in seiner Geburtsstadt Gori, er sollte Priester werden. Bevor er aufgenommen wurde, musste er Russisch lernen, das war die Unterrichtssprache; es kostete ihn zwei Jahre. Doch er war fleißig, ehrgeizig und stieg zum Klassenbesten auf. Nach vier Klassen Grundschule hatte er ein Bildungsniveau wie nicht viele seiner georgischen Landsleute.

Es war nur konsequent, dass seine Mutter danach den Übertritt ins Internat des Geistlichen Seminars in Tiflis betrieb. Das Seminar war eine angesehene höhere Bildungsanstalt für den geistlichen Nachwuchs der russisch-orthodoxen Kirche, das Curriculum ganz darauf zugeschnitten und die Disziplinarordnung streng. Hätte die Biographie zum 60. Geburtstag erwähnen sollen, dass Iossif sich dem zunächst fügte, auch im Pries-

Annäherungen 11

Stalins Geburtshaus in Gori – bevor seine georgischen Statthalter in den 1930er Jahren die Gebäude ringsum abreißen, die armselige Hütte aufhübschen, darüber ein tempelartiges Gebäude errichten und ringsum einen Park anlegen ließen. Sie gaben dem Ganzen ein herrschaftliches Aussehen, das nichts mehr mit dem ursprünglichen Zustand gemein hatte.

terseminar zur «guten» Hälfte der Klasse gehörte und sich im «Kirchengesang» besonders hervortrat? Unmöglich! Das Seminar, mitten im brodelnden Tiflis gelegen, war freilich nicht völlig abzuschirmen gegen die Probleme drum herum. Nicht wenige, die hier studierten, hatten andere Berufziele, empfanden den Lehrplan als viel zu eng, die Disziplinarordnung als lästig und den Umstand, dass die Schüler in ihrer Mehrzahl Georgier, die Lehrer russische Mönche waren, als nationale Diskriminierung.

Sie interessierten sich, was anderswo über Staat und Gesellschaft, Kirche und Religion geschrieben wurde; noch mehr als für die Kirche und ihre Vergangenheit, für die Gesellschaft und ihre Gegenwart, für die industriekapitalistische Entwicklung im Lande und seine industrielle Arbeiterschaft. Sie besorgten sich «verbotene» Literatur, freigeistige, russische und ins Russische übersetzte französische Gesellschaftsromane und politische Traktätchen und ließen sie unter den Mitschülern zirkulieren. Auch Iossif verdankte dem Seminar den ersten Kontakt mit der europäischen Moderne, ihren Gedankenspielen und kritischen Ideen, in ihrer nationalistischen wie in ihrer sozialistischen Spielart. Er wurde damit Teil einer aufmüpfigen Jugendbewegung, die gegen die zarische Autokratie, ihre kulturelle Verkrustung, ihre «Rückständigkeit», hier an der Peripherie auch gegen ihre engstirnige Russifizierungspolitik rebellierte. Sie beschäftigte ihn so sehr, dass er die Schule immer mehr vernachlässigte, in seinen Leistungen absackte, zu Prüfungen nicht erschien und das Seminar schließlich ohne Abschluss verließ. Dass er wegen «revolutionärer Tätigkeit» und marxistischer «Propaganda», wie später behauptet, relegiert worden wäre, ist nicht nachweisbar.

Folgt man den Ex-post-Stilisierungen, war Stalin zu dieser Zeit (1898/99) bereits «einer der energischsten und hervorragendsten Parteiarbeiter der Tifliser sozialdemokratischen Organisation». Er sei erfüllt «von grenzenlosem Glauben an das revolutionäre Genie Lenins» gewesen, niemals von dessen Weg abgewichen und habe dessen Werk nach Lenins Tod «kühn und sicher» fortgesetzt. Doch die Partei war im März 1898 erst gegründet worden, das Tifliser Parteikomitee gab es noch gar nicht (es wurde erst 1901 geschaffen), und der 2. Parteitag, auf dem sich die Anhänger Lenins, die Bolschewiki, spektakulär vom Rest der Partei (den Menschewiki) trennten, stand erst noch bevor. Er fand 1903 statt.

Was die Parteibiographie wie einen klaren Entschluss zum «Berufsrevolutionär» im Sinne Lenins darstellte, war wohl eher ein allmähliches Abgleiten des Schulabbrechers in die Subkultur. Er hatte sein altes Berufsziel erst aus den Augen verloren, dann sich davon abgewandt und sich Stück für Stück ein neues Missionsgebiet erschlossen, die Arbeiterbewegung: erst bei den Eisenbahnern in Tiflis; dann im westgeorgischen Batumi, einem neuen Exporthafen für Erdöl und Mangan am Schwarzen Meer; in Tschiatura, in der auch deutsche Konzerne seit den 1870er Jahren in großem Stile Mangan abbauten; und schließlich im aserbaidschanischen Baku, der Ölboomtown am Kaspischen Meer.

Für seine Untergrundaktivitäten hatte Dschugaschwili zunächst den Decknamen «Koba» gewählt, den Namen eines georgischen Romanhelden, eines aufrechten Georgiers im Kampf gegen die russischen Besatzer des Landes. Doch Dschugaschwili hatte Anschluss an Gruppen gefunden, die wie er ihren nationalen Befreiungskampf mittlerweile als Teil eines umfassenderen Projekts verstanden, der Befreiung der Unterdrückten und Entrechteten, der «Arbeiterklasse», im ganzen Lande und darüber hinaus.

Sie bekannten sich zur «Russländischen Sozialdemokratischen Arbeiterpartei», eher ein loser Dachverband von Gleichgesinnten als eine Partei im modernen Sinne. Im Grunde fehlte ihr ein ausformuliertes Programm ebenso wie eine flächendeckende Organisation, sie ließ den ihr beigetretenen Gruppen und Grüppchen ihre Handlungsfreiheit, mitunter gaben diese nicht einmal ihren alten Namen auf. Das galt auch für die Aktions- und Diskussionsgruppen in Tiflis, Batumi, Baku und anderswo in der transkaukasischen Provinz.

Selbst wenn Dschugaschwili nicht zur marxistischen Prominenz des Transkaukasus gehörte – da hatten die gesetzten Herren aus dem menschewistischen Lager das Sagen –, war Lenin auf seinen Aktionismus aufmerksam geworden. Zu diesem Aktionismus gehörte, dass kaukasische Gruppen die Parteikasse mit «Expropriationen», mit Erpressungen und Überfällen, füllten. Der spektakulärste Coup gelang ihnen im Juni 1907 mit einem Banküberfall in Tiflis, bei dem ihnen ein Millionenbetrag in die Hände fiel, den sie an die Parteiführung weiterleiteten. Auch das war nichts für die offizielle Biographie.

Im Dezember 1905 nahm Stalin, für Lenin: «der prächtige Georgier», an der bolschewistischen Konferenz im finnischen Tampere teil, im April 1906 am (4.) Parteitag in Stockholm, im Frühjahr 1907 am (5.) Parteitag in London. 1912 wurde er in das bolschewistische ZK kooptiert als einer, der, anders als Lenin und die engere Parteiführung, im Land geblieben war und nicht im westlichen Exil lebte. Zu diesem Zeitpunkt begann er bereits, den Namen «Stalin» zu führen; er war nun 34 Jahre alt. Bilder zeigen, wie aus «Soso», dem ehrgeizigen, verkniffenen Streber, «Koba», der kaukasische Sozialrebell, geworden war, der mal mit Fünftagebart, schmissiger Haartolle und modischem Halstuch den jugendlichen Bohemien, mal mit Schnauzer, breitkrempigem Schlapphut und dunklem Mantel den unbürgerlichen Freigeist gab. Es waren prägende Jahre und Erfahrungen: für den Schusterjungen, der trotz Schulbildung ein Underdog geblieben war, der die bestehende Staats- und Gesellschaftsordnung hasste, den Adel und die Bourgeoisie und ihre Helfer und Helfershelfer. Dies alles war für seine spätere Karriere nicht weniger bedeutsam als die Kindheit und keineswegs bloße «Vorgeschichte», wie die offizielle Biographie suggerierte. Mit der Übernahme des Kampfnamens «Stalin» begann eine neue Phase seines Lebens, ohne dass dessen weiterer Fortgang absehbar gewesen wäre. Denn ohne den Ersten Weltkrieg und den Sturz des Zarismus – an beiden Ereignissen war er nicht beteiligt gewesen –, ohne die Oktoberrevolution und den nachfolgenden Bürgerkrieg hätte es jenen Stalin nicht gegeben, wie wir ihn aus der Geschichte kennen.

Die folgende Darstellung versucht, die beiden frühen Phasen seines Lebens als Ausgangspunkt zu nehmen und in den Kapiteln I und II etwas genauer zu betrachten, um sodann in den Kapiteln III bis VI nach den Bedingungen seines Aufstiegs in der Revolution und im Bürgerkrieg, als Generalsekretär der Partei und schließlich Nachfolger Lenins zu fragen, wobei beispielhaft jeweils ein Schlüsselereignis im Mittelpunkt stehen soll. Seine in den 1920er Jahren erworbene Machtbasis schuf die Voraussetzungen für seine neue «linke» Politik des forcierten Aufbaus der Schwerindustrie, die rücksichtslose Zwangskollektivierung der Landwirtschaft und die staatsterroristischen Säuberungswellen der 1930er Jahre samt ihren verheerenden Folgen für Staat, Wirtschaft und Gesellschaft, die in den Kapiteln VII und VIII dargelegt werden. Nie waren die Geschichte von Partei und Staat enger mit ihm, seiner Person und seiner Politik, verbunden als in diesen Jahren. Deren Geschichte, die Geschichte eines Gewaltregimes, war seine Geschichte und umgekehrt. Wie es der Sowjetunion gelang, den Zweiten Weltkrieg siegreich zu überstehen, zur Welt- und Atommacht aufzusteigen, wie Stalin es anschließend vermochte, sich das Verdienst daran selbst zuzuschreiben und sich als «Generalissimus» und «Weltenlenker» feiern zu lassen, behandeln die Kapitel IX und X. Der Krieg und dessen Ergebnisse bestärkten ihn in dem Entschluss, im Inneren an seinem repressiven Kurs festzuhalten und seinen «Führungsstil» beizubehalten: Unter der Vorgabe des Aufbaus und der Absicherung des Sozialismus nach innen und nach außen wurde weiterhin eine Politik betrieben, die trotz ihres Schlingerkurses für sich in Anspruch nahm, gradlinig und alternativlos zu sein, und vor allem dem eigenen Machterhalt diente, ohne nach den Folgen für die Bevölkerung zu fragen und ohne ihren erbarmungslosen Mitteleinsatz in Frage zu stellen. Je älter Stalin wurde, desto mehr versteinerte seine Politik zu einer persönlichen Diktatur, vor deren generellem Misstrauen auch die engsten Mitarbeiter nicht mehr sicher waren.

Insofern bedeutete sein Tod auch für sie eine Befreiung von der tagtäglichen Angst; ein Reformprogramm, ein «Tauwetter» folgte. Doch da die Distanzierung der Nachfolger von der Vergangenheit, der sie viel zu verdanken hatten, weder die «revolutionären Errungenschaften» noch den Monopolanspruch der Partei auf die Macht gefährden durfte, blieb die Abrechnung halbherzig. Sie wurde nicht zur Abrechnung mit dem «Stalinismus» als System, sondern nur mit Stalin als Person. Kein Wunder, dass er Teil der kollektiven Erinnerung blieb: als «Generalissimus» und «Weltenlenker», selbst nach dem Zerfall des sowjetischen Imperiums oder gerade deshalb.

I. GORI – 6. DEZEMBER 1878

Soso – Herkunft und Schulzeit

«Iossif (so die russische Namensform) Wissarionowitsch Stalin (Dschugaschwili) wurde am 21. Dezember 1879 in der Stadt Gori, Gouvernement Tiflis, geboren.» So stand es 1939 in der offiziellen Biographie, ähnlich in der Großen Sowjetenzyklopädie und allen sowjetischen Nachschlagewerken. Doch das wirkliche Geburtsdatum war der 6. Dezember 1878. Warum sich Stalin ein Jahr jünger machte, ist nicht ersichtlich. Bei Verhaftungen durch die zarische Geheimpolizei, auch bei anderen Gelegenheiten hatte er immer wieder unterschiedliche Altersangaben gemacht und sich erst in den 1920er Jahren auf das neue Datum festgelegt.

Gori war eine Kleinstadt mit sieben- bis achttausend Einwohnern, 76 Kilometer nordwestlich von Tiflis, am linken Ufer der Kura, dem größten Fluss Transkaukasiens, der das Gebiet in westöstlicher Richtung durchfließt und ins Kaspische Meer mündet. Gori war eine Stadt mit Geschichte, davon zeugte die mächtige mittelalterliche Burganlage. Burg und Stadt hatten wechselnde Herren erlebt, die um die Vorherrschaft in Transkaukasien stritten. Seit der zweiten Hälfte des 18. Jahrhunderts bemühten sich georgische Fürsten um Russland als Schutzmacht. Was sie damit erreichten, war die Eingliederung ihrer Länder in das Russische Reich. Die formelle Annexion Ostgeorgiens (mit der Hauptstadt Tiflis) samt der Abschaffung seines Königshauses erfolgte 1801. Ihr schloss sich die Eroberung der westlichen Gebiete (Imeretien und Gurien, Mingrelien, Swanetien und Abchasien) an, in einem Prozess, der sich bis in die zweite Hälfte des 19. Jahrhunderts hinzog.

Mit der Eingliederung in das Russische Reich gingen die georgischen Königs- und Fürstenhäuser ihres Thrones verlustig, auch die georgische Kirche verlor ihre Selbständigkeit und wurde Teil der russisch-orthodoxen Kirche. Nach russischem Muster wurde das Land neu gegliedert und in Landkreise und Gouvernements eingeteilt. Neben dem stehenden Heer brachte die neue Zentralmacht auch ein sitzendes Heer von Beamten mit. An ihrer Spitze stand ein russischer Oberkommandierender, später ein Statthalter des Zaren. Doch man war in Sankt Petersburg klug genug, den georgischen Adel in seinen Besitz- und Herrschaftsrechten zu bestätigen, ja zu stärken, die überkommenen persönlichen Abhängigkeitsverhältnisse innerhalb des Adels abzubauen und seine starke interne Hierarchisierung zu überwinden. Man machte aus ihm einen «Stand», der den neuen Staat mittragen und damit zugleich dem Widerstand gegen ihn die Spitze nehmen sollte.

Dies scheint auch gelungen zu sein. Die Akte offener Rebellion, zu denen es zuvor immer wieder gekommen war, ließen seit der Jahrhundertmitte nach, selbst wenn sie in der Erinnerungskultur des Landes fortlebten und im neuentdeckten georgischen Stolz auf die eigene Sprache, Kultur und Geschichte Auftrieb erhielten. Die Protagonisten des neuen Stolzes entstammten den gleichen adeligen Schichten, die schon die Rebellionen der 1820er und 30er Jahre getragen hatten. Sie rebellierten nun mit der Feder, als Schriftsteller, Wissenschaftler, Poeten, Publizisten. Sie wurden zu Leitfiguren einer georgischen Nationalbewegung. Sie wollten die romantische Erinnerung an das Verlorene lebendig erhalten, setzten sich gegen das Russische als Amtssprache zur Wehr, gegen die Russen, die Armee und Verwaltung dominierten – und bald auch gegen die Armenier, die in Georgien seit jeher im Handel und Gewerbe das Sagen hatten.

Dass die Rebellen in der Regel Russisch sprachen, nicht wenige in Sankt Petersburg oder Moskau studiert hatten, manche sogar einen wichtigen Posten im Militär oder in der Verwaltung bekleideten, stand dazu nur scheinbar im Widerspruch. Die russische Herrschaft hielt nicht nur dazu an, sich selbst zu sehen und zu definieren, sie animierte auch zum Vergleich mit den geistigen und kulturellen Entwicklungen Russlands und Westeuropas und dazu, die dabei gewonnenen Einsichten an die eigenen Landsleute weiterzugeben. Von ihnen lebten noch immer weit über 80 Prozent auf dem Dorf, sie waren in der Landwirtschaft tätig und konnten weder lesen noch schreiben, und nur eine kleine Minderheit war des Russischen mächtig.

Doch die Welt war auch in Gori in Bewegung geraten. So war Iossifs Vater, Wissarion Iwanowitsch Dschugaschwili, aus dem Dorf Didi Lilo über Tiflis nach Gori zugewandert, die Mutter Jekatarina Georgjewna Geladse kam aus dem Dorf Gambareuli. Jekatarina war eine russifizierte Form ihres Vornamens, auf Georgisch hieß sie Ketewan oder kurz Keke, so wie der Vater eigentlich Bessarion hieß oder kurz Beso gerufen wurde. Beide stammten aus Familien von Leibeigenen, die erst 1864 persönlich frei wurden. Dem Stand nach blieb Wissarion «Bauer aus Didi Lilo», obwohl er nie dorthin zurückkehrte und sich, nach einer Zwischenstation in Tiflis, in Gori als Schuster versuchte. Mitunter wird später auch der Sohn behaupten, «bäuerlicher Herkunft» zu sein, was allerdings nur wenig Realitätsbezug hatte. Der Zuzug vom Lande änderte in Gori die ethnische Zusammensetzung der Bevölkerung: Georgier stellten hier inzwischen die Mehrheit, 1897 fast zwei Drittel der Bevölkerung (gefolgt von 20 Prozent Armeniern und etwa zehn Prozent Russen).

Wenn es stimmt, dass Keke Geladse 1858 geboren war, war sie 16, als sie 1874 Beso Dschugaschwili heiratete. Im Jahr darauf gebar sie einen Sohn, der jedoch ebenso im Säuglingsalter verstarb wie der zweite Sohn zwei Jahre darauf. Erst der dritte Sohn (georg. Josseb/russ. Iossif) überlebte und wuchs als Einzelkind auf, umsorgt von seiner Mutter, die ihn mit dem Kosenamen

«Soso» (oder «Soselo») rief. Iossif überstand eine ganze Reihe von Kinderkrankheiten, Anfang der 1880er Jahre sogar eine Pockenepidemie, die in Gori grassierte, viele Kinder in der Nachbarschaft dahinraffte und auch ihn fürs Leben zeichnete – für Freund und Feind zum «Pockennarbigen» machte.

Die Familie bewohnte ein kleines, etwas windschiefes, außen unverputztes Haus, das im Innern einen gestampften Fußboden hatte und nur aus einem einzigen kleinen Raum (von neun bis zehn Quadratmetern) bestand, Wohn-, Ess- und Schlafzimmer zugleich, dessen Kelleranbau der Vater als Werkstatt nutzte. Mit den Soldaten der nahen Garnison als Kunden scheint er dabei zunächst durchaus Erfolg gehabt zu haben; er konnte Mitarbeiter einstellen. Ob der Rückgang der Nachfrage damit zusammenhing, dass das traditionelle Schuhwerk, das Beso herstellte, aus der Mode kam, man nach anderen, modernen, europäischen Schuhen verlangte, ob Beso auf Dauer mit den aufkommenden Manufakturen und Schuhfabriken nicht konkurrieren konnte, die den Markt zu beherrschen begannen, ob er aus diesem Grund zur Flasche griff oder die Kausalitätskette gerade andersherum verlief, ist nicht zu ermitteln.

Ebenso wenig, ob deshalb Keke hinzuverdienen musste, als Zugehfrau beim Nachbarn, beim wohlhabenden Weinhändler Jakow Egnatischwili, der einst Stadtmeister im Ringen gewesen war; beim Polizeichef Damian Dawrischewi; und bei Vater Kristopore Tscharkwiani von der Pfarrkirche. Es gab Gerüchte, dass die Beziehungen zu diesen illustren Herren mehr waren als nur Geschäftbeziehungen. Sogar Mutmaßungen, dass nicht Beso, sondern Egnatischwili (oder auch Dawrischewi) der eigentliche leibliche Vater Sosos gewesen sei (obwohl nach anderen Aussagen Soso Beso wie aus dem Gesicht geschnitten war). Keke war eine hübsche, von jeher lebenslustige, in den 1870er Jahren noch immer junge und attraktive Frau. Hatte sie einfach erkannt, dass mit dem betrunkenen Ehemann nicht mehr zu rechnen war, dass man, um sich zu behaupten und vorwärtszukommen, Netzwerke brauchte, wie bei den gutswirtschaftlichen Großfamilien auf dem Dorfe? Und hatte Beso gemerkt, dass er mit den genannten Herren nicht konkurrieren konnte und für ihn in Gori kein Platz mehr war? Jedenfalls verließ er Gori 1884, der kleine Soso war kaum sechs Jahre alt, und ging in die Adelchanow'sche Lederfabrik nach Tiflis.

Dass sich zuvor die wachsenden innerfamiliären Spannungen immer wieder in Gewaltexzessen entladen hatten, erscheint durchaus glaubhaft; und dass der überforderte Vater seine Wut nicht selten am Sohn ausließ, darauf deuteten die zitierten Äußerungen des Jugendfreundes hin. Unterstellt, dieser konnte sich wirklich daran erinnern (denn im gleichen Jahr geboren wie Soso, wäre auch er damals erst fünf oder sechs Jahre alt gewesen), wären sie ein Hinweis darauf, dass ihre Brutalität noch deutlich das Maß an alltäglicher Gewalt überstieg, das die Gesellschaft tolerierte, ja als «normal» empfand. Denn dass zur Erziehung auch harte körperliche Strafen gehörten, wurde von niemandem bestritten. Wenn Stalin später seiner Tochter erzählte, auch die Mutter habe ihn gelegentlich verprügelt, galt ihm das als «normal», eher als Ausweis ihrer Tatkraft denn als Vorwurf. So wie es als «normal» galt, wenn die Buben ihre Kräfte maßen und sich so ihren Rang in der Straßenbande und in der Klassengemeinschaft «erkämpften» (wovon in den Erinnerungen ebenfalls die Rede ist, mit dem Hinweis, dass der eher kleine und schmale Stalin mit allen, auch unfairen Mitteln versucht habe, sich als Stärkster zu beweisen).

Zu den jährlichen städtischen Festivitäten gehörte, dass man in der Osterzeit die Vertreibung der Perser aus der Stadt (im Jahr 1634) nachspielte, wobei zwei Gruppen (von tausend und mehr Faustkämpfern), getrennt nach ethnischer Zugehörigkeit, aufeinander einschlugen. Die Jugendlichen machten den Anfang, bis alles in einer Massenkeilerei und einem gemeinsamen Fest endete. Es gab Stadtmeisterschaften im traditionellen georgischen Ringkampf («Tschidaoba»), wofür schon die Kinder trainierten (und Soso war feste mit dabei); schließlich war Nachbar Egnatischwili in seiner Jugend darin Stadtmeister gewesen, was noch immer zu seiner Reputation beitrug. Gesellschaftliche Randale mit Ventilfunktion – das erinnerte an frühneuzeitliche Straßenfeste in Westeuropa ebenso wie an dörfliche Kirchweihbräuche in Russland. Schließlich fand man in Gori offenkundig auch nichts dabei, dass zwei ossetische Bauern, die man der Räuberei bezichtigte, öffentlich hingerichtet wurden und auch Halbwüchsige (wie Soso Dschugaschwili und sein Freund) dabei zusahen.

Damit sollen die Kinderjahre Soso Dschugaschwilis keineswegs folklorisiert und verniedlicht werden. Es waren für ihn bittere Zeiten. Zu den ernsten, nur mit Mühe überstandenen Kinderkrankheiten, die buchstäblich tiefe Narben hinterließen, zu den zerrütteten Familienverhältnissen und häuslicher Gewalt kam, dass Mutter und Sohn nach dem Weggang des Vaters auch noch das kleine Häuschen räumen mussten. Sie zogen in den nächsten Jahren immer wieder um, auf steter Suche nach einer billigeren Bleibe, weil das von der Mutter als Zugehfrau verdiente Geld hinten und vorne nicht reichte. Obendrein hatte Soso (im Alter von sechs) noch einen Verkehrsunfall mit einem Pferdewagen; wenige Jahre später stieß er erneut mit einem ähnlichen Gefährt zusammen, wobei er irgendwie unter die Räder geriet. Was auf den ersten, was auf den zweiten Unfall zurückzuführen war, ist unklar; jedenfalls hinterließen sie Dauerschäden am linken Ellbogen und einen verkürzten linken Arm.

Vater und Mutter hatten nie eine Schule besucht. Trotzdem sprach Beso neben Georgisch etwas Armenisch, Türkisch und Russisch; und Keke hatte etwas Schreiben und Lesen gelernt. Sie war es wohl auch, die sich in den Kopf gesetzt hatte, dass ihr Sohn eine Schulbildung brauchte und Priester werden sollte. Sie hatte sich dafür die kirchliche Grundschule in Gori ausgeguckt, deren Schüler normalerweise aus besser gestellten Familien kamen, zumal die Schule Schulgeld verlangte. Mit der Fürsprache von Vater Tscharkwiani gelang es, diese Hürde zu nehmen. Doch Soso musste erst noch Russisch lernen, bevor er im Herbst 1888 in die Vorbereitungsklasse, 1889 in die vierklassige Grundschule aufgenommen wurde. Noch einmal trat der Vater in sein Leben, als er ihn aus der Schule holte und in die Lederfabrik mit nach Tiflis nahm. Es war das einzige Mal, dass der spätere «Arbeiterführer» eine Fabrik von innen sah, den Gestank in einer Gerberei erlebte, die langen Arbeitszeiten, die kümmerlichen Löhne. Seine Fabrikerfahrungen blieben Episode. Er dürfte froh gewesen sein, dass ihn die Mutter dank ihrer Beziehungen zur Kirche wieder herausholte.

Bei seiner Einschulung war Soso (mit zehn, elf Jahren) bereits deutlich älter als seine Mitschüler. Er lernte gern und schnell und erwarb sich den Ruf eines Bücherwurms, der ihm auch später blieb. Da der Vater nicht zahlte und das Schulgeld ausblieb, wurde er vorübergehend von der Schule ausgeschlossen. Egnatischwili, inzwischen eine Art Ersatzvater, half, den finanziellen Engpass zu überwinden. Nach seinem Ausflug in die Fabrik holte Soso das Versäumte mit großem Eifer nach. Er sang im Schulchor, trug in der Kirche Psalter und geistliche Gesänge vor, in seiner Freizeit russische und georgische Volkslieder. Er stieg zum Klassenbesten auf und bekam ab dem dritten Schuljahr ein Stipendium, das auch für die vierte Klasse galt. So konnte Soso die Grundschule beenden. Ein gewaltiger Aufstieg für den Sohn eines kleinen Schusters, dessen Vater noch Leibeigener gewesen war. Nicht einmal jeder zehnte Georgier hatte um die Jahrhundertwende eine vergleichbare schulische Bildung. Soso hatte seine Herkunft hinter sich gelassen, er sah seinen Vater niemals wieder; Beso starb verarmt, vermutlich 1909.

Soso hätte in Gori bleiben und aufs Transkaukasische Lehrerseminar wechseln können. Doch als Jahrgangsbester traute er sich – oder war einmal mehr die Mutter die treibende Kraft? – mehr zu: Er bewarb sich beim Geistlichen Seminar in Tiflis und bestand die Aufnahmeprüfung. Das war ein gewaltiger Schritt. Zwar lag auch Tiflis an der Kura, zwischen beiden Städten gab es eine Eisenbahnverbindung, und die Entfernung betrug nicht einmal 80 Kilometer. Doch beide Städte trennten Welten. Gori war eine Kleinstadt, Tiflis mit rd. 160000 Einwohnern (1897) fast zwanzigmal so groß, eine quirlige, bunte, multikulturelle Handelsmetropole auf dem Weg zwischen Schwarzem Meer, Kaspischem Meer und weiter nach Persien, zwischen Armenischem Hochland, dem Kaukasus und weiter im Norden Russland. Malerisch zwischen Bergketten in einem Talkessel gelegen, den sich die Kura gegraben hatte, zerfiel die Stadt in mehrere unterschiedlich geprägte Bezirke, deren Lage zugleich etwas über die neuere Geschichte der Stadt und die Geographie der Macht erzählte. Das Stadtzentrum war russisch und lag am neuen Prachtboulevard, dem Golowin-Prospekt. Hier standen der Palast des Statthalters aus den 1860er Jahren, das Erste Knabengymnasium, die Garnisonskirche und die Staatsbank. Gegenüber befanden sich die Kommandantur, eine öffentliche Bibliothek und das kaukasische Museum. Hier lagen auch ein Theater, vornehme Geschäfte und große Hotels. Den Mittelpunkt bildete ein großer öffentlicher Park (der Alexandergarten), der bei der Neuplanung des Zentrums (in den 1860er Jahren) zwischen Boulevard und Kura angelegt worden war, in ihm hatte man eine Nikolaus- und eine Alexander-Newski-Kapelle errichtet und an der Boulevardseite des Parkes ein Historisches Militärmuseum, das die Eroberung des Kaukasus durch Russland zum Gegenstand hatte. Zum «russischen Tiflis» wären schließlich auch die nicht wenigen Kasernen zu rechnen, die sich über das gesamte Stadtgebiet verteilten. 1801, als die Stadt russisch wurde, noch kaum vorhanden, waren Ende des Jahrhunderts die rd. 45000 Russen die zweitgrößte Bevölkerungsgruppe in der Stadt und diejenige mit dem größten Zuwachs.

Südöstlich an das russische Viertel schloss sich das Tiflis der Basare und Karawansereien, von Handel und Kleingewerbe an, mit den offenen Werkstätten der Gold- und Waffenschmiede, den Kramläden, Garküchen und Bäckereien, mit den engen, steilen Gassen und den treppenartig aufsteigenden Häusern, ein «buntes Gedränge von Tieren und Menschen, Fußgängern, Reitern und Lastwagen». Hier sah man «mohammedanische Frauen», die sich nur verschleiert auf der Straße zeigten, «grusinische Verkäufer von Gemüse, Früchten und Fischen, mit großen, flachen Holzschüsseln auf dem Kopf», «Perser in langen Kaftanen, öfter mit rotgefärbtem Haar und ebensolchen Fingernägeln», «tatarische [türkischsprachige] Seïds und Mollahs in wallenden Gewändern mit grünem oder weißem Turban», die «glattgeschorenen Tataren in zerlumpter Kleidung mit einem langen Dolch am Gurt» und «bewaffnete Vertreter verschiedener Bergvölker in der kleidsamen Tscherkeßka» (so war es in Baedecker's «Russland» nachzulesen).

Wie diese Beschreibung schon ahnen lässt, waren Handel und Gewerbe in Tiflis weitgehend vorindustriell geblieben – und noch immer gaben dabei Armenier den Ton an. Sie besaßen einen Großteil der Kleinbetriebe und Karawansereien, lieferten die Rohstoffe, sorgten für den Absatz, beherrschten die Zusammenschlüsse der Handel- und Gewerbetreibenden (Gilden), bestimmten die Geschicke der Stadt im Rathaus entscheidend mit und wohnten, wenn sie es sich leisten konnten, vorwiegend in einem Stadtbezirk, der sich südwestlich an das russische Zentrum anschloss. Tarifreformen, die Einschränkung der Macht der gewerblichen Verbünde und die Abschaffung der Handelsgilden hatten ihnen die wirtschaftliche Dominanz nicht zu nehmen vermocht. Der demographische Wandel in der Stadt war freilich nicht zu übersehen: Waren 1801 noch drei Viertel der Bevölkerung Armenier gewesen, so waren es Ende des Jahrhunderts nur noch knapp 30 Prozent. Damit waren sie freilich noch immer die größte Bevölkerungsgruppe.

Selbst wenn die Georgier Tiflis seit jeher als ihre Hauptstadt betrachteten, hatten sie 1801 nur ein knappes Viertel der Bevölkerung gestellt, und Ende des Jahrhunderts war ihr Anteil kaum höher. Von den Mitgliedern ihres Adels abgesehen, hatten sie weder in die armenische Domäne von Handel und Gewerbe noch in die von Russen dominierten Militär- und Verwaltungsränge vorzudringen vermocht. Dass der zitierte Reiseführer auf den «grusinischen» Straßenverkäufer verwies, der seine wenigen agrarischen Produkte auf dem Kopf trug und dabei als Ausstattung nur eine flache Holzschüssel brauchte, bestätigt diesen Befund auf seine Weise, Sosos Vater, der seine Flickschusterei in Gori aufgab und in die Tifliser Lederfabrik wechselte, die bezeichnenderweise einem reichen Armenier gehörte, ebenso. Leder-, Textil- und Tabakverarbeitung gehörten zu jenen Gewerben in Tiflis, wo die Umstellung auf Manufakturbetrieb begonnen hatte, wo die Produktion keine allzu hohen Anforderungen an die Beschäftigten stellte und auch mit Zuwanderern aus dem ländlichen georgischen Umland zu bewerkstelligen war. Das galt auch für den Eisenbahnbau, für den viele Hände gebraucht und schlecht bezahlt wurden. In Tiflis gab es ein großes Depot und eine Reparaturwerkstätte. Die Wohnquartiere der Georgier lagen weiter ab vom Zentrum, im Südosten, jenseits der Kura.

Auch die Tataren, die Polen, die Juden, die Deutschen und die Perser hatten «eigene» Wohnbezirke. So bunt war Tiflis also, als Soso hier eintraf. Das Geistliche Seminar, ein langes, weißes, viergeschossiges Gebäude in klassizistischem Stil, lag mittendrin, nur wenige Blocks vom Golowin-Prospekt entfernt, wie es sich für eine so angesehene Bildungseinrichtung der russischorthodoxen Kirche gehörte. Es grenzte auf der anderen Seite zugleich an die Welt der Basare.

Doch bevor Soso diese Umwelt aufnehmen konnte und sie ihn, musste er sich erst im Geistlichen Seminar zurechtfinden. Es fiel ihm schwer, selbst wenn mehrere Klassenkameraden mit ihm nach Tiflis wechselten. Es fehlte die Mutter, die bisher immer für ihn da gewesen war. Und anders als in Gori, wo er über einen erheblichen Teil seiner Zeit frei verfügen und mit Freunden verbringen konnte, war hier der Tagesablauf streng geregelt. Auf das Wecken um sechs Uhr folgten Gebet und Unterricht,

Soso – Herkunft und Schulzeit

Die Mutter schickte Iossif (den sie «Soso» nannte) in die kirchliche Schule in Gori. Hier lernte er Russisch, was dort die Unterrichtssprache war – eine wichtige Voraussetzung für seine spätere «weltliche» Karriere. Der ehrgeizige Schüler stieg zum Klassenbesten auf. Obwohl er älter war als seine Klassenkameraden, gehörte er zu den Kleinsten, wie sehr er sich auch streckte, auf dem obigen Bild von 1892, in der Mitte der obersten Reihe einer Gruppe von Schülern, direkt über den Lehrern.

Andacht und Studium, dazwischen gab es knappe Essenszeiten, und so ging es bis zum Ausschalten des Lichts in den Schlafsälen abends um zehn Uhr. Kontrollgänge sollten verhindern, dass nach dem Löschen des Lichtes unter der Decke gelesen oder sonstige Dinge gemacht wurden. Zeit, das Gebäude zu verlassen, gab es nur zwischen dem Mittagessen um drei Uhr und der Nachmittagsandacht um fünf Uhr nach vorheriger Genehmigung.

Das Curriculum war anspruchsvoll. Nachdem Grundkenntnisse in Altem und Neuem Testament, Katechismus, liturgischem Gesang, Russisch und Altkirchenslawisch, Griechisch und anderem mehr bereits in Gori vermittelt worden waren, sollten diese Kenntnisse nun vertieft und erweitert werden. Auf dem sechsjährigen Studienplan standen Bibelexegese, Kirchengeschichte, Predigtlehre, Liturgie und Kirchengesang, aber auch geistes- und naturwissenschaftliche Fächer wie Russische Literatur und deren Geschichte, Russische Geschichte und Weltgeschichte, Algebra und Geometrie, Physik und Logik. Westliche Sprachen und Literaturen fehlten, wobei auch bei der russischen Literatur streng darauf gesehen wurde, dass nur die «richtigen» Schriftsteller gelesen und behandelt wurden. Unterrichtssprache war Russisch, die Seminaristen sollten auch im Hause nur Russisch, nicht Georgisch sprechen.

Es gab kritische Stimmen ehemaliger Zöglinge, die das Geistliche Seminar mit einer Kaserne verglichen und sein Fächerangebot als viel zu eng empfanden. Statt eines freien Geistes, «der die Jugend in Liebe und Verständnis erzog», habe es nur «militärische Disziplin» und eine «strenge, schematische Erziehung» gegeben, deren Aufgabe darin bestand, «getreue, russische Untertanen zu züchten». Wenn die Kritik sich auch auf das unentwegte Beten und die endlose Dauer des Gottesdienstes bezog, war offensichtlich, was der Kritiker eigentlich wollte: eine weltliche höhere Lehranstalt, eine georgische Hochschule oder Universität. Er stand mit dieser Vorstellung nicht allein und benannte damit Probleme, mit denen sich das Seminar seit geraumer Zeit konfrontiert sah. Das Geistliche Seminar galt seit längerem als «Problemschule».

Es war als Bildungsanstalt für den Priesternachwuchs, für die Söhne von georgischen und russischen Geistlichen gegründet worden. Weil der Ruf sehr gut war und auf das humanistische Knabengymnasium, schon wegen des höheren Schulgelds, nur die Kinder bessergestellter Schichten gingen, meldeten manche Eltern ihre Söhne am Geistlichen Seminar an, auch wenn diese nicht Geistliche werden wollten. Schließlich stand ihnen nach dem Abschluss auch eine Laufbahn als Dorfschullehrer offen;

oder sie nutzten die erworbenen Kenntnisse, um sich an einer Universität in Russland oder im westlichen Ausland zu bewerben. Ihre Erwartungen an das Seminar waren damit andere als beim Priesternachwuchs, wobei sich dieser Klärungsprozess mitunter erst während des Studiums ergab und sich mit einem wachsenden georgischen Selbstbewusstsein verband.

Eine neue («zweite») Generation der Nationalbewegung sah sich mit einer doppelten Herausforderung konfrontiert: Sie hatte sich einer Russifizierungspolitik zu erwehren, die die Anerkennung Georgiens als eigenständiges Gebiet und sogar das Wort «Georgien» (im Russischen: Grusia, Grusinien) tunlichst vermied (so gab es auch keine entsprechende Verwaltungseinheit). Ferner hatte sie auf die Entwicklung seit der Bauernbefreiung zu reagieren, die mit dem Wegfall bäuerlicher Arbeitskraft zu einer Krise der adeligen Gutswirtschaft geführt hatte. Zogen Angehörige des georgischen Adels (wie ihre bäuerlichen Landsleute) daraus die Konsequenz und wanderten in die Stadt ab, so fanden sie die wichtigsten Posten in der Verwaltung, im Militär, in Handel und Gewerbe bereits besetzt. So galt es, einerseits die georgische Sprache und das kulturelle Erbe weiterhin zu pflegen, was die von dem Schriftsteller, Journalisten und Juristen Ilia Tschawdschawadse 1877 gegründete Zeitschrift «Iveria» übernehmen sollte. Ein Jahr darauf gründete er zusammen mit dem Dichter und Schriftsteller Akaki Zereteli die «Gesellschaft zur Verbreitung der Lese- und Schreibfähigkeit unter den Georgiern». 1837 geboren, war Tschawdschawadse etwa gleichaltrig wie Zereteli und entstammte wie dieser einem georgischen Fürstengeschlecht. Andererseits ging es aber nicht mehr nur um den nostalgischen Rückblick, sondern um die Gegenwart, ja die Zukunft, sei es, dass man diese (mit Blick auf den Adel) in einem liberalen Industriekapitalismus ausmachte, sei es, dass man die Bauern als eigentliche Adressaten sah und wie die russischen «Volkstümler» (die Narodniki) einer «populistischen» Richtung zuneigte.

Die daraus resultierenden Konflikte schlugen auch auf das Geistliche Seminar durch, sie machten es – aus Sicht der Schulleitung – zu einer Brutstätte des Radikalismus. Die Mehrzahl der Schüler waren Georgier, die Mehrzahl der Lehrerschaft russische Mönche, auch der Rektor. Mit der Begründung, dass die Liturgie in Russisch abgehalten, die heiligen Texte in Altkirchenslawisch verlesen werden sollten, waren in den 1870er Jahren Georgisch und Georgische Geschichte aus dem Fächerkanon gestrichen worden. Da hinter dieser Entscheidung nicht nur «praktische» Gründe steckten, wurde sie zum Gegenstand eines Dauerkonflikts. Schüler bildeten geheime Zirkel, produzierten illegale Zeitungen und lieferten der Auseinandersetzung immer neue Nahrung. Zwischen 1874 und 1878 waren 83 Schüler wegen «Unzuverlässigkeit» der Schule verwiesen worden. 1885 griff ein Zirkelmitglied (Silvester Dschibladse) den Rektor an, schlug ihm ins Gesicht, weil er Georgisch eine «Hundesprache» genannt hatte – im Folgejahr erstach ein anderer Schüler den Rektor mit einem kaukasischen Dolch. Immer wieder kam es zu Schülerdemonstrationen und -streiks, die sich gegen die Lebensbedingungen im Seminar, gegen die eiserne Schuldisziplin, gegen das kärgliche Essen in der Fastenzeit und gegen die Dominanz des Russischen richteten. Die Schulleitung antwortete auf die Proteste mit Relegationen. Zuletzt war das im Dezember 1893 geschehen. Man hatte danach die Schule geschlossen und erst im Herbst 1894 wiedereröffnet – zum gleichen Zeitpunkt, als Soso Dschugaschwili nach Tiflis kam.

Doch von all dem war Iossif noch weit weg. Er wollte in Tiflis seine schulische Karriere fortsetzen - und hatte andere Sorgen. Er hatte als Jahrgangsbester aus Gori darauf gehofft, von allen Kosten freigestellt zu werden. Doch das Seminar erließ ihm nur die Kosten für Unterbringung und Verpflegung, nicht aber das Schulgeld, das von der Mutter allein nicht aufgebracht werden konnte. Es war erneut der reiche Nachbar (Egnatischwili), der einsprang. Alles deutet darauf hin, dass Iossif auch in Tiflis fleißig zu studieren begann und die in ihn gesetzten Erwartungen nicht enttäuschen wollte. Ganz so leicht wie in Gori fiel ihm das aber nicht mehr. Herausragend war er offensichtlich nur im Kirchengesang (wofür er die Höchstnote, im Russischen eine «Fünf», erhielt). Immerhin rangierte er mit seinen Leistungen im vorderen Drittel der Klasse, er bekam am Ende des ersten Schuljahrs das achtbeste Zeugnis (von 29) und rückte im zweiten Schuljahr sogar auf Platz fünf vor. Erst ab der dritten Klasse (Iossif war inzwischen fast 18, älter als die meisten in der Klasse) fielen die Leistungen deutlich ab. Am Ende dieses Schuljahrs war er nur noch Sechzehnter (von 24), ein gutes Jahr später unter den Schlusslichtern (Zwanzigster von 23), unter den «Kamtschatkaern», wie man die aus den letzten Reihen des Klassenzimmers spöttisch nannte.

Iossif war nun nicht mehr der eifrige Schüler und etwas unbedarfte Raufbold aus der Provinz. Er hatte sich anstecken lassen von den internen Konflikten, die das Seminar seit geraumer Zeit in Atem hielten. Der hartnäckige Versuch, sie zu unterdrücken, befeuerte sie nur. So durchlief Iossif in wenigen Jahren jene Entwicklung, für die die georgische Intelligenzia mehrere Generationen gebraucht hatte. Auch er scheint hier sein Georgiertum entdeckt zu haben, den Stolz auf seine Geschichte und seine Literatur, die auf Schota Rustawelis Volksepos «Der Recke im Tigerfell» aus dem 12. Jahrhundert zurückreichte. Einiges hatte er davon schon in Gori kennengelernt, nun setzte er die Lektüre fort, ja begann selbst, in georgischer Sprache Verse zu schreiben. 1895 wurden mehrere seiner Gedichte in Ilia Tschawdschawadses Zeitschrift «Iveria» (unter dem Pseudonym «Soselo») veröffentlicht, wovon die Schulleitung natürlich nichts wissen durfte.

Über die von Tschawdschadses Gesellschaft herausgegebene Billige Buchreihe, im Antiquariat oder in der öffentlichen Bibliothek besorgte man sich auch russische Gegenwartsliteratur (Tolstoi, Dostojewski, Tschechow, Gogol) sowie französische Gesellschaftsromane in russischer Übersetzung (Victor Hugo,

Zola, Balzac); zur Schullektüre gehörten sie nicht. Noch schlimmer war es, mit Ernst Renans bibelkritischem «Leben Jesu» erwischt zu werden. Der Autor, der ursprünglich selbst Priester werden sollte und Professor am Collège de France war, hatte damit (1863) einen Sensationserfolg erzielt. Rasch in viele Sprachen übersetzt, war das Buch von der russisch-orthodoxen Kirche als «höchst gefährlich» auf den Index gesetzt worden. Auch Darwins Werke rangierten unter dieser Kategorie, was sie für manche Seminaristen erst recht interessant machte. Sie wurden insgeheim gelesen und diskutiert. Die Schulleitung reagierte auf diese skandalösen Zustände mit überfallartigen Kontrollen der Schlafräume und Schränke, was im Endeffekt aber nur das Klima weiter vergiftete. Auch Iossif wurde mehrmals «auffällig», was ihm neben entsprechenden Vermerken eine Privatfehde mit dem Oberkontrolleur, Vater Dmitri, eintrug, der eigentlich Georgier war und von Iossif im Zorn als «schwarzer Fleck» tituliert wurde.

Schon 1892 hatte ein ehemaliger Seminarzögling, Noj Schordania, der dem gurischen Landadel entstammte (also aus Westgeorgien kam), zusammen mit Nikolai Tschcheidse, Giorgi Zereteli, Silvester Dschibladse und weiteren Gesinnungsgenossen eine neue Organisation gebildet, die sich «Mesame-Dasi» («Dritte Gruppe») nannte und es sich zur Aufgabe machte, marxistische Ideen unter den georgischen Arbeitern zu verbreiten; Schordania hatte diese Gedankenwelt bei einem Aufenthalt in Warschau (das damals zum Zarenreich gehörte) kennengelernt. Die Gruppe gab die Zeitschrift «Kwali» (Die Furche) heraus. Selbstredend wurde man auch im Seminar auf sie aufmerksam. Die heftig diskutierten marxistischen Ideen hatten, auf Georgien übertragen, etwas Bestechendes. Selbst wenn noch immer an die 90 Prozent der Georgier auf dem Lande lebten, zogen viele in die Städte, um ein besseres Auskommen zu finden. Und wenn man sah, wie mit den Städten die industriellen Investitionen wuchsen und das Transkaukasusgebiet immer stärker vom «internationalen Kapitalismus» geprägt wurde, lag es nahe, dass der

Stadt, der Industrie und ihrer Arbeiterschaft «die Zukunft» gehörte. Iossif dürfte einem Lese- und Agitationszirkel angehört haben, in dem man die entsprechenden Schriften rezipierte, und so zum ersten Mal mit dem Marxismus in Berührung gekommen sein.

Welche Reichweite diese Aktivitäten freilich hatten und welche Rolle Soso dabei spielte, ist unklar. Es ist schwer zu entscheiden, wo die Legendenbildung beginnt, wenn Teilnehmer sich später, viel später zu erinnern glaubten, dass man ausgiebig «Das Kapital» von Karl Marx las, das eben ins Russische übersetzt worden war. Dies soll in einer Wohnung geschehen sein, die ältere Schüler am Stadtrand von Tiflis als geheimen Treffpunkt angemietet hatten. Der junge Dschugaschwili habe dabei eine Führungsrolle übernommen. Unter seiner Leitung seien Mitgliedsbeiträge für die eben (1898 in Minsk) gegründete Russische Sozialdemokratische Arbeiterpartei bei über Hundert Schülern eingesammelt und an die Partei weitergeleitet worden. Die Aktivitäten blieben angeblich nicht auf den Schülerkreis beschränkt, Dschugaschwili allein habe mehrere externe marxistische Zirkel in der Stadt geleitet, wie Historiker in den 1930er Jahren herausgefunden haben wollen. Dazu würde dann auch passen, dass er am 29. Mai 1899 «wegen Propaganda des Marxismus aus dem Seminar ausgeschlossen» wurde, wie die Biographie aus dem Jahr 1939 behauptete.

In der Tat: Wenn die Kontrolle im Seminar nur annähernd so rigide war, wie sie beschrieben wurde, hätten der Schulleitung derartig weitreichende Aktivitäten nicht verborgen bleiben können, zumal sie sicher auch ihre Informanten in der Schülerschaft hatte. Und wenn solche Aktivitäten entdeckt worden wären, hätten sie zwangsläufig eine Relegation nach sich gezogen. Doch Dschugaschwilis Name stand, wie jüngere Nachforschungen ergeben haben, weder auf der Liste «unzuverlässiger» Studenten, die die Schulleitung im Herbst 1897 der Gendarmerie übergab, noch auf jener Liste von Schulabgängern 1899, die die Schule «auf eigenen Wunsch» verließen. In den Schulakten ist von einer Relegation aus politischen Gründen nichts zu finden: Dschugaschwili musste das Seminar vielmehr verlassen, weil er zu den Versetzungsprüfungen nicht angetreten war. Es kommt hinzu, dass er in seinem Abgangszeugnis für sein Betragen (wie übrigens auch für seine Leistungen im Kirchengesang) ein «Hervorragend» bekam, und auch die übrigen Leistungen waren eher etwas besser als im Vorjahr.

Manches deutet darauf hin, dass sich Iossif schon länger mit dem Gedanken trug, die Schule zu verlassen. Schon im Vorjahr hatte es mit den Prüfungen Schwierigkeiten gegeben. Er war zu spät aus den Osterferien zurückgekommen, die er in Gori verbracht hatte. Doch in einem demutsvollen Brief an den Rektor hatte er dargelegt, dass Lungenprobleme der Grund für die verspätete Rückkehr seien, er weiterhin der Ruhe bedürfe und deshalb von einem Teil der Examina entbunden werden wolle. Irgendwie schaffte man es, eine Lösung zu finden. Ein Jahr darauf wiederholte sich die Szenerie. Soso überzog erneut die Osterferien, gab wiederum eine Erkrankung der Atemwege als Grund an und vergaß auch, die Bücher zurückzugeben, die er aus der Seminarbibliotheken entliehen hatte. Außerdem wurde eine weitere Schulgeldrate fällig. Doch diesmal schrieb er offenkundig nicht mehr an den Rektor, und es ist auch nicht ersichtlich, dass er Egnatischwili ersucht hätte, einmal mehr in die Bresche zu springen. Es war ihm wohl endgültig die bisherige Lebensplanung suspekt geworden, ihr Ziel abhandengekommen. Ob auch ein privates Ereignis (für das es nur Hinweise, keinen Nachweis gibt), nämlich die Geburt eines unehelichen Kindes, mit dazu beitrug, ist nicht zu klären. Der Bruch mit dem Geistlichen Seminar war endgültig, selbst wenn nun die Rückforderung der erlassenen Kosten drohte, auf ein Stellenangebot des Rektorats ging Iossif nicht ein (was sicher nicht erfolgt wäre, wenn man ihn zuvor wegen «marxistischer Propaganda» hinausgeworfen hätte).

Selbst wenn er noch immer auf der Suche war: Der kleine Iossif, den die Mutter noch immer Soso nannte, der nach ihren Plänen Priester werden sollte, den sie deshalb auf die Kirchschule in Gori und ins Geistliche Seminar nach Tiflis geschickt hatte, gehörte der Vergangenheit an. Schule, Seminar und der damit verbundene Ortwechsel, Bildungserlebnisse und Umwelterfahrungen hatten ihn verändert. Sie hatten ihm die eigene soziale Herkunft und ethnische Zugehörigkeit bewusst werden lassen, ihn konfrontiert mit dem Faszinosum der europäischen Moderne, in ersten Kontakt gebracht mit der politischen Ideenwelt des Populismus und Marxismus. Etwas von all dem steckte auch in der Figur des georgischen Sozialbanditen Koba, des Helden eines populären, 1883 erschienenen historischen Romans («Der Vatermord») von Alexandre Quasbegi, der vom Widerstand gegen die russische Besatzung und deren einheimische Helfershelfer im Kaukasus erzählte. Koba war der aufrechte Georgier, der treue Freund, der Rächer der Enthrten. Iossif hörte es nicht ungern, wenn Freunde ihn so nannten. Koba wurde sein bevorzugter Kampfname für die nächsten Jahre.

II. TIFLIS – 13. JUNI 1907
Koba – der Sozialbandit

Im Rückblick hat Stalin die folgenden Jahre als Lehr- und Gesellenzeit beschrieben. Als er 1898 in einem Zirkel von Arbeitern der Tifliser Eisenbahnwerkstätten seinen «ersten Unterricht in praktischer Arbeit» erhalten habe, sei er noch ein völliger «Anfänger» gewesen. Er habe damals seine «Feuertaufe» als «Lehrling der Revolution» erhalten. Seine «zweite revolutionäre Feuertaufe» habe er dann 1907 bis 1909 bei den Erdölarbeitern in Baku erlebt, sie habe ihn zum «Gesell[en] der Revolution» gemacht. In Baku habe er zum ersten Mal erfahren, was es heiße, «große Arbeitermassen zu führen» (ohne zu behaupten, dass er damals ihr Führer gewesen sei). 1926 als Generalsekretär der Partei an die erste Wirkungsstätte, in die Tifliser Eisenbahnwerkstätten, zurückgekehrt, widersprach Stalin damit allen Vorrednern und Grußadressen, die in einer «absolut überflüssige[n] Übertreibung» seine jetzige Stellung auf die damalige Zeit übertragen hatten. Das sei «Unsinn».

Unerwähnt blieb bei diesem Rückblick seine Tätigkeit während der ersten Revolution (1905 bis 1907), in der die Parteiführung auf ihn aufmerksam geworden war: als er im Dezember 1905 zur Parteikonferenz nach Tampere reiste und hier zum ersten Mal Lenin begegnete; als er im April 1906 am 4. Parteitag in Stockholm und im April/Mai 1907 am 5. Parteitag in London teilnahm, woran sich im Juni 1907 der Überfall auf die Reichsbank in Tilfis anschloss. Rückblickend war es eine Zeit, in der wichtige Weichen für seinen späteren Aufstieg gestellt wurden, noch bevor er zu seiner «Gesellenzeit» nach Baku ging. Die Bakuer Zeit endet mit seiner Verhaftung im Frühjahr 1910 und der Verbannung in den Norden. Nach seiner Flucht wurde er im Januar 1912 von einer bolschewistischen Konferenz in Prag in absentia ins Zentralkomitee kooptiert und zum Mitglied des «Russischen Büros» der Partei gemacht, dem organisatorischen Zentrum jener, die in Russland verblieben waren. Ende des Jahres besuchte er Lenin in Krakau, ein Aufenthalt in Wien schloss sich an, wo er 1913 seine einzige längere Abhandlung vor der Revolution, «Marxismus und soziale Frage», verfasste.

Im Rückblick als «Lehrlings-» und «Gesellenjahre» verklärt, vermittelt die Aufzählung der Ereignisse das Bild eines unaufhaltsamen Aufstiegs, den das «Meisterstück» der Revolution krönte. In Wahrheit schien die «Karriere» des Schulabbrechers mehrfach am Ende zu sein, bevor sie begonnen hatte. Statt eines heroischen bescherte sie Stalin ein eher armseliges, unstetes Leben. Da er keiner geregelten Arbeit nachging, blieb er – von Hause aus ohne Eigenmittel – auf die Mildtätigkeit und Zuwendungen anderer angewiesen. Das reichte zum Durchkommen, zu mehr nicht.

Zunächst noch im modischen Outfit eines Stürmers und Drängers legte er mit der Zeit auf Äußerlichkeiten immer weniger Wert. Von eher schmächtiger Statur, 1,68 m groß, mit schwarzem Filzhut, dünnem dunklen Mantel, abgetragener Kleidung und ausgetretenen Schuhen – so wurde er fortan immer wieder beschrieben, und so zeigen ihn auch die Polizeifotos aus dieser Zeit. Denn je höher er in der Parteihierarchie aufstieg, desto mehr rückte er ins Visier der Geheimpolizei, der Ochrana. Vor allem wenn er nach Sankt Petersburg oder Moskau, Tiflis oder Baku kam, hefteten sich ganze Gruppen von Geheimagenten an seine Fersen. Sie folgten ihm auf Schritt und Tritt, befragten ihre V-Leute, Droschkenkutscher und Hausmeister, registrierten, wohin er ging, mit wem er sich traf und wo er Unterschlupf fand, um die Knotenpunkte des Untergrundnetzwerkes freizulegen. Natürlich wusste dies auch der Observierte, der stets bestrebt war, seine Begleiter abzuschütteln und ihnen zu entwischen.

Später wird er berichten, er sei siebenmal verhaftet, sechsmal verbannt worden, und fünfmal sei ihm die Flucht gelungen. Insgesamt habe er sieben Jahre im Gefängnis zugebracht. Verglichen mit den 1930er Jahren, war das Regime an den Verbannungsorten ausgesprochen lax. Das erleichterte die Kommunikation unter den Häftlingen mit der ortsansässigen Bevölkerung und eben auch die Fluchtversuche. Lediglich als er 1913 für vier Jahre ins Gebiet von Turuchansk verbannt wurde, startete er keinen neuen Versuch. Der Verbannungsort lag weit weg von jeder Eisenbahnlinie, hoch im Norden am Polarkreis, und seit Sommer 1914 befand sich Russland im Krieg. Wer wusste, was geschähe, wenn ein mehrfach entlaufener politischer Häftling irgendwo im Landesinneren aufgegriffen würde, selbst wenn er einen verkürzten linken Arm hatte? Dschugaschwili blieb lieber in Kureika und verhielt sich bis ins Revolutionsjahr 1917 ruhig.

Dieser Befund «eignete» sich nicht für die offizielle Biographie Stalins, die Frage seiner Beteiligung am Tifliser Banküberfall von 1907 mit vielen, vielen Toten, nach den offenkundig fließenden Grenzen zwischen politischer Moral, politischer Kriminalität und politischem Terror erst recht nicht. Diese Fragen sollten sich erneut und immer dringlicher in Revolution und Bürgerkrieg, bei der Kollektivierung und der großen Hungersnot, bei den Säuberungswellen der 1930er Jahre und dem stetigen Ausbau des GULAG-Systems stellen – und ebenso unerörtert bleiben. Selbstredend war sie auch den offiziellen Biographen kein Nachdenken, keine Nachfrage wert.

Wo Dschugaschwili in der revolutionären Bewegung genau zu verorten war, als er das Geistliche Seminar verließ, ist schwer zu sagen. Die Szene war im Fluss, sie definierte sich mehr über das wechselnde Verhältnis zwischen Personen und Institutionen als über ausformulierte Programme und Statuten, und bei ihm war das wohl ebenso. Zu seinen engsten Schulfreunden zählte Micho Dawitaschwili, ein Popensohn, bei dem er die Sommerferien 1897 und 1898 verbrachte in dessen Heimatdorf Zromo. Verband sich bei Dschugaschwili damit auch ein politisches, populistisches Interesse am Leben der Bauern, an einem Sozialmilieu, dem er selbst entstammte? Mit ihm lebte er 1899/1900 in Tiflis in einer Wohngemeinschaft, für deren Kosten wohl der besser situierte Dawitaschwili aufkam. Aus Gori kannte Dschugaschwili die Kezchoweli-Brüder, Wano und Lado, ebenfalls Popensöhne. Wano hatte wohl mit dafür gesorgt, dass Dschugaschwili im Herbst 1899 einen nicht schlecht bezahlten Job am Tifliser Geophysikalischen Observatorium erhielt, wo Wano bereits arbeitete. Ihre Aufgabe bestand neben hausmeisterlichen Hilfsdiensten darin, Klimadaten aufzuzeichnen.

Das war nicht besonders anstrengend und ließ Raum für weitere Aktivitäten: für Lektüre (ohne ständig auf der Hut vor nächtlichen Kontrollgängen sein zu müssen) wie für ein Engagement in Arbeiterbildungs- und -agitationszirkeln. Ihr Mentor war Wanos älterer Bruder, Lado, der selbst einmal Student am Tifliser Seminar gewesen war, aber 1893 zusammen mit über 80 weiteren Studierenden die Bildungsanstalt verlassen musste, weil sie Schülerstreiks und -demonstrationen organisiert hatten. Lado war ans Geistliche Seminar nach Kiew gewechselt und wurde auch dort relegiert, wegen des Besitzes von «krimineller» Literatur. Er kehrte 1897 nach Tiflis zurück, trat der «3. Gruppe» bei und verstärkte in ihr den radikalen Flügel um Dschibladse, der es wegen seiner tätlichen Auseinandersetzung mit dem Rektor zu einiger Bekanntheit gebracht hatte.

Im Januar 1900 wurde Dschugaschwili zum ersten Mal verhaftet und in die Metechi-Festung oberhalb der Stadt gebracht, das einstige Königsschloss, das jetzt als Gefängnis diente. Ob es dabei um Altschulden, nicht bezahlte Steuern beim Wegzug des Vaters aus dem Dorf, um Iossifs eigene Verbindlichkeiten ging oder man dem Jungradikalen einfach einen Denkzettel verpassen wollte, ist unklar; Freunde halfen ihm aus der finanziellen Klemme. Doch als die Polizei wiederkam und im März 1901 die Arbeitsräume im Observatorium durchsuchte, ging es um die Verbreitung illegaler Literatur. Selbst wenn man seiner nicht habhaft werden konnte, verlor Dschugaschwili den Job und begann für fast zwei Jahrzehnte als «Koba» jenes unstete Leben, von dem schon die Rede war.

Am Anfang stand dabei kein «heroischer Entschluss», «Berufsrevolutionär» zu werden. Er glitt in den Untergrund ab (mit durchaus offenem Ausgang), was zunächst nur wenige «Erfolge», aber viele Entbehrungen und Erfahrungen mit sich brachte, die der ehrgeizige Dschugaschwili als fortgesetzte Kränkung erlebt haben dürfte. Die Arbeiter sahen ihn, den Seminarzögling und Schulabbrecher, nicht als einen der Ihren. Er war kein Eisenbahner, hatte nie einen praktischen Beruf ausgeübt und von seiner Hände Arbeit gelebt. Daher blieb es auch ein Dauerthema, ob solche wie er eine Führungsrolle im Kampf um höhere Löhne, bessere Arbeitsbedingungen, einen anderen Staat und eine neue Gesellschaft übernehmen konnten. Aus einfachsten Verhältnissen stammend, mit mehr als acht Klassen aufsteigender Schulbildung, belesen, ein Intellektueller – Dschugaschwili war sich gleichwohl bewusst, dass er in der sozialdemokratischen Bewegung des Transkaukasus nicht zu den großen «Persönlichkeiten» gehörte, auch von ihnen trennten ihn soziale und intellektuelle Welten.

Wie die Leitfiguren der georgischen Nationalbewegung (etwa Ilia Tschawdschawadse und Akaki Zereteli), aus ihr hervorgegangen und mit ihr noch immer verbunden, gehörten diese Großen der Bewegung nicht selten dem alten Adel an (wie Noi Schordania, Iossif Baratow, Sergei Dschabaridse), sie waren «weltläufiger», hatten sehr viel mehr erlebt und gesehen und häufig ein abgeschlossenes Universitätsstudium in Russland oder im Ausland hinter sich. Schon im Habitus (Bilder zeigen sie mit Anzug bzw. Gehrock, Stehkragen und Schleife) unterschieden sie sich vom abgerissenen Dschugaschwili, und anders als er vertraten sie eher gemäßigte Positionen, einen legalen Marxismus. Kaum auszudenken, dass sie – wie er – gezwungen sein konnten, Bettelbriefe an Bekannte zu schreiben, sie um Lebensmittelpakete und getragene Kleidung zu bitten, sich wie er in demutsvollem Ton so wie einst an den Seminarrektor nun an den Statthalter in Tiflis, Fürst Golizyn, zu wenden. Peinlich, kränkend, erst recht im Rückblick. Diese Herren, Herren im doppelten Sinn, sorgten dafür, dass in der georgischen Sozialdemokratie später der menschewistische Flügel dominierte und seine Repräsentanten 1906 als Vertreter Georgiens in die Duma einzogen. Sie waren es auch, die nach der Oktoberrevolution die Unabhängigkeit Georgiens gegen das bolschewistische Zentrum zu verteidigen suchten.

Vermutlich war Koba bereits an der Vorbereitung eines Streiks der Straßenbahnfahrer beteiligt, der am 1. Januar 1900 den Verkehr in Tiflis lahmlegte. Der Hauptdrahtzieher aber war Lado Kezchoweli, der sich dem polizeilichen Zugriff durch Flucht nach Baku entzog, wo er 1903 von einem Gefängniswärter erschossen wurde. Es ist denkbar, dass auch Kobas erste Verhaftung im Januar 1900 damit zusammenhing. Kezchowelis Flucht ließ ihn jedenfalls selbst ein Stück weiter in den Vordergrund treten, etwa bei der Organisation der Maidemonstrationen, für die man die Eisenbahner gewann.

Nach Erfolgen im Vorjahr war 1901 geplant, den Maiumzug erstmals von der Peripherie ins Zentrum zu verlegen und am Golowin-Boulevard zu demonstrieren. Die Gendarmerie bekam Wind davon. Um die Kundgebung zu verhindern, zog die Staatsmacht starke Verbände von Polizei, Kosaken und Militär in der Innenstadt zusammen. Doch die Demonstranten ließen sich nicht abschrecken und lieferten ihnen einen blutigen Kampf um den öffentlichen Raum mit vielen Verletzten und Verhaftungen. Trotz der Niederlage hatten die Radikalen in der Bewegung einen Teilsieg errungen: Unter den Verhafteten war auch der eher gemäßigte Schordania, die Zeitschrift «Kwali» wurde verboten. Ab Herbst 1901 erschien ein Konkurrenzblatt «Brdzola» (Der Kampf), dessen Titel durchaus Programm sein sollte. Das neue Blatt wurde herausgegeben von Kezchoweli, der (zusammen mit Abel Jenukidse, Leonid Krassin und anderen, die nach der Oktoberrevolution noch eine Rolle spielen sollten) in Baku eine große Untergrunddruckerei («Nina») aufgebaut hatte, wo auch Nummern der von Lenin im Exil herausgegebenen Zeitschrift «Iskra» (Der Funke) nachgedruckt wurden.

Noch im selben Jahr konstituierte sich in Tiflis ein Komitee der Russländischen Sozialdemokratischen Arbeiterpartei. Die Partei selbst war gut drei Jahre zuvor (im März 1898) in Minsk von neun Aktivisten gegründet worden. Selbst wenn man deren Treffen später als «Ersten Parteitag» feierte, war eine Parteiorganisation im engeren Sinne damit nicht geschaffen worden. Auch die transkaukasische «Dritte Gruppe» war ihr zwar beigetreten, hatte ihren Namen und ihre Selbständigkeit aber nicht aufgegeben. Darauf drängten nun die Radikalen. Welche Vorstellung sie von der Partei hatten, deuteten die Debatten um die Zusammensetzung des Tifliser Komitees an. Dschugaschwili war dagegen, einfache Arbeiter aufzunehmen. Vertraulichkeit sei dann nicht mehr zu gewährleisten. Schließlich ging es darum, marxistische Ideen unter ihnen zu verbreiten. Eine offene Organisation von Arbeitern für Arbeiter, in der die «Intellektuellen» allenfalls Hilfestellung leisteten, war nicht sein Ding.

Ähnliche Gedanken hatte Lenin in der «Iskra» geäußert und 1902 in «Was tun?» verdichtet: Auf sich allein gestellt, würden die Arbeiter nur gewerkschaftliche Forderungen zur Verbesserung ihrer wirtschaftlichen und rechtlichen Lage vertreten; ein revolutionäres Bewusstsein müsse ihnen von der Partei als «Avantgarde des Proletariats» beigebracht werden. Nur als straff organisierte Kaderpartei werde sie sich unter den Bedingungen des Polizeiterrors behaupten, mit Mitgliedern, die die Revolution zu ihrem Beruf machten, unter Beachtung strengster

Konspiration. Mit diesen Forderungen spaltete Lenin auf dem 2. Parteitag 1903 die Russländische Sozialdemokratie in einen bolschewistischen und einen menschewistischen Flügel.

Ende 1901 wurde Dschugaschwili von Tiflis nach Batumi geschickt. Die Hafenstadt am Schwarzen Meer, etwa 400 Kilometer westlich von Tiflis, nur wenige Kilometer von der Grenze zum Osmanischen Reich entfernt, gehörte erst seit 1878 zu Russland. Erst Freihafen, dann eingegliedert in das Gouvernement Kutaisi, erlebte die Stadt im letzten Viertel des 19. Jahrhunderts eine rasante Entwicklung; ihre multiethnische Bevölkerung (Armenier, Russen, Georgier, Griechen, Türken und Juden) wuchs auf das Dreifache (auf knapp 30000 Einwohner) an. Den Aufschwung verdankte sie der Bahnlinie über Tiflis nach Baku; auch eine Pipeline, die Öl vom Kaspischen Meer hierherbrachte, war im Bau. Beide machten Batumi zum größten Ölhafen Russlands. Die Rothschilds hatten in den Eisenbahnbau investiert, die Nobels in den Bau der Pipeline, zusammen mit dem armenischen Ölmagnaten Mantaschew. Alle drei besaßen in Batumi Raffinerien, Öllager und Speditionen. In der Arbeiterschaft gärte es. Anfang 1902 kam es zu Demonstrationen, Arbeitsniederlegungen und Sabotageakten: Die Unternehmen antworteten mit Lohnerhöhungen, auf neue Streiks mit Hunderten von Entlassungen. Die Polizei machte Jagd auf «Rädelsführer», was neue Demonstrationen und Arbeitsniederlegungen provozierte. Aktionen und Gegenaktionen schaukelten sich gegenseitig hoch. Der Versuch einer gewaltsamen Gefangenenbefreiung endete im März schließlich in einem Blutbad mit über einem Dutzend Toten und vielen Verletzten.

Anfang April 1902 wurde Dschugaschwili verhaftet. Welche Rolle er bei den Unruhen spielte, ist unklar. Dass Berijas «Zeitzeugen» ihn in den 1930er Jahren als Organisator dieser Entwicklungen beschrieben, beweist noch nicht, dass er es wirklich war. Denkbar ist, dass sich die Entwicklung in Batumi bereits zugespitzt hatte und man deshalb Dschugaschwili dorthin ent-

sandte. Denn in Batumi gab es noch keine sozialdemokratische Gruppe, nur eine Sonntagsschule für Arbeiter, die von zwei Anhängern Schordanias (Nikolai Tschcheidse und Isidor Ramischwili) geführt wurde. Als sich 1902 in Batumi ein Komitee bildete, traten beide an dessen Spitze. Dschugaschwilis Auftritt hatte wohl keinen nachhaltigen Eindruck hinterlassen. Wie hätte er sonst in der Haft ein Gnadengesuch an den Statthalter in Tiflis, Fürst Golizyn, schreiben können, in dem er mit Verweis auf seinen Husten und die alleinstehende Mutter um Haftverscho-

Er hatte das Seminar ohne Abschluss verlassen, auch das von der Mutter vorgegebene Berufsziel, Priester zu werden, war ihm abhandengekommen. Was folgte, war das allmähliche Abgleiten in die proletarische Subkultur, in die Illegalität (Bilder aus den Jahren 1902 und 1911 illustrieren dies). Von seinen Freunden ließ er sich gerne «Koba» nennen, nach dem Helden eines populären historischen Romans, der als georgischer Sozialrebell gegen die russischen Besatzer und ihre Helfershelfer kämpfte. Für die zarische Geheimpolizei war er schlicht ein politischer Krimineller, den es zu observieren und möglichst aus dem Verkehr zu ziehen galt.

nung bat? Das Gesuch blieb ebenso wirkungslos wie ein Schreiben der Mutter. Im Juli 1903 wurde er ohne Gerichtsverfahren für drei Jahre nach Nowaja Uda in Ostsibirien verbannt; im November kam er dort an, im Januar 1904 entwich er.

Inzwischen befand sich Russland im Krieg mit Japan. Die Hoffnung, ein siegreicher Feldzug könnte zur Stabilisierung der Lage im Innern beitragen, erfüllten sich nicht. Je mehr die Kämpfe im Lauf des Jahres 1904 zum Debakel wurden, desto lauter wurden aus Kreisen des Bürgertums und des Adels die

Stimmen, die nach Reformen riefen: Auf informelle Versammlungen («Banketten»), die Kampagnencharakter annahmen, forderte man allgemeine, gleiche und geheime Wahlen, eine verfassunggebende Versammlung, den Achtstundentag für Arbeiter und Landzuteilungen an die Bauern. An einem Sonntag im Januar 1905 formierte sich in Sankt Petersburg ein großer Protestzug von Arbeitern, um dem Zaren eine Petition zu übergeben; der Zug endete im Kugelhagel vor dem Winterpalast, mit weit über einhundert Toten und tausend Verletzten. Der «Blutsonntag» löste eine landesweite Streikwelle aus. Im Mai 1905 gründeten die berufsständischen Organisation der Advokaten, Schriftsteller, Professoren, Lehrer, Agronomen und Agrarstatistiker einen «Bund der Bünde», dem sich weitere Organisationen anschlossen. Nach einem Abflauen der Streikwelle im Sommer verstärkte sie sich im Herbst noch einmal und nahm durch Beteiligung der Eisenbahner Züge eines generellen Ausstandes an. Auf dem Höhepunkt des Oktoberstreiks entstand in Sankt Petersburg ein «Rat der Arbeiterdeputierten», der rasch zum Zentrum des revolutionären Geschehens und Vorbild für Rätebildungen draußen im Lande wurde. In weiten Teilen des Landes revoltierten auch die Bauern: Sie verweigerten Steuern und Abgaben, nahmen Felder und Wälder von Adeligen in Besitz, Gutshöfe gingen in Flammen auf.

Derart unter Druck, versprach der Zar im Oktober 1905 in einem «Manifest zur Vervollkommnung der staatlichen Ordnung» die Gewährung bürgerlicher Grund- und Freiheitsrechte sowie die Wahl eines Parlaments, einer Duma, ohne die künftig kein Gesetz mehr in Kraft treten sollte. Das Manifest wurde zum Wendepunkt der Revolution. Mit gleicher Entschlossenheit, wie die Autokratie die politische Initiative wieder an sich riss, ging sie gegen die Unruhen im Lande vor. Im Dezember 1905 wurden die Mitglieder des Arbeiterrats verhaftet, bis Ende des Jahres brach ein Moskauer Aufstand zusammen. Die Kämpfe gegen die aufrührerischen Bauern zogen sich noch bis 1907 hin.

Koba – der Sozialbandit 47

Die Bilanz der Revolution von 1905 war für die Bolschewiki ernüchternd. Zu keinem Zeitpunkt war es ihnen gelungen, die Meinungsführerschaft zu übernehmen. Entscheidende Impulse waren von reformorientierten Kreisen des Bürgertums und des Adels ausgegangen. Unter ihren Losungen waren die Arbeiter im Januar zum Winterpalast gezogen, angeführt von einem orthodoxen Geistlichen. Auch die Gründung des Petersburger Arbeiterrates war nicht das Werk der Bolschewiki; dessen erster Vorsitzender wurde ein linksintellektueller Anwalt. Leo Trotzki war zwar sein Stellvertreter und nach dessen Verhaftung sein Nachfolger. Aber er war 1905 kein Bolschewik, sondern eher Kritiker als Anhänger Lenins. Dieser reiste erst nach dem «Oktobermanifest» des Zaren aus der Schweiz an, um sich ein Bild von der Lage zu machen. Am 8. November 1905 kam er am Finnischen Bahnhof in Sankt Petersburg an – als sich das Blatt bereits zu wenden begann. Lenin blieb nur bis zum August 1906 in der Stadt, zog sich dann nach Finnland zurück, um sich dem Zugriff der wiedererstarkten Staatsmacht zu entziehen. Ende November 1907 verließ Lenin auch Finnland und kam erst zehn Jahre später, im April 1917, wieder nach Sankt Petersburg.

Auch Koba nahm die Ereignisse in der Hauptstadt nur aus der Distanz wahr, politisch stand er in der zweiten, dritten Reihe. Während des 2. Parteitags, der im Sommer 1903 in Brüssel und London stattfand und auf dem die Delegierten im Streit um Lenins Vorstellungen zur Organisationsstruktur in zwei Gruppen zerfielen, hatte er im Gefängnis gesessen. Nach seiner Flucht aus Ostsibirien wurde er bereits im Februar 1904 wieder im Transkaukasusgebiet gesehen. Doch die Polizei war ihm auf den Fersen. Immer wieder wechselte er seinen Aufenthaltsort, er ging von Tiflis nach Batumi, zog sich für Wochen nach Gori zurück, wurde nach Kutaisi (in Westgeorgien) geschickt, um eine Organisation aufzubauen, und wich, als man ihm auf die Spur kam, nach Baku aus. Anfang 1905 agitierte er in Tschiatura (auf der

Bahnstrecke zwischen Kutaisi und Tiflis), wo Tausende von Arbeitern im Untertagebau Manganerze für internationale Konzerne aus dem Boden kratzten. Die Arbeitsbedingungen galten nicht nur als hart, sondern als unmenschlich, was den Agitatoren ihr Handwerk erleichterte. Je weniger die Staatsmacht in der Lage war, die Ordnung aufrechtzuhalten, desto mehr versuchten Vertreter der Grubenleitung, um die Produktion aufrechtzuerhalten, mit den Aktivisten einen Modus Vivendi zu finden, Absprachen zu Löhnen und Arbeitsbedingungen zu treffen und Schutzgelder zu zahlen.

Im angrenzenden ländlichen Gebiet von Gurien war der schleichende Verfall der Staatsmacht schon seit zwei, drei Jahren zu beobachten und mit ausgelöst worden durch die Massenentlassungen nach den Streikwellen in Batumi 1902. Die Arbeitslosen waren in ihre Heimatdörfer zurückgekehrt, hatten den sozialen Protest mitgebracht, sich gegen die bestehenden Abhängigkeits- und Zahlungsverpflichtungen aufgelehnt und sie für abgeschafft erklärt. Alle Probleme sollten künftig in den Landgemeinden selbst gelöst werden. Da alle Bauern arm, die Besitzunterschiede gering waren, die Bevölkerung ethnisch homogen und der Bildungsstand vergleichsweise hoch war, verlief dieser Prozess relativ konfliktfrei. Sozialdemokratisch-menschewistische Agitatoren unterstützten sie dabei.

1905 war der Verfall der Staatsautorität zu einer allgemeinen Erscheinung geworden. Binnen eines Jahres wurden (von Oktober 1905 an gerechnet) 3611 Staatsvertreter durch Anschläge getötet oder verletzt, bis zum Ende des Jahres 1907 stieg ihre Zahl auf fast 4500. Im Transkaukasus war es besonders schlimm; Anschläge, Mord und Erpressung waren hier an der Tagesordnung und setzten sich weit über das Revolutionsjahr hinaus fort. Zwischen Februar 1905 und Mai 1906 wurden 136 Beamte ermordet und 72 verletzt. Die Region schien sich in einzelne Gebiete aufzulösen, wo unterschiedliche Gruppen den Ton angaben. Längst richtete sich der Terror nicht nur gegen Repräsentanten des Staates (Amtsträger, Beamte, Offiziere), und eine genaue Grenze zwischen politischen und kriminellen Tätern war kaum zu ziehen. Der im Mai 1905 als Statthalter nach Tiflis entsandte neue 68-jährige Statthalter Graf Illarion Woronzow-Daschkow meldete für das Jahr 1905 3219 Banditenüberfälle, 4138 für 1906, 3305 für 1907 nach Sankt Petersburg, eine Flut, die Polizei und Gendarmerie offenkundig nicht einzudämmen vermochten. Ihm blieb kaum etwas anderes übrig, als das Kriegsrecht zu erklären und Militär einzusetzen.

Viele Terrorakte gingen auf das Konto der armenischen Daschnaken, deren Kampfgruppen sich vor allem aus jungen Männern rekrutierten, die aus dem Osmanischen Reich geflohen waren, die Befreiung der Armenier aus türkischer Herrschaft betrieben und diesseits der Grenzen des Russischen Reiches sich blutige Auseinandersetzungen mit den Türkisch sprechenden «Tataren» lieferten. Ihre Aktionen richteten sich seit 1903 zunehmend auch gegen Vertreter des Staates, nachdem dieser die Hand auf das Vermögen der armenischen Kirche gelegt hatte. Kaum eine Gruppierung scheute vor der Anwendung terroristischer Gewalt zurück, wenn es galt, den eigenen Einfluss zu verteidigen oder zu erweitern, Geld für die Bewaffnung der eigenen Milizen oder Brigaden einzutreiben, einem angeblichen Polizeispitzel oder einem Vertreter der rechten «Schwarzhundertschaften» einen «Denkzettel» zu verpassen, Vergeltung für Polizei- oder Militäreinsätze zu üben, einen tatsächlichen oder vermeintlichen Verräter in den eigenen Reihen zu bestrafen. Wer kämpfte nicht alles gegeneinander? Die Kaukasische Union der Muslime stand im Kampf gegen Daschnaken und Russifizierung; die Anarchisten im Kampf gegen den modernen Staat im Allgemeinen und die zarische Autokratie im Besonderen; die Sozialdemokraten-Föderalisten im Kampf für eine Dezentralisierung des Russischen Reiches und die Schaffung eines georgischen Staates in dessen Verbund; die Sozialdemokraten-Menschewiki in ihrem Versuch, Georgiertum und Marxismus zu verbinden; schließlich die Bolschewiki, die mit Banküberfällen, die sie «Expropriationen» nannten, ihre Parteikasse füllten.

Ein besonders spektakulärer Coup gelang ihnen am 13. Juni 1907 mitten in Tiflis, als sie morgens um halb elf auf dem belebten Jerewan-Platz einen schwer bewachten Geldtransport überfielen. Die wohlpositionierten Attentäter warfen bis zu zehn Bomben unter die Pferdekutschen und in alle Richtungen drum herum und nutzten das entstandene Chaos, um die Geldsäcke an sich zu reißen und damit, wild um sich schießend, zu verschwinden. Ohne Rücksicht hatten sie nicht nur die Bankangestellten und ihren militärischen Begleitschutz in die Luft gesprengt, sondern viele unbeteiligte Passanten mit in den Tod gerissen. Sie hinterließen ein blutiges Schlachtfeld mit über dreißig Toten und vielen Verletzten.

Die Banditen hatten 250 000 Rubel erbeutet, in heutiger Euro-Währung ein Millionenbetrag. Ihr Anführer war Semjon Ter-Petrosjan (mit dem Decknamen Kamo), Sohn eines armenischen Unternehmers und ein skrupelloser Psychopath. In Gori geboren und etwas jünger als Dschugaschwili, gehörte er zu dessen Anhängern. Dschugaschwili hatte auch den Kontakt zu einem früheren Schulfreund vermittelt, der als Postangestellter wichtige Daten zum Geldtransport liefern konnte. Die Zünder hatte Leonid Krassin gebaut, der ein Ingenieursstudium absolviert, in Baku den Bau eines Elektrizitätswerkes geleitet und beim Aufbau der illegalen Druckerei mitgeholfen hatte. Er emigrierte 1908, wurde später stellvertretender Leiter der russischen Siemens-Schuckert-Werke und nach der Oktoberrevolution Volkskommissar für Handel und Industrie. Das erbeutete Geld brachte Kamo zu Lenin nach Finnland, der mit Krassin und Bogdanow das «Bolschewistische Zentrum» bildete und mit ihnen über die Gelder verfügte – vorbei am Sozialdemokratischen Zentralkomitee, in dem noch immer auch Menschewiki saßen. Zwar gehörte es zum sozialdemokratischen Credo, dass sie als Marxisten in ihrer Zielsetzung, die Autokratie zu stürzen, nicht wie die Sozialrevolutionäre und Anarchisten auf individuellen Terror, sondern auf die proletarische Massenbewegung setzten. Doch eine völlige Absage an terroristische Gewaltakte war das nicht, für Lenin schon gar nicht, zumal er sich die Hände nicht selbst schmutzig machen musste. Vorbereitet und ins Werk gesetzt wurden die Gewaltakte von «Kampfbrigaden», von «Praktikern», Banditen ohne jeden Skrupel, die von Theorien und politischen Diskussionen wenig angekränkelt waren.

Wem der Raub zugutegekommen war, wurde spätestens publik, als ein prominenter Bolschewik, der spätere Volkskommissar des Äußeren Maxim Litwinow, in Paris registrierte 500-Rubel-Scheine zu waschen versuchte und festgenommen wurde; Krassin passierte Ähnliches in Finnland. Sowenig daran zu zweifeln ist, dass Lenin über die Herkunft des Geldes Bescheid wusste, auch dass daran Blut klebte, so wenig zweifelhaft ist, dass Dschugaschwili bei der Vorbereitung mitwirkte, aber nicht unter den Attentätern war. Schließlich gingen dem Vorgang bereits kleinere Aktionen der Gruppe, Überfälle auf Postkutschen, Banken, Schiffe voraus, von denen Lenin auch Kamo bereits kannte.

Die «zupackende Art» der beiden «Kaukasier» faszinierte den bürgerlichen Lenin, wie sich umgekehrt Dschugaschwili und Ter-Petrosjan, Koba und Kamo, für den rigorosen Lenin (den «Bergadler») begeisterten. Zwar gab es auch im Ural «erfolgreiche» bolschewistische Räuberbanden, aber es scheint, dass sich das «Bolschewistische Zentrum» vor allem mit Geld aus dem Kaukasus finanzierte.

Als «Genosse Koba» im Dezember 1905 mit einem Pass auf den Namen «Iwanowitsch» und als Vertreter des Kaukasus zu einer Parteikonferenz in das finnische Tampere reiste und Lenin erstmals persönlich kennenlernte, soll er etwas enttäuscht gewesen sein: Er traf auf einen relativ kleinen, nur 1,64 m großen Fünfunddreißigjährigen, der schon fast kahlköpfig war und mit einem imponierenden «Bergadler» kaum etwas gemein hatte. Ein wenig gab es mit ihm das gleiche Problem, das Dschugaschwili schon mit den georgischen Menschewiken hatte: Auch Lenin, der eigentlich Wladimir Ilitsch Uljanow hieß, war in wohlsituierten Verhältnissen aufgewachsen. Der Vater, Schulinspektor, dann Direktor in Simbirsk an der Mittleren Wolga, hatte mit seiner Familie ein geräumiges, gutbürgerliches Haus mit einem Flügel im Salon bewohnt. Er war 1886 vom Zaren in den erblichen Adelsstand erhoben worden, also war auch der Sohn adelig. Das Familienglück endete, als der ältere Bruder Alexander, als Student in Sankt Petersburg an der Planung eines Attentats auf den Zaren beteiligt, 1887 hingerichtet und die Familie fortan gesellschaftlich geschnitten wurde. Immerhin konnte Wladimir als Externer Jura studieren und 1891 sein Examen machen, bevor er auf eine mehrmonatige Europareise ging, sich danach in der sozialistischen Bewegung einen Namen machte, verhaftet und nach Sibirien verbannt wurde. Seit seinem dreißigsten Lebensjahr lebte er vor allem in der Emigration, und das sollte bis zur Revolution 1917 im Wesentlichen auch so bleiben. Ein streitbarer Geist, der in München, Zürich, Genf, London und in Paris wohnte, unentwegt schrieb, gegen alle und jeden in der Bewegung polemisierte und intrigierte, klare Positionen bezog und sie bei Bedarf auch wieder umstieß – für seine Anhänger war er eine unbestreitbare Autorität in allen theoretischen und strategischen Fragen der Revolution.

Gerade weil Lenin im Ausland lebte, war er auf Personen, die im Lande blieben und den Kontakt zur Basis hielten, angewiesen. Umso mehr, wenn sie jener Richtung folgten, die er vorgab. Das war in der Partei des Transkaukasus keineswegs die Mehrheit. Unter der elfköpfigen Vertretung, die zum 4. (Vereinigungs-)Parteitag der Russländischen Sozialdemokratischen Partei im April 1906 nach Stockholm anreiste, war Dschugaschwili der einzige Bolschewik. Und als er zum nächsten Parteitag im April/Mai 1907 in London wiederkam, fragten manche, wer ihn geschickt habe. Sie zweifelten seine Legitimation an. Man wird davon ausgehen können, dass Koba außerhalb seiner

Heimatregion generell kaum bekannt war. Wie auch? Er hatte wenig geschrieben und ausschließlich auf Georgisch publiziert. Das sollte sich von nun an ändern. Er publizierte künftig ausschließlich auf Russisch.

Auf dem Parteitag in Tampere hatte er zu denjenigen gehört, die sich (anders als Lenin) für einen Boykott der Dumawahlen aussprachen, doch hielt er sich – Neuling in diesen Kreisen – weitgehend zurück. In Stockholm, wo man die Wiedervereinigung mit den Menschewiki versuchte, fühlte er sich schon sicherer. Hier lernte er Kliment Woroschilow, Felix Dserschinski (pol. Dzierżyński) und Grigori Sinowjew kennen, der eigentlich Radomyselski hieß. Ohne die vorausgegangenen langen Debatten zu kennen, hielt Koba eine Rede zum Agrarproblem, in der er wiederum eine andere Position vertrat als Lenin; forderte dieser die Nationalisierung des Bodens, stand für Koba der Boden den Bauern zu. Kaum jemandem blieb dieser Auftritt im Gedächtnis.

Aus London kehrte Koba mit nicht allzu guten Erinnerungen zurück. Gewiss, das Medienecho war groß und die Versammlung «illuster» gewesen. Die englischen Zeitungen zeigten sich fasziniert vom Massenauflauf der über 300 russischen Radikalen, die alle kaum älter als 20 oder 30 zu sein schienen. Georgi Plechanow, den man den «Vater des russischen Marxismus» nannte, hatte den Parteitag eröffnet; Maxim Gorki, der weltbekannte Schriftsteller, bezeugte den Sozialdemokraten seine Referenz, und auch Leo Trotzki, der eigentlich Bronstein hieß, mit 27 Jahren sogar noch jünger als Stalin und 1905 Vorsitzender des Petersburger Arbeiterrates gewesen war, hatte seinen Auftritt gehabt, brillant, eloquent und um sich selbst kreisend. Er lehnte es ab, sich einem der beiden Flügel der Partei anzuschließen. So oder so, die Anhänger Lenins waren in der Minderheit gewesen, die Menschewiki in der Mehrheit, unter ihnen – wie Koba bissig anmerkte – befanden sich besonders viele Juden. Wir sollten in der Partei ein Pogrom organisieren, bemerkte er (auf die antijüdischen Pogrome während der Revolution anspielend) zynisch scherzend.

Für die menschewistische Mehrheit war der Versuch, die russischen Verhältnisse mit Gewalt zu verändern, vorerst gescheitert. Sie setzte darauf, die mit der Duma geschaffene Möglichkeit friedlicher Veränderungen zu nutzen; schließlich waren soeben fünf Sozialdemokraten aus dem Transkaukasus in die Duma gewählt worden, darunter Schordania, aber kein Bolschewik. Einer ihrer Vordenker, Julius Martow (der eigentlich Juli Zederbaum hieß, 1895 mit Lenin den Petersburger Kampfbund zur Befreiung der Arbeiterklasse gegründet hatte, aber schon 1903 auf dem 2. Parteitag als Widerpart Lenins in der Organisationsfrage aufgetreten war), erinnerte in diesem Zusammenhang an das Vorbild der deutschen Sozialdemokratie nach dem Bismarck'schen Sozialistengesetz 1878. Konsequenterweise sollten sich die russischen Sozialdemokraten vom Mittel des Terrorismus nun explizit lossagen.

Die Bolschewiki waren dagegen, aber sie unterlagen. Die Distanzierung vom Terrorismus wurde zum Parteitagsbeschluss. Lenin und Koba ließen sich davon nicht beeindrucken – die Vorbereitungen für den Coup in Tiflis gingen weiter, kurz nach Kobas Rückkehr aus London wurde er in Szene gesetzt. Entsprechend heftig war die innerparteiliche Entrüstung, mehrere parteiinterne Verfahren folgten, sie machten auch Koba in breiteren Kreisen bekannt.

Trotz des Aufsehens, das der Überfall auf den Geldtransport erregte, einen revolutionären Triumph markierte diese Tat nicht. Im Gegenteil. Sie konnte nicht verdecken, dass es um die «Sache der Revolution» schlecht stand und um die «Lage der Bolschewiki» auch, landesweit und im Transkaukasusgebiet. Die Arbeiterräte gab es nicht mehr, die Streik- und Demonstrationswelle war gebrochen, mit der Erklärung des Ausnahmezustandes in zahlreichen Regionen des Reiches und dem Einsatz von Militär und Justiz hatte die Autokratie das Gesetz des Handels wieder an sich gerissen. Verantwortlich für den neuen Kurs war Pjotr Stolypin, 1905/06 Innenminister, danach Ministerpräsident. Einer Schätzung zufolge wurden 1908/09 14 440 Zivilisten und Militärangehörige wegen politischer Straftaten vor Gericht gestellt, 3682 zum Tode, 4500 zu Arbeitslager verurteilt, insgesamt sollen in seiner Amtszeit über 5000 Todesurteile gefällt worden sein.

Selbst wenn in den ersten Jahren weniger als ein Drittel der Todesstrafen vollstreckt wurden, ging die Zahl der Hinrichtungen in die Hunderte. So wurde der Strang auch als «Stolypin-Krawatte» bezeichnet. Der neue Ministerpräsident scheute sich nicht, die eben gewählte Duma auflösen zu lassen, und als sich auch das neu gewählte Parlament nicht willfähriger zeigte, staatsstreichartig das Wahlrecht zu ändern. Außerdem wurden Strukturreformen im Agrarsektor und in der Verwaltung in die Wege geleitet. Nachdem schon 1906 ein Attentat auf sein Sommerhaus verübt worden war (der 27 Menschen das Leben kostete), starb er 1911 bei einem weiteren Mordanschlag in der Kiewer Oper.

Auch im Transkaukasusgebiet hatte der Statthalter das Kriegsrecht verhängt und das Militär die gesetzliche Ordnung wiederhergestellt, erst in Tiflis, dann draußen im Lande, schließlich auch in Gurien. Zwar konnten spektakuläre Einzeltaten wie der Tifliser Überfall nicht verhindert werden, auch die Attentate gingen weiter, und selbst 1912 gab es noch 82 Akte politischen Terrorismus im Reich (davon 22 im Kaukasus, 13 in Polen und neun in Sibirien). Doch den Anschlägen entsprach keine revolutionäre Massenstimmung mehr, und die Asef-Affäre (1909), die Enthüllung, dass der Leiter der sozialrevolutionären Terrororganisation ein Polizeispitzel (Jewno Asef) war, diskreditierte die Bewegung. Dass auch Roman Malinowski, ein Mitglied des bolschewistischen Zentralkomitees und Abgeordneter der 4. Duma, für die Ochrana arbeitete, sollte sich erst 1913/14 herausstellen.

Der Zerfall der revolutionären Bewegung traf auch die sozialdemokratische Partei schwer, die Zahl ihrer Mitglieder ging seit

1907 dramatisch zurück. Wollte sie 1907 150 000 Mitglieder gehabt haben, so war die Zahl vor dem Ersten Weltkrieg auf einige Tausend zusammengeschrumpft; funktionierende bolschewistische Parteikomitees gab es nur noch eine Handvoll. Auch Koba war sich durchaus bewusst, dass der Tifliser Anschlag nicht ohne Gegenreaktion bleiben würde, selbst wenn er nicht wissen konnte, dass die Ochrana, über die Vorgänge gut informiert, mit dazu beitrug, dass Kamo schon im Herbst in Berlin festgenommen und ins Gefängnis nach Moabit gebracht wurde; um der Auslieferung zu entgehen, mimte er eine Geisteskrankheit und wurde in die Psychiatrie eingewiesen. Koba selbst verlegte sein Betätigungsfeld von Tiflis nach Baku, was er selbst später als «Entsendung» durch die Partei beschrieb; tatsächlich trug der Ortswechsel Züge einer Flucht.

Baku war wirtschaftlich noch einmal eine andere Nummer als Tiflis. Seit die ersten Ölquellen in den 1870er Jahren zu sprudeln begonnen hatten, bestimmte die Ölindustrie den Pulsschlag der Stadt. Zehntausende Arbeiter waren zugezogen: die Nobels, Rothschilds und viele kleinere Ölbarone hatten riesige Investitionen getätigt und zugleich protzige Villen in der Stadt errichtet. Hunderte von Bohrtürmen förderten um die Jahrhundertwende mehr als die Hälfte der Weltproduktion. Baku war eine Stadt der Gegensätze, unermesslicher Reichtum lag neben kümmerlicher Armut.

Die Arbeitsbedingungen auf den Ölfeldern und in den Raffinerien waren hart, die Schicht oft zwölf bis vierzehn Stunden lang, der Zustand der sozialen und sanitären Einrichtungen am Arbeitsplatz schlimm, die Wohnsituation in den Barackensiedlungen ebenso und die Bezahlung dürftig. Das Überangebot von Öl auf dem Weltmarkt drückte nicht nur den Preis, sondern auch die Löhne. Arbeitsschutz und Krankenversicherung gab es nicht, Arbeiterorganisationen und Arbeitsniederlegungen waren verboten. Dennoch gab es sie. Seit 1904 kam die Stadt nicht mehr zur Ruhe, 1905 wurde sie zu einem Brennpunkt des revolutionären Geschehens. Ein Ausstand löste den anderen ab, erweiterte sich mitunter zum städtischen Generalstreik und wirkte ansteckend auf die ganze Großregion. Dabei gewann die bolschewistische Untergrunddruckerei besondere Bedeutung, sie blieb einflussreich und überlebte nicht zuletzt wegen der komplexen, undurchschaubaren Lage in der Stadt: Die Druckerei nutzte die Transportwege des Ölgeschäfts für ihre Erzeugnisse, sie gingen als Konterbande mit der Eisenbahn auch in den Westen oder mit den Öltransportschiffen die Wolga aufwärts nach Norden, nach Moskau und Sankt Petersburg.

Solange man auf den Sieg der Revolution hoffte und es darum ging, Öl ins revolutionäre Feuer zu gießen, war Baku der richtige Ort. Die sozialen Probleme waren überlagert von ebenso unlösbaren ethnischen Verwerfungen und beide nicht voneinander zu trennen. Nach der Volkszählung von 1897 waren von den über 110 000 Einwohnern 36 Prozent Tataren, über 33 Prozent Russen und 17 Prozent Armenier; die übrigen 14 Prozent verteilten sich auf weitere mehr als drei Dutzend Volksgruppen. Dazu wären noch Tausende von Wanderarbeitern zu zählen, die nur zeitweise nach Baku kamen. Der Bildungsgrad unter den Großgruppen war bei den Tataren am geringsten (sie waren zu 89 Prozent Analphabeten), was mit erklärt, dass sie – obwohl Mehrheitsgesellschaft – zu den Geringstverdienern in den wichtigsten Berufsfeldern gehörten. Aber nicht nur dies brachte sie in Gegensatz zu den Armeniern, dazu trugen in erheblichem Maße auch historisch-politische, kulturelle und religiöse Gründe bei.

Die Spannungen entluden sich in den Revolutionsmonaten in einer schier endlosen Kette von blutigen Auseinandersetzungen. Diese wurden ihrerseits überlagert von anderen Konflikten, den Gegensätzen zwischen autokratischem Staat, seinen Vertretern und dem Militär auf der einen und der Zivilgesellschaft auf der anderen Seite, zwischen Russen und Nichtrussen, zwischen Schwarzhundertschaften (russischen Nationalisten) und anderen Gruppen, zwischen Arbeiterschaft und Unternehmern, zwischen Christen und Muslimen, zwischen armenischen Christen und Orthodoxen, zwischen Sunniten und Schiiten. Natürlich gab es auch gewöhnliche Kriminelle und Ölbarone, die regelmäßig «Schutzgelder» an Radikale zahlten, bei Entführung und Geiselnahme ohnehin, und natürlich gehörte Korruption zum Alltag. Die Zahl derer, die in den Auseinandersetzungen zu Tode kamen, ging in die Hunderte, die der Verletzten in die Tausende. Zahlreiche Fördertürme standen in Flammen, alle Grenzen zwischen organisiertem Protest und purem Vandalismus fielen.

Dieser Sturm war vorbei, als Koba 1907 nach Baku kam. Doch die mentalen Narben und die materiellen Verwüstungen blieben. Erst in den späten 1920er Jahren wurde hier wieder so viel Öl gefördert wie vor der Revolution. Koba brachte seine junge Frau Kato und seinen erst drei, vier Monate alten Sohn Jakow mit. Koba und Kato hatten ein knappes Jahr zuvor in einer Kirche in Tiflis geheiratet, angeblich um zwei Uhr nachts, weil Koba wieder einmal polizeilich gesucht wurde und erst ein Priester gefunden werden musste, der die Trauung trotz fehlender Papiere vollzog. Die 21-jährige Braut, Jekaterina (georg. Ketewan, Rufname: Kato) Semjonowna Swanidse, wurde in einem Dorf im Gouvernement Kutaisi geboren. Später zog die Familie nach Tiflis, wo der Vater, der einer Adelsfamilie entstammte, als Lehrer tätig wurde; Kato führte zusammen mit ihren beiden Schwestern ein Modeatelier in der Stadt, das Kleider, aber auch Uniformen nähte. Kato und Koba hatten sich kennengelernt, weil der Vater dem Illegalen wiederholt Unterschlupf gewährte. Kato wusste also, worauf sie sich einließ, und Koba dürfte es geschmeichelt haben, dass Kato nicht nur bildhübsch war, sondern auch aus guter Familie stammte. Obwohl staatlich nicht registriert, stieß die Ochrana auf diese Verbindung, als sie bei einer Razzia in Moskau Katos Tifliser Adresse mit einem Hinweis auf «Soso» entdeckte. Kato wurde, im vierten oder fünften Monat schwanger, verhaftet. Doch ihre Schwestern erreichten dank ihrer guten Verbindungen ihre Entlassung aus dem Gefängnis und die Überstellung in das Haus des Tifliser Polizeichefs. Koba, zur Zeit des Geschehens in Richtung Tampere unterwegs, erfuhr davon erst nach seiner Rückkehr und konnte nun, als Cousin ausgegeben, Kato im Haus des Polizeichefs sogar besuchen.

Der hektische Umzug nach Baku 1907, die dortige hochsommerliche Hitze und das subtropische Klima bekamen Kato nicht. Sie erkrankte. Die Familie drängte, sie nach Tiflis zurückzubringen. Koba stimmte schließlich zu. Kato starb am 5. Dezember 1907, als Todesursachen werden Typhus, Fleckfieber oder Tuberkulose genannt. Sosehr Koba sie zuvor über seiner politischen Arbeit vernachlässigt haben mochte, ihr Tod traf ihn tief. Man erzählte, er habe sich in seiner Verzweiflung zu ihr ins Grab stürzen wollen. Mit ihr, so sagte er später selbst, sei alles Menschliche in ihm erloschen. Vermutlich stellte sich das Gefühl der Leere erst allmählich ein. Die Revolution war Vergangenheit, die Reaktion hatte gesiegt, und mit Kato war nun auch ein Stück persönlicher Zukunft gestorben.

Dem neuen Kurs Stolypins folgend, zerschlug die Polizei auch die Organisation in Baku. Ende März 1908 verhaftete man Stalin und brachte ihn ins überfüllte Gefängnis von Baku. Im Spätherbst wurde er hoch in den Norden des europäischen Russland, in das Örtchen Solwytschegodsk (rd. 2000 Einwohner, 500 Kilometer südöstlich von Archangelsk), deportiert. Nach Zwischenaufenthalten im Moskauer Butyrka-Gefängnis und in Wologda, wo eine Typhuserkrankung behandelt wurde, erreichte er den tief verschneiten Verbannungsort am 27. Februar 1909. Außer einer Kirche aus dem 16./17. Jahrhundert, einer Polizeistation und einer Post gab es hier kaum Häuser aus Stein, nur die für die Gegend typischen Holzhütten und eben eine Kolonie von Verbannten (mit vier bis fünf Hundert Insassen), «Politische» jeder Richtung waren darunter, aber auch Kriminelle. Es war – wie üblich – kein Lager mit Zäunen und Gittern, gesichert lediglich durch die Lage, weit weg von jeglicher Zivilisation, zusammengehalten durch kleinliche Vorschriften, die der Polizeichef den ihm Anvertrauten machte, und durch die gemeinsame enervierende Langeweile.

Koba versuchte, ihr durch Rückzug und Lektüre zu entgehen. Er zeigte sich verschlossen, war unansprechbar und leicht erregbar. Dann wieder suchte er Kontakt, selbst mit Kriminellen, und knüpfte Beziehungen zu einer Mitgefangenen (Tatjana Suchowa). Ende Juni verließ Koba Solwytschegodsk heimlich, seine Vertraute und zwei weitere bolschewistische Verbannte begleiteten ihn bis zur nächsten Bahnstation, dann gingen sie zurück, und er setzte seine Flucht allein fort. Er fuhr nach Sankt Petersburg, fand Unterschlupf bei Sergei Allilujew, den er bereits aus Tiflis kannte; Allilujew hatte dort als Elektriker im Eisenbahndepot gearbeitet und lebte nun mit seiner Familie in Sankt Petersburg. Er vermittelte Koba an einen Bekannten weiter, der ihn mit neuen Papieren versorgte, so dass er zurück nach Baku reisen konnte. Die Polizei ließ ihn zunächst gewähren, sie folgte aber seinen Spuren und versuchte, die Reste seines von Spitzeln durchsetzten Netzwerkes ausfindig zu machen. Koba muss gewusst haben, dass er beschattet wurde, und versuchte immer wieder abzutauchen. Aber wo sollte er hin? Solche Erfahrungen prägten nachhaltig sein Verhältnis zu jenen Parteigenossen, die ihr Leben im Exil verbrachten und ihren Beitrag zur Parteiarbeit darin sahen, sich mit theoretischen Artikelchen zu bekriegen. Es war die Distanz des Daheimgebliebenen zu den «Ausländern», noch am Ende seines Lebens ließ sich die Zahl seiner Auslandsreisen an einer Hand abzählen. Und es war die Distanz des Praktikers zu den Theoretikern, der selbst auch nie eine großer Theoretiker werden sollte.

In Frühjahr 1910 griff die Polizei erneut zu. In der Befürchtung, wieder nach Sibirien verbannt zu werden, verwies Koba in einer Eingabe devot auf seine Lungenprobleme und bat, eine gewisse Stefania Petrowskaja heiraten zu dürfen, die aus der Verbannung zu ihm gekommen war. Die Eingabe wurde abgelehnt, doch die Strafe fiel relativ milde aus: Koba wurde zur Verbüßung seiner Restzeit zurück nach Solwytschegodsk geschickt, wo er Ende Oktober 1910 ankam. Inzwischen war die Kolonie viel kleiner geworden. Nur die Öde und die Schurigeleien durch den Polizeichef waren geblieben, ja verschärft worden durch morgendliche Quartierrazzien, als Reaktion auf seine Flucht im Vorjahr. Koba ertrug sie mit aufreizender Gelassenheit. Offenbar dieses ganze Leben leid, schrieb er Briefe an Bekannte, als ob es das Zensursystem nicht gäbe: über Fluchtpläne, über Gruppenbildungen der Exilanten, der Lenins und Plechanows, Trotzkis, Martows und Bogdanows, über ihre Stürme im Wasserglas, von denen die Arbeiter wenig hielten. Außerdem regte er die Bildung eines in Russland ansässigen Zentrums an, das die heimischen Aktivitäten koordinierte.

Auch während seines zweiten Aufenthalts im hohen Norden stürzte sich Koba in flüchtige Beziehungen zu einer Mitverbannten (Serafima Choroschenina), die wenig später in ein anderes Lager verlegt wurde; zu seiner Hauswirtin (Maria Kusakowa), einer jungen Witwe, die ihren Mann im Russisch-Japanischen Krieg verloren hatte und Ende 1911 einen Sohn (Konstantin) gebar; schließlich zu einer siebzehnjährigen Gymnasiastin (Pelagija Onufrijewa), die eigentlich eine Affäre mit seinem Mitverbannten Pjotr Tschischikow hatte, die dieser aber nun mit Koba «teilte». Noch vor Ablauf seiner Zeit soll Koba erneut versucht haben, den Verbannungsort zu verlassen, um an einem Auslandstreffen der Partei teilzunehmen. Er kam dabei nur bis Kotlas, nach anderen Überlieferungen bis Sankt Petersburg. Doch da das dafür nötige Geld nicht aufgebracht werden konnte, fuhr Koba nach Solwytschegodsk zurück, bevor man sein Verschwinden entdeckt hatte. Ob das avisierte Geld von einem verbannten Studenten unterschlagen wurde oder anderweitig verloren ging, ließ sich nie eindeutig klären.

Missmutig, in seiner abgetragenen, dünnen Kleidung und ohne Geld saß Koba die Reststrafe ab, bevor er im Sommer 1911 den Ort schließlich verlassen durfte. Er ging zunächst nach Wologda, der weit im Westen gelegenen Hauptstadt des Gouvernements. Hier hatte er nicht nur Tschischikow und die gemeinsame Freundin um sich, hier lernte er auch einen Studenten kennen, der von seiner Universität relegiert worden war und in Restaurants Mandoline spielt: Wjatscheslaw Skrjabin (mit dem Decknamen Molotow). Eine Weiterreise nach Sankt Petersburg, Moskau, Tiflis, Baku und einige weitere große Städte war Koba untersagt. Er fuhr trotzdem mit falschen Papieren nach Sankt Petersburg und wurde im September 1911 prompt verhaftet. Noch unter dem Schock der Ermordung Stolypins war man in Sicherheitskreisen alarmiert und doppelt nervös.

Nach mehreren Wochen im Petersburger Gefängnis wurde Koba für weitere drei Jahre nach Wologda zurückgeschickt. Er fühlte sich dort zunehmend isoliert, von allen Informationen und Entscheidungen abgeschnitten und reagierte frustriert, enttäuscht und verärgert. Im Februar 1912 überbrachte ihm Grigori Ordschonikidse, den Koba aus Baku kannte, die Nachricht, dass einen Monat zuvor die Prager Parteikonferenz, zu der Lenin fast nur eigene Anhänger eingeladen hatte, ein neues Zentralkomitee gewählt und beschlossen habe, Koba (den man in der Parteiführung seit Tampere als «Iwanowitsch» kannte) als Mitglied des Zentralkomitees zu kooptieren. Das war nicht nur eine Anerkennung seiner Tätigkeit in Russland, sondern brachte auch ein monatliches Salär von 50 Rubeln ein. Überdies sollte er Mitglied des «Russischen Büros» werden, dessen Bildung er mit vorgeschlagen hatte. Für das neue ZK-Mitglied war das Grund genug, in Wologda sein Bündel zu schnüren und sich nach Sankt Petersburg abzusetzen.

Von Lenin nicht eingeladen, hatten die Menschewiki in Prag gefehlt. Sie waren auch im neuen siebenköpfigen Zentralkomitee kaum vertreten. Stattdessen rückten Männer in den Vordergrund, die bisher in der zweiten Reihe gestanden hatten: Koba war einer von ihnen. Erstmals waren die «Einheimischen» im ZK in der Mehrheit, selbst wenn die beiden einflussreichsten Figuren «Exilanten» waren: Lenin und Sinowjew, die das «Auslandsbüro» bildeten. In Prag war auch Roman Malinowski, der Ochrana-Agent, zum Mitglied des Zentralkomitees bestellt worden. Er gab alle Interna künftig an seinen Auftraggeber weiter und sorgte dafür, dass seine neuen Kollegen, soweit sie in Russland tätig waren, rasch aus dem Verkehr gezogen wurden.

Koba fand in Sankt Petersburg, jetzt als «Wassili» unterwegs, bei einer Parteifreundin eine Unterkunft (Tatjana Slawatinskaja, 33-jährig, auch mit ihr hatte er eine flüchtige Affäre). Angespornt durch die Beförderung, entfaltete Koba geradezu hektische Aktivitäten. Er fuhr von Petersburg nach Tiflis und Baku, um für die Umsetzung der Prager Beschlüsse zu sorgen. Er traf sich dort mit seinem alten Freund Suren Spandarjan (Sohn eines armenischen Zeitungsverlegers, Absolvent des Ersten Tifliser Gymnasiums, Mitglied der bolschewistischen Kampfbrigaden und nun ebenfalls Mitglied des Zentralkomitees). Sie stellten fest, dass die Organisation hier weitgehend zerfallen war, und Koba kehrte nach Petersburg zurück, ohne sich groß um seinen Sohn, den die Swanidses aufzogen, zu kümmern.

Einem Prager Beschluss folgend, sollte aus der bolschewistischen Wochenzeitung «Swesda» (Der Stern) die legale Tageszeitung «Prawda» (Die Wahrheit) gemacht werden. Koba schrieb Leitartikel für die «Swesda», arbeitete am Konzept für die «Prawda» mit und zog zur leitenden Mitarbeit auch den Ex-Studenten Molotow heran. Als die Arbeiter in den sibirischen Goldminen an der Lena gegen die unmenschlichen Arbeitsbedingungen und die miserablen Löhne protestierten, Militär auf die Streikenden schoss, 150 Arbeiter dabei zu Tode kamen und eine Streikwelle folgte, hoffte Koba mit seinen Parteifreunden auf eine Neuauflage der Revolution: «Wir leben, unser rotes Blut kocht vom Feuer unverbrauchter Kraft», «Wir grüßen euch, ihr ersten Schwalben», schrieb er Mitte April in der «Swesda». Doch die Ochrana blieb Herr des Geschehens. Jakow Swerdlow saß bereits im Gefängnis; nach Grigori Ordschonikidse und Suren Spandarjan wurde Ende April 1912 auch Koba verhaftet. Damit befand sich die Mehrheit des neuen bolschewistischen ZK hinter Gittern; Malinowski hatte ganze Arbeit geleistet.

Im Juli 1912 wurde Koba für drei Jahre nach Narym, einem kleinen Ort im westsibirischen Gouvernement Tomsk, verbannt. Er traf dort auf Jakow Swerdlow, den 27-jährigen Sohn eines jüdischen Kleinunternehmers aus Nischni Nowgorod und seit Prag Mitglied des Zentralkomitees, und teilte mit ihm die Unterkunft. Anfang September flohen beide, Mitte September 1912 tauchte Koba wieder in Sankt Petersburg auf. Er schaltete sich in die Wahlkampagne für die vierte Reichsduma ein, in die Ende Oktober sechs Bolschewiki und sieben Menschewiki gewählt wurden. Der Menschewik Tschcheidse avancierte zum Fraktionsvorsitzenden, Malinowski wurde sein Stellvertreter. Koba, der im Oktober die Leitung der «Prawda» übernahm, befürwortete das Miteinander der Parteiflügel, während Lenin für die strikte Trennung eingetreten war. Lenin, der von Paris nach Krakau umgezogen war (das damals zum Habsburger Reich gehörte), war nicht nur darüber verargert. Die «Prawda» hatte Dutzende seiner zahlreichen Artikel, die er ihr zugeschickt hatte, einfach nicht gedruckt. Er bestellte deshalb Koba und die sechs bolschewistischen Dumaabgeordneten für den November 1912 nach Krakau ein. Koba reiste als persischer Geschäftsmann über Finnland an, wo er sich erst noch einen Pass besorgen musste, er war in Begleitung der jungen Genossin Valentina Lobowa, deren Mann später als Ochrana-Agent enttarnt wurde. Die Dumaabgeordneten genossen Immunität und waren auf dem direkten Wege gekommen. Überzeugen konnte Lenin sie vorläufig nicht.

Im Dezember 1912 wurde Koba erneut nach Krakau einbestellt. Er reiste mit der Lobowa an, und man sprach über alle strittigen Fragen. Später gesellte sich Sinowjew dazu, der in Krakau mit Lenin (und den beiden Familien) eine gemeinsame Wohnung gemietet hatte. Der Kreis erweiterte sich zu Jahresende um einige Dumaabgeordnete (unter ihnen auch Roman Malinowski) und ein betuchtes, russisches Ehepaar (Trojanowski), das mit den Bolschewiki sympathisierte und in Wien lebte. Hier entstand wohl der Plan, dass Koba sich als Theoretiker profilieren und eine Abhandlung über «Marxismus und nationale Frage» schreiben sollte, wozu er als Nichtrusse besonders prädestiniert schien. Um das Problem an einem seiner Brennpunkte sowie die Lösungsvorschläge der Austromarxisten zu studieren, sollte Koba vorübergehend nach Wien gehen und die Leitung der «Prawda» an Swerdlow abgeben, was es wiederum Lenin erleichterte – selbst wenn dies so deutlich nicht gesagt wurde –, die Petersburger auf seine Linie zu bringen. Vielmehr versicherte Lenin, dass Koba und Swerdlow (mit der Lobowa als Sekretärin) das «Russische Büro» leiten sollten, während das «Auslandsbüro» weiterhin bei ihm und Sinowjew (mit Lenins Ehefrau, Nadeschda Krupskaja, als Sekretärin) blieb.

In der zweiten Januarhälfte 1913 kam Koba nach Wien. Das Ehepaar Trojanowski stellte ihm in ihrer Jugendstilwohnung an der Schönbrunner Schlossstraße ein Zimmer zur Verfügung. Koba sollte hier die Austromarxisten studieren. Allen war klar, dass er ohne fremde Hilfe dazu nicht in der Lage sein würde. Er konnte ihre Werke nur in russischer Übersetzung lesen; Auszüge aus aktuellen Artikeln musste er sich übersetzen lassen. Trojanowski und andere Mitglieder der russischen Gemeinde in Wien, die Deutsch konnten, halfen ihm dabei.

Welche Bedeutung die Parteiführung dem Thema zumaß, war den Ausführungen von «Marxismus und nationale Frage» selbst zu entnehmen. Mit der Revolution sei, so war darin zu lesen, eine «Welle des Nationalismus» über das Land gerollt, und sie drohe auch «die Arbeitermassen zu erfassen». Selbst Sozialdemokraten seien vor dieser «Seuche» nicht gefeit. Der jüdische «Bund» (gemeint war der «Allgemeine jüdische Arbeiterbund von Litauen, Polen und Russland», der ein Jahr vor der Russischen Sozialdemokratie gegründet worden war und seither mit ihr kooperierte) rücke in Russisch-Polen «rein nationalistische Ziele in den Vordergrund» seiner Wahlkampagne (Feiern des Sabbats, Anerkennung des Jiddischen), und auch «ein gewisser Teil der kaukasischen Sozialdemokraten» (gemeint waren die Menschewiki) erhebe die Forderung einer «national-kulturellen Autonomie». Gegen diesen «nationalistischen Nebel» gelte es unermüdlich und konsequent vorzugehen. Der Verfasser lehnte die Vorstellung einer «nationalkulturellen Autonomie», die auf die Person, nicht auf ein Territorium bezogen war, wie sie von Austromarxisten vertreten wurde, ab und definierte als Nation: «Nation ist eine historisch entstandene stabile Gemeinschaft von Menschen, entstanden auf der Grundlage der Gemeinschaft der Sprache, des Territoriums, des Wirtschaftslebens und der sich in der Gemeinschaft der Kultur offenbarenden psychischen Wesensart.» Fehlte eines dieser Merkmale (wie bei den Juden das Territorium und die Sprache), hörte die Gruppe auf, eine Nation zu sein. Nationen stand das Recht der politischen Selbstbestimmung, auch der Lostrennung zu. Doch dieses Recht war für den Verfasser im «historischen» Zusammenhang zu sehen und galt nicht uneingeschränkt: Es durfte den Interessen des Proletariats nicht zuwiderlaufen. Damit war jener Grundsatz formuliert, der auch nach der Revolution für das Verhältnis des Gesamtstaates zu seinen Nationalitäten bestimmend bleiben sollte. Die Abhandlung erschien unter dem Titel «Nationale Frage und Sozialdemokratie» erstmals vom März bis Mai 1913 in der Zeitschrift «Prosweschtschenie» (Die Aufklärung), als Verfasser wurde «K. Stalin» angegeben. Die Schrift wurde ein Jahr später auch als selbständige Broschüre unter dem Titel «Nationale Frage und Marxismus» herausgegeben.

Mitte Februar 1913 kehrte Koba nach Sankt Petersburg zurück. Wenige Tage zuvor war Swerdlow verhaftet worden. Auf Rat Malinowskis bestimmte Koba Miron Tschernomassow zu dessen Nachfolger bei der «Prawda»; auch dieser stand, wie sich später herausstellte, auf der Gehaltsliste der Ochrana. Bereits eine Woche später griff die Polizei erneut zu und verhaftete am 22. Februar 1913 Koba auf einer Ballveranstaltung, deren Erlöse den Bolschewiki zugutekommen sollten. Er wurde für vier Jahre in die sibirische Region von Turuchansk abgeschoben und dort unter Polizeiaufsicht gestellt.

In diesem fast menschenleeren Gebiet, dicht unter dem Polarkreis gelegen, wurde es im Winter kaum richtig hell, und die Temperaturen sanken auf unter 30 Grad. Die wichtigste Verkehrsader war der Jenissej. Wenn er zufror, war man völlig von der Außenwelt abgeschnitten. Als Koba Turuchansk erreichte, einen Ort mit 200 bis 300 Einwohnern, war es Mitte Juli, von dort ging es weiter in die kleine Siedlung Kostino. Die Sommerzeit bewog ihn wohl, zusammen mit Swerdlow, der nicht weit entfernt davon untergebracht war, Fluchtpläne zu schmieden und die Genossen in Sankt Petersburg (unter anderem Roman Malinowski) um Geldsendungen zu bitten. Das Ergebnis war, dass man beide in der ersten Märzhälfte 1914 noch einmal etliche Kilometer weiter nach Norden verlegte, in das kleine Nest Kureika, das nur aus einigen Holzhütten bestand.

In einer von ihnen fanden Dschugaschwili und Swerdlow Unterschlupf – und gingen sich schon bald gründlich auf die Nerven. Dschugaschwili erwies sich, wie Swerdlow an seine Frau schrieb, als «Egoist». Bald redeten sie nicht mehr miteinander, schließlich trennten sie sich und vermieden es tunlichst, sich über den Weg zu laufen. Worüber hätte man auch reden sollen? Was die beiden Bolschewiki, den Georgier aus Gori und den Juden aus Nischni Nowgorod, bis dahin verbunden hatte, war hier weit weg: in dem gottverlassenen Dorf hoch im Norden Sibiriens, mit grimmiger Kälte im Winter und Mückenplage im Sommer, ohne Beschäftigung und intellektuelle Herausforderung, in beengten Wohnverhältnissen, ohne eigenes Zimmer, nur durch eine Bretterwand getrennt von den Hauswirten und der Kinderschar, die sie umgab, und der einheimischen Verwandtschaft, die gelegentlich zu Besuch kam.

Mehrfach verhaftet und verbannt, hatte Stalin immer wieder fliehen können. Bis er im Frühjahr 1913 ins sibirische Dorf Kureika am Polarkreis geschickt wurde. Er verhielt sich ruhig, wohl auch, weil im Jahr darauf der Erste Weltkrieg begann und er nicht Gefahr laufen wollte, als Flüchtling aufgegriffen und an die Front geschickt zu werden. Er verbrachte seine Zeit mit Jagen und Fischen, wovon er später noch gern erzählte; dagegen schrieb er keine einzige Zeile, die Eingang in seine Werkausgabe gefunden hätte. Der Strafvollzug war, verglichen mit sowjetischen Zeiten, überaus lax. Man konnte Gesinnungsgenossen, die ihre Verbannung in Nachbardörfern verbrachten, besuchen, auch mehrere Tage vom Bestimmungsort wegbleiben. Das obige Bild von einem Treffen in Monastyrskoe (einem kleinen Dorf im Turuchansker Gebiet) in den Jahren 1915/16 zeigt Stalin (mit scharzem Hut) mit alten Freunden, späteren Mitstreitern wie Gegnern (rechts neben Stalin Lew Kamenew, mit Schnurrbart, in der ersten Reihe rechts sitzend Jakow Swerdlow; Zweiter von links Stalins kaukasischer Freund Suren Spandarjan, Fünfte von links dessen damalige Lebensgefährtin Vera Schweitzer).

Seit seiner Ankunft in Sibirien hatte Dschugaschwili zahlreiche Briefe geschrieben und darin um Kleidung, warme Unterwäsche, Bücher und Geld gebeten. Ungeduldig registrierte er, dass der Transfer nur schleppend anlief. Er beneidete Swerdlow, weil dieser scheinbar besser bedacht wurde, und reagierte empfindlich, wenn Genossen (wie Sinowjew) nicht antworteten. Dass Malinowski im Frühjahr 1914 als Ochrana-Agent enttarnt wurde, muss Dschugaschwili tief getroffen haben, schließlich hatte er sich in seinen Briefen mehrfach auch an ihn gewandt. Das bestärkte ihn in seiner Grundüberzeugung, dass man niemandem, selbst in der engeren Umgebung, trauen konnte. Das generelle Misstrauen und der Verfolgungswahn der 1930er Jahre hatten hier wohl ihre Wurzeln.

Gemessen an den späteren Jahren, war das Leben in der Verbannung geradezu idyllisch. Nachdem Dschugaschwili mit seinem ersten Bewacher nicht ausgekommen, es sogar zu Handgreiflichkeiten gekommen war, ordnete ihm der zuständige Polizeioffizier einen neuen Aufpasser zu, der ihn korrekt behandelte und ihm großzügige Freiheiten einräumte. Da es neben Koba und Swerdlow in der Region noch eine Reihe weiterer bolschewistischer Verbannter gab (Lew Kamenew, Suren Spandarjan, dessen Lebensgefährtin Vera Schweitzer zum Beispiel, die Koba bereits aus dem Kaukasus kannte), konnte man sich besuchen, wovon Fotografien zeugen.

Koba kam mit dem Leben in der sibirischen Einsamkeit offenkundig besser zurecht als manche andere. Er ging fischen und auf die Jagd, streifte tagelang durch den Wald. Später erzählte er oft von seinen damaligen Jagderfolgen. Wovon er nicht erzählte, war die Liebesbeziehung zu einer Dreizehnjährigen (Lidia Pereprygina), aus der vermutlich zwei uneheliche Kinder hervorgingen, von denen eines noch als Säugling verstarb.

Anders als Swerdlow schrieb er zwischen der Verhaftung im Februar 1913 und dem März 1917 keine einzige Zeile, die Aufnahme in die Werkausgabe gefunden hätte. Zwar war mehrfach von verschiedenen Projekten die Rede (die alle um das Thema Marxismus und nationale Frage kreisten), doch dass er auch nur eines realisiert hätte, ist nicht bekannt. Seine Gedanken dazu – abgeschnitten von der Praxis – niederzuschreiben war ihm offenkundig kein Bedürfnis. Während Lenin zwischen März 1913 und Februar 1917 geradezu besessen Abhandlung auf Abhandlung, Artikel auf Artikel schrieb, die später in der Werkausgabe acht Bände (mit über 5000 Seiten) füllten, ging Stalin lieber zum Jagen und zum Fischen. Ein «Theoretiker», der für die Schublade schrieb, war er nicht.

Ganz grundlos war Kobas Befürchtung nicht, dass die Parteiführung in der fernen Schweiz ihn mehr und mehr vergaß. Zumindest sein Familienname fiel Lenin 1915 nicht mehr ein, als er sich bei Sinowjew und anderen erkundigte: «Wie hieß noch mal Koba ...»? «Iossif Dsch...»? «Sehr wichtig!!» Wie auch immer er hieß – Koba, der Sozialbandit, der «prächtige Georgier», der Geldbeschaffer der Bolschewiki, hatte seine Rolle vorläufig ausgespielt.

III. PETROGRAD – 26. OKTOBER 1917

Die Revolution – Stalins «Meisterstück»?

Im Februar 1917 hatten in Petrograd (wie die Hauptstadt Russlands seit Kriegsbeginn hieß) Hungerunruhen, Demonstrationen und Massenstreiks die Autokratie gestürzt. Zar Nikolaus II. dankte ab. Eine neue Provisorische Regierung, die die bürgerlichen Parteien des Parlaments (der Duma) hinter sich wusste, verkündete eine Amnestie für alle politischen und religiösen Vergehen, die Freiheit der Rede, der Presse, der Vereinsgründung und der Versammlung sowie das Streikrecht. Privilegierung von Ständen, Diskriminierung von Religionsgemeinschaften und Nationalitäten sollten beseitigt, Wahlen zu den Organen der lokalen Selbstverwaltung auf der Grundlage eines allgemeinen, gleichen, geheimen und direkten Wahlrechts vorbereitet werden und eine Volksmiliz die Polizei ersetzen. Zur Beratung der Verfassung und der Strukturen des künftigen Staates sollte eine konstituierende Versammlung einberufen werden. Selbst wenn die bürgerlichen Parteien die Revolution mit Rücksicht auf den Krieg nicht gewollt hatten, so hofften sie doch, diesen nun dank der Reformen erfolgreicher fortsetzen und an der Seite der Westalliierten zu einem siegreichen Ende bringen zu können. Parallel zur Provisorischen Regierung hatten Arbeiter in den Petrograder Betrieben und Soldaten in den dortigen Kasernen Deputierte für einen «Sowjet» (Rat) gewählt, der die Durchführung der versprochenen Reformen überwachen sollte; Vorsitzender seines Exekutivkomitees wurde der georgische Menschewik und Dumaabgeordnete Nikolai Tschcheidse.

Nichts davon war das Werk der Bolschewiki. Wer waren sie überhaupt? Das Jahr 1917 kam einer Neugründung gleich, programmatisch und organisatorisch. Nur wenige Reste ihrer Organisation hatten im Lande überlebt, ihre Führung saß im Ausland oder unter Polizeiaufsicht in Sibirien, Lenin und Sinowjew in der Schweiz, am fernen Jenissej Kamenew, Swerdlow und Dschugaschwili, den alte Freunde noch immer «Soso» oder «Koba» nannten, den die Öffentlichkeit aber fortan nur noch als «Stalin» wahrnahm. Weder die im In- noch die im Ausland hatten das Kommende vorausgesehen. Zwar glaubten alle, dass die Lage sich «zuspitze» und «Europa schwanger mit der Revolution» gehe. Doch selbst Lenin, der diese Diagnose im Januar 1917 zu Papier brachte, fügte sogleich hinzu, dass «die Alten» die «entscheidenden Kämpfe» vielleicht nicht mehr erleben würden. Die Sibirjaken hatten ihre Verbannungsorte bereits im Dezember 1916 verlassen; aber nur deshalb, weil die Regierung beschlossen hatte, auch politische Häftlinge einzuziehen. Sie mussten sich zur Musterung viele Kilometer weiter südlich, in Atschinsk, einfinden. Mit seinem zu kurzen linken Arm hatte Stalin nicht viel zu befürchten, tatsächlich wurde er als «untauglich» eingestuft. Hier erfuhren die Häftlinge von den Ereignissen in Petrograd, die Amnestie der Provisorischen Regierung machte sie zu freien Menschen. Sie eilten sofort an den Brennpunkt des Geschehens. Am 12. März 1917 kamen Kamenew und Stalin in Petrograd an.

Ein großer Bahnhof erwartete sie nicht. Die Bolschewiki hatten soeben das mondäne Stadthaus der Mathilda Kschesinskaja (einer gefeierten Tänzerin am Marinskij-Theater und einstigen Konkubine des Zaren) requiriert und zur neuen Parteizentrale erklärt. Stalin und Kamenew übernahmen dort die Leitung der «Prawda», sie rückten als Mitglieder des Russischen Büros in die Parteiführung ein und wurden in das Exekutivkomitee des So-

Die Revolution – Stalins «Meisterstück»? 73

wjet entsandt, wo sie auf zwei Altbekannte, die georgischen Menschewiki Nikolai Tschcheidse und Irakli Zereteli, trafen. Sie entschieden sich, den bisherigen Kurs des Sowjet, eine begrenzte Tolerierung der Provisorischen Regierung, publizistisch mitzutragen unter der Bedingung, dass diese sich an ihr Reformprogramm hielt. Was sonst? Gemessen am Selbstverständnis der Bolschewiki als marxistische Arbeiterpartei, angesichts ihrer organisatorischen Schwäche (mehr als einige versprengte Gruppen gab es nicht), angesichts der Mehrheitsverhältnisse im Sowjet und der völlig offenen Zukunft schien dies der einzig vernünftige Weg zu sein.

Lenin sah das anders. Ohne die Lage recht zu überblicken, polemisierte er in Zürich gegen den eingeschlagenen Kurs. Er versuchte, auf schnellstem Weg nach Russland zurückzukehren, was ihm mit Hilfe der deutschen Regierung auch gelang. Diese stellte einen Zug zur Verfügung, der ihn (und über 30 weitere Emigranten) von der Schweizer Grenze zum Ostseehafen Sassnitz brachte, wo sie mit einem schwedischen Dampfer ihre Reise fortsetzten. Von Stockholm aus telegrafierte Lenin nach Petrograd: «[…] vollständiges Misstrauen, keine Unterstützung der neuen Regierung […] Bewaffnung des Proletariats als einzige Garantie […] keine Annäherung an die anderen Parteien». Als er Anfang April auf dem Finnischen Bahnhof in Petrograd ankam, überraschte er Freund und Feind mit einem Sofortprogramm, dessen Schlagworte hießen: «Keinerlei Unterstützung der Provisorischen Regierung», «Entlarvung der Verlogenheit ihrer Versprechungen», «Übergang der gesamten Staatsmacht an die Räte», «Abschaffung der Polizei, des stehenden Heeres und der Beamtenschaft», «Enteignung des Großgrundbesitzes», «Nationalisierung der Banken», «Unterstellung von Produktion und Distribution unter Sowjetkontrolle», «Verbreitung dieser Forderungen unter den Fronttruppen», «Verbrüderung».

Man kann sich die Verwirrung, die diese Parolen auslösten, nicht groß genug vorstellen. Da war die Sowjetführung eben dabei, eine gemeinsame außenpolitische Linie zu finden, die die Forderung eines «Friedens ohne Annexionen und Kontributionen» mit der Bereitschaft, die neu gewonnene Freiheit zu verteidigen, verband, da hielt ihr Lenin entgegen, die «revolutionäre Vaterlandsverteidigung» sei etwas «Kleinbürgerliches», ein «Betrug der Bourgeoisie an den Massen», ja der «schlimmste Feind der weiteren Entwicklung». Da hatten es die gemäßigten Sozialisten gerade geschafft, die Ordnung aufrecht-, die Zentralverwaltung in Funktion, die Produktion am Laufen und die Front intakt zu halten, da wurden sie von Lenin mit der Forderung einer Abschaffung von Armee, Polizei und Beamtenschaft konfrontiert. Da wurden von ihm die Sowjets zu Keimzellen eines neuen Staatstypus erklärt, auf die zuvor niemand einen programmatischen Gedanken verschwendet hatte, Institutionen, die gerade fünf Wochen alt und weit davon entfernt waren zu funktionieren, und die in ihrer großen Mehrheit die ihnen angetragene Macht gar nicht haben wollten. Da machte sich jemand zum Fürsprecher der Massenspontaneität, der früher schlichtweg geleugnet hatte, dass diese Massen zu einem revolutionären Bewusstsein fähig seien, es sei denn, sie würden von einer straff organisierten Kaderpartei von Berufsrevolutionären angeführt. Dubios erschienen auch Lenins Konzessionen an die Bauernschaft: Denn wie ernst war die Forderung zu nehmen, die Großgrundbesitzer zu enteignen und den Boden den Bauern zu übertragen, wenn gleichzeitig das Parteiprogramm der bäuerlichen Familienwirtschaft keine Zukunft gab?

Wer so argumentierte, hatte nicht den Konsens der Parteien zur Sicherung der neuen Freiheitsrechte, zur Aufrechterhaltung der inneren Ordnung und zur Ausarbeitung einer demokratischen Verfassung im Sinn, ebenso wenig die Wiederherstellung der Aktionseinheit mit dem anderen Flügel der Sozialistischen Partei, mit den Menschewiki. Im Gegenteil: Es ging ihm um die Profilierung der Bolschewiki als eigenständige Kraft und die Aufkündigung des inneren Parteienkonsenses. Dass dies die Ordnung gefährdete, gesellschaftliche Konflikte heraufbeschwor und die Gefahr eines offenen Bürgerkriegs in sich barg, schreckte Lenin nicht: Er hatte bereits das nächste Ziel, die unmittelbare Überführung der «bürgerlichen» in eine «sozialistische Revolution», im Auge, die ohne die Auflösung der inneren Ordnung, ohne neue Konflikte, ohne einen Bürgerkrieg nicht zu erreichen war. Das sah wohl auch das Petrograder Stadtkomitee der Bolschewiki so, als es am 8. April Lenins neue Strategie mit 13 zu zwei Stimmen ablehnte.

Noch im Verlaufe des Frühjahrs schwenkte die Partei aber auf Lenins Linie ein. Auch Stalin. Eine Begründung gab er dafür nicht. Sich beharrlich an die Ausarbeitung einer Verfassung, von neuen Strukturgesetzen zu machen und dabei die parlamentarische Arbeit auf sich zu nehmen – das war für ihn keine verlockende Alternative. Dafür brauchte man auch keinen Stalin, das konnten die Menschewiki besser, von den Professoren und Anwälten der liberalen Kadettenpartei (den «Konstitutionellen Demokraten») ganz zu schweigen. Schon in der Vergangenheit hatte er es abgelehnt, dass sich die Bolschewiki ganz auf die legale Arbeit konzentrierten, die konspirative Tätigkeit aufgaben und die Kampfbrigaden auflösten. Der neuen Strategie «theoretisch» zu widersprechen, etwa darauf hinzuweisen, dass Russland noch immer ein Agrarland und die Industriearbeiterschaft eine kleine Minderheit sei, sozialistische Revolutionen von den «fortgeschritteneren» Staaten Mittel- und Westeuropas ausgehen müssten – solche Theoriegläubigkeit war ihm erst recht fremd. Er erledigte solche Ansichten, indem er sie dem «dogmatischen Marxismus» zuwies: Man müsse diesen «schöpferisch» anwenden und die «überlebte Vorstellung fallen lassen, dass nur Europa uns den Weg weisen könne».

Was Lenins Strategie Auftrieb gab, war die Entwicklung im Innern: Wer erwartet hatte, dass nun rasch «alles» besser und eine Verfassunggebende Versammlung gewählt würde, die die drängendsten Probleme löste, wurde enttäuscht. «Nichts» wurde besser, kein Problem gelöst, die Bevölkerung vertröstet und die Lage im Innern immer chaotischer. Die Hoffnung, den Krieg rasch und siegreich beenden zu können, erfüllte sich ebenfalls nicht. Der Versuch, mit einer Frontoffensive und mit einem militärischen Erfolg die Menschen hinter sich zu bringen, scheiterte im Frühsommer kläglich. Die Fortsetzung des Krieges erschien immer sinnloser, die Kriegsmüdigkeit wuchs. Mit dem Krieg hielten die katastrophalen Versorgungsprobleme an, die die Unruhen und Streiks zu Anfang des Jahres ausgelöst und zum Sturz der zarischen Regierung geführt hatten.

Auch die neue Regierung bekam sie nicht in den Griff. Ebenso wenig vermochte sie die Talfahrt der Wirtschaft zu stoppen. Nicht nur, dass Streiks und Demonstrationen immer wieder die Produktion lahmlegten. Da den Lohnerhöhungen in aller Regel kein Produktivitätszuwachs entsprach, steigerten sie nur die Inflation, die einen Großteil des eben Erreichten gleich wieder wegfraß. Der Verfall des Transportsystems führte zu empfindlichen Engpässen bei der Energie- und Rohstoffversorgung der Betriebe. Mussten sie ihre Produktion einstellen, vermochten daran auch die neuen Fabrik- und Gewerkschaftskomitees nichts zu ändern. Auch im Dorf wuchs die Unzufriedenheit: Die neue Regierung hatte noch im März das staatliche Getreidemonopol erneuert, das die Bauern zwang, fast all ihre Erzeugnisse an staatliche Versorgungsorgane zu veräußern. Die Bauern leisteten Widerstand, der noch wuchs, nachdem die Ernte im Sommer 1917 erheblich schlechter ausgefallen war als im Vorjahr. Und da die Regierung anscheinend wenig Anstalten machte, das «Agrarproblem» anzupacken, stiegen die Unruhe und die Zahl der Versuche, es auf eigene Faust zu lösen: durch Übergriffe auf fremdes Land, illegales Holzschlagen im gutsherrlichen Wald, blinde Zerstörungswut.

Dies alles untergrub das Ansehen der Provisorischen Regierung, die von Krise zu Krise taumelte und mehrfach umgebildet werden musste. Es schädigte aber auch die Reputation jener Parteien, die sie unterstützten, ihr angehörten oder im Laufe des Frühjahrs in sie eintraten, wie die Menschewiki und die Sozialrevolutionäre. Ungelöste Probleme und wachsende Spannungen schürten die Ungeduld und machten empfänglich für radikale Parolen, die sofortige Abhilfe versprachen. Anfang Juli demonstrierten Zehntausende Soldaten und Arbeiter bewaffnet und unter bolschewistischen Parolen gegen die Provisorische Regierung, gegen ihre «kapitalistischen Minister» und für die Übertragung der Macht an den Sowjet. Kampfkolonnen belagerten das Taurische Palais, den Sitz der Regierung wie des Sowjet. Doch die Sowjetführung widersetzte sich dem Verlangen, ihr mit Gewalt die Macht aufzuzwingen, und loyale Garderegimenter entsetzten das Regierungsgebäude.

Das Scheitern des Juliaufstandes wurde zum Debakel der bolschewistischen Partei. Führende Funktionäre wurden zur Fahndung ausgeschrieben. Lenin floh, begleitet von Sinowjew, nach Finnland; die Presse machte publik, dass er «mit deutschem Geld» zurück nach Russland gekommen war. Kamenew, Lunatscharski und eine ganze Reihe ihrer Gefolgsleute wurden verhaftet; auch Trotzki, der erst im Mai aus den USA zurückgekehrt war, rasch von sich reden gemacht und sich im Sommer den Bolschewiki angeschlossen hatte.

Da der Zusammentritt der Verfassunggebenden Versammlung erneut verschoben werden musste, diesmal auf November, wurde für Mitte August eine Staatskonferenz nach Moskau einberufen, die der Regierung Gelegenheit geben sollte, die Lage des Landes mit Vertretern der Politik, der Öffentlichkeit, der Wirtschaft, der Armee, der Nationalitäten und der akademischen Einrichtungen zu beraten. Bolschewiki waren nicht dabei, doch wie stark sie noch immer oder schon wieder waren, zeigte der Umstand, dass sie am Eröffnungstag zu einem eintägigen Generalstreik in Moskau aufgerufen hatten: Keine Straßenbahn fuhr, die Restaurants blieben geschlossen. Aber selbst ohne die Bolschewiki demonstrierten die im festlich geschmückten Bolschoi-Theater versammelten rund 2400 Delegierten schon im Äußeren eher die Spaltung der Gesellschaft als deren Einheit: manierliche Leute im Frack und steifen Kragen, mit Orden behängte Offiziere auf der rechten, Sowjetvertreter und Gewerkschaftler mit unrasiertem Kinn und im Arbeiterhemd auf der linken Seite.

Die Konfrontation zwischen Ministerpräsident Alexander Kerenski und dem Oberkommandierenden der Armee Lawr Kornilow Ende August 1917, vom Ministerpräsidenten als Versuch eines Militärputsches gedeutet, veränderte das politische Kräftespiel nachhaltig. «Kampf der Konterrevolution» wurde zum neuen Schlagwort, und da die Bolschewiki an der Abwehr Kornilows beteiligt gewesen waren, war der «Sieg über die Konterrevolution» auch ihr Sieg. Er holte sie aus der Illegalität: Inhaftierte Funktionäre wurden entlassen, verbotene Parteizeitungen durften wieder erscheinen, in Petrograd und Moskau fanden von den Bolschewiki eingebrachte Resolutionen Mehrheiten im Sowjet.

Nun drängte Lenin aus seinem finnischen Versteck seine Gefolgsleute, den «bewaffneten Aufstand» vorzubereiten. Immer dringlicher wurden seine Appelle an das zögerliche Zentralkomitee. Es wäre «kindischer Formalismus», auf die Entscheidungen des Sowjetkongresses zu warten, der Ende Oktober zusammentreten sollte. Man müsse «die Macht sofort ergreifen», Aufschub wäre ein «Verrat an der Revolution», schrieb er ihm Anfang Oktober. Am 10. Oktober kam er persönlich zu einer ZK-Sitzung nach Petrograd. Obwohl Kamenew und Sinowjew weiterhin dagegen waren, setzte er seine Linie durch. Zum Vehikel des Aufstandes wurde das Militärische Revolutionskomitee des Petrograder Sowjet. Ursprünglich auf menschewistischen Antrag zur Verteidigung der Hauptstadt gegründet, bereitete es jetzt unter bolschewistischen Parolen den Umsturz vor. Es unterstand Trotzki, der im September zum Vorsitzenden des Petrograder Sowjet gewählt worden war.

Die Revolution – Stalins «Meisterstück»?

Und Stalin? Er war nicht der große charismatische Parteistratege, der – wie Lenin – mit der Forderung nach einer straff «organisierten Kaderpartei» die Sozialdemokraten gespalten hatte und mit seinen tollkühnen Aprilthesen eine völlig neue Richtung vorgab, ohne sich dabei um frühere Positionen zu kümmern, gleich ob sie nun die Räte, die Agrarfrage oder den Frieden betrafen; der Russland von allen «Ausbeutern», Gutsbesitzern und Kapitalisten zu befreien versprach und das Luftschloss eines basisdemokratischen Rätestaates entwarf, ohne Beamte, ohne Polizei und ohne stehendes Heer; der im Herbst die Partei zum «bewaffneten Aufstand» drängte, ein Zögern zum «Verbrechen» und «Verrat» erklärte und damit einem Voluntarismus das Wort redete, der ganz im Gegensatz zur These eines nach «objektiven Notwendigkeiten» ablaufenden Geschichtsprozesses stand.

Auch ein eloquenter Redner, ein selbstbewusster, extrovertierter Intellektueller mit wirrem Haarschopf und Zwicker auf der Nase, ein Volkstribun wie Trotzki war Stalin nicht. Trotzki hatte während der Julitage wütende Kronstadter Matrosen davon abhalten können, Landwirtschaftsminister Wiktor Tschernow zu lynchen oder als Geisel zu nehmen; ohne diese Fähigkeit zur Demagogie wäre Trotzki nicht Vorsitzender des Petrograder Sowjet geworden, schon in der Revolution von 1905 und jetzt im September 1917 erneut. Zweifellos kam sie ihm, zusammen mit seinem Organisationstalent, bei der Vorbereitung des «bewaffneten Aufstandes» zugute. Ohne Lenin und wohl auch ohne Trotzki hätte es keine Oktoberrevolution gegeben.

Man hat deshalb Stalin zum vollkommenen Ausfall erklärt, der die Revolution nicht «machte», sondern «verpasste». Dazu trug sicher auch Trotzkis spätere Bemerkung bei, Stalin habe in der Revolution keine Rolle gespielt. Doch ganz so einfach ist es nicht. Trotz anfänglicher Differenzen war Stalin noch im April auf die Linie Lenins eingeschwenkt, er hielt an ihr bis in den Herbst hinein fest. Mit Hilfe Lenins wurde er auf der 7. Parteikonferenz Ende April in das neunköpfige bolschewistische Zentralkomitee gewählt – mit den drittmeisten Stimmen nach Lenin und Sinowjew. Als nach den Julitagen Lenin und Sinowjew abtauchten und Trotzki und Kamenew im Gefängnis saßen, fiel es ihm zu, auf dem 6. Parteitag (Ende Juli/Anfang August 1917) den Rechenschaftsbericht des Zentralkomitees vorzutragen, die bisherige Parteilinie im Bericht zur politischen Lage zu verteidigen und das rituelle Schlusswort zu sprechen.

War es seit dem Frühjahr seine Aufgabe gewesen, als Herausgeber der «Prawda» das Mantra der Partei den hauptstädtischen «Massen» zu verkünden, so tat er das nach deren Verbot in mehreren bolschewistischen Ersatzblättern. Es gab, so erklärte er Ende August mit der für ihn typischen Zuspitzung, nur ein «Entweder-Oder»: «Entweder mit den Gutbesitzern und den Kapitalisten, und dann vollständiger Triumph der Konterrevolution. Oder mit dem Proletariat und der armen Bauernschaft, und dann vollständiger Triumph der Revolution.» Ein Paktieren mit der Bourgeoisie gab es für ihn nicht, nur den Bruch mit ihr und den Gutsbesitzern als ersten Schritt und die Schaffung einer Arbeiter- und Bauernregierung als zweiten. Da war er ganz bei Lenin. Er hatte diesen allerdings davon überzeugt, dass der Boden nicht nationalisiert, sondern den Bauern übergeben werden sollte, sonst wären sie für die eigene Sache nicht zu gewinnen. Zugleich deutete er eine gewisse Kurskorrektur, ein Abrücken von der Parole «Alle Macht den Räten» an, die das bolschewistische Machtkalkül klarstellte: Entscheidend sei, dass die Räte die Diktatur des Proletariats und der ärmsten Schichten der Bauernschaft verkörperten. Wo sie das nicht täten, werde man sich ihnen nicht unterwerfen. Die Räte seien eine mögliche Form dieser Diktatur.

In gewisser Weise teilte sich Stalin die Arbeit hinter den großen Kulissen mit Swerdlow, der mit den Parteiorganisationen draußen im Lande in Kontakt stand. Vielerorts war die Spaltung zwischen Bolschewiki und Menschewiki nicht vollzogen worden,

Die Revolution – Stalins «Meisterstück»?

und selbst wenn man sich als «bolschewistisch» ausgab, wollte man sich gerne erklären lassen, worin die Unterschiede eigentlich bestanden. Das zu erklären war schon vor dem Krieg schwierig, nach der Revolution, nach den programmatischen Hakenschlägen Lenins, in einer Zeit, in der die angebliche Kaderpartei immer mehr zum Sammelbecken der Unzufriedenen und Zukurzgekommenen wurde, mit Zulauf aus den Fabriken, den Garnisonen, von den Fronten und auch aus dem Dorf, erst recht.

So war es keine Frage, dass Stalin auf der ZK-Sitzung vom 10. Oktober dem Entschluss zum «bewaffneten Aufstand» zustimmte. Mit der Umsetzung der Entscheidung hatte er so gut wie nichts zu tun. Hier spielten Trotzki und das Militärische Revolutionskomitee die entscheidende Rolle. Auf Befehl dieses Komitees besetzten in der Nacht vom 24. auf den 25. Oktober 1917 Soldaten der Petrograder Garnison und bewaffnete Arbeiterbrigaden die strategisch wichtigen Punkte der Stadt. Im Namen des Revolutionskomitees wurden am nächsten Tag die Absetzung der amtierenden Regierung und der Übergang der Macht in die Hände des Petrograder Sowjet verkündet. Damit waren vollendete Tatsachen geschaffen, bevor am Abend des gleichen Tages der 2. Sowjetkongress zusammentrat, ohne auf die für Ende November angekündigte Wahl zur Verfassunggebenden Versammlung zu warten.

Was Stalin von Lenin und Trotzki gelernt haben dürfte: Fragen von Sein oder Nichtsein wurden nicht durch «gute» Argumente und «formale» Mehrheiten, sondern durch die Macht entschieden. Auch über die Konsequenzen war er sich im Klaren: dass es hier nicht um die Bildung einer neuen «demokratischen Regierung», die Organisation eines «neuen Kabinetts» und «ernste Veränderungen» bei der personellen Zusammensetzung der Provisorischen Regierung, sondern um das Ganze ging. Dass die Übertragung der Macht an die Sowjets eine «offene Diktatur», «eine Diktatur der Massen» bedeuten würde und dass sie «eine radikale, von unten bis oben durchzuführende Säuberung aller und jeglicher Regierungsstellen im Hinterlande und an der Front» zur Folge haben, mithin: auf einen Bürgerkrieg hinauslaufen würde. Das alles hatte Stalin bereits Mitte Oktober in einem Leitartikel angekündigt.

Einen Tag nachdem das Militärische Revolutionskomitee den Sturz der Provisorischen Regierung und den Übergang der Macht an die Sowjets verkündet hatte, billigte der 2. Sowjetkongress (nach Auszug der Menschewiki und rechten Sozialrevolutionäre) die von den Bolschewiki geschaffene Lage. Lenin erschien erst spät. Als er das Dekret verlas, das sofortige Gespräche zum Abschluss eines demokratischen Friedens versprach, wurde er durch stürmischen Applaus und das Absingen der «Internationale» unterbrochen. Ohne Diskussion wurde auch das Dekret über den Boden angenommen, das schon im ersten Satz die entschädigungslose Enteignung der Gutsbesitzer verkündete. Im gleichen Atemzug wurde die Bildung einer neuen «Arbeiter- und Bauernregierung» beschlossen. Diese sollte «Rat der Volkskommissare» heißen und unter dem Vorsitz Lenins agieren. Stalin sollte darin den Posten für Nationalitätenfragen übernehmen. Das entsprechende Dekret trug das Datum des 26. Oktober 1917.

Verglichen mit dem Vorjahr, hatten sich Stalins Lebensumstände vollständig geändert. Er war nun 39 Jahre alt, zum ersten Mal seit 17 Jahren ging er wieder einer bezahlten, mehr oder minder geregelten Arbeit nach. Er musste nicht mehr andere um Hilfe zur Bestreitung seines Lebensunterhalts bitten. Selbst über einen Dienstwagen mit Chauffeur verfügte er nun: einen eleganten Vauxhall, der 1914 für die Mutter des Zaren in England bestellt worden war. Obwohl er nun Regierungsmitglied sowie Mitglied der Parteiführung war und sich «Stalin» nannte, blieb er für viele engere Freunde «Koba». Und so weit war seine neue Rolle von der des Sozialbanditen ja auch nicht entfernt, weder im Selbstverständnis noch in der Fremdwahrnehmung.

IV. ZARIZYN – 6. JUNI 1918

Der Volkskommissar im Bürgerkrieg

Die 15 neuen Regierungsmitglieder waren meist zwischen 30 und 40 Jahre alt (das Durchschnittsalter lag bei 36); mit 47 Jahren war Lenin der Älteste. Alle blickten auf Jahre der Haft und Verbannung zurück, Verwaltungserfahrung hatte keiner von ihnen. Aus bolschewistischer Sicht war das kein Manko, schließlich sollte der Staatsapparat nicht «übernommen», sondern «zerschlagen» werden. Künftig würden die Sowjets die Macht übernehmen und die «Werktätigen», die «arme Bevölkerung zur täglichen Arbeit an der Verwaltung des Staates» herangezogen werden. Zwar wisse man, so Lenin, dass «nicht jeder ungelernte Arbeiter und jede Köchin» imstande seien, «sofort» an der Verwaltung des Staates mitzuwirken. Aber die Betonung lag auf «sofort», weshalb «unverzüglich» mit der «Ausbildung für die Staatsverwaltung» begonnen werden müsse und «alle Werktätigen, die ganze arme Bevölkerung, in diese Ausbildung einzubeziehen» seien.

So stand es auch im Dekret über die Bildung des Rates der Volkskommissare: Zu allen Zweigen staatlichen Lebens sollten sich «Kommissionen» bilden, die das Programm des Sowjetkongresses umsetzten, in engem Kontakt mit den Massenorganisationen der Arbeiter und Arbeiterinnen, der Matrosen und Soldaten, der Bauern und Angestellten agierten und dem Rat der Volkskommissare unterstanden. Die Volkskommissare waren ihrerseits dem Sowjetkongress und seinem Exekutivkomitee verantwortlich. Schon in der Nomenklatur wurde alles vermieden, was an den alten «Apparat» mit seinen Ministerien und Ministern, an alte Institutionen und Dienstränge erinnerte.

Die gleichen Prinzipien sollten auch beim übrigen Staatsaufbau gelten: Rote Garden und Arbeitermiliz sollten die Sicherung der öffentlichen Ordnung übernehmen. Per Dekret wurden alle bestehenden Gerichtsinstitutionen aufgelöst, einschließlich der Staatsanwaltschaft und der Advokatur. Gewählte Laienrichter sollten künftig Recht sprechen und nach «revolutionärem Gewissen» und «revolutionärem Rechtsbewusstsein» entscheiden. Als Ankläger oder Verteidiger konnte jeder unbescholtene Staatsbürger fungieren. In der Armee wurden noch im Dezember 1917 alle Dienstränge, Orden und Titel abgeschafft und die Rechte aller Armeeangehörigen einander angeglichen. Die Soldaten sollten sich ihre Vorgesetzten künftig selbst wählen. Ja, die neue «Rote Armee der Arbeiter und Bauern» sollte keine straff organisierte Kaderarmee mehr sein, sondern eine «Miliz», mit fliegenden Verbänden, beruhend auf der «allgemeinen Bewaffnung des Volkes».

Ähnlich tiefgreifend war der Umbruch in Wirtschaft und Gesellschaft. Er zielte auf alle Bereiche: auf Banken, Industrie und Landwirtschaft, die Kirche und die Schule, die Ehe und die Familie. So wurden alle Banken zu einer Staatsbank zusammengeschlossen und das Bankwesen zum Staatsmonopol erklärt. In allen Unternehmen wurde die «Arbeiterkontrolle» eingeführt. Ein Oberster Volkswirtschaftsrat sollte künftig alle Wirtschaftsprozesse koordinieren und die Aufsicht über die Staatsfinanzen ausüben. Zugleich wurde der Grundbesitz des Adels und der Krone, der Kirche und der Klöster entschädigungslos enteignet. Das gesamte lebende und tote Wirtschaftsinventar der konfiszierten Ländereien ging in das Nutzungsrecht des Staates und der Gemeinden über. Die Kirche wurde vom Staat getrennt, Religion zur Privatsache erklärt und das Eigentum der Kirche konfisziert. Sie sollte auch keinerlei Einfluss auf die Schule mehr haben, alle Schulen wurden staatlicher Verwaltung unterstellt und der Religionsunterricht verboten. Die neue Familiengesetzgebung erkannte nur noch die Zivilehe an, erleichterte die Scheidung und stellte uneheliche und eheliche Kinder einander gleich. Und das war nur der Anfang: Eine wahre Flut von Dekreten und Verordnungen erläuterte, ergänzte und modifizierte diese Bestimmungen. Deren gemeinsames Ziel war, Versprechen einzulösen, Loyalitäten zu sichern, die alte Staatsmaschinerie zu zerschlagen und eine Basis für den neuen Staat zu schaffen.

Die Grundgedanken dazu hatte Lenin im Sommer 1917, in seiner (unvollendet gebliebenen) Schrift «Staat und Revolution» zu Papier gebracht, von ihm stammten auch die Entwürfe für die eben erwähnten Dekrete. Stalin trug diese Politik in allen Punkten mit. Eine vergleichbare theoretisch-programmatische Schrift zum sozialistischen Rätestaat aber gab es von ihm nicht. Ähnliches galt für seinen Anteil an den im Winter 1917/18 erlassenen Staatsgrundgesetzen. Zwar unterschrieb er das Dekret «über die Rechte der Völker Russlands» als Volkskommissar für Nationalitätenfragen Anfang November mit. Doch die dort verkündeten Prinzipien (von der «Gleichheit und Souveränität aller Völker Russlands», ihrem «Recht auf freie Selbstbestimmung» bis hin zur Abspaltung und Ausrufung eines eigenen Staates, der Abschaffung von national-religiösen Privilegien und der freien Selbstbestimmung auch für nationale Minderheiten) bestätigten nur schon zuvor gemachte Versprechungen; und was diese Zusicherungen wirklich wert waren, blieb offen.

Dass die verkündeten Dekrete nur wortreiche Verlautbarungen und Appelle waren, deren landesweite Befolgung nicht überprüft werden konnte, war auch der neuen Führung bewusst. So überließ sie es wohlweislich den Bauern selbst, das Dekret über den Boden umzusetzen. Das taten sie auch, ohne sich von außen oder gar von oben viel hineinreden zu lassen. Sie verteilten den Boden «ihres» Gutsbesitzers, «ihres» Klosters, «ihrer» Kirche unter sich, ein Ausgleich zwischen Dörfern oder gar über die Grenzen des Amtsbezirks hinweg blieb die Ausnahme. Ein Dorf, das kein Kloster oder keinen Gutsbesitzer hatte, ging leer aus. Bauern, die in den vergangenen Jahren aus der Landgemeinde ausgeschieden waren und sich selbständig gemacht hatten, wurden in die Landgemeinde zurückgeholt. Selbst wenn (als Folge der Verteilungskämpfe in Stadt und Land, der Auseinandersetzungen in den Fabriken zwischen Unternehmern und Arbeiterschaft, angesichts der Plünderungen von Versorgungsstellen und Weinlagern, des Ausbruchs von Gewaltexzessen und des Schaltens und Waltens der revolutionären Tribunale) vielerorts chaotische Zustände herrschten, hieß das nicht, dass das neue Regime die Entwicklung völlig ihrer Eigendynamik überließ. Es griff ein, wo es «die Revolution», d. h. die eigene Macht, bedroht sah.

Schon in den ersten Wochen hatte die neue Führung zu erkennen gegeben, dass sie nicht bereit war, die Macht mit anderen zu teilen und ihren Gegnern die gleichen Freiheitsrechte einzuräumen, die ihren eigenen Aufstieg möglich gemacht hatten. Ebenso wenig ließ sie sich von oppositionellen Mehrheiten aus dem Amt drängen. So widersetzte sich Lenin von Anfang an vehement Forderungen aus der eigenen Partei, durch Aufnahme von Vertretern der anderen sozialistischen Parteien den Rat der Volkskommissare zu einer sozialistischen Allparteienregierung zu machen. Lenin nahm sogar in Kauf, dass daraufhin Anfang November fünf Mitglieder des bolschewistischen Zentralkomitees zurücktraten und auch fünf Regierungsmitglieder ihre Posten zur Verfügung stellten. Schließlich akzeptierte man die Linken Sozialrevolutionäre als Juniorpartner, eine Koalition, die nur bis zum Frühjahr hielt.

Schon in den ersten Tagen nach dem Umsturz hatte die neue Regierung zahlreiche «bürgerliche» Presseorgane verboten und deren Verlagshäuser geschlossen; die bürgerliche Presse sei nun einmal «eine der wirksamsten Waffen der Bourgeoisie». Ende November 1917 verfügte ein Dekret die Verhaftung der Führer der liberalen Kadettenpartei und ihre Überstellung an die revolutionären Tribunale. Per Verordnung vom 6. Dezember schuf der Rat der Volkskommissare eine «Außerordentliche Kommission zur Bekämpfung von Konterrevolution und Sabotage» (nach der russischen Abkürzung kurz «Tscheka» genannt), die sich mit ihren Terrormethoden in den innenpolitischen Auseinandersetzungen rasch einen zweifelhaften Ruhm erwarb. Und als sich bei der seit Frühjahr 1917 immer wieder versprochenen Wahl der Verfassunggebenden Versammlung herausstellte, dass die Bolschewiki nur ein Viertel der Mandate errungen hatten, wurde sie nach nur eintägiger Sitzung Anfang Januar 1918 aufgelöst.

Auch dabei war Lenin die treibende Kraft. Doch Stalin gehörte mit Trotzki und Swerdlow zum engeren Führungszirkel. Ende November hatte das bolschewistische Zentralkomitee Lenin und die drei Genannten in ein Büro zur Regelung dringender Fragen gewählt und es ermächtigt, in allen außerordentlichen Angelegenheiten eine rasche Entscheidung zu treffen. Die drei waren es vor allem, mit denen Lenin die nächsten Schritte abstimmte. Verkündet wurden sie als Entscheidungen des Rats der Volkskommissare, der die basisdemokratischen Versprechungen der Gründertage in gleichem Maße hinter sich ließ, wie man die Bedeutung staatlicher Verwaltung und Sachkompetenz für die Durchsetzung und Absicherung der Macht erkannte. Die «Kommissionen zu allen Zweigen staatlichen Lebens» bildeten sich nicht. Die Volkskommissariate übernahmen die alten Ministerien und gingen in ihnen auf.

Zugleich verkümmerten die Fachabteilungen des Allrussischen Zentralen Exekutivkomitees, dem die Regierung «eigentlich» unterstellt war. Zum Aufbau einer eigenständigen Räteadministration fehlten ihnen die Mittel und das Personal, zumal auch Swerdlow, der den Vorsitz von Kamenew übernommen hatte, wenig Neigung zeigte, sie zu konkurrierenden Fachverwaltungen auszubauen. Im internen Gebrauch benutzte man die Bezeichnungen «Volkskommissariat» und «Ministerium» schon bald synonym. Wie groß die Kontinuität in der Ministerialbürokratie war, zeigten interne statistische Erhebungen. Von der höheren Beamtenschaft der Volkskommissariate waren im August 1918 80 bis 90 Prozent schon vor der Oktoberrevolution im öffentlichen Dienst tätig gewesen, nur acht Prozent waren Bolschewiki.

Im Volkskommissariat für Nationalitätenfragen, dem Stalin vorstand, war es insofern anders, als es kein Vorgängerministerium gab. Stalin fing bei null an und hatte bis Ende des Jahres kaum mehr als einen Schreibtisch im Smolny; erst nach dem Umzug der Regierung von Petrograd nach Moskau im Frühjahr 1918 wuchs die Zahl der Mitarbeiter. Von seinen 222 Angestellten im Sommer 1918 hatte er keinen Einzigen «übernommen», nur einer war vorher in einer anderen ehemaligen Regierungseinrichtung beschäftigt gewesen. 60 (27 Prozent) waren Bolschewiki, vier Linke Sozialrevolutionäre, der Großteil parteilos. Rechnete man noch die Mitglieder von nationalen Sektionen, der Arbeiterjugend und der Kandidaten der Bolschewiki hinzu, so kam man sogar auf 85 Bolschewiki (mithin 38,3 Prozent). Kein einziger Mitarbeiter des Volkskommissariats bekannte sich zu den Rechten Sozialrevolutionären, zu den Menschewiki oder zu den Anarchisten. Sich von Menschewiki oder «bürgerlichen Spezialisten» etwas sagen zu lassen, das war für Stalin undenkbar.

Das hatte mit seinem neuen Amt zu tun, wenn auch nicht nur. Seit der Februarrevolution hatten sich in den Randgebieten unter der Losung «Schluss mit der nationalen Unterdrückung» Bewegungen gebildet, die mit dem Anspruch auf «nationale Selbstbestimmung» und geführt von einer «nationalen, bürgerlich-demokratischen Intelligenz» «gesamtnationale» Institutionen ins Leben riefen und die Bildung «bürgerlicher Nationalstaaten» vorzubereiten begannen: in Finnland, Estland, Lettland und Litauen, in Georgien, Armenien und Aserbaidschan, im Nordkaukasus, in Kirgisien und an der mittleren Wolga, in der Ukraine und in Weißrussland, in Bessarabien, auf der Krim und in Baschkirien, in Turkestan und sonst wo. Sie verfolgten diese Politik nach dem Oktoberaufstand weiter, nun auch in Abgrenzung vom bolschewistischen Zentrum – im Transkaukasusgebiet, wie Stalin feststellte und was ihm zweifellos besonders missfiel, unter der «Maske des Sozialismus», geführt von einer menschewistisch-bürgerlichen Allianz.

Obwohl die Regierung Anfang November 1917 in der Deklaration zu den Rechten der Völker Russlands das Recht der freien Selbstbestimmung (einschließlich der Lostrennung), Stalin Mitte des Monats in der «Prawda» die «volle Freiheit für das finnische Volk wie auch für die anderen Völker Russlands» propagiert und im Dezember der Rat der Volkskommissare die staatliche Unabhängigkeit Finnlands ausdrücklich anerkannt hatte, stellte Stalin nachfolgend klar, dass das Prinzip nationaler Selbstbestimmung nicht als «Recht der Bourgeoisie, sondern als Recht der werktätigen Massen», als «Mittel im Kampf für den Sozialismus» zu verstehen sei und «den Prinzipien des Sozialismus untergeordnet» werden müsse. In «rückständigen Randgebieten» hätten sich «bürgerlich-autonome Gruppen» gebildet, die sich als «Retter der Heimat» und «Beschützer der Nation» hinstellten und «die Massen» um sich zu sammeln versuchten.

Aktuelle Aufgabe sei es mithin, so schrieb er in einem «Prawda»-Artikel im April 1918, den Randgebieten «Autonomie» zu gewähren, zur Organisation einer «einheimischen Schule, eines einheimischen Gerichts, einer einheimischen Verwaltung, einheimischer Machtorgane, einheimischer gesellschaftlich-politischer Institutionen und Bildungsstätten, wobei in allen Sphären der gesellschaftlichen und politischen Arbeit die Vollberechtigung der einheimischen Sprache, der Muttersprache der werktätigen Massen des Gebiets garantiert werden» müsse. Autonomie diente somit der Indigenisierung und die Indigenisierung der Stärkung der proletarischen Sowjetmacht in den Randregionen. Ziel sei, so hatte Stalin kurz zuvor in der «Prawda» ausgeführt, eine Russländische Föderation von Republiken, in der der zentrale Rat der Volkskommissare die Kompetenzen der Außenpolitik, von Heer und Flotte, der Eisenbahnen, der Post und des Fernmeldewesens, des Geldes, des Außenhandels, der allgemeinen Wirtschafts-, Finanz- und Bankpolitik wahrnahm, Gerichtswesen und Verwaltung, Schule und Sprachen aber in der Obhut der Einzelterritorien verblieben.

Auch dies waren zunächst nur Willenserklärungen, Appelle, wie sie im Winter 1917 und Frühjahr 1918 dem Allrussischen Rätekongress, auf Sitzungen des Zentralen Exekutivkomitees, des Rates der Volkskommissare und des bolschewistischen Zentralkomitees vorgetragen, in Telegrammen an Institutionen der Peripherie verkündet, in «Prawda»-Artikeln ausgebreitet und nachgedruckt, in Zeitungsinterviews und Verfassungsentwürfen formuliert werden konnten. Sie wirklich durchzusetzen fehlten vorläufig alle Voraussetzungen. Auch Stalin war bewusst, dass die Ansichten über das Ausmaß der Autonomie und die Gestaltung der propagierten Föderation in der Partei, zwischen rechts und links, selbst im eigenen Kommissariat auseinandergingen. Ein Mitarbeiter des Kommissariats berichtete später, dass Stalin Sitzungen, in denen dieses Problem lang und breit erörtert wurde, irgendwann verließ und nicht mehr zurückkam. Ihn nervten offenkundig solche «endlosen» Diskussionen.

Nach den Erinnerungen desselben Mitarbeiters verging in diesen ersten Wochen im Smolny auch kaum ein Tag, an dem Lenin nicht mehrfach nach Stalin fragte, ihn mitunter selbst holen kam und Stalin sich im Anschluss an die stundenlangen Unterredungen daranmachte, deren Ergebnisse am Telefon umzusetzen. Selbst wenn Trotzki darauf beharrte, Stalin sei auch als Volkskommissar «eine Gestalt zweiten Ranges» geblieben, gestand er zugleich dessen besondere Stellung im Kabinett ein: Lenin habe auf ihn, den Georgier, als authentischen Fachmann für Nationalitätenwesen gesetzt, das Lenin zusammen mit der Bauernfrage für die Schlüsselprobleme des neuen Staates hielt. Zugleich habe Lenin Stalin hofiert, weil er an ihm «seine Entschlossenheit, seinen Mut, seine Hartnäckigkeit, ja bis zu einem gewissen Grade seine Verschlagenheit als für den Kampf notwendige Eigenschaften» schätzte, ohne von ihm «originelle Ideen, politische Initiative oder schöpferisches Vorstellungsvermögen» zu erwarten. Obwohl dieses Lob erkennbar vergiftet war, traf es einen wichtigen Punkt. Denn auch Trotzki räumte ein: «Sicher ist, dass Lenin in jener Periode Stalin dringend brauchte.»

Trotzki lästerte, Stalin habe die Rolle eines «Generalstabschefs» von Lenin nur übernehmen können, weil er in seiner Funktion als Volkskommissar zunächst so wenig zu tun gehabt habe wie niemand sonst in der Regierung. Er hob damit auf seine eigene, viel bedeutendere Position in der Regierung ab: Als Volkskommissar des Äußeren fiel es in sein Ressort, den so hart ersehnten Frieden zustande zu bringen. Hier ging es um das Überleben des Regimes. Damit betraut zu werden war eine ehrenvolle Aufgabe, freilich nicht ohne Risiko. Die Verhandlungen wurden im Hochgefühl begonnen, dass die übrigen Mächte dem Vorbild des revolutionären Russland bald folgen würden, man müsse die Gespräche nur in die Länge ziehen. Entsprechend provokant war der Auftritt der russischen Delegation, als sie in Brest-Litowsk mit den Vertretern der Mittelmächte zusammentraf.

Die Ernüchterung ließ nicht lange auf sich warten. Zwar konnte noch im Dezember 1917 ein Waffenstillstand abgeschlossen werden, doch unter dem Druck der Militärs waren die Friedensbedingungen hart. Anfang Januar 1918 übernahm Trotzki selbst die Verhandlungsführung, ohne daran etwas ändern zu können. Die Frage, ob man diese Bedingungen annehmen könne oder ablehnen müsse, wurde in Petrograd kontrovers diskutiert. Während sich Lenin für eine Annahme aussprach, weil das Land eine «Atempause» brauche, war eine Mehrheit in der Parteiführung dagegen, und dagegen waren auch die Vertreter der Linken Sozialrevolutionäre in der Regierung. Der von Trotzki vorgeschlagene Mittelweg, den Krieg für beendet zu erklären und abzureisen, ohne die Friedensbedingungen zu unterschreiben, erwies sich als verhängnisvolle Sackgasse. Die Mittelmächte nahmen die Kampfhandlungen wieder auf, die neu aufgestellten bolschewistischen Verbände konnten den Vormarsch nicht stoppen. Die deutschen Truppen stießen über Kiew hinaus nach Rostow am Don und auf die Krim vor. Selbst die Hauptstadt Petrograd war bedroht.

Die Regierung übersiedelte deshalb Ende Februar 1918 nach Moskau. Trotzki trat als Volkskommissar des Äußeren zurück. Es gelang Lenin, die Annahme der – nochmals verschärften – deutschen Bedingungen in Partei und Regierung durchzusetzen. Er nahm dabei in Kauf, dass die Linken Sozialrevolutionäre aus der Regierung ausschieden und die Oppositionellen in der eigenen Partei (die «Linken Kommunisten») ihm vorhielten, statt auf die Weltrevolution zu setzen, kompromisslerisch den Ausgleich mit den imperialistischen Mächten gesucht zu haben. Im Friedensvertrag von Brest-Litowsk, der am 3. März 1918 unterzeichnet wurde, verzichtete Sowjetrussland auf die baltischen Provinzen, es verlor Polen und akzeptierte die Unabhängigkeit Finnlands und der Ukraine; es büßte ein Viertel seiner Bevölkerung und des landwirtschaftlich nutzbaren Landes ein sowie drei Viertel der Eisenindustrie und der Kohlebergwerke.

Die diplomatische Niederlage wog umso schwerer, als sich auch im Innern der Widerstand zu formieren begann. Eine Führungsrolle übernahmen jene Parteien, die bei der Wahl zur Konstituierenden Versammlung die Mehrheit der Mandate errungen und nach der Auflösung der Konstituante in Samara eine Gegenregierung gebildet hatten; ihre prägende Kraft war die Partei der Sozialrevolutionäre. Militärisch gaben die – eher konservativ eingestellten – Kräfte der alten, «Weißen» Armee und die Freiwilligenverbände den Ton an, die sich im Süden, Osten und Nordwesten zu sammeln begannen, um auf das von den «Roten» beherrschte Zentrum vorzustoßen. Hinzu kam die Absetzbewegung der Nationalitäten an der Peripherie, die nicht zu stoppen schien. Völlig undurchsichtig war die Lage in Sibirien, wo eine Tschechoslowakische Legion sich ihrer Entwaffnung durch die Bolschewiki widersetzte und das Land entlang der Transsibirischen Eisenbahn unter ihre Kontrolle brachte. Zu Gegnern entwickelten sich mehr und mehr auch die Bauern im Süden und Südosten, denen die Bolschewiki alle Überschüsse und oft mehr als die Überschüsse wegnahmen, um die Städte und die roten Verbände zu versorgen, gegen Kreditbillets, für die sich die Bauern nichts kaufen konnten.

Überlebensnotwendig schien vor allem, neue schlagkräftige Streitkräfte aufzubauen. Die «Rote Arbeiter- und Bauernarmee», so hieß es im Gründungsdekret vom 15. Januar 1918, solle die «bewusstesten und bestorganisierten Elemente der werktätigen Massen» vereinen, binnen kurzem den Schutz der «Sowjetmacht» übernehmen, den Ausgangspunkt für die «allgemeine Volksbewaffnung» bilden und der «kommenden sozialistischen Revolution in Europa» als Hilfstruppe zur Verfügung stehen. Die seit der Februarrevolution entstandenen Arbeiterbrigaden, die Werkswachten und Roten Garden bildeten den Kern und gaben das Leitbild ab. Doch die Erfahrung, dass die rasch aufgestellten Verbände dem Angriff der deutschen Truppen nicht standgehalten hatten, ließ die Sowjetregierung noch im Frühjahr 1918 von ihrer bisherigen Militärpolitik abrücken.

Gegen den Widerstand der «Linken Kommunisten» verwarf sie ihr Konzept einer revolutionären Milizarmee und kehrte zu den alten Prinzipien einer Kaderarmee zurück. Die nebeneinander operierenden Milizverbände wurden in einer festen, einheitlichen Organisation zusammengefasst, die Wahl der Kommandeure abgeschafft, Uniform und militärischer Eid wieder eingeführt; die allgemeine Wehrpflicht ersetzte die freiwillige Meldung. Weil zur Führung und Ausbildung der neuen Armee die proletarischen Kader nicht ausreichten, griff man auf das alte zarische Offizierskorps zurück. Allen innerparteilichen Widerständen zum Trotz wurden Zehntausende ehemaliger Offiziere erneut angeworben und als «Militärspezialisten» mit Führungsaufgaben betraut. Sie entschieden in militärtechnischen und taktischen Fragen autonom, allerdings streng überwacht von den Politkommissaren, die ihnen bei- und übergeordnet waren. Die Kommissare hatten auf die Einhaltung aller Anweisungen der Sowjetregierung zu achten, die Autorität der Kommandeure zu stärken und in Konflikten mit den Mannschaften zu vermitteln. Im Bürgerkrieg wuchs die neue «Rote Arbeiter- und Bauernarmee» auf über fünf Millionen Soldaten.

Für dieses neue Militärkonzept stand Trotzki, der nach seinem Rücktritt als Volkskommissar des Äußeren noch im März 1918 den Posten des Kriegskommissars übernommen hatte. Unter seiner Leitung entstand auch eine neue, zentralisierte Militärverwaltung, deren Netz bis hinunter in die Amtsbezirke und Kreise reichte und an deren Spitze der «Oberste Militärrat» stand.

Auch in der Wirtschaft zeichnete sich im Frühjahr 1918 ein Politikwechsel ab. Im Frühjahr und Sommer 1917 hatten die Bolschewiki die Provisorische Regierung vor einer wirtschaftlichen «Katastrophe von beispiellosem Ausmaß» gewarnt. Den riesigen Problemen sei nur beizukommen, wenn Produktion und Konsumtion in staatliche Regie genommen würden. Den Sturz in die Katastrophe mit Hunger und Massenarbeitslosigkeit, den Lenin der Provisorischen Regierung vorausgesagt hatte, konnte die Oktoberrevolution nicht verhindern. Die neuen Dekrete bremsten den Fall ins wirtschaftliche Chaos nicht, sondern beschleunigten ihn. Sie lösten die letzten Bande, die die Volkswirtschaft noch zusammengehalten hatten, und was sie organisatorisch an ihre Stelle setzten (den Obersten Volkswirtschaftsrat, die Landkomitees und die Arbeiterkontrollorgane), war zu schwach, die Auflösung des Wirtschaftsorganismus zu verhindern – das Gegenteil war der Fall. Der Plan der geregelten Übernahme des kapitalistischen Funktionsapparates und seiner Unterstellung unter den proletarischen Staat scheiterte an der Entwicklung vor

Ort. Die Bauern verteilten das Land des Adels und der Krone ohne staatliche Beteiligung unter sich, und die Belegschaften in den Fabriken und Betrieben schritten zur Enteignung der Unternehmer, ohne die Entscheidung des Obersten Volkswirtschaftsrates abzuwarten und ohne sich an zentrale Perspektivpläne zu halten.

Ob die Konsolidierung der Lage von oben oder von unten ausgehen sollte, war in der bolschewistischen Partei umstritten. Während die «Linken Kommunisten» eine völlig neue, auf den Betriebskomitees aufbauende und nach dem Rätemuster organisierte Volkswirtschaft forderten, verlangte die Parteiführung, die wilden Nationalisierungen einzustellen, den bestehenden Wirtschaftsapparat zu erhalten und mit straffer Führung und eiserner Disziplin an den Wiederaufbau zu gehen. Die Regierung zentralisierte zunächst Verkehr und Versorgung. Um die Rote Armee und die städtische Bevölkerung ernähren zu können, holte sie den Bauern das Getreide mit Gewalt von den Feldern, und weil das Geld durch die galoppierende Inflation sehr schnell seinen Wert verlor, ging sie zur Naturentlohnung der Arbeiter über.

Die Ausschaltung von Geld und Markt und ihre Ersetzung durch ein zentralstaatliches Beschaffungs- und Verteilungssystem waren als Notbehelf entstanden, um mit den drängenden wirtschaftlichen Problemen fertigzuwerden. Doch in der Kommunistischen Partei festigten sie die Überzeugung, den Kapitalismus bereits überwunden zu haben. Noch im Herbst 1920 – nach dem Ende des Bürgerkriegs – glaubte man sich auf dem richtigen Weg, um das rückständige Russland direkt in eine «kommunistische» Gesellschaftsform zu überführen. Erst der massive Widerstand der Arbeiter und Bauern, Streiks und Aufstände erzwangen im Winter 1920/21 einen abrupten Kurswechsel.

Keine der großen Entscheidungen war in der bolschewistischen Parteiführung unumstritten gewesen: Gegen den «bewaffneten Aufstand» hatten im ZK Kamenew und Sinowjew gestimmt und ihre ablehnende Haltung in der Presse publik gemacht. Gegen die Bildung einer rein bolschewistischen Regierung waren im Zentralkomitee Kamenew, Sinowjew, Nogin, Rykow und Miljutin gewesen und von ihren Ämtern zurückgetreten, als es anders kam. Noch größer war der Widerstand gegen den Abschluss des Brester Diktatfriedens. Die Gegenforderung der «Linken Kommunisten» lautete, die Revolution in einem Partisanenkampf nach Westeuropa zu tragen; schließlich war es Lenin selbst gewesen, der auf den Konferenzen der internationalen Sozialisten in Zimmerwald und Kiental (1915/16) lautstark diese Umwandlung des Weltkrieges in einen europäischen Bürgerkrieg gefordert hatte. Bei der entscheidenden Abstimmung im Zentralkomitee stimmten Bucharin, Bubnow, Uritzki und Lomow gegen die Unterzeichnung, und Lenin erreichte nur deshalb eine Mehrheit, weil Trotzki und seine Anhänger (Krestinski, Dserschinski, Joffe) sich der Stimme enthielten.

Vergleichbares galt für den Kurswechsel in der Militär- und Wirtschaftspolitik: Schließlich stand die Milizarmee im Parteiprogramm, die Abschaffung der stehenden Armee in den Aprilthesen, die Wahl aller Kommandoposten bereits in einem der ersten Dekrete der Sowjetmacht; auch zeigten die neuen «roten» Milizionäre wenig Neigung, wie vordem unter ihren alten Offizieren zu dienen. Bei der Einführung der Arbeiterkontrolle hatte man ihren Gremien vor Ort, den Fabrik- und Betriebskomitees, weitreichende Wirtschaftkompetenzen zugesprochen, die nun nicht einfach per Federstrich wieder rückgängig gemacht werden konnten. Darauf wiesen die «Militäropposition» und einmal mehr die «Linken Kommunisten» in ihrem Widerstand gegen den Kurswechsel nachdrücklich hin.

Zu den wenigen in der Parteiführung, auf die sich Lenin «verlassen» konnte und die seinem Schlingerkurs nahezu bedingungslos folgten, gehörte – neben Swerdlow – Stalin. Swerdlow, der den Vorsitz im Zentralen Exekutivkomitee der Räte mit der

Mitgliedschaft im bolschewistischen Zentralkomitee vereinte, leistete Lenin insofern wichtige Zuarbeit, als er ihm mit der faktischen Gleichschaltung der Rätespitze den Rücken freihielt. Er half zugleich, die bolschewistische Partei zu einer richtigen Organisation auszubauen und sie kampagnenfähig zu machen. Dass Swerdlow schon im Frühjahr 1919 34-jährig starb, war für Lenin ein doppelter Verlust. Die Stütze, die er in Stalin fand, lag in dessen erprobtem «Pragmatismus». Während Lenin manchen Parteigenossen, die mit hochfliegenden Plänen oder idealistischen Bedenken zu ihm kamen, beschied, man sei «nicht mehr im Smolny», was so viel hieß wie «wir sind nicht mehr in der Opposition» oder «die Zeit der revolutionären Romantik ist vorbei», musste er Stalin nie belehren: Der war Realist durch und durch und nie ein Fundamentalist mit unaufgebbaren Glaubenssätzen und Überzeugungen gewesen, sondern immer «offen» für Fragen der Machtsicherung und des Machtausbaus.

Seit dem Frühsommer 1918 war an ein «Regieren» ohnehin nicht mehr zu denken: Sowjetrussland geriet immer tiefer in den Bürgerkrieg. Nach einem Attentat auf Lenin war das Land Anfang September zum «bewaffneten Lager» erklärt worden. Ein Beschluss des Rates der Volkskommissare propagierte eine Politik des «Roten Terrors»: «Klassenfeinde» waren in «Konzentrationslagern zu isolieren», «alle Personen, die zu weißgardistischen Organisationen, Verschwörungen und Aufständen in Beziehung stehen», zu erschießen und die Namen der Erschossenen zu veröffentlichen. Ende September wurde ein «Revolutionärer Militärrat der Republik» geschaffen und mit außerordentlichen Vollmachten ausgestattet. Das Volkskommissariat für Militärwesen ging darin auf, Trotzki übernahm den Vorsitz.

Auch bei allen Armeen und Fronten wurden «Revolutionäre Militärräte» gegründet und dem «Revolutionären Militärrat der Republik» unterstellt. Sie bestanden jeweils aus dem Kommandierenden der Front bzw. Armee, einem «Militärspezialisten» und zwei politischen Kommissaren, wobei einer der beiden Kommissare von Trotzki ernannt wurde. Als ziviles Gegenstück entstand Ende November ein «Rat für Arbeiter- und Bauernverteidigung» (kurz: «Verteidigungsrat»), der alle Kräfte «im Kampf gegen die Konterrevolution» mobilisieren sollte. Alle zentralen und lokalen Einrichtungen und alle Staatsbürger hatten seinen Anweisungen bedingungslos Folge zu leisten. Als Vorsitzender des Rates der Volkskommissare übernahm Lenin darin den Vorsitz, weitere Mitglieder waren der Vorsitzende des Revolutionären Militärrates (Trotzki), der Volkskommissar für das Verkehrswesen (Newski), der Stellvertretende Volkskommissar für Versorgung (Brjuchanow), der Vorsitzende der Außerordentlichen Kommission für den Nachschub in der Armee (Krassin) und als Vertreter des Allrussischen Exekutivkomitees Stalin.

«Regieren» hieß jetzt Schalten und Walten im Ausnahmezustand, auf Leben und Tod. In außerordentlicher Mission wurde Stalin Anfang Juni 1918 mit 460 Mann nach Zarizyn geschickt. Sein Auftrag war, die Lebensmittelversorgung der Hauptstadt sicherzustellen. Die Stadt am Wolgaknie mit ihren Eisenbahnverbindungen in die südliche Ukraine und ins Kubangebiet war dabei von strategischer Bedeutung: als «rote» Landbrücke zwischen Zentrum und Kaspischem Meer, zwischen den «weißen» Verbänden der Donkosaken unter Ataman Pjotr Krasnow und der Freiwilligenarmee unter General Anton Denikin im Westen und den aus Sibirien anrückenden Truppen unter Admiral Alexander Koltschak. Der Augenschein eines Tages genügte Stalin, um bereits am 7. Juni Lenin mitzuteilen, dass er «ein Durcheinander in allen Sphären des Wirtschaftslebens», «wüste Zustände» bei Getreidebeschaffung und Schleichhandel und einen «völlig zerrüttet[en]» Eisenbahnverkehr vorgefunden habe, trotz einer «Unzahl von Kollegien und Revolutionskomitees».

Seine Aufgabe sah er darin, «Ordnung zu schaffen» und «aufzuräumen». Der Schleichhandel werde unterbunden, die Einführung fester Preise und eines Kartensystems verfügt. Der Bevollmächtigte für Warenaustausch sollte noch am gleichen Tag «wegen Hamsterei und Spekulation mit staatlichen Waren verhaftet» werden. Seine Kommissare hätten «an verschiedenen Orten einen Haufen von Lokomotiven [entdeckt], von deren Existenz die Kollegien keine Ahnung» hatten. Man werde in acht Tagen eine «Getreidewoche» proklamieren und «mit einemmal ungefähr eine Million Pud nach Moskau» schicken. Da war er wieder, der «prächtige Georgier», der durchgriff, den Lenin so schätzte und dem er alle Unterstützung zusicherte, um die Stalin gebeten hatte.

Aber die wirtschaftliche und militärische Lage blieb schwierig. Er treibe alle an, schrieb Stalin einen Monat später, die Eisenbahnlinie südlich von Zarizyn wiederherzustellen, die niemals unterbrochen worden wäre, «wenn unsere militärischen ‹Spezialisten› [er bezeichnete sie als «Schuster»] nicht geschlafen und gefaulenzt hätten». Wenn die Verbindung wiederhergestellt sei, dann nicht «wegen, sondern trotz» der Militärs. Er versicherte Lenin, dass man «niemanden schonen» und «trotz allem» Getreide liefern werde. Und obwohl zur Getreidebeschaffung geschickt, begann er, sich auch in militärische Fragen einzumischen.

Stalin trug eine uniformähnliche Montur und Stiefel. Er brachte seine eigenen bewaffneten Leute mit, die seinen Anordnungen Nachdruck verliehen, und auch seine eigene Sekretärin, die 17-jährige Nadeschda Allilujewa, die ein Jahr später seine zweite Frau wurde. Und er machte von Anfang an deutlich, dass er von oben geschickt worden sei, dass er sich nicht einordnete und vereinnahmen lassen werde; statt sich irgendwo in der Stadt einzuquartieren, schlug er sein Hauptquartier in einem Eisenbahnwaggon auf. Wieweit er damit Trotzki, dessen legendären, autarken Panzerzug kopierte, dessen selbstgefällige, publikumswirksamen Auftritte, wozu auch die schwarze Ledermontur beitrug, die Trotzki und seine Entourage trugen, sei dahingestellt. Aber dass Stalins abfällige Bemerkungen – in seinem Telegramm vom 7. Juli an Lenin – über die unfähigen «Militärspezialisten» und die angeworbenen ehemaligen zarischen Offiziere nicht nur auf diese selbst, sondern vor allem auf Trotzki zielten, war unübersehbar. Trotzki hatte sie «erfunden», er hielt sie für unverzichtbar und seine schützende Hand über sie.

Die Kritik an seinen Schützlingen sollte auch Trotzki treffen, der so hoch in Lenins Gunst stand, wie seine beispiellose Karriere zeigte: Im Mai 1917 aus den USA zurückgekehrt, hatte Trotzki sich im Sommer 1917 zu den Bolschewiki bekannt, war im Herbst Vorsitzender des Petrograder Sowjet geworden, nach der Revolution Volkskommissar des Äußeren und im März 1918 Oberkommandierender der Armee, trotz seines Scheiterns in Brest-Litowsk. Als Stalin am 10. Juli erneut an Lenin schrieb, brach der ganze Ärger aus ihm heraus: Trotzki solle endlich damit aufhören, überall Armeebefehlshaber und Kommissare zu ernennen, ohne sich mit den örtlichen Funktionären ins Benehmen zu setzen («hämmern Sie ihm [das] ein»). Wenn man der Zarizyner Front keine Flugzeuge, Panzerwagen und Sechszollgeschütze schicke, sei sie (und mit ihr die Eisenbahnverbindung) nicht zu halten. Mit der militärischen Frage sei die Lebensmittelfrage eng verbunden, die Erfassung des Getreides nur mit einem eingespielten Apparat zu bewerkstelligen, in dessen Arbeit sich durchfahrende Truppen und Armeebefehlshaber nicht einzumischen hätten. Deshalb brauche er militärische Vollmachten, und deshalb habe er auch bereits an Trotzki geschrieben, aber keine Antwort erhalten. Es gehe selbstverständlich auch «ohne Förmlichkeiten», dann werde er eben ohne dieses «Papierchen» diejenigen «Armeebefehlshaber und Kommissare absetzen, die die Sache zugrunde richten».

Genau so verfuhr Stalin auch: Während sich die Lage in Zarizyn zuspitzte, wurden immer neue «Schuldige» dafür ausgemacht und an den Pranger gestellt. Im Bunde mit dem örtlichen Parteichef und der Tscheka errichtete er in Zarizyn ein Schreckensregiment, das auch vor den «Militärspezialisten» nicht haltmachte. Stalin «griff durch», ging gegen «Verrat», «Misswirtschaft» und «Sabotage» vor, die er vornehmlich bei «Ehemaligen» im Militärdienst und bei anderen «Konterrevolutionären» bürgerlicher Herkunft entdeckte. Er ließ sie Schanzarbeiten verrichten und auf einem Schiff unter unsäglichen Verhältnissen auf der Wolga festsetzen; viele verhungerten oder starben durch Genickschuss. Außerdem deckte er «verschwörerische Machenschaften» auf, ahndete sie mit Erschießungen (ohne Gerichtsverfahren), und die lokalen Medien sorgten für die nötige abschreckende und mobilisierende Resonanz.

Stalin machte Kliment Woroschilow zum Armeekommandeur. Anders als die «Militärspezialisten» war dieser einfacher Herkunft, am Schulbesuch gemessen, ein halber Analphabet und militärisch ein «Autodidakt», der seine bescheidenen Kenntnisse und Erfahrungen bei den Roten Garden erworben hatte. Stalin kannte ihn schon aus Vorkriegszeiten, er war beim Stockholmer Parteitag sein Zimmergenosse gewesen. Als im September 1918 anstelle des Nordkaukasischen Militärbezirks eine «Südfront» geschaffen und dem Kommando eines ehemaligen zarischen Offiziers (General Pawel Sytin) unterstellt wurde, als Vorgesetzter von Woroschilow, setzte man in Zarizyn dieses Spiel fort, bis Trotzki Anfang Oktober von Lenin «kategorisch» verlangte, Stalin abzuberufen und nach Moskau zurückzubeordern; Woroschilow könne ein Regiment befehligen, aber keine Armee mit 50 000 Soldaten. Stalin verließ im Laufe des Oktober Zarizyn. Um ein offenes Zerwürfnis zu vermeiden, wurde er im gleichen Monat Mitglied des Revolutionären Militärrates der Republik.

Dem Einsatz in Zarizyn folgten weitere Missionen: Anfang 1919 an die Ostfront, um zusammen mit dem Chef der Tscheka Dserschinski die Ursachen für den Verlust von Perm zu untersuchen, im Frühjahr an die Petrograder Front, wo weiße Truppen unter General Nikolai Judenitsch auf die alte Hauptstadt vorrückten, im Sommer an die Westfront, nach Weißrussland und Lettland, im Herbst 1919 erneut an die Südfront, als Mitglied des dortigen Revolutionären Militärrates, im Kampf gegen die Truppen Denikins in der Ukraine, im Frühjahr 1920 an die Südwestfront, nachdem polnische Truppen im Mai Kiew eingenommen hatten; im Herbst 1920 fuhr Stalin im Auftrag des Zentralkomitees in den Nordkaukasus und nach Aserbaidschan. Seine Rolle war stets die des Emissärs von oben, des Politischen Kommissars. In seine Entscheidungen ließ er sich nicht gerne hineinreden, von wem auch immer. Als militärischer Laie kam er zwar nicht ganz ohne die Militärspezialisten aus, aber was ihre Loyalität betraf, blieb er skeptisch. Sein Verdacht war omnipräsent und stärker als das Vertrauen in ihren Sachverstand. Schließlich war Bürgerkrieg, Bürgerkrieg auch «Klassenkampf», und die Ehemaligen gehörten zu den «Klassenfeinden». Deshalb fiel es ihm habituell schwer, auch nur den Anschein von Unterordnung zu ertragen. Man kann in diesem Verhalten einen Mangel an Selbstbewusstsein ausmachen und damit auch das Verhältnis Stalins zu Trotzki erklären. Es blieb gespannt, die Rivalitäten hielten an.

Die Erfahrung, dass die Roten Garden und Milizionäre den deutschen Truppen nicht standhielten, hatte die Rückkehr zu einer Kaderarmee und die Anwerbung von «Militärspezialisten» zur Folge gehabt. Zwischen 1918 und 1920 dienten etwa 75 000 Ehemalige als Kommandeure und Ausbilder, Ärzte und Verwaltungsfachleute in der Roten Armee, darunter 775 Generäle. Etwa 8000 bis 9000 hatten sich bis zum Frühjahr 1918 freiwillig gemeldet, an die 50 000 wurden bis zum Sommer 1920 rekrutiert, weitere 12 000 bis 14 000 waren ehemalige Weiße, die als Kriegsgefangene oder sonst wie in die Rote Armee übernommen wurden. Legt man die Gliederung in Fronten – Armeen – Divisionen zugrunde, so waren 85 Prozent der Fronten-, 82 Prozent der Armee- und 70 Prozent der Divisionskommandeure ehemalige Offiziere der zarischen Armee.

Selbst wenn «einzelne Militärspezialisten Verrat geübt haben», so Lenin Ende 1919, hätte man ohne ihre freiwillige oder erzwungene Anwerbung keine Armee aufbauen können. Ob Stalin inzwischen ähnlich dachte oder ob es nur aus Solidarität zu Lenin geschah: Als sich im Frühjahr 1919 auf dem 8. Parteitag eine «Militäropposition» formierte, die eine Rückkehr zu den alten militärpolitischen Zielen forderte und ein Drittel der Delegierten hinter sich brachte, stimmte Stalin für eine Fortsetzung des bisherigen Kurses und eine Gegenresolution, die Trotzki vorformuliert und Lenin dem Parteitag vorgetragen hatte. Dass zur «Militäropposition» viele «Linke Kommunisten» gehörten, die bereits heftig gegen die Zustimmung zu Brest-Litowsk polemisiert hatten, wird ihm das Votum eher erleichtert haben. Mit ihnen, die alles an den hehren Zielen des Marxismus, den basisdemokratischen Errungenschaften des Rätestaates und der Befreiungstheologie der proletarischen Weltrevolution maßen, hatte er nichts gemein.

Die Jahre des Bürgerkriegs, seine Handlungsmaximen und Gewaltexzesse prägten Stalin, Partei und Staat, das Land und seine politische Kultur für Jahrzehnte. Der Einsatz in Zarizyn war dabei durchaus beispielhaft: Was es für ihn im Bürgerkrieg zu behaupten galt, waren der «Sieg der sozialistischen Revolution», die «Macht des Sowjetstaates», die «Diktatur des Proletariats». Er sah sie verkörpert in der Herrschaft der Bolschewiki. Dabei gaben Dekrete die Ziele und die Richtung vor. Sie wurden nicht durch eine geregelte Verwaltung durchgesetzt, sondern durch ihre appellative Überzeugungskraft sowie die Androhung und Anwendung von Gewalt. Was den vorgegebenen Zielen zuwiderlief, war «konterrevolutionär» und unter den Bedingungen des Bürgerkriegs mit Gewalt zu brechen. Auf Menschenrechte und Menschenleben kam es nicht an. Gewalt und Gegengewalt bestimmten das Geschehen: Folgt man einer Aufstellung, wie sie Mitte der 1990er Jahre in einer russischen Fachzeitschrift nachzulesen war, so verlor Sowjetrussland zwischen 1917 und 1922 etwa 13 Millionen seiner Bevölkerung: 2,5 Millionen starben in den bewaffneten Verbänden, 2 Millionen an Epidemien, 1 Million als Opfer von Terror und Banditismus, bis zu 300 000 in antijüdischen Pogromen, 1,5 bis 2 Millionen emigrierten, die Übrigen starben in der großen Hungersnot, die dem Bürgerkrieg 1921/22 folgte. Die russischen Gefallenen des Ersten Weltkriegs werden auf 1,6 bis 2 Millionen geschätzt. Die Zahlen belegen, was durch Egodokumente und andere Quellen bestätigt wird: Die Bevölkerung erlebte Revolution und Bürgerkrieg als Alltagsorgie von Gewalt, Hunger und Tod.

Im Rückblick war die Breite des Widerstands, der sich gegen die Machtergreifung der Bolschewiki erhoben hatte, zugleich seine Schwäche; ihm fehlte die politische Einheit. Die Vorstellungen der sozialrevolutionären Politiker lagen über Kreuz mit jenen der konservativen Generäle, die im November 1918 das Heft an sich rissen. Ihren Sieg aber mussten die Nationalitäten ebenso fürchten wie einen Sieg der Bolschewiki, und die aufrührerischen Bauern dachten ganz ähnlich. Wer garantierte, dass dann nicht Adel, Kirche und Klöster den eben verteilten Boden wieder zurückhaben wollten? Zeitweilig hatten auch deutsche, britische, französische und amerikanische Truppen in die Kämpfe eingegriffen, ohne das Grunddilemma des antibolschewistischen Widerstands beheben und den Auseinandersetzungen eine entscheidende Wende geben zu können.

So konnten die Bolschewiki die im Oktober 1917 errungene Macht im Bürgerkrieg behaupten und einen Teil jener Staaten in den Staatsverband zurückholen, die sich 1918/19 selbständig gemacht hatten: Weißrussland und die Ukraine, Georgien, Armenien und Aserbaidschan, Chiwa und Buchara. Zwar gestand man den Nationalitäten weiterhin «prinzipiell» das Recht auf Souveränität zu und schrieb das auch in die Verfassung. Doch nach der sozialistischen Revolution sei alles, was das Mutterland des Sozialismus schwäche, «konterrevolutionär» und der faktische Vollzug des prinzipiellen Rechts deshalb zu bekämpfen. Der für die Nationalitäten zuständige Volkskommissar hatte das schon vor der Revolution so angekündigt.

Es spricht einiges dafür, dass sich Stalin mit dem Abflauen des

Bürgerkriegs wieder stärker seinem eigenen Ministerium, dem Volkskommissariat für Nationalitätenfragen, widmete. Nachdem er in den Jahren zuvor kaum noch an den großen Leitungsbesprechungen teilgenommen hatte, leitete er im Mai 1920 wieder eine Sitzung dieses Gremiums, das eine Straffung der Strukturen und die Bildung eines nur fünfköpfigen Rates an der Spitze beschloss. Zweifellos hatte das Volkskommissariat mittlerweile erheblich an Bedeutung gewonnen: In den nichtrussischen Randgebieten (in Karelien und auf der Krim, bei den Komi, Mari und Tschuwaschen, den Tataren, Baschkiren, Wolgadeutschen und Kalmücken, bei den Bergvölkern, den Tscherkessen, Balkaren, Tschetschenen und in Dagestan, in Kirgisien und Turkmenistan, bei den Burjaten und Jakuten) waren während des Bürgerkriegs weit über ein Dutzend Autonome Republiken und Autonome Gebiete entstanden und der Russländischen Sozialistischen Föderativen Sowjetrepublik eingegliedert worden. Da das Volkskommissariat stets seine Finger mit im Spiel hatte, konnte es ein beachtliches Netzwerk aufbauen. Wenn es ihm gelang, für all diese Regionen innerministerielle Kopfstellen zu bilden und in der Regierung als deren Anwalt und Sprecher aufzutreten, wuchs dem Volkskommissariat Stalins eine Machtfülle zu, die es mit jedem anderen Volkskommissariat aufnehmen konnte.

Das galt erst recht, wenn nach gleichem Muster auch Weißrussland, die Ukraine, Georgien, Armenien, Aserbaidschan und die zentralasiatischen Volksrepubliken Teile der RSFSR wurden. Ein Projektentwurf Stalins vom Sommer 1922 sah genau dies vor: Das Allrussische Zentrale Exekutivkomitee, der Rat der Volkskommissare und der Rat für Arbeit und Verteidigung der RSFSR sollten auch für diese Republiken zuständig werden, Organe für Auswärtige Angelegenheiten, Außenhandel, Militär, Eisenbahn, Post und Telegraf mit den entsprechenden zentralen Einrichtungen der RSFSR zusammengelegt, die Volkskommissariate für Versorgung, Arbeit und Volkswirtschaft den Direktiven der entsprechenden Volkskommissariate der RSFSR unterstellt und den Einzelrepubliken «Autonomie» in Fragen der Sprache, Kultur, Justiz, innere Angelegenheiten und Landwirtschaft zuerkannt werden.

Lenin, inzwischen gesundheitlich stark angeschlagen und mehr und mehr an den Rand des Geschehens gedrängt, widersetzte sich diesen Plänen. Nach seinen Vorstellungen sollten die Ukraine, Weißrussland, Georgien, Armenien, Aserbaidschan und die zentralasiatischen Gebiete «unabhängige Republiken» bleiben und auf vertraglicher Basis zusammen mit der RSFSR eine «Union der Sozialistischen Sowjetrepubliken» (SSSR, eingedeutscht UdSSR) bilden. Dass er damit Wünschen aus den Republiken (vor allem aus der Ukraine und Georgien) entgegenkam und gleichzeitig «weltrevolutionäre» Gedankenspiele aus der Bürgerkriegszeit weiterspann, das Konstrukt als offene Einladung an weitere Regionen und westeuropäische Staaten sah, der neugegründeten Union beizutreten, scheint auf der Hand zu liegen.

Ob Lenin darüber hinaus hinter Stalins Vorschlägen den geheimen Plan vermutete, die Zuständigkeiten des Nationalitätenkommissariats und damit die eigene Macht weiter auszubauen, und ob er mit seinem Gegenvorschlag diese Pläne bewusst zu durchkreuzen versuchte, muss offenbleiben. Sicher scheint aber zu sein, dass er die wachsende Macht seines Zöglings inzwischen mit zunehmendem Misstrauen beobachtete und dass dieses mit dem für Lenin unerträglichen Gefühl einherging, dass ihm selbst die Zügel mehr und mehr aus den Händen glitt.

Trotz der Heftigkeit und wechselseitigen Unterstellungen, mit denen die Meinungsverschiedenheiten ausgetragen wurden: Es schien mehr um machtpolitische Symbolpolitik als um die Sache selbst zu gehen. Weder war Stalin zum «großrussischen Chauvinisten» noch Lenin zum «Nationalliberalen» im Verhältnis zu den ethnischen Minderheiten geworden. Beide versuchten, den nationalen Furor im Kampf gegen das Alte, Überkommene und für eine neue, sozialistische Gesellschaft zu nutzen. Die neue Union erhielt eine starke Zentralgewalt, eine einheitliche Rätespitze mit einem Rätekongress und einem Zentralen Exekutivkomitee der Union, das aus einem Unions- und einem Nationalitätenrat bestand, und eine Regierung, deren Volkskommissariate die Führung der Außenpolitik, des Militärwesens, des Außenhandels sowie von Verkehr, Post und Telegraf übernahmen – so wie es Stalins Ausgangspapier gefordert hatte. Selbst wenn die Union, wie Lenin durchgesetzt hatte, als freiwillige Vereinigung von Gleichen figurierte und allen Unionsrepubliken das vertragliche Recht garantierte, die Union auch wieder verlassen zu können, waren sich die Kontrahenten zweifellos einig, dass dieses Recht nicht bedingungslos galt, selbst wenn in der Verfassung keine Bedingungen genannt waren. Schließlich sorgte dafür die Einheitlichkeit einer Institution, die weder im Unionsvertrag noch in der Verfassung erwähnt war: die bolschewistische Partei, die seit dem 7. Parteitag im März 1918 «Russische (genau genommen: Russländische) Kommunistische Partei/der Bolschewiki» (RKP/B) hieß und sich auf dem 14. Parteitag im Dezember 1925 in «Allunionistische Kommunistische Partei/der Bolschewiki» (VKP/B) umbenannte.

Auf Unionsebene gab es kein Volkskommissariat für Nationalitätenfragen mehr, und auch das Nationalitätenkommissariat der RSFSR wurde im April 1924 aufgelöst; seine Aufgaben sollte jetzt das Zentrale Räteexekutivkomitee wahrnehmen. Stalin wurde damit nicht stellungslos. Seit Frühjahr 1922 stand er an der Spitze der Parteiorganisation. Im Regierungsamt, als «Generalstabschef» Lenins und als Kriegskommissar hatte er sich den Ruf eines zupackenden, durchsetzungsstarken Politikers erworben, so wie ihn die nun anstehende Aufgabe, der Auf- und Ausbau der Parteiorganisation, brauchte.

V. MOSKAU – 3. APRIL 1922
Der Generalsekretär

Anfang der 1920er Jahre waren die Bolschewiki im Zentrum der Macht angekommen: Lenin, Trotzki, Stalin, Sinowjew, Kamenew, Molotow, Kaganowitsch, Woroschilow, Mikojan wohnten jetzt mit ihren Familien im Kreml, wo auch der Rat der Volkskommissare tagte. Die Verhältnisse waren recht beengt; erst der Bau des großen «grauen Hauses» am gegenüberliegenden Ufer des Moskauflusses sollte Ende des Jahrzehnts Entspannung bringen. Hunderte von Personen mussten beim Umzug der Regierung von Petrograd nach Moskau im Kreml untergebracht werden. Mönche und Nonnen wurden ausquartiert, Gebäude beschlagnahmt und notdürftig umgebaut. Trotzki und Lenin wohnten mit ihren Familien im ehemaligen «Kavalier-Haus», nur durch den Korridor voneinander getrennt, das Speisezimmer benutzten sie gemeinsam. Luxus war bei den Revolutionären verpönt, «westlicher» zumal, das Streben nach Gemütlichkeit galt als «kleinbürgerlich». Große Ansprüche an die Verpflegung wurden nicht gestellt, nach Trotzki war das Essen «unter jeder Kritik schlecht». Aber hungern musste von ihnen niemand; immerhin, das war schon etwas in einer Zeit der Not.

Stalin und seiner jungen Frau Nadeschda (Nadja) wurden zwei Zimmer in einem ehemaligen Wirtschaftstrakt des Großen Kremlpalastes zugewiesen; doch sie waren ihnen zu laut. Zu viel Lärm drang vom nahen Versorgungszentrum herüber, selbst in der Nacht fuhren Kraftfahrzeuge am Haus vorbei. Die Suche nach einem neuen Quartier hatte schließlich Erfolg. Im «Vergnügungs-Palais» vom Ende des 17. Jahrhunderts gelegen, dem ehemaligen Sitz der Moskauer Kommandatur, dem «Kavalier-Haus» vis-à-vis, bot es mit sechs Zimmern viel mehr Platz. Das war wohl Stalin selbst etwas peinlich. Er protestierte dagegen, dass man seine neue Wohnung auf Staatskosten auch noch mit neuen Möbeln ausgestattet hatte; die alten hätten es durchaus noch getan. Er beantragte, diese Möbel wieder abholen und den Fall untersuchen zu lassen. Nicht alles daran war gespielt. Auf persönlichen Luxus legte er wohl wirklich keinen Wert, weder bei der Wohnung noch bei der Kleidung. Seine Tochter berichtet, dass er im Sommer stets eine militärisch anmutende Montur aus Baumwolle trug und eine ebensolche aus Wolle für den Winter hatte. Darüber hinaus habe er einen Mantel besessen, der wohl noch aus vorrevolutionärer Zeit stammte, und für den Winter einen aus Polarhirschleder, gefüttert mit Kaninchenfell.

Gemessen am Moskauer Durchschnitt, war die Wohnung Stalins in Größe und Zuschnitt opulent. Selbst als Stalin Anfang der 1920er Jahre seinen Sohn aus erster Ehe (Jakow), um den er sich bisher kaum gekümmert hatte, nach Moskau holte, 1921 ein zweiter Sohn (Wassili) und 1926 Tochter Swetlana geboren wurden, bot sie noch reichlich Raum, so dass man zeitweilig sogar noch Spielkameraden der jüngeren Kinder in die Familie aufnahm, wie den kleinen Artjom Sergejew, dessen Vater im Bürgerkrieg umgekommen war.

Swetlana erinnerte sich später an rauschende Feste mit anderen Kremlkindern, sie seien wie eine große Familie gewesen. Die Erwachsenen luden einander zu Geburts- und Feiertagen ein oder kamen einfach zu einem kleinen Plausch vorbei, zumal man Tür an Tür oder nur wenige Schritte voneinander entfernt wohnte. Besonders der Tier- und Kinderfreund Nikolai Bucharin blieb Swetlana in lebhafter Erinnerung. Selbstverständlich kam auch die weitverzweigte Verwandtschaft oft und gerne zu Besuch, so war es in der Provinz, in Georgien zumal, «immer» gewesen. Von Nadjas Seite waren dies vor allem die Eltern, Sergei und Olga Allilujew, die Stalin vor der Revolution, erst in Tiflis, später in Sankt Petersburg, wiederholt Unterschlupf gewährt hatten; schließlich hatte er bei dieser Gelegenheit auch seine spätere Frau kennengelernt. Vater Sergei, handwerklich geschickt, konnte «alles», d. h., er wusste manches Problem im Haushalt rasch zu beheben und war bei den Enkeln äußerst beliebt. Besonders eng waren die Beziehungen auch zu Nadjas «Lieblingsbruder» und «vertrautestem Freund» Pawel Allilujew, der in der Roten Armee Karriere machte und Ende des Jahrzehnts als sowjetischer Militärattaché nach Berlin geschickt wurde. Selbst wenn sie grundverschieden waren, wurde auch der Kontakt zu Nadjas älterer Schwester Anna gepflegt, die mit einem polnischen Bolschewiken und Kampfgefährten Dserschinskis (Stanislaw Redens) verheiratet war und mit ihm zwei Söhne hatte.

Nadja kam mit ihrem Stiefsohn Jakow gut aus, der nur sechs Jahre jünger war als sie. Und sie pflegte die Beziehungen zu den Swanidses, der Familie von Stalins erster Ehefrau: zu deren beiden älteren Schwestern (Saschiko und Mariko) und zu deren Bruder Alexei Swanidse (Aljoscha), der mit einer Opernsängerin (Maria, Marusja genannt) verheiratet war. Swetlana erinnerte sich, dass es vor allem ihre Mutter Nadja war, die die Beziehungen pflegte. Der Vater hingegen kam meist erst spät aus seinem Büro. Nur Hausfrau zu sein war für Nadja wie für die meisten «Kremlfrauen» undenkbar. Von wem sonst, wenn nicht von ihnen, sollte das Bild der «neuen sowjetischen Frau» gelebt werden? Nadja arbeitete in der höheren Partei- und Sowjetverwaltung, zeitweilig als eine der Sekretärinnen Lenins. Sie konnte dies tun, weil ihr Haushaltshilfen und Kindermädchen zur Verfügung standen und die Kinder – und darauf legte man Wert – von Hauslehrern unterrichtet wurden. Dass sein eigener Aufstieg erst durch Bildung möglich geworden war, scheint Stalin im Gedächtnis geblieben zu sein. Und mit der Einstellung von Hauslehrern passte man sich den Gepflogenheiten der «besseren Gesellschaft» an; dass Stalins Kinder Deutsch lernten, gehörte zu dieser Tradition.

Noch ungezwungener als in der Kremlwohnung ging es im Sommer draußen in Subalowo 4 zu. Die Villen am westlichen Stadtrand von Moskau hatten vor der Revolution einer kaukasischen Ölmagnatenfamilie gehört. Sie hatte sich ins Ausland abgesetzt und ließ die hochgiebligen Häuser zurück, einschließlich der schweren Möbel, Teppiche und Tapeten. Die Stalins nutzten Subalowo 4 als Sommerhaus, die Mikojans, Woroschilows, Schaposchnikows Subalowo 2. Auch Stalin war gerne hier draußen, wenn auch nur an Wochenenden, er «liebte die Natur», wie schon sein Schulfreund Iremaschwili feststellte, und mochte es, im Garten zu sitzen oder durch den nahen Wald zu gehen. Doch anders als die Mikojans war er nicht in der Lage, das durch Zufall in seine Hände Geratene einfach zu genießen. Er ließ das schwere Mobiliar wegschaffen, die hohen Dächer abtragen, den Zuschnitt der Zimmer verändern und den Garten mit Gemüse- und Blumenbeeten neu anlegen. Fertig wurde er damit nie; wenn alles gut zu sein schien, hatte er eine neue Idee. Selbst einen Spaten in die Hand zu nehmen, zu säen, zu pflanzen und zu ernten war, wie Swetlana sich erinnerte, seine Sache allerdings nicht, das überließ er dem Gärtner.

Die im Kleinen gezeigte Grundhaltung ließ sich auch bei künftigen Bauprojekten, der «Nahen Datscha» in Kunzewo oder den Villen am Schwarzen Meer, beobachten. Ein vergleichbares Grundmuster war auch in seiner «großen Politik» zu erkennen. Auch hier verstand er sich als «Praktiker», nicht als «Theoretiker». Ein «Praktiker» setzte sich überschaubare Ziele und gab die Wege an, auf denen sie erreicht werden sollten. Das konnte vom Schreibtisch aus geschehen, dazu musste man nicht selbst Hand anlegen. War das Ergebnis nicht zufriedenstellend, mussten die Ziele neu definiert und neue Wege beschritten werden. «Praktiker», nicht «Theoretiker» waren jetzt, bei der Umsetzung des «bolschewistischen Projekts», aus seiner Sicht mehr denn je gefragt.

Das Traumprojekt war so schön gewesen: ein Rätestaat, demokratischer als der westliche Parlamentarismus; in dem «alle Macht» bei den Interessenvertretungen der Arbeiter, Bauern und Soldaten lag; der die Fabriken der Kontrolle der Arbeiter unterstellte; den Bauern den Boden gab, den sie mit ihrer Hände Arbeit bebauten; den Soldaten den Frieden brachte und die Landesverteidigung künftig einer Territorialmiliz übertrug; ein demokratischer Sowjetstaat, der zum Vorbild für den Westen wurde, so dass der revolutionäre Funke übersprang, eine proletarische «Weltrevolution» auslöste und die Verhältnisse wieder zurechtrückte und den Umstand korrigierte, dass die marxistische Revolution im «rückständigen» Russland begonnen hatte, wo das Industrieproletariat nur eine Minderheit der Bevölkerung stellte. Von diesen bolschewistischen Verheißungen war zu Beginn der 1920er Jahre nichts übrig geblieben.

Der Frieden hatte nur kurz gedauert, er war unversehens in einen blutigen Bürgerkrieg übergegangen. Ihren Kredit bei den Bauern hatten die Bolschewiki rasch verspielt, als sie im Frühjahr 1918 die Ablieferungspflicht wieder einführten, den «Klassenkampf aufs Dorf» zu tragen versuchten und staatliche Beschaffungsorgane sich mit den Bauern heftige Gefechte ums Getreide lieferten. Zehntausende liefen dem Partisanenführer Alexander Antonow zu, und die Regierung schreckte in ihrem Kampf gegen das Dorf auch vor dem Einsatz von Artillerie, Panzern und Giftgas nicht zurück. In den Fabriken ersetzte eine «Einmannleitung» die kollektive Führung, die Fabrik- und Betriebskomitees, zur Wiederherstellung von «Disziplin und Ordnung». Doch auch die neue Leitung war machtlos, wenn die Produktion – wegen des Fehlens von Kohle und Rohstoffen – eingestellt und die Beschäftigten entlassen werden mussten. Millionen von Arbeitern flohen aufs Land, die Städte leerten sich.

Wenn es Ansätze zur Entwicklung eines «Rätestaates» gab, überlebten sie den Bürgerkrieg nicht. An der Spitze zog die Regierung, der von Lenin geführte Rat der Volkskommissare, alle

Der Generalsekretär 113

Stalin hatte nicht viel Glück mit seinen Kindern – und sie nicht mit ihm. Um den Sohn aus erster Ehe Jakow (geb. 1907) hatte er sich jahrelang nicht gekümmert; erst 1920 holte er ihn nach Moskau. Die Distanz blieb. Jakow geriet während des Zweiten Weltkriegs in Kriegsgefangenschaft und starb (1943) im KZ Sachsenhausen. Obwohl Wassili (geb. 1921), der Sohn aus zweiter Ehe, mehr durch Dünkel, Gelage und andere Eskapaden von sich reden machte als durch Leistung, wurde er mit Mitte 20 bereits General. 1952 enthob ihn Stalin seines Postens als Kommandant der Moskauer Luftstreitkräfte. Dem Alkoholismus verfallen, starb er 1962, noch vor Vollendung seines 41. Lebensjahrs. Das beste Verhältnis hatte Stalin zu seiner Tochter Swetlana (geb. 1926). Sie war eine gute Schülerin. Nach dem Tod der Mutter (1932) schrieben sich Vater und Tochter kleine Briefe, in denen er sie als «Hausherrin» (chosjaika) ansprach und sie ihm als «kleine Sekretärin» (sekretarischka) «Befehle» erteilte. Das putzige Rollenspiel fand endgültig ein Ende, als sich die Sechzehnjährige in einen 38-jährigen Filmemacher verliebte, der noch dazu Jude war. Swetlana erregte weltweit Aufsehen, als sie 1966 bei einem Besuch in Indien in die US-Botschaft floh und Asyl beantragte. Das Bild zeigt Wassili, Swetlana und Jakow Mitte der 1930er Jahre neben dem Leningrader Parteichef Andrei Schdanow und Stalin.

Kompetenzen an sich, ohne sich viel um seine Rechenschaftspflicht gegenüber dem Rätekongress und seinem Allrussischen Zentralen Exekutivkomitee zu scheren. Wo die vorhandenen Organe nicht auszureichen schienen, schuf man «außerordentliche» Organe, in der Militärverwaltung, im Transportwesen, bei den Versorgungsorganen und in der Geheimpolizei. Am Ende des Bürgerkriegs existierte die Räteorganisation als lokale Selbstverwaltung bestenfalls noch in Relikten, kaum irgendwo rettete sie ihre revolutionäre Tradition ungebrochen in die 20er Jahre. Ihre nun verfügte Neugründung etablierte sie als nachgeordnete Verwaltungsorgane. Selbst wenn sich der Staat weiterhin als «Sowjetrussland» (später als «Sowjetunion») bezeichnete, war die revolutionäre «Rätemacht» nur noch eine Reminiszenz, ein fortgeschriebener Staatsgründungsmythos, eine machtpolitische Fiktion.

Chaos herrschte auch in der Parteiorganisation. Das Revolutionsjahr hatte den Bolschewiki Zulauf beschert. Schon im April 1917 behauptete man, inzwischen mehr als 45 000, nach anderen Angaben sogar an die 80 000 Mitglieder aufweisen zu können, bis zum Oktober soll ihre Zahl auf 400 000 angestiegen sein. Doch so genau wusste das offenkundig niemand. Jakow Swerdlow, der es als ZK-Sekretär eigentlich am besten wissen musste und dem Zentralkomitee im Herbst die Zahl von 400 000 Mitgliedern genannt hatte, bezifferte sie auf dem 7. Parteitag im März 1918 auf 300 000, was im krassen Widerspruch zu seiner gleichzeitigen Behauptung stand, der Zulauf zur Partei habe auch nach dem Oktober unvermindert angehalten. Seine Angabe passte wiederum nicht zu den Berechnungen der Statistischen Abteilung des Zentralkomitees, die für den Januar 1918 eine Mitgliedschaft von 115 000 ermittelt hatte.

Gründe für die Differenzen lassen sich benennen: Die Partei nahm seit dem Frühjahr 1917 jeden auf. Für wie lange und in welchem Ausmaß er sich engagierte, stand dahin. Eine zentrale Erfassung der Mitgliedschaft gab es nicht und vorerst wichtigere Aufgaben, als sie ins Werk zu setzen. Sich auf die Angaben von Regionalvertretern zu verlassen war problematisch. Diese neigten dazu, die Bedeutung der eigenen Klientel zu übertreiben, schon um mehr Vertreter, als ihnen zustanden, in die oberen Parteigremien schicken zu können. Dass es seit der bolschewistischen Machtübernahme viele zusätzliche Gründe gab, der Partei beizutreten, für alle, die bei der Neuverteilung der Positionen und Privilegien dabei sein wollten, lag auf der Hand. Die Problematik dieses Tatbestands war der Führung durchaus bewusst. Selbst wenn sie die rasch wachsende Mitgliederzahl gerne als Ausweis «massenhafter» Zustimmung und Sympathie wertete, neue «zuverlässige Kader» dringend gebraucht wurden, wusste sie zugleich, dass bei vielen, die ihr da zuliefen, von «Zuverlässigkeit» nicht die Rede sein konnte, dass mit und auf diesem Flugsand der Revolution buchstäblich kein Staat aufzubauen war.

Die Entwicklung zu steuern, dem revolutionären Wildwuchs Einhalt zu gebieten, Karteileichen, Alkoholiker, korrupte Funktionäre, Karrieristen hinauszuschmeißen, ließ sich leicht fordern. Weit schwieriger war es, die Forderung umzusetzen. Die Organisationsstrukturen der Partei, die mit dem Mitgliederzuwachs nicht Schritt gehalten hatten, wurden weiter dadurch geschwächt, dass die aktiven Mitglieder öffentliche Ämter übernahmen – und darin aufgingen. Sie betrieben dort «bolschewistische Politik» (oder was sie dafür hielten). Für Parteiarbeit im engeren Sinne, Sitzungen der zuständigen Parteigremien (wo sie denn existierten), blieb da kaum noch Zeit; sie verkümmerten auf allen Ebenen. Das galt selbst für das Zentralkomitee, das 1918 immer seltener tagte, und sein Sekretariat, das sich mit seinen wenigen Mitarbeiterinnen nicht einmal in der Lage sah, die zahlreichen Anfragen aus der Provinz zu beantworten, statt dessen empfahl, die «Prawda» zu lesen und sich in Spezialfragen an die entsprechenden staatlichen Institutionen zu wenden.

Selbst wenn sie es so vorher nie angekündigt hatte: Indem die bolschewistische Partei- und Staatsführung unmittelbar nach dem Oktoberaufstand begann, die Medien der bürgerlichen Parteien zu verbieten und ihre Führer zu verhaften, seit 1918 die Vertreter anderer sozialistischer Parteien aus den Sowjets verdrängte, oppositionelle Sowjets als «konterrevolutionär» auflöste und Menschewiki und Sozialrevolutionäre als «faktische Helfershelfer der Weißgardisten» verfolgte, hatte sie Sowjetrussland damit Zug um Zug zu einem Einparteisystem gemacht. Einen gewissen Schlusspunkt setzte dabei 1922 der große Schauprozess gegen die Sozialrevolutionäre. Dass sie nicht bereit war, tatsächlich «alle Macht den Räten» zu übertragen und auch die eigene Partei aufzulösen, sie diese vielmehr über die Räte stellte, hatte sich schon im Mai 1918 abgezeichnet, als das ZK dazu aufrief, sich verstärkt um die eigene Organisation zu kümmern.

Dass in der Zeit der Eroberung und Festigung der politischen Macht verantwortungsbewusste Parteimitglieder «massenhaft» in die Räte gingen, Parteiarbeit zur Arbeit in den Räten wurde, der Partei gleichzeitig «breite Massen» neuer Mitglieder zuströmten, habe deren innere Einheit und Ordnung durcheinandergebracht. Ohne eine geschlossene Partei seien die bevorstehenden Aufgaben – der eigenen wie der sozialistischen Weltrevolution – nicht zu bewältigen. Beide Themen nahm der 8. Parteitag Ende März 1919 auf: mit einem Auftrag zur Neuregistrierung aller Mitglieder, vor allem jener, die nach dem Oktober beigetreten waren; zum Ausbau der zentralen und schriftlichen Rechenschaftspflicht der unteren Parteiorgane; und der Vorlage eines neuen Parteiprogramms, das von der «Errichtung der Diktatur des Proletariats» durch die Oktoberrevolution ausging und sie als «unvermeidliches Ergebnis der Entwicklung des Kapitalismus» feierte, womit «das Zeitalter der kommunistischen Weltrevolution begonnen» habe.

Zu ebendiesem Zweck war Anfang März 1919 auf einer Versammlung von 51 Delegierten aus 29 Ländern in Moskau die «Kommunistische Internationale» als Zusammenschluss linkssozialistischer Parteien gegründet worden. Obwohl die Eröffnung dieses «Ersten Weltkongresses» im Bolschoi-Theater groß aufgezogen wurde, man Richtlinien für die Aufnahme verabschiedete und die Bildung einer straffen, in nationale Sektionen gegliederten Weltorganisation beschloss, war es ein eher regionales Ereignis: Von den 34 «stimmberechtigten» Anwesenden wohnten bis auf vier alle bereits in Russland, die Gruppen und Parteien, die sie vertraten, waren durchweg klein und unbedeutend, und bei den verlesenen Grußadressen wusste man manchmal nicht, wer sie verfasst haben sollte. Die einzig größere Gruppierung waren die deutschen Kommunisten, und ausgerechnet sie hielten das ganze Vorhaben eher für verfrüht. Stalin war Mitglied der russischen Delegation, trat aber nicht in Erscheinung.

Für das Verhältnis zwischen Räten und Partei fand der 8. Parteitag die Formel: Die Räte seien die staatlichen Organisationen der Arbeiterklasse und der ärmsten Schichten der Bauernschaft, die Partei sei eine Organisation, die die Avantgarde des Proletariats und der ärmsten Schichten der Bauernschaft in ihren Reihen vereine und danach strebe, das kommunistische Programm zu verwirklichen. Die Partei wolle die Räte leiten, nicht ersetzen. «Striktester Zentralismus» und «strengste Disziplin» seien in der Partei «absolut unerlässlich», alle Entscheidungen der obersten Instanzen für die untersten «absolut obligatorisch». Dazu schien es nötig, die Sitzungsfrequenz des ZK und seiner Treffen mit den Parteivertretern der Haupt- und Gouvernementsstädte zu erhöhen und den Austausch von Zirkularnoten und schriftlichen Rechenschaftsberichten zu verstetigen. Vergleichbares sollte für das Verhältnis der Parteikomitees zu den Räten in den Gouvernements und in den Landkreisen gelten.

Zur Wahrnehmung seiner Führungsaufgaben sollte das ZK über Instruktoren verfügen, vor allem aber sollte sein Apparat beträchtlich ausgebaut werden. Neben dem Zentralkomitee (mit seinen 19 Mitgliedern und acht Kandidaten, die zumindest zweimal im Monat zusammenkommen sollten) wurden drei neue

Gremien geschaffen: ein «Politisches Büro» (bestehend aus fünf Mitgliedern des ZK, das alle Fragen beriet, die keinen Aufschub erlaubten), ein «Organisationsbüro» (das ebenfalls aus fünf ZK-Mitgliedern bestand, nicht weniger als dreimal die Woche tagte und für die Parteiorganisation zuständig war) und ein «Sekretariat», das einem «verantwortlichen Sekretär» unterstand (der zugleich dem Orgbüro angehörte, dem Plenum des ZK Bericht erstattete und von fünf «technischen Sekretären» unterstützt wurde).

Das alles stand zunächst nur auf dem Papier. Von vielen Parteikomitees draußen in den Gouvernements, die das ZK möglichst engmaschig führen sollte, wusste es nicht einmal, ob sie existierten. Das galt erst recht für die Parteigremien unterhalb der Gouvernements, in den Kreisstädten. Eine völlige Terra incognita waren die dörflichen Gegenden. Hinzu kam, dass derjenige, der in der Parteiführung dafür zuständig gewesen war und noch am meisten darüber wusste, dieses Wissen mit ins Grab genommen hatte; Jakow Swerdlow war wenige Tage vor Eröffnung des Parteitags gestorben. Allen Eingeweihten war auch klar, dass von der Partei als funktionierender Einheit mit straffer Selbstdisziplin und williger Unterordnung bisher nicht die Rede sein konnte. Ebenso wie man an der Spitze den «rechten Weg» suchte, um ihn stritt und stets gestritten hatte (selbst wenn man ihn im Rückblick später als den «einzig richtigen», «unvermeidlichen und alternativlosen» bezeichnete), taten es auch die Vertreter draußen im Lande, lokalistisch um sich selbst kreisend und konkurrierend mit den Rätegremien.

Bis zum Sommer 1919 wurde die vom Parteitag angeordnete Neuregistrierung der Mitglieder vorgenommen, die zum großen «Saubermachen» wurde. Die Mitgliedschaft sollte verlieren, wer sich «unkommunistisch» aufgeführt oder sein Parteiamt ausgenutzt hatte, aus der Roten Armee desertiert oder seiner Einberufung nicht nachgekommen war, sich Parteianweisungen widersetzt, Parteiversammlungen notorisch geschwänzt oder seine

Mitgliedsbeiträge nicht bezahlt hatte. So fiel die Zahl der Mitglieder zwischen Frühjahr und Herbst 1919 von 350 000 auf 150 000. Anschließende Werbekampagnen sollten diese Lücken füllen, im März 1920 hatte die Partei nach Angaben des Sekretariats über 600 000 Mitglieder, im Frühjahr 1921 fast eine Dreiviertelmillion.

Selbst wenn die Zahlen nur als Annäherungen zu nehmen sind, sagen sie doch einiges zur Entwicklung im Bürgerkrieg. Die Partei war nicht von unten gewachsen, ihre Entwicklung wurde von oben ins Werk gesetzt. Mit den Säuberungen und Neuaufnahmen wurden diejenigen, die schon vor dem Oktober dazugehört hatten, zur Minderheit; nach internen Erhebungen machten sie nur noch ein Fünftel der Mitglieder aus. Was die Neuen vom «Marxismus» wussten, war dürftig. Aber sie sollten ja auch keine Abhandlungen schreiben, sondern vor Ort einen Kurs mittragen, den die Parteiführung vorgab. Um ihn zu erklären, schickte diese Instruktoren, wo es ihr besonders wichtig war, auch gleich den neuen Funktionsträger mit, der die Führung der Parteiorganisation übernahm, so wie man das im militärischen Bereich bei den Kommandeuren machte. Das Wahlprinzip war zwar nicht abgeschafft, aber aus Sicht der Führung nachrangig. Es gab zwar Stimmen, die das nicht gut fanden; sie meinten, statt «demokratischer» herrsche «bürokratischer Zentralismus». Doch solange der Bürgerkrieg tobte, hatten derartige Überlegungen keine Chance – und danach auch nicht.

Die Tagungsfrequenz, die der 8. Parteitag für das Zentralkomitee vorgesehen hatte, ließ sich nicht halten; viele seiner Mitglieder (man denke nur an Trotzki oder Stalin) waren oft wochenlang nicht in Moskau. Mag sein, dass dies zur Aufwertung des Politbüros beitrug, das für alle Fragen zuständig war, die keinen Aufschub duldeten und nur fünf Mitglieder umfasste. Letztinstanz mit unbestrittener Autorität war ohnehin Lenin, der im ZK wie im Politbüro saß, den Rat der Volkskommissare leitete und die ganze Zeit des Bürgerkriegs in Moskau blieb. Die Leitung des Sekretariats hatte im März 1919 Jelena Stassowa übernommen, die vorher Mitarbeiterin Swerdlows gewesen war und nun die beschriebenen Reformen nicht ohne Erfolg auf den Weg zu bringen suchte.

Die Stassowa verlor das Amt, als sie Anfang April 1920 (auf dem 9. Parteitag) nicht wieder ins Zentralkomitee gewählt wurde. Mag sein, dass es an ihrer Haltung des «Alles-von-oben-bestimmen-Wollens» lag. «Verantwortlicher Sekretär» wurde nun Nikolai Krestinski, der als verbindlicher galt und in den Monaten zuvor im Sekretariat bereits mitgearbeitet hatte, unterstützt von Jewgeni Preobraschenski. Der Kurs blieb der gleiche, strikteste «Disziplin» lautete weiterhin die Devise. Auf dem 10. Parteitag (im März 1921) wurde auch Krestinski nicht mehr ins ZK gewählt und musste seine Ämter abgeben. Vermutlich spielten dabei Krestinskis zeitweilige Erkrankung, die Dauerkonflikte mit Funktionären und Komitees vor Ort, innerparteiliche Kritik am autoritären Kurs (vorgebracht von den Gruppen der «Demokratischen Zentralisten» und der «Arbeiteropposition») und eine Austrittswelle ebenso eine Rolle wie der Umstand, dass Krestinski und seine Mitstreiter als Anhänger Trotzkis galten. Verantwortlicher Sekretär wurde nun Wjatscheslaw Molotow; ihm zur Seite standen Wassili Michailow (der Sekretär des Moskauer Parteikomitees) und Jemeljan Jaroslawski, die zu den Parteigängern Stalins zählten.

Es war derselbe 10. Parteitag, auf dem Lenin – angesichts anhaltender Bauernunruhen, von Arbeiterstreiks und des Aufstandes der Kronstadter Matrosen – eine neue Wirtschaftspolitik (russ. NEP) verkündete. Der Gedanke eines «unmittelbaren Übergangs zum Kommunismus» wurde als «voreilig», die darauf fußende Politik als nicht durchsetzbar verworfen. Experimente, mit denen die Führung Produktion und Verteilung vollständig in staatliche Regie zu nehmen versucht hatte, sollten beendet werden. Sie wollte sich künftig auf die «Kommandohöhen» der Wirtschaft beschränken, unterhalb dieser Schwelle aber mehr

Wettbewerb und Eigeninitiative zulassen. Das «Klassenbündnis zwischen Arbeiterschaft und Bauern» sollte wiederhergestellt und die bäuerliche Verpflichtung, die gesamte Produktion an die staatlichen Beschaffungsorgane abzuliefern, aufgehoben werden. Die Bauern hatten künftig nur eine «Naturalsteuer» zu zahlen, was sie darüber hinaus an «Überschüssen» erzielten, durften sie veräußern.

Rückkehr zur Sowjetverfassung, zur Normalität schien die Losung der Stunde zu sein. Doch was hieß das schon? Normalität hatte es seit Ausbruch der Revolution nicht mehr gegeben. Es ist evident, dass die bolschewistische Führung nicht in die Zeit davor zurückwollte, ebenso wenig zu ihren libertären Versprechungen des Revolutionsjahrs: «Alle Macht den Räten», «Den Arbeitern die Kontrolle in den Fabriken», «Ein Staat ohne Berufsbeamtentum und Polizei», «Miliz statt stehendes Heer». Die Führungsrolle der Partei (gegenüber den Räten) wurde nicht zur Disposition gestellt. Obwohl sie als Organisation in der Verfassung gar nicht vorkam, umfasste sie mittlerweile Hunderttausende von Mitgliedern, und während ihre Zentralverwaltung Anfang 1918 noch in zwei, drei Hotelzimmern Platz fand, war sie Anfang der 1920er Jahre zu einer gewaltigen Behörde mit 600 Mitarbeitern angewachsen.

Seit 1920 residierte sie, wenige Häuserblocks vom Kreml entfernt, in einem großen Gebäude in klassizistischem Stil. Als Adelssitz Ende des 18. Jahrhunderts erbaut, war es Mitte des 19. Jahrhunderts vom Finanzministerium erworben und unter Aufstockung der Seitenflügel zum dreigeschossigen Amtsgebäude umgebaut worden. Ein amerikanischer Anarchist, der es in der Amtszeit Krestinskis besuchte, beschrieb es als Taubenschlag, wo Parteifunktionäre aus allen Teilen des Landes, dicke Aktenbündel unter dem Arm, ein und aus gingen, um Bericht zu erstatten oder die Zentrale um die Lösung eines Problems zu bitten. Fast 83 000 Besucher verzeichnete man 1920, 1921 wurden über 254 000 Besucherpässe ausgegeben.

Die Größe der Behörde war noch kein Garant, dass sie auch funktionierte, zumal angesichts der zahlreichen Aufgaben, die sie zu bewältigen hatte. Schließlich ging es längst nicht mehr nur um die zuverlässige Führung einer Mitgliederkartei. Sie sollte die Organisation von Karrieristen, Alkoholikern und korrupten Funktionären befreien, bei Neuanwerbungen auf eine entsprechende Selektion, auch nach Klassenkriterien, achten, die Autorität der Leitungsorgane durchsetzen, Strukturen stärken, innerparteiliche Querelen, lokalistische Selbstherrlichkeiten und Rivalitäten draußen im Lande abstellen, wozu Information und Kontrolle, Beantwortung entsprechender Bitten aus der Provinz und Entsendung entsprechender Instrukteure gleichermaßen gehörten.

Damit nicht genug: Nach Ende des Bürgerkriegs waren die demobilisierten Funktionäre wieder in Lohn und Brot zu bringen, es war generell dafür zu sorgen, dass die wichtigsten Stellen, auch in der Provinz, «adäquat» besetzt wurden, und es war darüber Buch zu führen (ein System, das später «Nomenklatura» genannt wurde). Schließlich musste auch die Behörde selbst «funktionieren»: die Zusammenarbeit des Sekretariats mit den staatlichen, wirtschaftlichen, gesellschaftlichen, militärischen, geheimpolizeilichen Stellen einerseits; und andererseits die Koordination zwischen dem Plenum des Zentralkomitees, dem Politbüro, dem Orgbüro und den neuen Fachabteilungen für Registrierung und Verteilung, Agitation und Propaganda, Organisation und Instruktion, mit Unterabteilungen für Information und Konflikte.

Die Klagen über den Zustand der Partei hielten an. Wie schwer es war, allen an das Parteisekretariat gerichteten Anforderungen nachzukommen, musste auch Molotow erfahren. Lenin hatte ihm mit auf den Weg gegeben, sich nicht in Einzelheiten zu verlieren. Aber auch er selbst behandelte Molotow wie einen «Sekretär»: Er trug ihm auf, irgendeiner Sache nachzugehen, dazu eine Untersuchung einzuleiten, bei der nächsten Plenartagung des ZK einen Antrag einzubringen, seinen Wortlaut wie folgt zu ändern, über den Antrag abstimmen zu lassen, einen Vorschlag unter den Mitgliedern des Politbüros in Umlauf zu geben usw. usf. Sehr zufrieden scheint Lenin mit der Arbeit von Molotow nicht gewesen zu sein. Auf dem 11. Parteitag (im März 1922) stand der Zustand der Partei erneut in der Kritik, und es war Lenin, der wenige Tage später, am 3. April 1922, im ZK vorschlug, Stalin mit der Leitung des Sekretariats zu beauftragen, mit dem neuen Titel eines «Generalsekretärs».

Da Stalin bereits Mitglied des Polit- und des Orgbüros war, wusste er, was auf ihn zukam. Er würde weiterhin einer der wichtigsten Zuarbeiter Lenins sein, dem die Koordination der Zusammenarbeit von Zentralkomitee, Sekretariat, Polit- und Orgbüro oblag. Als «Generalsekretär» und mithin Leiter der Parteiorganisation hatte er den Auftrag, aus ihr eine handlungsfähige Einheit zu machen, die auf allen Ebenen dem Kurs der Führung folgte und deren Politik vor Ort durchsetzte. Schließlich sollte die Partei nicht im Rätestaat aufgehen, sondern ihn führen, Administration, Wirtschaft, Militär und Polizei mit verlässlichen Kadern versorgen. Dazu war inzwischen ein beträchtlicher Apparat geschaffen worden. Dass der Auftrag kein Selbstläufer war, hatten die anhaltende Kritik und die kurze, jeweils nur einjährige Amtszeit der Vorgänger gezeigt.

Stalins Amtsantritt bedeutete keinen Kurswechsel. Er versuchte nur, mit der ihm eigenen Konsequenz fortzusetzen und zu Ende zu bringen, wofür die Vorgänger das Fundament gelegt hatten. Schon die Koordinierung und Vorbereitung der Sitzungen des Zentralkomitees (ein- bis zweimal im Monat), des Politbüros (zweimal in der Woche), des Orgbüros (das noch häufiger) und des Sekretariats (das gleichsam in Permanenz tagte) gaben ein enges Zeitraster vor, zumal die Sitzungen nicht nur vorbereitet, sondern die Ergebnisse festgehalten und die Beschlüsse umgesetzt werden mussten. Inzwischen waren Politbüro und Orgbüro auf jeweils sieben Mitglieder und drei Kandidaten, das

Zentralkomitee auf 27 Mitglieder und 19 Kandidaten angewachsen, wozu noch technisches Personal und jede Menge Sachverständiger zu einzelnen Punkten der Tagesordnung kamen, was die Vorbereitung der Sitzungen nicht einfacher machte.

Doch die eigentliche Arbeit des Sekretariats begann jenseits dieser Gremien. Es bemühte sich, die unteren Parteiorgane von den Beschlüssen der oberen Gremien zu informieren und die personellen wie strukturellen Voraussetzungen für ihre Umsetzung zu schaffen. Wie sehr man sich dabei engagierte, scheint der Tatbestand zu illustrieren, dass das Sekretariat zwischen dem 1. Mai 1922 und Mitte Januar 1923 141 Rundbriefe verschickte. Doch dies waren deutlich weniger als im Vorjahr; schließlich war die Flutung der Parteibasis mit Post und Materialien einer der Kritikpunkte gewesen, die neue Führung zog daraus die Konsequenzen. Die Zentrale forderte die unteren Parteiorgane ihrerseits auf, Zweimonatsberichte in Briefform, zu schicken, und registrierte im gleichen Zeitraum den Eingang von 13 674 Protokollen lokaler Parteiversammlungen, von 1737 Rechenschaftsberichten, von 324 politischen Stimmungsberichten und 6337 anderen Informationsmitteilungen. Im Dezember 1922 führte man mit den «Zirkularen des ZK» eine neue Form der Direktiven ein, die ohne förmliche Bestätigung durch das ZK vom Sekretariat erlassen werden konnten, selbst wenn sie mit den Worten «Das ZK verordnet» begannen.

Doch die vorgegebenen Ziele ließen sich eben nicht mit Papier, sondern nur durch eine flankierende Personalpolitik erreichen. Schon am 6. Juni 1922 war ein von Sekretariat und Orgbüro abgezeichneter Erlass verschickt worden, der «Instrukteuren», die der Organisationsabteilung des ZK unterstanden, umfangreiche Rechte gegenüber den gewählten Parteiorganen vor Ort zusprach: Der Instrukteur, so hieß es darin lapidar, «beaufsichtige, instruiere und leite die Arbeit der Parteikomitees, helfe ihnen, fest und unerschütterlich die Direktiven der zentralen Parteiorgane umzusetzen». Im Laufe des Jahres 1922 visitierten Instrukteure des ZK mehr als zwei Drittel der Gouvernementsparteiorganisationen. Obwohl sie keine unmittelbare administrative Verfügungsgewalt besaßen, habe es keinen einzigen Fall gegeben, so hieß es später, in dem sich ein Gouvernementsparteikomitee den Empfehlungen des Instruktors widersetzte. Mitsprache forderte die Zentrale auch bei der Besetzung von Funktionsstellen ein. Von den 191 Funktionären, die zwischen Sommer 1922 und Sommer 1923 auf der Ebene der Gouvernements in den Parteikomitees den Posten eines Sekretärs bekleideten, waren nur etwas mehr als die Hälfte (97) gewählt, die Übrigen von oben «empfohlen» oder schlichtweg ernannt worden. Das im August 1922 von der 12. Parteikonferenz verabschiedete Statut machte die Ernennung von Sekretären faktisch zur Norm.

Dass das ZK und seine Organe auf das Recht, «Menschen nach seinem [ihrem] Ermessen einzusetzen», nicht verzichten könnten, hatte Lenin Ende März 1922 (auf dem 11. Parteitag) noch einmal ausdrücklich betont und verteidigt: Sonst verlören sie die Fähigkeit, ihre politische Lenkungsfunktionen wahrzunehmen. Er hatte zugleich das Niveau der Funktionäre beklagt: «Es mangelt der Schicht von Kommunisten, die leitende Funktionen in der Verwaltung ausüben, an Kultur.» Unter explizitem Bezug auf Lenin griff Stalin auf dem 12. Parteitag im April 1923 diesen Gedanken wieder auf: In ihrer führenden Rolle dürfe sich die Partei nicht darauf beschränken, Direktiven zu erteilen. Sie müsse auch «bestimmte Posten» mit Menschen besetzen, die fähig seien, «die Direktiven zu begreifen, diese Direktiven als ihre ureigenen anzusehen und in die Wirklichkeit umzusetzen». Das sei der Grund, «warum die Abteilung für Registrierung und Verteilung, das heißt das Organ des ZK, das berufen ist, unsere wichtigsten Funktionäre sowohl unten wie oben zu registrieren und zu verteilen, gewaltige Bedeutung gewinnt». Gemeint war die entsprechende Abteilung des Sekretariats, der Bedeutungsgewinn betraf aber das gesamte Sekretariat, zumal mit den «bestimmten Posten» nicht nur solche in der Parteiverwaltung gemeint waren. Es gehe ebenso um die «Erfassung des Funktionärkörpers in den Betrieben und Trusts, in den Wirtschaftsorganen im Lande und im Zentrum, in den Sowjets und in der Partei», um die «Transmissionsriemen» der Parteipolitik in Staat, Wirtschaft und Gesellschaft.

Stalins Rechenschaftsbericht war nicht nur zu entnehmen, dass die Zeit der «wahllosen Massenmobilisierungen» vorbei sei und das Sekretariat mit seiner Fachabteilung für Registrierung und Verteilung sich nicht mehr nur um den Aufbau der Parteiorganisation draußen im Lande kümmern werde. Er rückte vielmehr die zentrale Frage der generellen Stellenbewirtschaftung, der Erfassung und Besetzung von Schlüsselpositionen in den Mittelpunkt und bezog sich dabei auf Lenin. Es müsse ein Zustand überwunden werden, in dem «unsere Politik» zwar richtig ist, «der Staatsapparat aber [so] schlecht funktioniert, dass der Wagen [...] nicht dahin fährt, wohin er soll, sondern vom Wege abbiegt», weil Mitarbeiter im Staatsapparat sitzen, die «nicht unsere Leute» sind. Weil Qualität durch schiere Masse nicht zu ersetzen war, musse sich die zuständige Fachabteilung des Sekretariats «mit jedem Funktionär gründlich bekannt machen». Das hieß zugleich, sich auf die wichtigsten Positionen zu konzentrieren. Eine erste Aufstellung listete (1923) 4000 Stellen auf. Selbst wenn das auch hier sehr viel weniger waren als in früheren Jahren unter Krestinski oder Molotow, hatten die zuständigen Fachkommissionen nicht selten Schwierigkeiten, sie bei Vakanzen adäquat zu besetzen. Schon deshalb war es klug, sich vorerst in Stellenbesetzungen unterhalb der Gouvernementsebene nicht einzumischen und sich in die vielen, mitunter erbittert ausgetragenen lokalen Machtkämpfe nicht hineinziehen zu lassen. Sie sollten entweder durch die Entsendung von Instrukteuren oder dadurch beigelegt werden, dass man lokalen Amtsträgern und Regionalinstanzen den Rücken stärkte.

Dass die Interventionen der Zentrale zwischen ihr und der

Provinz ein personelles Netzwerk schufen, war beabsichtigt. Der Zentrale lag daran, geeignete Kandidaten auf Schlüsselposten zu bringen, sie war bereit, Entscheidungen zu revidieren, wenn sich die in sie gesetzten Erwartungen nicht erfüllten; das mag die Fluktuationen im Kaderbestand mit erklären. Ebenso lag auf der Hand, dass mit den Ernennungen und der Stärkung von Amtsträgern vor Ort zugleich Loyalitätsbeziehungen geknüpft wurden. Schließlich waren mit den Leitungsposten auch materielle Vergünstigungen verbunden. Die Rede von «unseren Leuten» bekam dadurch eine zusätzliche Bedeutung. Einschränkend muss hinzugefügt werden: Es war ein städtisches Netzwerk. Auf dem Land, im Dorf, wo noch immer an die 80 Prozent der Bevölkerung lebten, war von den neuen Entwicklungen kaum etwas zu spüren. Man musste sich nicht weit von Moskau entfernen, um festzustellen, dass es nur in jedem vierten oder fünften Dorf einen Dorfrat und nur bei jedem vierten oder fünften Dorfrat eine Parteizelle gab, also Tagesreisen nötig waren, um auf einen Kommunisten zu treffen.

Als Wiktor Nogin, Vorsitzender der Zentralen Revisionskommission der Partei, auf dem 12. Parteitag Mitte April 1923 auf die Arbeit des Zentralkomitees im ersten Jahr unter seinem neuen Generalsekretär Stalin zurückblickte und dieses mit der Zeit davor verglich, zog er eine rundum positive Bilanz und hob dabei die Arbeit des Sekretariats ausdrücklich hervor. Er lobte nicht nur die Offenheit, mit der die Behörde Einblick in ihre Interna gewährte. Die großen Mängel, die die Revisionskommission noch vor einem Jahr zu rügen hatte, seien getilgt, statt herumzuwerkeln, seien Plan und System in die Arbeit gebracht worden. Sein Bericht bestätigte dem Sekretariat, dass es «mustergültige» Arbeit geleistet habe und relativ kleine Maßnahmen «gewaltige Erfolge» gezeitigt hätten. Nogins Bericht war auch zu entnehmen, dass die Zahl der Mitarbeiter zwischen 1. März 1922 und 1. März 1923 von 705 auf 741 gestiegen war, im gleichen Zeitraum 1498 die Einrichtung verließen, wobei offenblieb, wie viele vom Altbestand überhaupt im Amt geblieben waren.

Stalin stand, als er Generalsekretär wurde, in seinem 45. Lebensjahr. Bilder aus dieser Zeit zeigen ihn voll jugendlichem Elan, mit vollem, zurückgekämmtem Haupthaar, breitem schwarzen Schnurrbart, mit einer Militärbluse, Reithose und Schaftstiefeln, so wie man ihn aus den Jahren davor kannte. Es schien, als ob er ein Stück Bürgerkrieg mit in das neue Amt gebracht hätte und nun mit der Tätigkeit eines Beamten verband. Beides verkörperte Macht und schien sich im neuen Titel des «Generalsekretärs» zu verbinden. Büroarbeit schreckte Stalin nicht. Mitarbeiter berichteten, dass er nicht nur repräsentierte, sondern selbst mit Hand anlegte und man in dieser Hinsicht etwas von ihm lernen konnte. Er pflegte um 9.00 Uhr aufzustehen, erschien gegen 11.00 Uhr im Amt und arbeitete dort bis tief in die Nacht hinein, bevor er dann zu seiner Wohnung in den Kreml zurückging. Es sei denn, er musste zu einer Sitzung des Politbüros, die im Senatsgebäude des Kreml stattfand, wo auch der Rat der Volkskommissare seinen Sitz hatte; beiden saß Lenin vor.

Ein zweiter Umstand schien paradigmatisch: Ende 1923/Anfang 1924 zog die ZK-Zentralverwaltung aus ihrem bisherigen Amtssitz aus, sie wechselte in das Moskauer Geschäftsviertel Kitaigorod, östlich des Roten Platzes. Offensichtlich war ihr das bisherige Gebäude nach gerade einmal drei Jahren zu klein geworden. Saß man bisher in einem umgebauten dreigeschossigen Adelspalais, so residierte man nun in einem modernen, eleganten, sechsgeschossigen Gebäude, einem ehemaligen Handelshaus am Alten Platz, das von einem bekannten Architekten (V. V. Scherwud) entworfen und erst 1915 fertiggestellt worden war. Auch im Wechsel des Amtssitzes schien man die Vergangenheit hinter sich zu lassen. Stalins Dienstzimmer lag im obersten Stock, es war nur über zwei Vorzimmer zu erreichen, daneben lag ein größerer Besprechungsraum. Schritt für Schritt wurde der Amtssitz weiter ausgebaut. Er erhielt eine eigene Bibliothek und eine moderne Infrastruktur, eine Poststelle mit Chiffrierabteilung, Anschluss an ein regierungsinternes Telefonsystem mit Selbstwählverkehr (um nicht über die Vermittlung gehen zu müssen). In unmittelbarer Nähe lagen der Sitz der Geheimpolizei, der Volkskommissariate des Äußeren, der Finanzen und der Landwirtschaft und fußläufig auch der Kreml. Hier am Alten Platz blieb der Sitz, das Zentrum der Partei bis zum Ende der Sowjetunion. Und selbst wenn man dies bei den Planungen nicht einberechnet hatte: Der Umzug erfolgte just zu dem Zeitpunkt, als Lenin starb und eine erste Phase sowjetischer Geschichte zu Ende ging. Stalins Berufung zum Generalsekretär war ein Wendepunkt in seiner Karriere. Rückblickend wird man sagen dürfen: auch in der Geschichte der Partei und des Landes.

VI. GORKI – 21. JANUAR 1924

Der Nachfolger Lenins

Dass die Fäden der Macht bei Lenin zusammenliefen, war unstrittig. Er hatte die Partei 1903 durch Spaltung der Sozialdemokratie geschaffen und in den Folgejahren eine Wiedervereinigung hintertrieben. Im Frühjahr 1917, bei seiner Rückkehr aus dem Exil, hatte er die Unterstützung der Provisorischen Regierung und das Einvernehmen mit den anderen Parteien beendet und im Herbst den Entschluss zum bewaffneten Aufstand im Zentralkomitee durchgesetzt. Im Winter hatte er die Bildung einer sozialistischen Allparteienregierung verhindert und den Friedensvertrag von Brest-Litowsk innerparteilich erzwungen. Nicht zuletzt ging auch die Schaffung des Einparteienstaates auf ihn zurück. Er war es auch, der auf dem 10. Parteitag 1921 den verdutzten Delegierten einen erneuten Kurswechsel, das Abrücken vom Kriegskommunismus und eine Neue Ökonomische Politik verkündete. Er hatte Konflikte nicht gescheut, seine Anhänger zu Disziplin aufgerufen und die eigenen Positionen durchgefochten, selbst wenn er dabei innerparteilich zunächst in der Minderheit war.

Dabei war Lenin alles andere als starr und dogmatisch. Er war zu Kurskorrekturen bereit, wenn dies zum Machterwerb oder zum Machterhalt notwendig schien, und zu Kompromissen, wenn die eigene Führungsrolle davon nicht tangiert wurde. Das zeigte sein Verhältnis zu Trotzki. Lenin war sich bewusst, dass dieser ihn nicht mochte, vor der Revolution sein Konzept einer straff organisierten Kaderpartei von Berufsrevolutionären verworfen und ihn persönlich in einer Schärfe angegriffen hatte wie kaum einer sonst in der sozialistischen Bewegung. In einer Broschüre von 1904 warf Trotzki ihm vor, «Vorurteile zum System erhoben» und daraus einen «äußerst primitiven organisatorischen Plan» gemacht zu haben, der auf ein «Kasernenregime», eine «orthodoxe Theokratie» hinauslaufe. Die «Diktatur des Proletariats» drohe durch eine «Diktatur über das Proletariat» ersetzt zu werden. Lenins Misstrauen gegenüber der Arbeiterschaft sei «böswillig und moralisch widerwärtig», ein Teil seiner Ausführungen schlichtweg «hässlich, undiszipliniert-demagogisch», er degradiere die «Dialektik zur Sophistik». Indirekt titulierte er Lenin als «liederlichen Advokaten». Das waren, selbst unter «Parteifreunden», starke Worte. Dass der Schreiber erst 25 Jahre alt war, zeigte, dass es ihm schon damals nicht an Selbstbewusstsein fehlte. Dass Trotzki vor dem Krieg bei seiner Ablehnung blieb, gegenüber Dritten Lenin 1912 als «Intriganten» und «Verwirrungsstifter» bezeichnete, sich weder den Bolschewiki noch den Menschewiki anschloss, mit Gesinnungsgenossen 1913 eine eigene «Zwischengruppe» bildete, deutete in die gleiche Richtung. Selbst nach der Rückkehr aus dem Exil im Mai 1917 zögerte er noch, sich mit seinen Gesinnungsgenossen Lenin unterzuordnen und den Bolschewiki beizutreten, was Lenin vor allem auf Trotzkis brennenden Ehrgeiz zurückführte.

Erst im Sommer 1917 vollzog Trotzki diesen Schritt und wurde ins Zentralkomitee gewählt; bei der Vorbereitung des Oktober sollte er als Vorsitzender des Petrograder Sowjet und Leiter des Militärischen Revolutionskomitees eine Schlüsselrolle spielen. Als Quereinsteiger kritisch beäugt, wurde er von Lenin gefördert, als Volkskommissar des Äußeren zu den Friedensverhandlungen nach Brest-Litowsk geschickt, dann als Kriegskommissar an die wechselnden Fronten des Bürgerkriegs. Selbst wenn seine Strategie in Brest-Litowsk Sowjetrussland in arge Bedrängnis brachte, am Sieg im Bürgerkrieg hatte er entscheidenden Anteil. Doch seine große Zeit war damit vorbei. Sein

Vorschlag, die militärischen Verbände in Arbeitsarmen umzuwandeln und beim Wiederaufbau des Landes einzusetzen, stieß in der Partei ebenso auf Widerstand wie der Plan, die Gewerkschaften zu staatlichen Transmissionsriemen zu degradieren. Beides hätte dem Kriegskommissariat eine Leitfunktion auch für die Folgezeit gesichert.

Es war doppelte Ironie, dass Trotzki damit auf Disziplin und strikten Zentralismus setzte, mithin eine politische Linie verfolgte, wie er sie einst Lenin vorgeworfen hatte. Lenin hingegen, der bis zum Winter 1920/21 durchaus mit solchen Überlegungen sympathisiert hatte, vollzog erneut eine Wende und propagierte auf dem 10. Parteitag den Kurs einer Neuen Ökonomischen Politik, die der Bevölkerung wieder mehr Luft zum Atmen ließ. Trotzkis schleichender Machtverlust scheint Lenin nicht unwillkommen gewesen zu sein. Was bedeutete es schon, dass er im Frühjahr 1922 im Politbüro vorschlug, Trotzki zum Stellvertretenden Vorsitzenden des Rates der Volkskommissare zu machen? Er wäre damit nur einer von drei oder vier Stellvertretern Lenins als Regierungschef gewesen und lehnte deshalb pikiert ab.

Es zeugte von der ungebrochenen Autorität Lenins, dass er den Kurswechsel zur NEP trotz aller Proteste innerparteilich durchzusetzen vermochte. Es sollte sein letzter Krafttakt bleiben. Sein Gesundheitszustand zwang ihn, sich in der zweiten Jahreshälfte 1921 stärker aus dem politischen Alltag zurückzuziehen, ins Umland, nach Gorki, wo ihm in einem repräsentativen Gutshaus ein Landsitz, ein Sanatorium, eingerichtet wurde. Worauf das quälende Gefühl allgemeiner Erschöpfung und Antriebslosigkeit, verbunden mit chronischen Kopfschmerzen, Schlaflosigkeit, Herz-Kreislauf-Problemen, Lähmungserscheinungen und Angstzuständen zurückzuführen war, blieb unklar, selbst die später hinzugezogenen internationalen Experten waren sich nicht einig. Ihre Diagnosen reichten von syphilitischer Entzündung bis Arteriosklerose. Alle Therapien brachten nur vorübergehend Erleichterung, entsprechend schwankend waren die Stimmungen des Patienten zwischen geduldiger Zuversicht und tiefer Niedergeschlagenheit.

Obwohl die Ärzte Lenin vor allem Ruhe verordnet hatten, hielt er es ohne Politik nicht aus. Und obwohl man eine Telefonleitung gelegt hatte und die Genossen der Führungsriege (vor allem auch Stalin) regelmäßig zum Rapport erschienen, fühlte er sich zunehmend isoliert; immer wieder ließ er sich von seinem Chauffeur mit dem Rolls-Royce nach Moskau fahren. Die Aktivitäten hatten ihren Preis. Nach mehreren Schwächeanfällen im Winter erlitt Lenin Ende Mai 1922 in Gorki einen schweren Schlaganfall mit halbseitiger Lähmung, der ihm den Ernst der Lage endgültig vor Augen führte. Die damit erzwungene Ruhe stärkte das Empfinden wachsender Hilf- und Einflusslosigkeit. Er reagierte darauf, sobald er sich wieder rühren konnte, mit Misstrauen, mit hartnäckigen Versuchen, seinen Führungsanspruch weiterhin geltend zu machen, und mischte sich trotzig in die aktuelle Politik ein. Er rügte, wie Stalin, Ordschonikidse und Dserschinski mit der georgischen Führung in Tiflis umsprangen, nannte Stalin einen «großrussischen Chauvinisten» und setzte sich für eine föderativere Verfassung der entstehenden Sowjetunion ein. Er bekämpfte hartnäckig jede Lockerung des staatlichen Außenhandelsmonopols, obwohl diese durchaus in der Logik der neuen Wirtschaftpolitik lag. Mal schlug er vor, das 27-köpfige Zentralkomitee auf ein Dreimanngremium zu verkleinern, dem keiner der bisher Einflussreichen mehr angehören sollte (weder Stalin noch Trotzki, Kamenew, Sinowjew, Dserschinski oder Bucharin, sie alle seien verbraucht), mal machte er den Vorschlag, die Mitgliederzahl auf 50 oder 100 zu erhöhen.

Anfang Oktober 1922 ließ er sich erneut nach Moskau fahren, er bezog seine alte Wohnung im Kreml, nahm an Sitzungen des ZK-Plenums, des Politbüros, des Rates der Volkskommissare teil und hielt auf dem 4. Kominternkongress eine Rede: Die Führungsriege ließ ihn gewähren, suchte seinen Vorstellungen so weit wie möglich nachzukommen, schon um ihn nicht aufzuregen – bevor er im Dezember einen weiteren Schlaganfall erlitt, der das Schlimmste befürchten ließ. Die Ärzte machten ihm klar, dass er keine Überlebenschance habe, wenn er nicht vollständig das politische Geschäft aufgäbe. Das Zentralkomitee wies ihn am 18. Dezember 1922 förmlich an, sich bis zur Genesung aus dem öffentlichen Leben zurückzuziehen, und beauftragte Stalin, dies zu überwachen. Doch ganz klein beigeben wollte Lenin immer noch nicht: Seit Jahrzehnten hatte er nichts anderes als die Politik. Er blieb in Moskau und hatte sich ausbedungen, was ihm am Herzen lag, einer Sekretärin diktieren zu dürfen; leserlich schreiben konnte er nicht mehr. Pro Tag sollten es nicht mehr als fünf bis zehn Minuten sein, länger konnte sich Lenin ohnehin nicht konzentrieren, zumindest an schlechten Tagen.

Neben zwei Sekretärinnen standen ihm vor allem seine jüngere Schwester Maria Ilitschna und seine Frau Nadeschda Krupskaja zur Seite. Die Krupskaja hielt ihn wohl auch auf dem Laufenden, was in der aktuellen Politik geschah, und unterstützte ihn bei seinen politischen Intrigenspielen. Stalin, seit wenigen Tagen für Lenins Ruhigstellung und Genesung verantwortlich, stellte sie deshalb in heftigen Worten zur Rede. Die Krupskaja revanchierte sich, indem sie Lenin davon erzählte, was diesen mächtig aufregte und Stalin seinerseits betroffen machte. Selbst wenn sie in letzter Zeit mitunter unterschiedliche Standpunkte vertreten hatten, konnte an der Loyalität Stalins gegenüber seinem Ziehvater nicht ernsthaft gezweifelt werden. Bei allen Differenzen ließ Stalin es nie zum offenen Bruch kommen, er hatte letztendlich immer nachgegeben. Umso mehr musste es ihn irritieren, dass Lenin für seine Botschaften wiederholt Trotzki als Überbringer benutzte und damit gegen das sich abzeichnende neue Machtzentrum Stalin, Sinowjew, Kamenew agitierte.

Obwohl Lenin noch die Hoffnung hatte, auf dem 12. Parteitag

im April 1923 auftreten zu können, begann er offenbar in den letzten Dezembertagen, einige Merkpunkte zu diktieren, die dem Parteitag wohl in Briefform zugehen sollten, wenn er selbst nicht teilnehmen konnte. Sie kreisten vor allem um den schon erwähnten Gedanken einer Aufstockung des ZK auf bis zu 100 Mitglieder aus der Arbeiterklasse, «sowohl um die Autorität des ZK zu heben als auch um ernsthaft an der Verbesserung unseres Apparates zu arbeiten und um zu verhindern, dass Konflikte kleiner Teile des ZK eine übergroße Bedeutung für das ganze Schicksal der Partei erlangen könnten». Vor allem die Rivalität zwischen Stalin und Trotzki bereite ihm Sorge, sie könne «unbeabsichtigt zu einer Spaltung führen». Stalin konzentriere als Generalsekretär «eine unermessliche Macht in seinen Händen», und er, Lenin, sei «nicht überzeugt, dass er es immer verstehen wird, von dieser Macht vorsichtig genug Gebrauch zu machen». Trotzki sei «persönlich [...] wohl der fähigste Mann im gegenwärtigen ZK, aber auch ein Mensch, der ein Übermaß von Selbstbewusstsein und eine übermäßige Vorliebe für rein administrative Maßnahmen hat».

Die übrigen Mitglieder der Führungsriege kamen kaum besser weg: Lenin erinnerte an das Verhalten Sinowjews und Kamenews im Oktober, das «natürlich kein Zufall» gewesen sei, selbst wenn man ihnen das «ebenso wenig als persönliche Schuld anrechnen» dürfe wie «Trotzki den Nichtbolschewismus»; indem er darauf hinwies, tat Lenin genau dies. Bucharin sei zwar ein «überaus wertvoller und bedeutender Theoretiker» und mit Recht «Liebling der ganzen Partei». Aber seine theoretischen Anschauungen könnten «nur mit sehr großen Bedenken zu den völlig marxistischen gerechnet» werden. In ihm stecke «etwas Scholastisches», er habe die Dialektik «nie studiert» und «nie vollständig begriffen». Und Pjatakow sei zwar ein «Mensch mit großer Willenskraft und glänzenden Fähigkeiten», aber auch mit einem «allzu starken Hang für das Administrieren und für administrative Maßnahmen», «in einer ernsten politischen Frage» könne man sich auf ihn nicht verlassen. Kalinin, Tomski, Rykow oder Molotow, alle ebenfalls Mitglieder oder Kandidaten des Politbüros, erwähnte die Notiz nicht einmal.

Wieweit Lenin das alles wirklich so diktiert hatte, ist im Nachhinein nicht zu ermitteln. Wenn jemand aus Stammellauten und Wortfetzen vollständige Sätze und einen Text gemacht haben sollte vor dem Hintergrund dessen, was er über Lenin und seine Einschätzung der Kampfgefährten wusste, so kam wohl nur seine Ehefrau in Frage. Unsicher ist auch, ob die angegebene Datierung die richtige war. Entsprechende Diktate sind für den 23./24. Dezember 1922 im Arbeitsjournal der verantwortlichen Sekretärin (Maria Woloditschewa) nicht vermerkt, noch gibt es handschriftliche Stenogramme dazu. Die Texte Korrektur zu lesen und abzuzeichnen war Lenin nicht mehr imstande. Das Krankenblatt liefert ein eher düsteres Bild von seinem Gesundheitszustand. Am 22. Dezember bat Lenin Stalin für den Fall der Fälle um Zyankali, eine Bitte, die er ihm im Mai 1922 schon einmal vorgetragen hatte und die er Mitte März 1923 wiederholte, was wiederum nicht recht zur These passt, wonach Stalin angeblich bei ihm in Ungnade gefallen war.

Nimmt man das Dokument, wie es überkommen ist, so sprach Lenin allen Weggefährten die Fähigkeit ab, in seine Fußstapfen zu treten. Er unterstrich damit, worauf sein Vorschlag einer Erhöhung des ZK-Bestandes auf bis zu 100 Personen eigentlich zielte: die Entmachtung der bisherigen bolschewistischen Führungsriege durch einen Pairsschub neuer Repräsentanten aus der Arbeiterklasse. In diesem Punkt traf sich der neue Vorschlag mit dem älteren, den ZK-Bestand auf drei Mitglieder zu reduzieren und die bisherigen Leitfiguren auszuschließen. Ein Weckruf an die Partei mit der Aufforderung, sich selbst aus dem Sumpf zu ziehen? Die Mahnung eines Geläuterten, der am Ende seiner Tage um sein Lebenswerk fürchtete?

Eher eines Selbstgerechten, der sich selbst am Ende und seine Macht schwinden sah. Lenin verwendete keinen Gedanken darauf, dass alle Vorwürfe (des Machtmissbrauches, der Selbstüberschätzung, der ideologischen Scholastik, des großzügigen Umgangs mit dem Lehrinhalten des Marxismus, des Hangs, Politik per Verwaltungsakt, durch administrative Maßnahmen ins Werk zu setzen) mit ebenso viel Recht auch gegen ihn selbst erhoben werden konnten. Er übernahm keine Verantwortung an der selbstverschuldeten Lage und ließ nicht den Hauch einer Selbstkritik erkennen. Und wie sollte die Selbsterneuerung in einer Partei vonstattengehen, der Lenin ein Dreivierteljahr zuvor noch Desorganisation, Rückständigkeit und Kulturlosigkeit vorgeworfen hatte?

Im Fokus seiner Kritik stand Stalin, den er selbst als Generalsekretär vorgeschlagen hatte. Zu ihm lieferte er nun am 4. Januar 1923 ein kurzes Postskriptum, wobei alle Vorbehalte gegenüber dem Kerntext auch gegenüber dem Postskriptum geltend gemacht werden können. Darin stand: Stalin sei «zu grob», ein «Mangel, der in unserer Mitte und im Verkehr zwischen uns Kommunisten durchaus erträglich» sei, aber «in der Funktion des Generalsekretärs nicht geduldet» werden könne. Deshalb schlage er den Genossen vor, «sich zu überlegen, wie man Stalin ablösen könnte», um jemand anderes an dessen Stelle zu setzen, «der sich in jeder Hinsicht von Gen. Stalin nur durch einen Vorzug unterscheidet, nämlich dadurch, dass er toleranter, loyaler, höflicher und den Genossen gegenüber aufmerksamer, weniger launenhaft usw. ist. Es könnte so scheinen, als sei dieser Umstand eine winzige Kleinigkeit. Ich glaube jedoch, unter dem Gesichtspunkt der Vermeidung einer Spaltung und unter dem Gesichtspunkt der von mir oben geschilderten Beziehungen zwischen Stalin und Trotzki ist das keine Kleinigkeit oder eine solche Kleinigkeit, die entscheidende Bedeutung erlangen kann.»

Lenin forderte die Ablösung Stalins, aber eine überzeugende Begründung lieferte er nicht. Es gab keine politischen «Verfehlungen» Stalins in der Vergangenheit, im Grunde lagen auch die Differenzen bei den aktuellen Streitpunkten nicht so weit voneinander entfernt. Schließlich sollte der neue Generalsekretär genauso sein wie Stalin, nur weniger grob. Die nachgeschobene Begründung war keine: Im «Verkehr zwischen uns Kommunisten» sei dieser Mangel zwar erträglich, nicht aber für einen Generalsekretär. Beim Generalsekretär ging es zuallererst um den «Verkehr zwischen Kommunisten» (Repräsentant und Leitfigur des Gesamtstaates zu sein wuchs dem Amtsinhaber erst allmählich zu). Lenins Mahnung zu Höflichkeit und Toleranz nahm sich umso merkwürdiger aus, als der blutige Bürgerkrieg allerorts noch in schrecklicher Erinnerung war, die Niederschlagung der Bauernunruhen und die nachfolgende Hungersnot, die erneut fünf bis sieben Millionen Opfer kostete, ebenso, und es geschah nicht zuletzt auf Lenins Weisung, dass die Repressionen gegen «Sowjetfeinde» (Vertreter der russisch-orthodoxen Kirche, weiße Offiziere, Intellektuelle) weitergingen, den Sozialrevolutionären 1922 der Prozess gemacht wurde. Lenin war empört, dass Bucharin und Radek bei einem Besuch in Berlin versichert hatten, es werde nicht zu Todesurteilen kommen.

Es ist durchaus vorstellbar, dass Stalins Zusammenstoß mit Nadeschda Krupskaja (Ende Dezember 1922, nach anderen Angaben Ende Januar 1923) zu einem Wutausbruch Lenins geführt hatte. Am 5. März 1923 kam Lenin darauf zurück und forderte eine Entschuldigung: Stalin sei «so unhöflich» gewesen, seine «Frau ans Telefon zu zitieren und sie sehr grob zu rügen»: Er vergesse nicht, was ihm angetan werde, und was meiner Frau angetan wird, werde «natürlich auch mir angetan». Stalin antwortete prompt, versuchte sein Verhalten (mit der ihm vom Politbüro übertragenen Aufgabe einer Abschirmung Lenins) zu erklären. Er sei sich keiner Schuld bewusst, aber natürlich nehme er alles zurück, wenn Lenin dies wünsche. Einen Tag später intervenierte Lenin nochmals brieflich in der «Georgien-Affäre». In einem kurzen Brief an die georgischen Bolschewiki, der in Kopie auch an Sinowjew und Kamenew ging, versicherte der Verfasser den «werten Genossen», «mit ganzem Herzen» bei ihnen zu sein.

Er empörte sich «über die Arroganz Ordschonikidses und über Stalins und Dserschinskis stillschweigendes Einverständnis». Er sei dabei, «Schriftstücke und eine Rede zu Eurer Verteidigung» vorzubereiten.

Nun war Lenin nicht der feinfühlige Ehemann, der einem loyalen Weggefährten mit dem Abbruch der persönlichen Beziehungen drohte allein wegen eines unerfreulichen Telefonats mit der Ehefrau, was noch dazu Wochen zurücklag, es sei denn, er sah darin eine Verletzung seiner eigenen Autorität. Dass er politisch ernst genommen werden wollte und die politische Letztentscheidung für sich reklamierte, darauf könnte auch die erneute Intervention in der Georgien-Affäre hindeuten; auch hier lag der Vorfall bereits mehr als zwei Monate zurück. Ordschonikidse, der als Vertrauter Stalins galt, hatte die Genossen in Tiflis beschimpft, war gegenüber einem von ihnen sogar handgreiflich geworden; das Orgbüro hatte eine Untersuchungskommission unter Dserschinski nach Tiflis geschickt, die in ihrem Bericht den Vorfall herunterspielte, und das Politbüro hatte Ende Januar 1923 in einer Sitzung, zu der auch Ordschonikidses Widersacher, Budu Mdiwani, geladen war, Dserschinskis Bericht gebilligt. Auch in diesem Falle wollte Lenin die Sache nicht auf sich beruhen lassen, dem nächsten Parteitag darüber berichten.

Wieweit kann Lenin noch als Verfasser dieser Briefe bezeichnet werden? Auf die behandelnden Ärzte machte er in diesen Tagen einen eher verwirrten Eindruck; er hatte erhebliche Wortfindungsschwierigkeiten und konnte sich Fremden gegenüber kaum noch verständlich machen. Auch die Briefe konnte er nicht ohne Krupskajas Hilfe konzipiert haben. Vermutlich hatte sie es bereits übernommen, für ihn zu agieren in den von ihm vorgezeichneten Bahnen. Doch auch dieser Zustand, mit der Fiktion eines weiterhin handlungsfähigen Lenin, näherte sich seinem Ende. Am 10. März 1923 erlitt Lenin einen dritten Schlaganfall. Er war nun fast vollständig gelähmt und konnte nicht mehr sprechen. Die Ärzte hielten ihn nicht für transportfähig. Erst Mitte Mai konnte er nach Gorki gebracht werden.

An einen Auftritt vor dem 12. Parteitag, der in der zweiten Aprilhälfte in Moskau stattgefunden hatte, war nicht zu denken gewesen. Kamenew eröffnete den Parteitag, den Rechenschaftsbericht des Zentralkomitees hatte man zweigeteilt, Sinowjew trug den politischen, Stalin den organisatorischen Teil vor. Für die Revisionskommission sprach Nogin, Trotzki zur Industrie, Kamenew zur dörflichen Steuerpolitik, Rykow zur Gebietsreform, Stalin erneut zu den nationalen Aspekten im Partei- und Staatsaufbau. Am Ende des Parteitags kam man den Anregungen Lenins zumindest so weit nach, dass man das ZK von 27 auf 40 Mitglieder aufstockte und die Zahl der Kandidaten von 19 auf 17 reduzierte. Zusammen mit Lenin bekam Stalin die meisten Stimmen. Auf dem anschließenden Plenum des Zentralkomitees wurden alle bisherigen Mitglieder des Politbüros (Sinowjew, Kamenew, Lenin, Stalin, Trotzki) erneut gewählt und zusätzlich zwei neue (Rykow und Tomski) bestellt. Das ZK bestätigte Stalin auch in seiner Funktion als Generalsekretär und Mitglied des Orgbüros, nachdem Nogin dem Parteitag – wie bereits erwähnt – einen sehr positiven Bericht über die vom Sekretariat geleistete Arbeit gegeben hatte.

Trotzki wollte in Absprache mit Lenin auf dem 12. Parteitag dafür eintreten, die planwirtschaftlichen Elemente und die sozialistische Industrie zu stärken. Ohne Lenin an seiner Seite geriet er jedoch in Verdacht, in Wahrheit gegen den Kurs der Neuen Wirtschaftspolitik zu sein, von der er in seiner Parteitagsrede gesagt hatte, sie sei nicht für ewig, ihren kritischen Begleiterscheinungen könne man nur durch einen Plan beikommen, der Markt sei eben ein «Teufel». Bei den Neuwahlen ins ZK landete Trotzki auf den hinteren Plätzen, ohne personelle Aufstockung des Gremiums hätte er die Mitgliedschaft verloren. Der Parteitag endete für ihn mit einer großen Enttäuschung.

Ohne Lenins Unterstützung erübrigten sich alle weitergehenden Pläne Trotzkis, mit denen er bereits mehrfach in Politbüro und ZK vorstellig geworden war. Ziel war es gewesen, erst die Kompetenzen der Staatlichen Plankommission zu erweitern, sie dann – unter seiner Leitung – mit dem Obersten Volkswirtschaftsrat zu vereinen. Damit wäre ein neues großes Volkskommissariat entstanden, das es an Einfluss mit der von Stalin geführten Parteiorganisation aufnehmen konnte. Doch in den Führungsgremien fand er dafür keine Mehrheit. Er manövrierte sich noch mehr ins Abseits, als er in der zweiten Jahreshälfte in Zeitungsartikeln gegen die wachsende Bürokratisierung der Partei zu polemisieren begann, die sich die Arbeiter nicht gefallen lassen sollten. Hatte er nicht eben noch eine strikte planstaatliche Zentralisierung gefordert, was ohne eine gigantische Wirtschaftsbürokratie nicht vorstellbar war? Die neue Polemik richtete sich – nach Meinung der Mehrheit in ZK und Politbüro – gegen den von Lenin angestoßenen innerparteilichen Konsolidierungskurs. Widersprüchliches gleichzeitig oder kurz nacheinander zu fordern war das Privileg Lenins; Trotzki besaß dessen innerparteiliche Autorität nicht.

Von Lenin, den Nadeschda Krupskaja im Rollstuhl in Gorki durch die Gegend schob, war keine Unterstützung mehr zu erwarten. Zwar ließ sich Lenin im Oktober 1923 in den Kreml kutschieren, wo man die klapprige Gestalt kaum noch erkannte und wo keiner seiner früheren Kampfgefährten ihm seine Aufwartung machte. Offenkundig wollte Lenin noch einmal seine früheren Wirkungsstätten sehen und noch einmal in seiner ehemaligen Wohnung übernachten. Es war ein Abschied auf immer.

Ende Mai/Anfang Juni 1923 übergab Krupskaja jene Dezemberdiktate Lenins als eine Art «Vermächtnis» an Sinowjew, einen Monat später auch das besonders brisante Januarpostskriptum über Stalin. Sinowjew, der sich Mitte Juli in Kislowodsk zur Kur am Nordrand des Kaukasus befand, sprach mit Woroschilow (Kommandeur des nordkaukasischen Militärbezirks), M. Laschewitsch (Militärkommissar von Sibirien), G. Jewdokimow (Gewerkschaftschef in Petrograd) und Bucharin darüber, die vor Ort waren oder dazugebeten wurden. Einige Tage später stieß auch Ordschonikidse dazu, der sich auf dem Weg von Tiflis nach Moskau befand.

Ermuntert durch Lenins Forderungen, fanden nun auch Sinowjew und Bucharin, dass sich Stalin in zu viele Dinge einmischte und selbstherrlich agierte. Zwar verlangten sie nicht seine Abberufung als Generalsekretär, doch sollten ihm im Sekretariat mit Sinowjew und Trotzki zwei weitere Personen zur Seite gestellt und das Orgbüro ganz aufgelöst werden. Diese Ratschläge des «Höhlentreffens» übermittelte Ordschonikidse Stalin und Kamenew, die als Stallwache in Moskau geblieben waren. Der Generalsekretär war empört und erbost – nicht nur über die ihm unterbreiteten Vorschläge, sondern auch, ja vielleicht noch mehr über die Tatsache, dass man sich ohne ihn getroffen und Fragen dieser Reichweite besprochen hatte. Sie bereiteten wohl den Bruch mit ihm vor, schrieb er indigniert an Bucharin und Sinowjew zurück und fügte etwas versöhnlicher hinzu, dass ihnen wohl das süße Nichtstun zu Kopf gestiegen sei, sie sich «irgendwelche erfundenen Geschichten» ausdächten, während er hier am Schleppseil ziehe wie ein «angeketteter Hund» und an irgendetwas angeblich «schuld» sei.

Die Frage war damit zwar nicht entschieden, aber eine andere zog in den folgenden Wochen fast alle Aufmerksamkeit auf sich: die Entwicklung in Deutschland. Dort schien die innenpolitische Lage völlig außer Kontrolle zu geraten. In der optimistischen Sicht der Kominternführung war eine Situation im Entstehen, die sich mit der Situation Russlands im Revolutionsjahr durchaus vergleichen ließ: Nach dem Scheitern der Pariser Reparationskonferenz waren im Januar 1923 französische und belgische Truppen ins Ruhrgebiet einmarschiert, um den alliierten Forderungen mit «produktiven Faustpfändern» Nachdruck zu verleihen. Die Reichsregierung hatte zu passivem Widerstand aufgerufen. In weiten Teilen kam die Produktion zum Erliegen.

Die Zahl der Arbeitslosen stieg. Die Inflation galoppierte. Die Arbeiterschaft setzte sich in wilden Streiks zur Wehr. Bei Wahlen zu Stadtverordnetenversammlungen und Betriebsräten verzeichneten die Kommunisten deutliche Gewinne. Der Berliner Zentralausschuss des KPD rief zu weiteren Arbeitsniederlegungen und zum Sturz der Regierung Cuno auf. Die Parteiführung propagierte im August die nationale Befreiung und den revolutionären Klassenkampf, am besten im Schulterschluss mit der eben gegründeten Union der Sozialistischen Sowjetrepubliken, der UdSSR.

Stalin hatte auf die Entwicklung im Deutschen Reich zunächst mit Zurückhaltung reagiert. Wenn die Kommunisten jetzt ohne die Sozialdemokraten nach der Staatsmacht griffen, stelle sich für ihn die Frage, ob sie auch reif dafür seien. In Russland, so schrieb er am 7. August 1923 an Sinowjew, hatte man zusätzliche Trümpfe: «a) den Frieden, b) das Land für die Bauern, c) die Unterstützung der großen Mehrheit der Arbeiterklasse, d) die Sympathie der Bauernschaft. Nichts von dem haben jetzt die deutschen Kommunisten.» Sicher, sie hätten das Sowjetland zum Nachbarn, das hatten die Bolschewiki 1917 nicht. Aber «was können wir ihnen im jetzigen Moment geben?», fügte er fragend hinzu, womit er wohl die kaum überstandene Hungersnot ebenso meinte wie die prekäre Wirtschaftslage, die angespannte finanzielle Situation, den Zustand der unterfinanzierten Roten Armee und die Unzufriedenheit in der Arbeiterschaft. Und er fügte als Warnung hinzu: Wenn jetzt in Deutschland die Macht falle und die Kommunisten nach ihr griffen, würden sie «mit Pauken und Trompeten scheitern. Im ‹besten› Falle. Im schlechtesten Falle werde man sie in Stücke schlagen und in den Mülleimer treten.»

Sinowjew (der Vorsitzende des Exekutivkomitees der Kommunistischen Internationale, Politbüromitglied und Parteichef von Petrograd) ließ sich davon nicht überzeugen. «Die Krise in Deutschland reift sehr schnell heran. Es beginnt ein neues Kapitel der deutschen Revolution […] Die Zeit ist nahe, in der wir Entscheidungen von welthistorischer Bedeutung treffen müssen», hatte er Ende Juli an Stalin geschrieben. Er sah in den deutschen Ereignissen die Chance, dass der revolutionäre Funke nun endlich auch auf Mitteleuropa übersprang und die so ersehnte Weltrevolution damit in greifbare Nähe rückte. Von diesem Gedanken ergriffen, wollte er sich zugleich nicht noch einmal nachsagen lassen, wie 1917 versagt, den rechten Augenblick nicht erkannt zu haben, was ihm innerparteilich immer noch nachhing.

Er wurde darin leidenschaftlich unterstützt von Karl Radek, der in der Komintern als Deutschlandexperte galt. In Lemberg geboren, hatte er lange in Deutschland gelebt, in Moabit eingesessen und auf sowjetischer Seite an den Friedensverhandlungen in Brest-Litowsk teilgenommen. Radek wollte auf verirrte Nationalisten der Rechten zugehen. In einer Rede vor dem erweiterten Exekutivkomitee der Kommunistischen Internationale hatte er am 20. Juni 1923 in Moskau Albert Leo Schlageters gedacht, eines früheren Freikorpskämpfers, der während des «Ruhrkampfes» Sprengstoffanschläge auf Eisenbahnanlagen verübt hatte, von der französischen Polizei verhaftet und Ende Mai 1923 erschossen worden war. Radek nannte ihn einen «Märtyrer des deutschen Nationalismus», der es verdiene, «von uns, Soldaten der Revolution, männlich ehrlich gewürdigt zu werden».

Auf Dauer konnte und wollte sich Stalin dieser Euphorie nicht in den Weg stellen. Er beorderte am 8. August die Mitglieder des Politbüros nach Moskau zurück, um die anstehenden Fragen zu besprechen. Am 21. August setzte das Politbüro eine Kommission ein, die sich mit den Ereignissen in Deutschland befasste und bereits einen Tag später Vorschläge vorlegte, die vom Politbüro angenommen wurden. Dazu gehörten ein Unterstützungsfonds in Höhe von einer Million Goldmark, die Bereitstellung von rd. einer Million Tonnen Getreidereserven an Grenzpunkten und die Rekrutierung von 20 000 sowjetischen

Kommunisten für den Einsatz in Deutschland. Die «Hilfsbereitschaft» war schon deshalb so groß, weil man sich von einer siegreichen deutschen Revolution eine Lösung der immensen eigenen wirtschaftlichen und sozialen Probleme erwartete.

Sowjetdeutschland, so versicherte Sinowjew, werde «bereits von den ersten Tagen seiner Existenz an das engste Bündnis mit der UdSSR» schließen, das beiden Seiten «ungezählte Vorteile» bringe. Es werde die «gefährlichen Schwachstellen der NEP in Sowjetrussland» beseitigen, die «Entwicklung der sozialistischen Staatsindustrie in der UdSSR beschleunigen und festigen» und eine «unerschütterliche Basis für den Sieg der sozialistischen Wirtschaftsform in ganz Europa schaffen». Am 20. September 1923 schrieb Stalin an August Thalheimer (führendes KPD-Mitglied), der Sieg der Revolution in Deutschland werde «für das Proletariat in Europa und Amerika eine größere Bedeutung haben als der Sieg der russischen Revolution vor sechs Jahren». Ihr Sieg werde «ohne Zweifel das Zentrum der Weltrevolution aus Moskau nach Berlin versetzen».

Mit der Bildung von Koalitionsregierungen durch SPD und KPD in Sachsen und Thüringen schien das Revolutionsprojekt Gestalt anzunehmen. Trotzki drängte darauf, einen festen Termin für das Losschlagen ins Auge zu fassen, stieß damit aber im Politbüro auf taube Ohren, das auf die Zuständigkeit der deutschen Parteiführung verwies. Komintern- und KPD-Führung hatten die Radikalität ihrer Anhängerschaft selbst in der Hochburg Sachsen erheblich überschätzt. Auf einer Arbeiterversammlung in Chemnitz am 21. Oktober 1923 scheiterte ein Aufruf zum Generalstreik kläglich. Ein Aufstandsversuch in Hamburg wurde niedergeschlagen. Der «Deutsche Oktober» fand nicht statt.

In dieser vermeintlich welthistorischen Situation hatten Lenins Diktate – zumindest vorübergehend – viel von ihrer Bedeutung verloren. Hatte man eine Ablösung Stalins als Generalsekretär im Politbüro ohnehin nicht ernsthaft erwogen, so verzichtete man offenkundig auch darauf, ihm – wie Sinowjew und Bucharin zunächst vorgeschlagen hatten – im Sekretariat zwei Aufpasser an die Seite zu stellen. Stattdessen wurden Sinowjew und Trotzki im September Mitglieder im Organisationsbüro, das mehr ein Arbeits- als ein Leitungsgremium war. Trotzki erschien nie zu dessen Sitzungen, Sinowjew nur ein-, zweimal. Offenbar im Gegenzug bestellte das Plenum des Zentralkomitees Stalin und Woroschilow zu zusätzlichen Mitgliedern des Revolutionären Militärrates, was dessen Vorsitzenden Trotzki so in Rage brachte, dass er die Sitzung des ZK verließ, auch nicht zu einer Rückkehr zu bewegen war und den Rücktritt von allen Ämtern ankündigte. Im Kampf um die Macht hatte Trotzki einen weiteren Rückschlag erlitten, zumal das Militär in einem künftigen Machtkampf von erheblicher Bedeutung sein konnte und der Vorgang demonstrierte, wie es generell um die Mehrheitsverhältnisse im Zentralkomitee stand.

Dieselbe Erfahrung machte Trotzki, als er am 8. Oktober 1923 einen langen Brief an das Zentralkomitee und die Zentrale Kontrollkommission der Partei schrieb, in dem er nicht nur auf die Neubesetzung des Revolutionaren Militarrates einging, sondern zum Rundumschlag gegen die «kopflose Wirtschaftspolitik» und den «Sekretärsbürokratismus» in der Partei ausholte. Beim Start in eine äußerst wichtige Epoche ihrer Geschichte schleppe sie «die Fehler ihrer führenden Organe» als schwere Last mit sich. In scharfer Form verwahrte sich das Politbüro am 19. Oktober 1923 gegen alle Vorhaltungen Trotzkis. Man warf ihm vor, bei den Debatten im ZK Entscheidungen mitzutragen und im Nachhinein in Briefen und Deklarationen dagegen zu protestieren. Damit liefere er «Plattformen» oppositioneller Positionen, mache er sich selbst zu deren Zentrum und verstoße damit gegen Grundregeln der Partei. Zentralkomitee und Zentrale Kontrollkommission schlossen sich in einer Vereinigten Plenumssitzung, die vom 25. bis 27. Oktober stattfand, diesem Votum mit überwältigender Mehrheit an. Dafür hatte die Parteiführung gesorgt.

Bis zum Spätherbst hatten die Ereignisse in Deutschland einen Großteil der Aufmerksamkeit auf sich gezogen. Da sich vor allem Sinowjew, Trotzki und Radek im Deutschen Oktober engagiert hatten, fiel auch sein Scheitern sehr viel mehr auf sie zurück als auf Stalin. Dass sich die Führung der Partei auch in diesem Punkt Versäumnisse hatte zuschulden kommen lassen, wie Trotzki behauptete, hatte das Politbüro entschieden zurückgewiesen.

Damit war freilich Lenins Brief nicht aus der Welt; noch lebte der Parteigründer, selbst wenn er sich in deren Geschäfte nicht mehr einmischen konnte. Er starb am 21. Januar 1924 in Gorki. Die kultische Verehrung begann mit der Aufbahrung im Säulensaal des früheren Adelsklubs und der Errichtung eines Mausoleums auf dem Roten Platz, das mit dem einbalsamierten Leichnam zur Wallfahrtsstätte werden sollte. Dies alles verlieh seinem «Vermächtnis» zusätzliches Gewicht, ja Brisanz. Schließlich stand im Mai 1924 der nächste Parteitag an, dem die Diktate, nun als «Testament» tituliert, nicht einfach vorenthalten werden konnten. Man entschied sich für eine Stalin schonende Lösung. Ihr Text wurde nicht auf dem Parteitag selbst, sondern im Vorfeld, bei Treffen der Parteiführung mit einzelnen Parteitagsdelegationen, verlesen, danach beschloss man, sie zu den Akten zu nehmen. Stalins Rücktrittsangebot wurde vom neuen Zentralkomitee verworfen, er wurde einstimmig als Generalsekretär wiedergewählt. Die Sache war damit für Stalin glimpflich abgegangen; die Affäre war entschärft, der Brief vorläufig vom Tisch. Publik wurde er dennoch, weil er unter der Hand in Abschriften kursierte. Im Westen machte ihn im Folgejahr der amerikanische Journalist und Schriftsteller Max Eastman bekannt, der in engem Kontakt zu Trotzki stand und eine Abschrift über die Grenze geschmuggelt hatte.

Selbst wenn Stalin zumindest ahnte, dass es diesen Brief ohne die Krupskaja vermutlich nie gegeben hätte, zweifelte er die Authentizität des Briefes nicht an. Es war nicht von der Hand zu weisen, dass das darin von ihm gezeichnete Bild wohl tatsächlich Lenins Einschätzung entsprach und dass dies auch die anderen in der Parteiführung wussten. Gleichwohl unterstützten sie Stalin gegen den Selbstdarsteller Trotzki, den Spätberufenen, der eigentlich «kein richtiger Bolschewik» war. Da war ein engagierter und fleißiger, Lenin und der Sache ergebener «Praktiker» in jedem Fall besser, selbst wenn er etwas grob und kein großer Theoretiker war. Die Zeit der Theoretiker schien ohnehin vorbei. Ohne allen Zweifel nagte die Sache weiterhin an Stalin. Obwohl er aus der Not eine Tugend machte und künftig als engster Mitarbeiter Lenins und Hüter des Leninismus auftrat – es gab da etwas, das zeigte, dass Lenin Vorbehalte hatte.

Trotzki war nicht dabei gewesen, als die anderen Politbüromitglieder sich um den toten Lenin in Gorki versammelt hatten und einige Tage später bei dem in Moskau Aufgebahrten Ehrenwache hielten. Trotzki war kurz zuvor ans Schwarze Meer gefahren, um eine verschleppte Grippe auszukurieren. Er war auch beim Begräbnis nicht dabei, weil Stalin ihm ein falsches Datum genannt hatte, auch nicht bei der Trauersitzung des 2. Sowjetkongresses der UdSSR, als Stalin das Vermächtnis des Verblichenen vortrug und den pathetischen – mit geringfügigen Modifizierungen immer gleichen – fünffachen Schwur ausbrachte: «Wir schwören Dir, Genosse Lenin, dass wir dieses Dein Gebot in Ehren erfüllen werden!» Noch im Frühjahr 1924 versuchte er, sich als Hüter von Lenins geistigem Erbe zu profilieren, indem er an der Moskauer Swerdlow-Universität eine Vorlesung «Über die Grundlagen des Leninismus» hielt, die im Mai auch als selbständige Broschüre erschien. Das noch nicht publizierte Buch eines Journalisten diente ihm dabei als willkommene Vorlage. Es lag auch auf dieser Linie, wenn er im November 1924 eine Rede vor der Kommunistischen Fraktion des Zentralrates der Gewerkschaften hielt, die zugleich in der «Prawda» erschien, in der er die Oktoberrevolution als «Sieg des Sozialismus in einem Lande» «auf der Grundlage des Bündnisses des Proletariats und der werktätigen Massen der Bauernschaft» und unter der «Führung des Proletariats» feierte und als urleninistisch «verteidigte». Trotzki leugne die «Möglichkeit eines Sieges des Sozialismus in einem Lande», werfe der Partei schon seit zwei Jahren «Entartung» vor und prophezeie dem Land den «Untergang». Seine «seltsame Theorie» von der «permanenten Revolution» sei mit Lenins Theorie vom «Sieg des Sozialismus in einem Lande» unvereinbar, «Trotzkismus» eben. Die gleichen Vorwürfe fanden sich auch im Vorwort zu seinem Buch «Auf dem Weg zum Oktober», das 1925 erschien. Stalin flutete, über die Medien der Hauptstadt wie in den Regionen, den öffentlichen Raum geradezu mit Anti-Trotzki-Pamphleten.

Seit dem Sommer 1924 war Trotzki im Politbüro völlig isoliert; von Stalin als Kriegskommissar in Frage gestellt, stellte er seine Ämter als Volkskommissar und Vorsitzender des Revolutionären Militärrates zur Verfügung. Sein Nachfolger wurde im Januar 1925 Michail Frunse, Altbolschewik, Militärkommandant des Bürgerkrieges, ZK-Mitglied. Die Troika Stalin, Sinowjew und Kamenew hatte sich zur Siebenergruppe erweitert, zu der nun auch Bucharin, Rykow, Tomski und Kuibyschew gehörten. Sie trafen sich vor den Sitzungen des Politbüros und vereinbarten dabei eine gemeinsame Linie. Für die Verteidigung der aktuellen Wirtschaftspolitik wurde vor allem Nikolai Bucharin gebraucht, der sich vom «Linken Kommunisten» der Bürgerkriegszeit zum Verteidiger der NEP gemausert hatte. Deren Kernproblem sah er darin, dass die Entwicklung der sozialistischen Industrie von der Entwicklung der Landwirtschaft abhing: Die Bauern lebten in ständiger Sorge, zu viel zu produzieren, «wohlhabend» zu werden und damit als böse Großbauern, «Kulaken», zu gelten. Da dies die Nachfrage nach Produkten der sozialistischen Industrie blockiere, müsse man den Bauern diese Sorge nehmen, ihnen am besten zurufen: «Bereichert Euch», «Akkumuliert», «Entwickelt Eure Wirtschaft», weil davon auch der Sozialismus profitierte.

Stalin wusste sich – nach dem Tod Lenins im Januar 1924 – im Machtkampf um dessen Nachfolge durchzusetzen, obwohl er weder ein brillanter Redner noch ein origineller Theoretiker war. Doch er vermochte aus seiner Schwäche eine Stärke zu machen, indem er gar nicht versuchte, sich als eigenständiger Kopf zu präsentieren, sondern als Wahrer des Lenin'schen Erbes, dessen engster Mitarbeiter und gelehriger Schüler, als geistiger Sachwalter des «Leninismus» auftrat. Der Personenkult, der sogleich nach Lenins Tod begann, war Teil dieser Strategie, zumal wenn er (auf Fotos, Gemälden, später in Filmen oder in Denkmälern) Lenin in seinen letzten Lebensjahren in engem Kontakt mit Stalin zeigte. Sie widersprachen damit zugleich einem an den Parteitag gerichteten Schreiben, in dem Lenin die Ablösung Stalins als Generalsekretär empfohlen hatte; er sei zu grob und habe zu viel Macht. Stalins Gegner bezeichneten das Dokument als Lenins Letzten Willen. Doch Stalin wusste zu verhindern, dass es auf den Parteitag verlesen wurde oder sonst wie die breitere Öffentlichkeit erreichte.

Stalins «Aufbau des Sozialismus in einem Lande» und Bucharins Slogan «Bereichert Euch» – das war zu viel für «internationalistische» Stalingegner wie für «Linke» in der Partei, die sich mit der NEP nie angefreundet hatten. Sie waren beunruhigt über die angespannte Lage im Innern und hielten an ihren eigenen Glaubenssätzen fest, wonach «die Kulaken» an allem schuld seien. Diese lebten in Saus und Braus, horteten Getreide, machten gemeinsame Sache mit den Zwischenhändlern (den NEP-Leuten), während die Arbeiter kaum das Nötigste hatten und entsprechend unzufrieden waren. Gegen das neue Duo Stalin-Bucharin formierte sich so eine neue oppositionelle Gruppierung um Sinowjew, Kamenew, Sokolnikow und die Krupskaja. Ihr regionaler Schwerpunkt lag in Leningrad, wo Sinowjew als Parteichef amtierte. Die Leningrader Delegation setzte durch, dass auf dem 14. Parteitag im Dezember 1925 Stalin zwar den Rechenschaftsbericht für das Zentralkomitee abgeben, aber Sinowjew ein Koreferat halten durfte, dem dann ein Beitrag Bucharins folgte. Doch die Anhänger Stalins waren eindeutig in der Mehrheit. Sie wiesen die Behauptung zurück, die Parteiführung unterschätze die Kulakengefahr, warfen ihrerseits der Opposition vor, mit ihrem Alarmgeschrei das von Lenin propagierte Klassenbündnis zwischen dem städtischen Proletariat und den Dorfarmen (einschließlich der Mittelbauern) zu gefährden und gegen die Einheit der Partei zu verstoßen.

Obwohl Stalin klug genug war, sich von Bucharins Slogan zu distanzieren, ja ihn als «Fehler» zu bezeichnen, verteidigte er ihn als Person gegen die Angriffe der Opposition. Bucharins Fehler sei kaum der Beachtung wert, wenn man ihn mit jenen Fehlern vergleiche, die andere (gemeint waren Sinowjew und Kamenew) im Oktober 1917 begangen hätten. Selbst wenn er «auf rein persönliche Ausfälle» der Opposition nicht eingehen wollte, dass er sie erwähnte, sollte wohl besagen, dass er sie sehr wohl registriert habe. Auch das Geheimtreffen Sinowjews mit Gleichgesinnten in Kislowodsk im Sommer 1923 hatte er nicht vergessen.

Über den Personaldebatten gingen die Sachentscheidungen fast unter: Der Parteitag beschloss den weiteren Aufbau des Sozialismus in der UdSSR, die Stärkung der sozialistischen Staatsindustrie gegenüber den privatkapitalistischen Elementen, den Ausbau der Maschinen- und Schwerindustrie und überhaupt die Industrialisierung des Landes.

Sinowjew, Kamenew und Sokolnikow wurden zwar erneut ins Zentralkomitee gewählt. Doch Sinowjew verlor mit seinem Posten als Leiter der Leningrader Parteiorganisation zugleich seine Hausmacht an den Stalinprotegé Sergei Kirow. Kamenew wurde bei der ZK-Sitzung im Januar 1926 vom Mitglied des Politbüros zum Kandidaten herabgestuft, und Sokolnikow verlor neben dem Kandidatenstatus zugleich sein Amt als Volkskommissar der Finanzen. Nach dem frühen Tod Frunses im Oktober 1925 hatte Stalin Kliment Woroschilow, seinen Vertrauten aus Bürgerkriegsjahren, zum neuen Kriegskommissar gemacht, nun wurde er auch Vollmitglied des Politbüros, ohne je Kandidat gewesen zu sein. Kalinin und Molotow rückten von Kandidaten des Politbüros zu Mitgliedern auf; auch die zwei neuen Kandidaten Grigori Petrowski und Nikolai Uglanow waren der Stalinanhängerschaft zuzurechnen. Stalin war daher der eindeutige Sieger des Machtkampfes, der damit allerdings noch nicht beendet war.

Im Grunde waren die Argumente ausgetauscht: Die Opposition beklagte die Tyrannei der Apparate und die metastasierende Bürokratie. Stalins Aufbau des Sozialismus in einem Lande sei ein Irrweg, verrate die Weltrevolution und restauriere den Kapitalismus in Russland. In ihren Wortmeldungen forderten sie, den Steuerdruck auf die Kulaken zu erhöhen und endlich dafür zu sorgen, dass die Interessen der Arbeiter in der NEP nicht untergingen. Die Parteiführung wies diese Vorwürfe zurück und pries das Klassenbündnis zwischen Arbeitern und Bauern (die smytschka) als Vermächtnis Lenins und Grundlage der NEP. ZK und Parteitag hätten die Positionen der Opposition wiederholt verworfen. Wenn sie trotzdem auf ihnen beharre, verstoße sie gegen die Gebote der Parteieinheit, wie sie auf dem 10. Parteitag beschlossen worden seien. Die Opposition warf wiederum Stalin vor, er benutze die Parteieinheit als Instrument des ideologischen Terrors. Er ersetze die alte Garde der Bolschewiki durch junge, unerfahrene Apparatschiki. Lenin habe nicht grundlos gewarnt, dass Stalin zum Generalsekretär nicht tauge, und gefordert, ihn abzulösen.

Stalin ließ sich davon nur vorübergehend beeindrucken. Er bestand darauf, dass das angebliche «Testament» keines war; er ließ es sich auf einer ZK-Sitzung Mitte Juli 1926, als die Opposition ihm wieder damit kam, nicht nehmen, den gesamten Text laut vorzulesen. Aus ihm ergebe sich, dass Lenin ihm nur «Grobheit», seinen jetzigen Gegnern Trotzki, Sinowjew, Kamenew aber schwerwiegende politische Fehler attestiert habe. Auch den Vorwurf, den Lenin'schen Forderungen nicht nachgekommen zu sein, ließ er nicht auf sich sitzen. Er habe – mit Berufung auf Lenin – bereits dem ersten ZK-Plenum nach dem 13. Parteitag Anfang Juni 1924 den Rücktritt angeboten, was einstimmig abgelehnt worden sei. Er wiederholte dieses Rücktrittsangebot bis Ende Dezember 1927 noch vier Mal. Ob er es ernst meinte? Der Opposition seine Macht, dem ZK seine Unersetzlichkeit demonstrieren wollte? Ob er im Voraus wusste, wie die Mitglieder votieren würden? Die Erklärungen schließen sich nicht aus, vermutlich traf von allen etwas zu. Die Mitglieder des ZK stimmten ihm mehrheitlich zu, weil nicht wenige Stalin für einen effektiven Generalsekretär hielten, ihm ihre jetzige Position verdankten und von ihm die gleiche Rückendeckung gegen eine aufsässige Opposition vor Ort erwarteten, die sie ihm jetzt gewährten.

Stalin fuhr im Mai 1926 zur Erholung ans geliebte Schwarze Meer, gleichzeitig versammelten sich 70 Linksoppositionelle in einer Moskauer Vorortdatscha. Sinowjew war zwar nicht unter den Anwesenden, wohl aber Michail Laschewitsch, der zu

Sinowjews engerem Bekanntenkreis gehörte und schon in Kislowodsk dabei gewesen war. Inzwischen war er zum Stellvertretenden Kriegskommissar aufgestiegen, was seiner Anwesenheit – aus Stalins Sicht – doppeltes Gewicht verlieh. Stalin erfuhr davon, weil die Geheimpolizei GPU einen Informanten unter den Versammelten hatte. Er ließ die schon erwähnte ZK-Sitzung im Juli 1926 anberaumen. Ihr Ergebnis war, dass Sinowjew seine Mitgliedschaft im Politbüro verlor, Jan Rudsutak für ihn nachrückte, zusätzlich wurden fünf Neue (Andrei Andrejew, Lasar Kaganowitsch, Kirow, Mikojan und Ordschonikidse) als Kandidaten aufgenommen.

Angesichts der Mehrheitsverhältnisse in den Führungsgremien war die «Vereinigte Opposition» im Herbst 1926 mit Stalin übereingekommen, sich künftig an Parteibeschlüssse zu halten und sich von ihren internationalen Unterstützern zu distanzieren. Dieser «Widerruf» (unterschrieben von Trotzki, Sinowjew, Kamenew, Sokolnikow und Pjatakow) erschien Mitte Oktober in der «Prawda». Auf dem Vereinten Plenum des ZK und der ZKK Ende Oktober sowie der 15. Parteikonferenz Ende Oktober/Anfang November 1926 ging es einmal mehr um den «Aufbau des Sozialismus in einem Lande», und erneut prallten die Meinungen hart aufeinander. Trotzki bezeichnete Stalin als «Totengräber der Revolution». Dieser verließ daraufhin erbost den Saal und erklärte ein weiteres Mal seinen Rücktritt. Allen war nun klar, dass das Tischtuch endgültig zerschnitten war. Nach Sinowjew wurden nun auch Trotzki als Mitglied und Kamenew als Kandidat aus dem Politbüro geworfen, Sinowjew sollte außerdem den Vorsitz im Exekutivkomitee der Komintern verlieren und Bucharin sein Nachfolger werden.

Dass es für Stalin mit der Opposition nichts mehr zu reden gab, demonstrierte auch sein Schlusswort vor dem erweiterten Plenum des Exekutivkomitees der Kommunistischen Internationale am 13. Dezember 1926 in Moskau: «Sie sehen […] zwei Kräfte vor sich: Auf der einen Seite unsere Partei, die das Proletariat der UdSSR unbeirrt vorwärtsführt, den Sozialismus aufbaut und die Proletarier aller Länder zum Kampf ruft. Auf der anderen Seite die Opposition, die sich hinter unserer Partei herschleppt wie ein klappriger Greis, mit Rheumatismus in den Beinen, mit Kreuzschmerzen, mit Migräne – die Opposition, die ringsum Pessimismus sät und die Atmosphäre damit vergiftet mit Geschwätz darüber, dass bei uns in der UdSSR mit dem Sozialismus nichts herauskommen würde, dass dort bei ihnen, bei den Bourgeois, alles gut bestellt sei, während bei uns, den Proletariern, alles schlecht stehe.»

Manche aus Stalins Entourage wollten die Sache endlich zu Ende gebracht, Trotzki und Sinowjew auch nicht mehr im Zentralkomitee sehen. Das Ende Juli/Anfang August 1927 tagende Plenum von ZK und ZKK begnügte sich mit einer Rüge und strengen Auflagen: Beide sollten ihr linkssozialrevolutionäres Aufrührertum einstellen, ihre Warnung vor einer konterrevolutionären Entwicklung bedingungslos zurücknehmen und sich absolut konform zu den Beschlüssen des ZK verhalten, sonst sei ein Ausschluss unausweichlich. Vor diese Alternative gestellt, stimmten Trotzki und Sinowjew zu.

Die Parteiführung hatte vor, auf dem nächsten Parteitag im Dezember 1927 eine breite Diskussion nicht zuzulassen; flankierend hatte das Politbüro in seiner Sitzung am 8. September, zu der es auch Trotzki und Sinowjew zitiert hatte, den Druck oppositioneller Positionspapiere verboten. Die Opposition war entschlossen, ihre Positionen den Deputierten dennoch – vorbei an der Parteiführung – zur Kenntnis zu bringen; sie ließ sie in großer Stückzahl heimlich drucken. Doch sie hatte ihre Rechnung ohne die Geheimpolizei gemacht. In der Nacht vom 12. auf den 13. September hob die GPU die «Untergrundsdruckerei» aus. Sie «entdeckte», dass es Verbindungen zu bürgerlichen Intellektuellen gab, die sie zuvor wohl selbst geknüpft hatte, wozu angeblich auch ein ehemaliger Offizier (wohl ein GPU-Provokateur) gehörte, der unter dem weißen General Pjotr Wrangel gedient hatte. Das machte aus der Druck- eine konterrevolutionäre Haupt- und Staatsaktion. Als Trotzki und Sinowjew Ende Oktober 1927 zur Sitzung des Vereinigten Plenums von ZK und ZKK einbestellt wurden, erfolgte der Ausschluss Trotzkis und Sinowjews aus dem Zentralkomitee.

Die Kontrahenten begegneten sich inzwischen in einer Atmosphäre von Hass und Gewalt. Längst hatten sie es aufgegeben, sich gegenseitig überzeugen zu wollen. Es ging darum, Macht und Überlegenheit zu demonstrieren, recht zu behalten und den Gegner mit hämischen Zwischenrufen aus der Fassung zu bringen. Man überhäufte sich mit Verbalinjurien («Lügner», «Pharisäer», «Bankrotteur», «pathetischer Feigling», «Totengräber der Revolution») und warf sich vor, «grob und illoyal» bzw. «frech und unverschämt» zu sein. Versuchte die eine Seite, mit Äußerungen Lenins über Stalin aus dessen «Testament» zu punkten, zitierte Stalin, was Lenin im selben Dokument über Trotzki, Sinowjew und Kamenew gesagt hatte; oder er las einen Brief Trotzkis an einen menschewistischen Parteifreund aus der Vorkriegszeit vor, in dem sich Trotzki über Lenin ausgelassen hatte. Man diskutierte schließlich nicht mehr miteinander, man brüllte sich an. Bei seinen letzten Auftritten im ZK musste Trotzki durchaus gewärtig sein, dass man einen Statistikband oder ein Wasserglas nach ihm warf oder ihn am Ärmel vom Rednerpult wegzuziehen suchte.

Angesichts ihres schwindenden Einflusses in den Führungsgremien bemühte sich die Opposition, ihre Kritik in regionale Parteiversammlungen, in Fabriken und Betriebe, in die Öffentlichkeit zu tragen. Doch die immer besser organisierten und immer mächtiger werdenden Parteisekretäre suchten dies zu verhindern. Zum zehnjährigen Jubiläum der Oktoberrevolution, am 7. November 1927, unternahm die Opposition dazu erneut einen Anlauf, den letzten mit Demonstrationen in Moskau und Leningrad, Versammlungen, Reden, Transparenten, Autokorso. Doch auch die Gegenseite war vorbereitet, stoppte die Züge und sprengte die Versammlungen. Groß war der oppositionelle «Massenanhang» ohnehin nicht mehr.

Das Zentralkomitee wies am 11. November alle Parteiorganisationen an, «Oppositionelle, die in nichtparteilichen Versammlungen gegen die Politik der Partei auftreten», sofort auszuschließen. Am 14. November verfügten Zentralkomitee und Zentrale Kontrollkommission den Parteiausschluss von Trotzki und Sinowjew. Der vom 2. bis zum 19. Dezember in Moskau tagende 15. Parteitag schloss 75 weitere prominente Anhänger des «trotzkistisch-sinowjewistischen Blocks» aus der Partei aus. Die Mehrheitsverhältnisse waren eindeutig. Stalin erntete Ovationen. Knapp vier Jahre nach dem Tod Lenins hatte er sich als dessen Nachfolger endgültig durchgesetzt.

Einen Tag nach seinem Ausschluss aus der Partei zog Trotzki aus seiner Wohnung im Kreml aus. Auch Sinowjew, Kamenew und Radek hatten ihre Wohnungen dort zu räumen. Damit war ein symbolischer Schlussstrich gezogen. Kurz danach beging Adolf Joffe Selbstmord. Spross einer reichen jüdischen Familie, hatte er sich früh der revolutionären Bewegung angeschlossen, in Berlin studiert, an der Revolution von 1905 teilgenommen, in Wien sein Medizinstudium beendet und dort auch Trotzki kennengelernt. Mit ihm schloss er sich 1917 den Bolschewiki an, wurde nach der Oktoberrevolution Mitglied der sowjetischen Delegation in Brest-Litowsk, verhandelte als junger Sowjetdiplomat den Pakt zwischen Lenin und dem Guomindangführer Sun Yat-sen aus und wirkte als sowjetischer Botschafter in Berlin, Wien und Tokio. Nun war er schwer krank, die Parteiführung hatte ihm Kur und Behandlung im Ausland verweigert. Doch er wollte seinen Selbstmord, wie er in einem langen Abschiedsbrief darlegte, zugleich als Warnung verstanden wissen. Politische Folgen hatte Joffes Suizid nicht – außer dass der Trauerzug Trotzki eine letzte Gelegenheit gab, sich im Kreise seiner Anhängerschaft in der Öffentlichkeit zu zeigen. Trotzki wurde Mitte Januar 1928 – mit Gewalt und unter GPU-Geleit –

in die Verbannung nach Alma-Ata verbracht; ein erster Versuch hatte wegen eines Massenauflaufs seiner Anhänger verschoben werden müssen. Anfang 1929 wurde er aus der Sowjetunion ausgewiesen und in die Türkei abgeschoben. 1940 wurde er von einem Agenten des sowjetischen Geheimdienstes in Mexiko ermordet.

VII. NOWOSIBIRSK – 18. JANUAR 1928
Der linke Revolutionär

Stalin hatte den Machtkampf um die Nachfolge Lenins für sich entschieden, als Generalsekretär der Parteiorganisation und gestützt auf deren neues Netzwerk. Er reüssierte als Lenins Ziehsohn, der ihn 1922 für dieses Amt vorgeschlagen hatte, und er setzte auch bei den Nachfolgekämpfen auf dessen uneingeschränkte Autorität. Er versprach, als Lordsiegelbewahrer des «Leninismus» dessen theoretisches Vermächtnis zu wahren und dessen praktische Politik, die NEP, ohne Abstriche fortzusetzen.

Die internationale Lage begünstige diesen Kurs, so hatte Stalin den Delegierten des 14. Parteitags im Dezember 1925 dargelegt: In den kapitalistischen Ländern habe sich die Lage in Wirtschaft und Gesellschaft beruhigt, die Welle der revolutionären Erhebungen sei abgeebbt, die «Machtergreifung durch das Proletariat» stehe in Europa gegenwärtig nicht auf der Tagesordnung. Zwischen den Ländern der kapitalistischen Welt und der Sowjetunion herrsche ein gewisses «Gleichgewicht der Kräfte», das eine «Atempause», «eine gewisse Zeit des ‹friedlichen Zusammenlebens›» ermögliche. Von den großen Ländern, die die Sowjetunion nicht anerkannt hatten, sei nur Amerika übrig geblieben, und man habe mit nicht wenigen gedeihliche Handelsbeziehungen geknüpft. Die Botschaft war: Dies alles spreche für eine Fokussierung auf den «Aufbau des Sozialismus in einem Lande» und die weitere Verstärkung der Wirtschaftsbeziehungen zu den Ländern des kapitalistischen Auslands, ohne deren Kapital und technisches Know-how dieser Aufbau im Rahmen der NEP kaum vorstellbar sei. Dass die NEP «Kapitalismus» sei, wie die Opposition, namentlich die Krupskaja behauptet hatte, bezeichnete Stalin als «reinen Unsinn».

1926/27 mehrten sich freilich die Phänomene, die Stalins Einschätzung der internationalen Lage und damit auch die darauf fußende innenpolitische Konzeption in Frage stellten. Mit der Unterzeichnung der Locarno-Verträge erkannte Deutschland im November 1925 die durch den Versailler Vertrag an seiner Westgrenze geschaffenen Verhältnisse an und leitete damit eine Annäherung an die Siegermächte ein. Für die sowjetische Außenpolitik war das eine Enttäuschung, selbst wenn Berlin im April 1926 auch einen Freundschaftsvertrag mit Moskau schloss, der neben den handelspolitischen Beziehungen auch die geheime Zusammenarbeit zwischen Reichswehr und Roter Armee fortschrieb. Doch im Dezember enthüllte der «Manchester Guardian» diese Zusammenarbeit; der «Vorwärts» und Philipp Scheidemann griffen die Sache auf und lösten damit eine Regierungskrise aus. Im Mai 1926 brachte ein Staatsstreich in Polen Józef Piłsudski an die Macht, der die polnische Armee bei ihrem Sieg über die sowjetischen Truppen 1920 befehligt hatte und als Gegner jeder Zusammenarbeit mit der Sowjetunion galt. Im Dezember 1926 putschte sich Antanas Smetona in Litauen an die Staatsspitze und errichtete ein autoritäres System nach dem Vorbild des italienischen Faschismus.

In England eskalierte im Frühjahr 1926 ein Bergarbeiterstreik. Die Unternehmer beantworteten Massenproteste mit landesweiter Aussperrung, worauf die Gewerkschaften zum Generalstreik aufriefen. Das Politbüro beschloss, die britischen Kumpel mit einem Millionenbetrag zu unterstützen. Die in London regierenden Konservativen sahen darin den Versuch revolutionärer Subversion und eine Verletzung der im Handelsvertrag von 1921 eingegangenen Verpflichtung, sich feindlicher Handlungen, auch propagandistischer Natur, zu enthalten. Obwohl das sowjetische Volkskommissariat des Äußeren versicherte, es seien keine staatlichen Gelder, sondern Spenden sowjetischer Gewerkschaftsmitglieder, schwelte die Krise weiter. Sie führte im Mai 1927 zu einer Durchsuchung der sowjetischen Handelsgesellschaft und der Handelsvertretung. Die britischen Behörden behaupteten, belastendes Material gefunden zu haben. Ende des Monats wurde der Handelsvertrag gekündigt, verbunden mit der Forderung nach sofortiger Abberufung der Geschäftsträger.

Nur wenige Tage danach wurde in Warschau der sowjetische Botschafter Pjotr Woikow erschossen. Der Täter war der neunzehnjährige Sohn eines monarchistischen Emigranten. Woikow stand auf der Todesliste, weil er 1918 die Erschießung der Zarenfamilie mit vorbereitet hatte. Stalin vermutete, dass England seine Hände im Spiel hatte, ein zweites «Sarajewo» inszenieren und damit einen Krieg Polens gegen die Sowjetunion provozieren wollte. Das müsse in jedem Fall vermieden werden. Zugleich ordnete er an, prominente Monarchisten in sowjetischen Gefängnissen und Straflagern zu «Geiseln» zu erklären und fünf oder zehn von ihnen zu erschießen, mit der Ankündigung, bei weiteren Attentaten ähnlich zu verfahren. Die GPU wurde angewiesen, im ganzen Land Hausdurchsuchungen bei «Weißgardisten» vorzunehmen und deren Zellen zu liquidieren. Zwei Tage später berichtete die «Prawda», dass 20 ehemalige Adelige als «Geiseln» erschossen worden seien.

Doch nicht nur im Westen, auch in Ostasien sah die sowjetische Außenpolitik neue Gefahren aufziehen. Es wurde befürchtet, dass Japan, das bereits Korea annektiert hatte, auf die Mandschurei und die Mongolei und damit auf sowjetisches Interessengebiet ausgreifen könnte; das sowjetische Angebot eines Neutralitätspaktes hatte die Regierung in Tokio im August 1926 abgelehnt. Auch in China erlitt Moskau kurze Zeit später einen schweren Rückschlag. Die Exekutive der Komintern hatte den chinesischen Kommunisten empfohlen, sich – weil allein noch zu schwach – der von Chiang Kai-shek geführten nationalen Befreiungsbewegung (Guomindang) anzuschließen und unterzuordnen. Ob besorgt über den wachsenden Einfluss der Sowjetunion oder aus anderen Gründen: Chiang ließ im April 1927 die Arbeiterschaft in Shanghai entwaffnen und die Zentren der Gewerkschaften wie der kommunistischen Partei zerschlagen.

So fiel denn auch Stalins Bericht zur internationalen Lage, den er im Dezember 1927 den Delegierten des 15. Parteitags gab, ganz anders aus als noch zwei Jahre zuvor: Habe man damals noch von einer «Stabilisierung des Kapitalismus» und einem «Abebben der revolutionären Wogen in Europa» sprechen können, so verwiesen nun alle Indikatoren auf die «schwerste Krise und wachsende Labilität des Weltkapitalismus». Verbunden damit sei eine Phase «neuen revolutionären Aufschwungs» in Europa wie in den «kolonialen und abhängigen Ländern, wo die Stellung der Imperialisten immer katastrophaler» werde.

Die Sowjetunion müsse sich auf eine «Verstärkung der Interventionstendenzen im Lager der Imperialisten und die Gefahr eines Krieges» einstellen. Dennoch bleibe «die Aufrechterhaltung friedlicher Beziehungen zu den kapitalistischen Ländern eine unerlässliche Aufgabe». Mit erneutem Verweis auf Lenin beharrte er darauf, «dass sehr viel für unseren Aufbau davon abhängt, ob es uns gelingen wird, den Krieg mit der kapitalistischen Welt hinauszuzögern, der unvermeidlich ist, den man aber hinauszögern kann, entweder bis zu dem Moment, da die proletarische Revolution in Europa herangereift ist, oder bis zu dem Moment, da die kolonialen Revolutionen vollständig reif geworden sind, oder endlich bis zu dem Moment, da die Kapitalisten einander wegen der Aufteilung der Kolonien in die Haare geraten».

Mag sein, dass Stalin diese Thesen noch der Vereinigten Opposition hinterherrief, die dem «Aufbau des Sozialismus in einem Lande» stets die Legitimität bestritten, ihm «Verrat an der Weltrevolution» vorgeworfen hatte und auf dem 15. Parteitag kaum mehr vertreten war. Aber Stalin reagierte damit auch auf die wilden, seit mehr als einem Jahr kursierenden Gerüchte einer unmittelbar drohenden Kriegsgefahr, die erheblich zur gespannten, ja gereizten Atmosphäre im Innern beigetragen hatte. Stalin bestätigte sie und beschwichtigte zugleich. Die Beschwichtigung schien nötig: Schließlich verunsicherte die internationale Lage nicht nur die Bevölkerung, sondern auch die Partei- und Staatsführung, der Tag für Tag geheimpolizeiliche Informationen über Subversionsvorhaben im Innern und Verschwörungspläne jenseits der Grenzen zugingen.

Stalin war sich bewusst, dass der Handlungsspielraum der Staats- und Parteiführung nicht sonderlich groß war. Die Ausgangsbedingungen waren bekannt und noch immer dieselben: Die Bolschewiki hatten – in der Hoffnung, damit eine «Weltrevolution» auszulösen – eine «sozialistische Revolution» ausgerufen. Doch niemand war ihrem Vorbild gefolgt, Sowjetrussland war allein geblieben, aus ihrer Sicht eine «belagerte Festung», von «kapitalistischen Feindstaaten» umringt. Im Innern wurde zwar am sozialistischen Ziel festgehalten und stets aufs Neue betont, auf einem guten Weg zu sein. Aber die Bevölkerungsgruppe, auf die man sich vor allem stützen wollte, die industrielle Arbeiterschaft, war noch immer eine kleine Minderheit.

Die Bauernschaft dauerhaft auf ihre Seite zu ziehen war den Bolschewiki nicht gelungen. Um dem wachsenden Widerstand gegen das bolschewistische Regime zu begegnen, hatte Lenin 1921 ein «Klassenbündnis mit der Bauernschaft» ausgerufen und vor allem ihr mehr Freiheiten versprochen. Doch die Versprechungen einzulösen erwies sich als schwierige Gratwanderung. Gründe dafür gab es viele: Der Wegfall der großen Gutswirtschaften, die Umverteilung des Bodens auch an bisher Besitzlose und der steigende bäuerliche Eigenbedarf brachten es mit sich, dass bedeutend weniger Getreide auf den innersowjetischen Markt kam. Die «sozialistische Großindustrie» produzierte Investitionsgüter, vor allem für den staatlichen Bedarf, aber kaum in hinreichender Menge und zu attraktiven Preisen Konsumgüter, die die Bauern zum Kauf und zur Steigerung ihrer Produktion animiert hätten. So stand auch für den Getreideexport nur ein Viertel jener Menge zur Verfügung, die in den letzten Vorkriegsjahren exportiert worden war, mitunter musste sogar für die Deckung des heimischen Bedarfs Getreide hinzugekauft werden. Hob man die Getreidepreise an, gerieten alle Haushaltsansätze ins Rutschen. Dann stiegen die Brotpreise, mussten auch den Arbeitern höhere Löhne gezahlt werden, und die aus dem Getreideexport erzielten Gewinne verminderten sich weiter. Die Hoffnung, mit Agrarprodukten Technologieimporte und ein Industrialisierungsprogramm im Innern finanzieren zu können, erwies sich als Illusion.

Schließlich störten die administrativen Strukturen nicht nur die Opposition, sie waren zum Inbegriff für Bürokratie, Misswirtschaft und Korruption geworden. Die fortbestehende Mangelwirtschaft mit langen Schlangen vor den Geschäften, die leeren Regale für Industriewaren trugen das Ihre zur allgemeinen Unzufriedenheit bei. Das alles gehörte zum Krisenszenario, auf das sich jeder seinen eigenen Reim machte.

Schon deshalb musste eine militärische Verwicklung auf jeden Fall vermieden werden. Für zusätzliche Verunsicherung sorgte der Zustand der Roten Armee, die nur bedingt einsatzbereit war. Die Demobilisierung nach dem Ende des Bürgerkriegs hatte sie auf ein Zehntel ihres Bestandes reduziert, die Zahl der aus der Zarenarmee übernommenen «Militärspezialisten» war von 75 000 auf weniger als 2000 zurückgegangen, das Kommissarsystem abgeschafft und mit dem Umbau des zentralen wie regionalen Militärapparats begonnen worden, was einem völligen Neuaufbau gleichkam. Verglichen mit der Zeit vor dem Weltkrieg, stand dafür weniger als die Hälfte des damaligen Etats zur Verfügung. Für ein Drittel der Soldaten hatte man nicht einmal Uniformen. Wenn Festtagsparaden Soldaten auf Fahrrädern zeigten, war das nicht nur ein witziger Einfall. Großgeräte, Panzer, ein Fuhrpark und Flugzeuge fehlten. Die sowjetische Rüstungsindustrie kam kaum hinterher, genügend Gewehre und Munition zu produzieren.

Es waren wohl dieser Gesamtbefund und der Eindruck, in einer innen- und außenpolitischen Sackgasse festzustecken, die Stalin im Winter 1927/28 veranlassten, erneut mit Berufung auf Lenin eine Kehrtwende einzuleiten, zumindest in der Innenpolitik und ohne sie als solche zu bezeichnen. Er reiste am 15. Januar 1928 nach Sibirien, am 18. Januar war er in Nowosibirsk. Anlass war der schleppende Gang der Getreidebeschaffungskampagne. Schon im Dezember 1927 hatte das Zentralkomitee gewarnt, dass die Getreidebeschaffung um über 100 Millionen Pud hinter den Vorjahreszahlen zurückbleibe, womit die Versorgung der Arbeiter, der städtischen Zentren, der ländlichen Flachs- und Baumwollbezirke, der Roten Armee sowie der Export gefährdet seien.

Eine von Stalin als Sekretär unterschriebene ZK-Direktive an die lokalen Parteiorganisationen verschärfte am 6. Januar 1928 den Ton erheblich. Der dringende Appell habe in der Beschaffungskampagne nichts bewirkt. Ihr Tempo sei weiterhin «unerträglich langsam», der Apparat «nicht auf die Sprünge» gekommen, die «Starre» halte an. Der Fonds von Industriewaren werde nicht systematisch für die Getreidebeschaffung («Industriewaren nur gegen Getreide») eingesetzt. «Bauernkommunisten, Sowjet- und Genossenschaftsaktiv gaben nicht all ihre Überschüsse ab, Sochosen und Kolchosen ebenfalls nicht alle Vorräte an Warengetreide heraus, es gab sogar Fälle, in denen sie ihr Getreide an Privathändler verkauften» statt an die staatlichen Beschaffungsstellen. Termine für die Zahlung von Steuern und Abgaben würden einfach negiert.

Das ZK forderte die Parteistellen auf, das Steuer «resolut» herumzureißen und nach Erhalt der Direktive binnen einer Woche den anschließenden Maßnahmenkatalog umzusetzen. Faule Ausreden und Verweise auf die bevorstehenden orthodoxen Weihnachtsfeiertage würden als «grobe Verletzung der Parteidisziplin» gewertet. Das Führungspersonal der Partei-, Sowjet- und Genossenschaftsorganisationen werde für die ihnen übertragenen Aufgaben bei der Beschaffungskampagne «persönlich verantwortlich» gemacht. Drohend «informierte» das ZK vorab, dass es sich bei Verzögerungen in der Ausführung und bei Nichterreichen konkreter Erfolge in Wochenfrist genötigt sähe, die jetzigen leitenden Funktionsträger der Parteiorganisationen auszutauschen. Geheime Anweisungen an die GPU-Organe ergänzten diese Instruktionen und Warnungen.

In einem Telegramm an die örtlichen Parteiorganisationen unmittelbar vor seiner Abreise erhöhte Stalin noch einmal den Druck. Er wies darauf hin, dass in den südlichen Regionen der UdSSR nur noch eineinhalb bis zwei Monate, im Ural und in Sibirien zweieinhalb bis drei Monate für die Getreidebeschaffung blieben; dann setze die durch das Tauwetter bedingte «Wegelosigkeit» (rasputiza) ein. Zwei Drittel der Fehler gingen auf das Konto der Führungen. Deshalb sehe man sich gezwungen, «tierischen Druck auf unsere Parteiorganisationen» auszuüben und ihnen «grausame Direktiven» zur Steigerung der Getreidebeschaffung zu schicken. Eine nicht geringe Rolle habe der Umstand gespielt, dass Privathändler und Kulak die «Gutgläubigkeit und Saumseligkeit» der Partei ausgenutzt, die Front des Getreidemarktes gesprengt, höhere Preise gezahlt und bei den Bauern die Erwartung eines Scheiterns der Beschaffungskampagne genährt hätten. Viele Kommunisten meinten, man dürfe die Privathändler und Kulaken nicht antasten, sonst verschrecke man auch die Mittelbauern. Das sei der «verfaulteste von allen faulen Gedanken», den man in den Köpfen von manchen Kommunisten nur finden könne. Umgekehrt werde ein Schuh daraus: «Um unsere Preispolitik wieder ins Lot zu bringen und ernsthaft eine Kehrtwende zu erreichen, ist es jetzt nötig, auf den Privathändler und Kulaken einzuschlagen, ist es nötig, die Spekulanten, Kulaken und alle anderen zu verhaften, die den Markt und die Preispolitik in Unordnung bringen. Nur bei einer solchen Politik versteht der Mittelbauer, dass sich die Erhöhung der Preise auf Getreide die Spekulanten ausgedacht haben, dass der Spekulant und der Kulak der Feind der Sowjetmacht ist, dass sein eigenes Schicksal mit dem des Spekulanten zu verbinden gefährlich ist, dass er, der Mittelbauer, vor der Arbeiterklasse seiner Pflicht als Verbündeter nachkommen soll.» Gleichzeitig kündigte Stalin an, dass zur Durchsetzung dieser Politik Molotow in den Ural und er selbst nach Sibirien fahren werde.

Am 18. Januar 1928 traf Stalin im Parteikomitee des Kreises Sibirien die Spitzen des Partei-, Sowjet- und Genossenschaftsapparates. Das eher karge (und streng geheime) Protokoll verzeichnete an die 60 Anwesende. Neben Maßnahmen zur Planung der Arbeit im Fünf-Tage-Rhythmus, zur besseren Koordinierung zwischen lokalen und regionalen Organen, zwischen Aufbringung und Abtransport, zwischen Beschaffungsorganen und Eisenbahn wurde vor allem über die zu ergreifenden Repressionsmaßnahmen gesprochen: beim Eintreiben von Steuerrückständen; beim exemplarischen Vorgehen gegen einzelne getreidehortende Kulaken; bei Schnellverfahren gegen kulakische Spekulanten, Verfahren, die sich nicht mit «formalen Kleinigkeiten» aufhielten; und deren Ergebnisse zur Abschreckung von der Staatsanwaltschaft in den Zeitungen veröffentlicht wurden. Auch die Schaffung einer im Rechtssystem bisher nicht vorgesehenen «Troika», die im Bedarfsfall ergänzende Anweisungen gab und die Einheit des Gesamtprozesses überwachte, wurde erörtert. Zusammengenommen ergaben sie ein Programm, das die späteren Repressionsexzesse bereits anzudeuten schien.

Dreh- und Angelpunkt der Sondermaßnahmen war die Anwendung des Artikels 107 des Strafgesetzbuches der RSFSR vom 22. November 1926. Er lautete: «Böswillige Preistreiberei, begangen durch Ankauf oder Verheimlichung von Waren oder Zurückhaltung von Waren vom Markt, zieht nach sich: Freiheitsentziehung bis zu einem Jahr, verbunden mit völliger oder teilweiser Vermögenskonfiskation oder ohne solche. Die gleichen

Handlungen ziehen, wenn sie auf einer Übereinkunft der Händler beruhen, Freiheitsentziehung bis zu drei Jahren, verbunden mit völliger Vermögenskonfiskation, nach sich.»

Warum fuhr Stalin nach Sibirien? Warum zu diesem Zeitpunkt? Welche Botschaft brachte er mit? Dass ursprünglich Kaganowitsch (als Parteichef der Ukraine) in der Ukraine, Andrejew als regionaler Parteichef im Gebiet nördlich des Kaukasus nach dem Rechten sehen, zusätzlich Mikojan in den Nordkaukasus, Molotow in den Ural, Ordschonikidse nach Sibirien fahren sollten, Letzterer aber (nach offizellen Angaben) krank wurde, erklärt die Entscheidung nicht wirklich; Stalin war mehr als ein Ersatzmann. Er selbst gab an, dass man nirgendwo bei der Getreidebeschaffung mehr zurücklag als in Sibirien, trotz einer außergewöhnlich guten Ernte.

Auch das war allenfalls die halbe Wahrheit. In anderen Teilen der Sowjetunion war die Ernte wesentlich besser gewesen, und dass die Lage der Getreideaufbringung in Sibirien besonders prekär war, ließ sich allenfalls bis Dezember sagen. Die regionale Partei- und Sowjetführung hatte die Warnungen aus dem Zentrum durchaus ernst genommen und Schritt für Schritt einen Maßnahmenkatalog entwickelt, der in die gleiche Richtung wies, ja vieles von dem vorwegnahm, was jetzt umgesetzt werden sollte. Da die Regionalstellen die Moskauer Parteiführung informierten und um Unterstützung für den neuen Kurs baten, hatte auch das Zentrum Kenntnis davon, noch bevor Stalin losfuhr. Vor allem kannte er die Vorsitzenden der Nowosibirsker Partei-, Sowjet- und GPU-Führung (Sergei Syrzow, Robert Eiche, Leonid Sakowski) persönlich, weil er sie selbst in diese Ämter gebracht hatte; alle drei kamen, was ebenso wichtig war, von außen, hatten es an Linientreue und Einsatzbereitschaft nie fehlen lassen und keine persönliche Beziehungen zur ortsansässigen Bauernschaft, die ansonsten die Gremien dominierte.

Der Boden war also bereitet, als Stalin nach Nowosibirsk kam. In der Versammlung vom 18. Januar 1928 gab es offenbar nur eine kritische Gegenstimme: Sie richtete sich nicht gegen die Repressivmaßnahmen als solche. Der Kritiker hatte nur Bedenken, sie auch gegen Kulaken anzuwenden, die nicht alle ihre Vorräte auf den Markt warfen; werde nicht der Mittelbauer fragen, wann er dran sei? Immerhin beschloss man, dass 25 Prozent des bei Kulaken beschlagnahmten Getreides den Dorfarmen zugutekommen sollten. Doch die Repressionen waren nicht die einzige Botschaft, die Stalin im Gepäck hatte.

Seinen Ausführungen zufolge musste der härtere Kurs als Teil oder Vorspiel eines politischen und ökonomischen Strategiewechsels verstanden werden. Selbst ein Erfolg der gemeinsamen Beschaffungsbemühungen in diesem Jahr wäre keine Garantie, dass sich im nächsten Jahr nicht ähnliche Szenen wiederholten. Dabei würden die Anforderungen, die auf die Landwirtschaft zukämen, mit der Industrialisierung des Landes in den nächsten Jahren noch stetig steigen. Diesen Bedarf an Lebens- und Futtermitteln sowie technischen Kulturen zu decken, zur Ernährung der Städte und der Roten Armee sowie zur Versorgung der Industrie mit Rohstoffen, dazu seien die bestehenden, kaum arbeitsteiligen bäuerlichen Klein- und Kleinstwirtschaften außerstande. Ihre Zahl sei infolge der Revolution und von Hofteilungen von 15 Mio auf 25 Mio gestiegen, jede mache von allem etwas, Getreide-, Gemüse- und Kartoffelanbau, Vieh- und Milchwirtschaft, einen Großteil für den Eigenbedarf.

Die Landwirtschaft stecke in einer «Sackgasse» (tupik). Um aus ihr herauszukommen, gebe es nur zwei Wege: den kapitalistischen Weg der Schaffung großer Farmbetriebe und Latifundien nach amerikanischem bzw. ostpreußischem Vorbild oder den sozialistischen Weg, d. h. den Zusammenschluss der bäuerlichen Kleinbetriebe zu großen Kollektivwirtschaften mit Düngung und Maschineneinsatz, wie sie sich nur Großbetriebe leisten könnten, und allen Möglichkeiten der Spezialisierung. Selbstverständlich komme für die Sowjetunion nur der sozialistische Weg in Frage, er sei somit alternativlos. Es sei an der Zeit, «allmählich, aber unentwegt die individuellen Bauernwirtschaften, deren Produktion den geringsten Warenteil aufweist, zu Kollektivwirtschaften [zu] vereinen» und «ausnahmslos alle Bezirke unseres Landes mit Kollektivwirtschaften (und Sowjetwirtschaften) [zu] überziehen, die imstande sind, nicht nur die Kulaken, sondern auch die Einzelbauern als Lieferanten von Getreide an den Staat zu ersetzen», mithin «eine einheitliche und feste sozialistische Basis für die Sowjetordnung, für die Sowjetmacht zu schaffen» und «den Sieg des sozialistischen Aufbaus in unserem Lande zu sichern».

Stalin berief sich dabei – einmal mehr – auf Lenin, der schon vor der Revolution gesagt habe, das «System der Kleinwirtschaft» sei nicht in der Lage, die «Menschheit von Massenelend und Massenunterdrückung» zu erlösen, und deshalb eine kollektive Bodenbestellung gefordert habe. Das war richtig, und so ähnlich hatte es auch einmal im Parteiprogramm gestanden. Nur vergaß Stalin zu erwähnen, dass es auch Lenin war, der diesen Glaubenssatz 1917 gekippt hatte, um die Duldung der Bolschewiki durch die Bauern zu erreichen und seiner Partei damit die Macht zu sichern. Ob den Anwesenden die Brisanz der Äußerungen Stalins bewusst wurde und ob sie realisierten, dass er nicht von einer nicht allzu nahen Zukunft, sondern der Gegenwart sprach, ist nicht zu ergründen. Schließlich erschien von seiner Rede kein Wort in der sowjetischen Presse. Zweifler dürfte zusätzlich beruhigt haben, dass Stalin auch in den folgenden Wochen und Monaten standhaft in Abrede stellte, dass die eingeleiteten Maßnahmen auf eine «Aufhebung» der NEP und eine Rückkehr zum Zwangsbeschaffungssystem der Bürgerkriegszeit hinausliefen. Das könnten nur Feinde der Sowjetmacht behaupten, stellte er im April 1928 auf der gemeinsamen Sitzung des ZK und der ZKK noch einmal fest, wie der «Prawda» zu entnehmen war.

Von Nowosibirsk fuhr Stalin nach Barnaul, Rybzow, Omsk und Krasnojarsk, um auch da die Beschaffungskampagne und die Anwendung von Zwangsmaßnahmen gegen «getreidehortende Kulaken und Spekulanten» voranzutreiben, bevor er am 6. Februar nach Moskau zurückkehrte. Wer wusste, wie ungern er reiste, konnte schon daran erkennen, dass ihm die Sache äußerst wichtig war. Er hatte dabei feststellen können, dass viele Probleme der Partei- und Sowjetorganisation auf dem Lande (ihre numerische und institutionelle Schwäche, die Einbindung ihrer Funktionsträger ins dörfliche Geschehen und die Abhängigkeit von ihm, das Auskosten von Privilegien und der verbreitete Alkoholismus) fortbestanden.

Die Ergebnisse der Reise waren ambivalent. Zwar wurden noch im Januar und Februar in Sibirien zahllose Ortsversammlungen abgehalten, Hunderte von Verfahren gegen Angehörige der Zielgruppe («Kulaken») eingeleitet, Exempel statuiert und Tausende von Tonnen Getreide bei ihnen beschlagnahmt. Vergleichbares galt auch für die anderen getreideproduzierenden Regionen. Bis Anfang März waren die Rückstände in der Getreidebeschaffung weitgehend aufgeholt und bis Mitte April die Zahl der Verhaftungen unionsweit auf über 15 000 gestiegen. Doch längst nicht alle der Belangten waren «Kulaken». Es gab viele Proteste der örtlichen Justizorgane und der Bauern gegen die Übergriffe, keineswegs nur von den betroffenen «Reichen».

Anfang März 1928, Stalin war noch nicht lange aus Sibirien zurück und der Kampf ums Getreide noch voll im Gang, da gelangte ein Dossier der GPU auf seinen Schreibtisch, die einer konterrevolutionären Verschwörung auf die Spur gekommen sein wollte. Ort des Geschehens war die kleine Stadt Schachty in der Nähe von Rostow am Don, wo seit dem 19. Jahrhundert Steinkohle gefördert wurde. Die GPU wollte herausgefunden haben, dass «bürgerliche Spezialisten», darunter auch Ausländer, im Auftrag der früheren, jetzt in Westeuropa lebenden Besitzer «Schädlingsarbeit» und «Sabotage» verübt hatten. Eine knappe Woche später beriet das Politbüro den Fall, zwei Tage darauf war davon bereits in der «Prawda» zu lesen. Der Generalstaatsanwalt der UdSSR wurde beauftragt, die weiteren Ermittlungen zu übernehmen und binnen eines Monats abzuschließen. Der Prozess selbst sollte groß aufgezogen werden und in Moskau stattfinden. Der Großteil der 53 Angeklagten waren Bergbauingenieure, die ihre Ausbildung tatsächlich noch in der Zarenzeit abgeschlossen hatten, der Rest Techniker und Elektriker. Dass fünf der Ingenieure Deutsche waren, vier Mitarbeiter der AEG und dass damit auch die bilateralen Wirtschaftsbeziehungen auf dem Spiel standen, nahm Stalin offensichtlich in Kauf, selbst wenn zwei der Deutschen noch vor Prozessbeginn aus der Haft entlassen wurden.

Noch bevor der Prozess überhaupt begonnen hatte, teilte Stalin auf dem Vereinigten Aprilplenum von ZK und ZKK bereits die Ergebnisse mit: Die Schachty-Affäre sei eine «ökonomische Konterrevolution», «angezettelt von einem Teil der bürgerlichen Spezialisten, die die Kohlenindustrie früher beherrschten». Diese seien von den ehemaligen «Besitzern, die sich heute in der Emigration befinden, sowie von konterrevolutionären sowjetfeindlichen kapitalistischen Organisationen des Westens» für ihre Schädlingsarbeit bezahlt worden; die sowjetische «Industrie zu zerstören» sei ihr Ziel gewesen; man müsse sich auch in Zukunft auf entsprechende Versuche einstellen. Ebenso wichtig schienen ihm seine «vier praktische[n] Schlussfolgerungen»: Wir haben unsere Wirtschaftskader schlecht ausgewählt; die Kader, unsere jungen «roten Spezialisten», werden in unseren technischen Hochschulen schlecht unterrichtet; unsere Gewerkschafts- und Parteiorganisationen haben bei der «Heranziehung der breiten Arbeitermassen zur Leitung der Industrie» versagt; wir erlassen Resolutionen und Direktiven, aber um die «Kontrolle der Durchführung [ist es] bei uns auf allen Gebieten der Verwaltung unter aller Kritik schlecht bestellt». Wenige Tage später konnte man diese Kritik auch in der «Prawda» nachlesen.

Der Prozess selbst begann am 18. Mai 1928. Schauplatz war das ehemalige Gebäude der Moskauer Adelsversammlung, das jetzt als Haus der Gewerkschaften figurierte. Sein prächtiger Säulensaal, in dem wenige Jahre zuvor Lenins Leichnam aufgebahrt gewesen war, bot mit seinen über 1250 Plätzen einem handverlesenen, täglich wechselnden Publikum die Möglichkeit, an einem wohlinszenierten politischen Schauspiel teilzunehmen; Zehntausende waren es bis Anfang Juli. Auch Medienvertreter, Beobachter aus dem Ausland und Diplomaten waren zugelassen. Selbst wenn noch nicht alles so reibungslos ablief wie bei den Schauprozessen in der zweiten Hälfte der 1930er Jahre, das Urteil schien bereits festzustehen: Bis auf vier wurden alle Angeklagten schuldig gesprochen, elf zum Tode verurteilt, fünf auch hingerichtet.

Die Botschaft des Prozesses war unschwer zu entschlüsseln: Die Sowjetführung sah sich nicht nur von kapitalistischen Staaten eingekreist, auch im Innern lauerte der Feind. Schachty war überall. Besondere Gefahr ging von den «Ehemaligen» aus. Bei ihrer Auswahl und Überwachung hatten Partei, Gewerkschaften und allgemeine Verwaltung versagt, viel zu wenig die jungen, «roten» Kader gefördert, viel zu wenig die breiten Schichten der Arbeiterschaft zur Leitung des Staates herangezogen. Sollte der Kampf gegen die Kulaken den «Klassenkampf» erneut aufs Dorf tragen, so rief die Propagandakampagne gegen die Schachty-Ingenieure zum Misstrauen gegen alle «bürgerlichen» Eliten auf. Sie stellte deren Autorität in Fabriken und Betrieben, in Schulen und Hochschulen, in der allgemeinen Verwaltung, in den Gewerkschaften und selbst in der Partei unter Generalverdacht. Die Jungen, Noch-nicht-Etablierten, Bisher-zu-kurz-Gekommenen waren aufgefordert, dem Verdacht in ihrer Umgebung nachzugehen, «ehemalige Weiße», «Gestrige», «Sowjetfeinde», «Sowjetskeptiker», wo immer sie überwintert haben mochten, zu «entlarven». Die denunziatorische Massenbewegung, die sie in Fabriken, Behörden, Schulen, Hochschulen auslösten, wurde in Anlehnung an die chinesischen Ereignisse der 1960er und 1970er Jahre als Stalins «Kulturrevolution» bezeichnet.

Stalins Ankündigung von Mitte April 1928, die Getreidebeschaffungskrise sei «liquidiert», erwies sich als verfrüht. Die Kontingente blieben schon im April erneut weit hinter den Vorgaben zurück. Wer noch Vorräte hatte, verkaufte sie zu überhöhten Preisen an Privathändler. Die Vernichtung der Wintersaat in der südlichen Ukraine und Teilen des Nordkaukasus ließ erhebliche Ausfälle bei der neuen Ernte erwarten. Das erhöhte selbst die Nachfrage in Gegenden, die nicht von den Dürren betroffen waren, und belastete den Getreidemarkt zusätzlich.

Daher kehrten die lokalen Behörden erneut zu außerordentlichen Maßnahmen zurück. Sie bedeuteten, wie Stalin auf dem Plenum des ZK am 13. Juli 1928 offen eingestand: «administrative Willkür, Verletzung der revolutionären Gesetzlichkeit, Hofrevisionen, ungesetzliche Haus[durch]suchungen» und gefährdeten das Klassenbündnis von Arbeiterklasse und Bauernschaft. Ebenso offen bekannte er, dass die Bauernschaft dem Staat nicht nur die üblichen direkten und indirekten Steuern zahle, sondern dass sie auch bei den verhältnismäßig hohen Preisen die Industriewaren überbezahle und über die festgelegten Staatspreise zu wenig für ihre landwirtschaftlichen Erzeugnisse erhalte.

Unumwunden nannte er diese Zwangsabgaben eine Art «Tribut» (dan). Der Staat sei gezwungen, ihn einzufordern, «um das gegenwärtige Entwicklungstempo der Industrie aufrechtzuerhalten und weiter zu steigern». Es gehe nur über diese innere Akkumulation, zu der auch die Arbeiterschaft ihr Scherflein beitragen müsse. Schließlich könne man keine Kolonien ausbeuten oder die Industrialisierung mit einer Milliardenzwangskontribution finanzieren, wie dies westeuropäische Industriestaaten bzw. Deutschland nach dem Deutsch-Französischen Krieg 1870/71 getan hätten. Der einzige gangbare Ausweg aus dieser Zwangslage sei bekanntermaßen der Zusammenschluss der Klein- und Kleinstwirtschaften zu großen Kollektivwirtschaften. Stalin machte damit öffentlich, was er im Frühjahr noch hinter geschlossenen Türen angekündigt hatte. Wie und in welchem Zeitfenster das alles umgesetzt werden sollte, konnte sich freilich noch immer niemand vorstellen.

Es ist richtig, dass der 15. Parteitag im Dezember 1927 alle Parteiorganisationen und alle Parteifunktionäre in Sowjet-und Genossenschaftsorganen explizit darauf verpflichtet hatte, ihre Hilfen für den Kolchosaufbau und die Sowjetwirtschaften zu verstärken. Aus ihnen sollten große sozialistische Musterwirtschaften werden, die den Bauern wirksam unter die Arme griffen und bei der Erweiterung des Genossenschaftsnetzes mitwirkten, das Dorfarme und Mittelbauern beim gemeinsamen Erwerb und der gemeinsamen Nutzung von landwirtschaftlichen Maschinen unterstützte. Derselbe Parteitag hatte auch Direktiven für die Aufstellung eines Fünfjahrplanes für die Entwicklung der Volkswirtschaft verabschiedet, in dessen Mittelpunkt die Industrialisierung des Landes stehen sollte.

Die genauere Lektüre der Resolution zeigt jedoch, dass ein unmittelbar bevorstehender Kurswechsel daraus nicht abzulesen war. Die Resolution berief sich auf entsprechende Empfehlungen der Plena von ZK und ZKK vom Oktober 1927 und vom Dezember 1926 und formulierte nächste Schritte auf einem Weg, dessen Ziel zwischen rechts und links nie strittig gewesen war: Es galt, eine sozialistische Planwirtschaft zu schaffen, die ohne eine Schwerindustrie und eine kollektivierte Landwirtschaft für die Parteiführung auf Dauer nicht vorstellbar war. Strittig waren die Mittel und das Tempo auf dem Weg dorthin. Der Kurs, den Stalin nun steuerte, glich in radikalisierter Form Vorschlägen der «Linken», die der 15. Parteitag endgültig verworfen und deren Repräsentanten er soeben aus allen Führungsgremien ausgestoßen hatte.

Stalin stellte einen Zusammenhang zwischen seinem neuen Kurs in der Getreidebeschaffungspolitik und der Niederlage der Opposition selber her. Ohne die «Liquidierung der Opposition», erklärte er dem Plenum von ZK und ZKK im April 1928, wäre der «Schlag gegen die Kulaken- und Spekulantenelemente» kaum möglich gewesen: Die «Machenschaften der Kulaken und Spekulanten zu zerschlagen, ohne dass daraus irgendwelche Komplikationen im Lande entstehen», setzte «eine absolut geschlossene Partei, ein absolut festes Hinterland und eine völlig feste Staatsmacht» voraus. Das Zitat zeigt, wie fest Stalin sich inzwischen im Sattel fühlte und warum ihn nicht wenige als den «Herrn im Haus» (chosjain) sahen. Das Zitat zeigt auch, was er vom Widerstand der Bauern hielt, die sich gegen die Übergriffe zur Wehr setzten, rebellierten, und erst recht, wie er das lauter werdende Gemurre im Politbüro und Zentralkomitee einschätzte, wo vor allem Bucharin (unterstützt von Rykow, Tomski, Uglanow) aufbegehrte, der Stalin privatim einen «Trotzkisten» nannte.

Im Sommer 1928 hatten beide schon seit Wochen nicht mehr miteinander gesprochen, wie Bucharin dem geschassten Kamenew erzählte, mit dem er sich im Juli heimlich traf und dem er gesprächsweise von Plänen berichtete, Stalin aus dem Amt zu entfernen. Kamenew unterrichtete Sinowjew davon in einem Brief. Dass der ganze Vorgang auch Stalin zu Gehör kommen und für Bucharin Folgen haben musste, war voraussehbar.

Stalin hielt an seiner Linie fest und versuchte erneut, sie als Kurs der «Mitte» zu definieren und mit Rückgriff auf Lenin zu begründen. Er tat dies mit einer erstaunlichen Konsequenz, was zugleich zeigte, dass er sich in dessen Schriften wie kaum ein anderer im Politbüro auskannte. In einer Rede führte er Mitte Oktober dazu aus: Während die Überindustrialisierungspläne der Linken das Bündnis zwischen Arbeiterschaft und Bauern gefährdet hätten, dürfe man andererseits die Gefahr einer Rückkehr des Kapitalismus nicht unterschätzen, indem man sich von Kulaken und anderen Spekulanten die Wirtschaftspolitik diktieren ließe. Auf diese Gefahr habe Lenin immer wieder hingewiesen. Stalin zitierte ihn: «Solange wir in einem kleinbäuerlichen Lande leben, besteht für den Kapitalismus in Russland eine festere ökonomische Basis als für den Kommunismus [...] Erst dann, wenn das Land elektrifiziert ist, wenn die Industrie, die Landwirtschaft und das Verkehrswesen eine moderne großindustrielle technische Grundlage erhalten, erst dann werden wir endgültig gesiegt haben.» Insofern handele es sich beim neuen Streit auch nicht um bloße Einwände von «Stänkerern und Intriganten», sondern um eine Grundsatzfrage, um eine «rechte Abweichung». Stalin machte diese «Abweichler» hauptsächlich im «Sowjet-, Wirtschafts-, Genossenschafts- und Gewerkschaftsapparat und im Apparat der Partei, namentlich in ihren Grundeinheiten im Dorf», fest, rechnete ihnen noch im Herbst nur «überaus unbedeutende Elemente» im ZK zu und sah das Politbüro frei davon. Aber er wusste natürlich, dass dem nicht so war.

Nachdem die Gespräche Bucharins mit Kamenew publik geworden waren, sprach Stalin auf einer Gemeinsamen Sitzung von Politbüro, ZK und ZKK Ende Januar/Anfang Februar 1929 offen von der «Bucharingruppe und der rechten Abweichung». Er rechnete ihr im Politbüro neben Bucharin auch Rykow (den Regierungschef) und Tomski (den Gewerkschaftsführer) zu. Er warf ihnen vor, trotz mehrfacher Vermittlungsversuche eine «rechtsopportunistische, kapitulantenhafte Plattform» gebildet zu haben, die sich der «Liquidierung der kapitalistischen Elemente in Stadt und Land» widersetzte, das Tempo der Industrialisierung bremste, das ZK durch Rücktrittsdrohungen unter Druck zu setzen versuchte und über Bucharin mit Kamenew zu verhandeln begann, um einen «Block [...] mit den Trotzkisten gegen die Partei und ihr ZK zu organisieren». Da die Opponenten nicht klein beigaben und der Parteiführung ihrerseits eine «militärisch-feudale Ausbeutung der Bauern», eine «Züchtung des Bürokratismus» und eine «Auflösung der Komintern» vorwarfen, ging die Auseinandersetzung auf dem nächsten ZK-Plenum im April 1929 weiter. Stalin bezichtete die «Rechten» nun seinerseits, den Kulakenstreik, die Schachty-Affäre und die außenpolitischen Krisen nicht als Reaktionen, als Symptome einer «Verschärfung des Klassenkampfs» im Zuge der Verwirklichung des Sozialismus zu begreifen; umso entschiedener müsse gegen das «Versöhnlertum», im Innern wie in der Komintern, vorgegangen werden. Stalin forderte auch nicht mehr nur den Rücktritt der rechten Opponenten, sondern ihre Entlassung.

Nachdem Uglanow schon im Herbst 1928 als Parteichef von Moskau nicht wiederbestellt worden war, verlor er im April 1929 auch seine Stellung als Kandidat des Politbüros. Im gleichen Monat warf man Bucharin aus dem Exekutivkomitee der Komintern, man kippte ihn auch aus der Funktion eines verantwortlichen Redakteurs der «Prawda» und im November aus dem Politbüro. Tomski wurde Anfang Juni 1929 von seinem Posten als Gewerkschaftsvorsitzender abberufen, im Jahr darauf auch nicht mehr ins ZK und ins Politbüro gewählt. 1930 verlor auch Rykow seinen Posten im Politbüro und als Regierungschef. Bucharin, Tomski und Rykow wurden im Sommer 1930 vom 16. Parteitag immerhin erneut ins Zentralkomitee gewählt. Schon dieser Umstand zeigt, wie erbittert um die Positionen gerungen wurde; schließlich waren die Standpunkte der «Rechten» eben noch die Ansichten der Gesamtpartei gewesen. Sie waren einflussreich und gut vernetzt, verstanden es auch weiterhin, sich in Artikeln und Reden Gehör zu verschaffen. Sie zwangen Stalin, auch in ZK und Politbüro vorsichtiger zu taktieren, als ihm dies recht sein mochte.

Von solcher Rücksichtnahme konnte im Vorgehen gegen die «Klassenfeinde» an der Basis nicht die Rede sein. Der Kampf ums Getreide ging im Winter 1928/29 in immer neuen Schüben weiter, um die «Beschaffungspläne» einzuhalten, ohne sich viel um Ernteergebnisse und die Nöte der Bauern zu kümmern. Partei- und Sowjetfunktionäre wurden ausgetauscht, Unbotmäßige zu Tausenden verhaftet und den Höfen die Reserven abgepresst. Trotzdem mussten viele Städte Anfang 1929 zu Lebensmittelkarten zurückkehren.

Auch die parallele Kampagne zum Zusammenschluss der Klein- und Kleinstbesitzer zu Kollektivwirtschaften (Kolchosen) lief 1929 mehr und mehr aus dem Ruder. In Anbetracht der Tatsache, dass ein ökonomisch sinnvoller Zusammenschluss erhebliche Investitionen nötig machte, waren die Quoten in den ersten Ansätzen eher moderat gewesen. Doch dann wurden die Ansätze immer mehr heraufgesetzt, binnen Jahresfrist sollten fünf, ja acht Millionen Bauernhöfe kollektiviert werden, bevor schließlich die «Prawda» Ende Oktober zur «vollständigen Kollektivierung» aufrief und Stalin in seiner Rede zum 12. Jahrestag der Oktoberrevolution «1929» zum «Jahr des großen Umschwungs» erklärte. Dabei setze man um, was Lenin am Anfang der NEP (erneut hatte Stalin ein entsprechendes Zitat parat) angekündigt hatte: Wir treten den Rückzug an, um «einen Anlauf zu nehmen und einen umso größeren Sprung vorwärts zu machen».

Genau dies – der Große Sprung – sei nun im Gange. Es sei gelungen, die «Hauptmassen der Bauernschaft» von dem «alten, kapitalistischen [...] auf den neuen, den sozialistischen Entwicklungsweg» hinüberzuleiten, auf dem die Mittelbauern und die arme Bauernschaft, «mit neuen Geräten, mit Traktoren und landwirtschaftlichen Maschinen ausgestattet», die Kapitalisten verdrängten. Es sei der Partei gelungen, «diesen grundlegenden Umschwung innerhalb der Bauernschaft selbst zu organisieren und die breiten Massen der Dorfarmut und der Mittelbauern mitzureißen, trotz der unermesslichen Schwierigkeiten, trotz des verzweifelten Widerstands aller und jeglicher dunkler Mächte, von den Kulaken und Popen bis zu den Philistern und rechten Opportunisten».

Dass es diese Maschinen und Traktoren in den neuen Kolchosen nicht gab, war auch Stalin bewusst. «Wo sollten die auch herkommen», merkte er zynisch in einem Brief an Molotow Ende des Jahres an. Und der Terminus «mitreißen» war zumindest zweideutig: In immer neuen Wellen wurden bewaffnete Arbeiterbrigaden, Gewerkschafter, Komsomolmitglieder und Studentengruppen auf Dorf geschickt, um die örtlichen Organe bei der Kollektivierungsbewegung zu «unterstützen» und um Dorfversammlungen abzuhalten, auf denen die Bauern möglichst einstimmig den Eintritt in die Kolchose beschlossen, schon um nicht als «Kulaken», «Kulakenknecht» oder sonstiges sowjetfeindliches Element zu gelten. Von einer «Freiwilligkeit» des Entschlusses konnte längst nicht mehr die Rede sein.

Neben den beiden genannten Kampagnen begann im Winter 1929/30 eine dritte: Stalin umschrieb sie in einer Rede als Übergang «von der Politik der *Einschränkung* der Ausbeutertendenzen des Kulakentums zur Politik der *Liquidierung des Kulakentums als Klasse*» (Hervorhebungen im Original). Das Politbüro bildete Mitte Januar 1930 eine Kommission unter dem Vorsitz Molotows, die einen «Maßnahmenkatalog zur Liquidierung der Kulakenwirtschaften in Regionen der vollständigen Kollektivierung» vorbereitete; er wurde Ende Januar vom Politbüro verabschiedet. Er sah (streng geheim) vor, in diesen Regionen bei den Kulaken «alle Produktionsmittel, das Vieh, die Wirtschafts- und Wohngebäude, Verarbeitungsbetriebe, die Lebensmittel- und Aussaatvorräte zu konfiszieren».

Um den Einfluss der Kulaken auf die anderen bäuerlichen Schichten und alle Versuche konterrevolutionärer Tätigkeit gegenüber der Sowjetmacht und den Kolchosen von vornherein zu unterbinden, sollten folgende Maßnahmen ergriffen und dabei drei Personengruppen unterschieden werden. Zur ersten Kategorie zählte man die «konterrevolutionär-aktiven Kulaken»; sie waren in Konzentrationslager zu verfrachten, bei Rädelsführern, Organisatoren von terroristischen Akten und konterrevolutionären Unruhen war die repressive Höchststrafe anzuwenden. «Kulaken», die zu den «besonders reichen Familien» gehörten, waren der zweiten Kategorie zuzurechnen und in die nördlichen und östlichen Grenzräume der Sowjetunion zu verbringen. Der kulakische Rest, die dritte Kategorie, sollte auf Grenzäckern in der Region, aus der sie kamen, streng getrennt vom Kolchosenland angesiedelt werden. Für die «Kulakenwirtschaften» wurde eine Richtzahl von drei bis fünf Prozent aller Wirtschaften der Region angegeben, sie wurde in absoluten Zahlen noch einmal aufgeschlüsselt nach Wirtschaftsregionen, wobei ca. 60 000 der ersten Kategorie, 150 000 den beiden restlichen Kategorien zuzurechnen seien. Die GPU erhielt Weisung, dass die Maßnahmen gegen die Kulaken, deren Verschleppung in Konzentrationslager sowie deren Aussiedlung, in den nächsten vier Monaten durchzuführen seien, bis zum 15. April zumindest bis zur Hälfte. Auch die Aufnahmeregionen (Norden – 70 000 Familien, Sibirien – 50 000 Familien, Ural – 20 000 bis 25 000 Familien, Kasachstan – 20 000 bis 25 000 Familien) wurden benannt. Und das war nur der Anfang.

Beschaffungskampagnen, Kollektivierungsbewegung und die Maßnahmen zur «Liquidierung der Kulaken als Klasse» stürzten das Land ins Chaos. Die Bauern nahmen die Übergriffe nicht einfach hin. Überall formierte sich Widerstand. Im Januar 1930 vermerkte die GPU über 400 Unruhen und Massenkundgebungen, im Februar über 1000, im März über 6500. Im ganzen Jahr 1930 haben, nach dieser Statistik, zweieinhalb Millionen Bauern an über 14 000 dörflichen Revolten teilgenommen. Die Skala der Widersetzlichkeiten reichte von Streik und Boykott bis zum offenen Aufstand gegen die Sowjetmacht. Bauern verfütterten Vorräte an das Vieh. Sie vergruben Notrationen an Getreide, weil sie wussten oder zumindest ahnten, was ihnen bevorstand. Schließlich schlachteten sie, bevor sie in die Kolchosen gingen, ihr Vieh ab.

Es kam zu blutigen Auseinandersetzungen, zu Racheakten an Hunderten von Funktionären, zur Besetzung und Plünderung von Sowjetgebäuden, zur Vernichtung von Kolchoseinrichtungen, zu Forderungen nach Rückgabe der beschlagnahmten Tiere und Geräte. Eine Schlüsselrolle hatten Frauen, wobei die Hoffnung eine Rolle gespielt haben dürfte, die Repressionen würden ihnen gegenüber weniger brutal ausfallen als gegenüber Männern. So standen sie häufig in der ersten Reihe, wenn es galt, die

Beschlagnahmung der letzten Vorräte oder der einzig verbliebenen Kuh oder die Schließung der Dorfkirche zu verhindern. Die GPU registrierte «Terrorakte», «Massenunruhen» und «Drohaufrufe» im ganzen Land. An der Spitze dieser politischen Kriminalstatistik stand die Ukraine.

Erfolge waren nicht von Dauer, die Waffen ungleich verteilt. Die staatlichen Stellen antworteten mit Verhaftungswellen, Terrorjustiz, Todesurteilen und Deportationen. Längst waren die Gefängnisse überfüllt, die Zahlen der strafrechtlichen Verurteilungen schon 1929 auf über eine Million gestiegen. Seit Mitte des Jahres wurden alle zu mehr als drei Jahren Verurteilten in Straflager verbracht. Sie sollten wie die «Kulaken» der ersten Kategorie im Norden und Osten des Landes in der Holzindustrie und im Bergbau eingesetzt werden, Kanäle ausheben, Straßen und Schienenwege bauen. Unterversorgt und nur mit primitivem Gerät ausgestattet, galt ihre Arbeit als besonders wohlfeiler Beitrag zur Erschließung des Landes und Modernisierung seiner Infrastruktur.

Immer neue Lagerkomplexe wurden aus dem Boden gestampft. Sie überzogen mit Tausenden von Lagerpunkten das Land wie ein Inselarchipel. Zu den Lagern kamen die «Sondersiedlungen», in die die deportierten «Kulaken» verbracht wurden; 1930/31 zählte man etwa zwei Millionen Umsiedler. Die Umstände der Deportation waren chaotisch. Häufig lagen die Züge tage- und wochenlang an Verkehrsknotenpunkten fest, trotz der Kälte im Winter und der Seuchengefahr im Sommer. Weil in den Aufnahmeregionen alle Voraussetzungen fehlten, um die Neuankömmlinge mit Wohnungen, Arbeit, Lebensmitteln zu versorgen, waren die Deportierten häufig auf sich selbst gestellt. Wie viele an Kälte und Hunger starben, wie viele flohen und sich zu Banden zusammenschlossen, ist unbekannt. Erst allmählich konnte die GPU, der 1931 die Zuständigkeit übertragen wurde, entsprechende Verwaltungsstrukturen aufbauen.

Am 2. März 1930 veröffentlichte Stalin einen Artikel in der

«Prawda», in dem er mitteilte, dass bereits die Hälfte aller Bauernwirtschaften kollektiviert und damit der Fünfjahrplan der Kollektivierung zu mehr als 200 Prozent erfüllt sei. Die Erfolge erklärten sich «unter anderem daraus, dass diese Politik auf der *Freiwilligkeit* in der kollektivwirtschaftlichen Bewegung und auf der *Berücksichtigung der Mannigfaltigkeit der Bedingungen* in den verschiedenen Gebieten der UdSSR beruht[e]» (Hervorhebungen im Original). Gerade weil die Erfolge so leicht fielen, habe man regional bisweilen im Übereifer den Grundsatz der Freiwilligkeit und der Berücksichtigung der örtlichen Besonderheiten verletzt, bürokratisch von oben Kollektivwirtschaften geschaffen, die nur auf dem Papier existierten, und noch dazu in Gebieten, die gar nicht zu den getreideproduzierenden Regionen gehörten. Auch dass man mitunter jene Form der Kollektivwirtschaft gewählt habe, bei der «alles» (einschließlich Ackergeräte und Vieh, der Wirtschafts- und der Wohngebäude) Gemeinbesitz war (in der Terminologie der Zeit hieß diese Form «Kommune»), statt eine mildere Form zu wählen (wie die «Produktionsgemeinschaft» oder das «Artel»), sei ein Fehler gewesen und habe, wie Stalin in einem weiteren Artikel nachlegte, Lenin'schen Grundprinzipien widersprochen.

Ohne sich um die Wirklichkeit zu scheren, erklärte Stalin die Gewaltexzesse zu Ausnahmen und die Freiwilligkeit zur gängigen Praxis der Kolchosbewegung. Regelverstöße führte er auf die schiere Leichtigkeit, den Selbstlauf der Kollektivierung zurück, übrigens Fehler, für die nicht die Führung, sondern lokale Stellen die Verantwortung trügen. An mangelnder Information lag es nicht, wenn Stalin, wie es schien, die Wirklichkeit mehr und mehr abhandengekommen war. Es war reiner Zynismus, mit dem er – vermutlich aus Sorge um die Folgen für die Frühjahrsaussaat – die Opfer vorführte und die Täter gelinde ermahnte.

Eine weitere Funktion des Artikels mit dem bezeichnenden Titel «Vor Erfolgen vom Schwindel befallen» war, dass sich der Generalsekretär, der «Herr im Haus», von den Gewaltexzessen distanzierte. Dass auch diese Botschaft ankam und manche im Artikel ein Signal der Wende sahen, zeigte der Umstand, dass Millionen Bauern mit Berufung auf ihn aus den Kolchosen austraten. Das war leicht, wo die Kolchosen ohnehin nur auf dem Papier standen, führte aber zu völliger Verwirrung, wo Boden, Vieh und Geräte bereits «vergemeinschaftet» waren; dann zogen sich die Streitereien oft über Wochen und Monate hin.

Der Anteil der kollektivierten Höfe an der Gesamtzahl aller Höfe, der im Frühjahr 1930 bereits über 58 Prozent erreicht hatte, fiel bis zum Sommer auf unter 22 Prozent zurück. Doch von Wende konnte keine Rede sein, die Parteiführung hielt am bisherigen Kurs fest, im Sommer 1930 begann eine neue Pressekampagne zur Fortführung der Kollektivierung. Ein Jahr später war der alte Wert wieder erreicht, bis 1935 der Anteil der Einzelbauern an der gesamten Anbaufläche auf 5,2 Prozent, bis Ende des Jahrzehnts auf 0,6 Prozent gesunken. Das alte bäuerliche Russland gab es nicht mehr.

Der Terror der Getreidebeschaffung, die Maßnahmen der Zwangskollektivierung, die Willküraktionen gegen die «Kulaken» hatten nicht nur den wohlhabenderen, sondern auch den ärmeren Schichten des Dorfes die Vorräte genommen. Die Einzelbauern wurden mit immer neuen Sonderauflagen und Schikanen an die Grenzen ihrer Existenzfähigkeit gebracht, die «Kulakenwirtschaften» zerschlagen und zur Plünderung freigegeben. Die Folgen waren gravierend: Selbst bei den Dorfarmen fehlte häufig das Saatgut. Der Viehbestand ging dramatisch zurück und mit ihm die Zugkraft. Darunter litten auch die Kolchosen, wo die staatlicherseits versprochenen Traktoren und Maschinen ausgeblieben waren. Selbst in so wichtigen getreideproduzierenden Regionen wie der Ukraine waren neben den Hektarerträgen auch die Aussaatflächen zurückgegangen, sei es, weil das Dorf mit der Reorganisation der Felder beschäftigt war, sei es, weil die Bauern keine Zukunft mehr für sich im Dorf sahen, Dorf, Hof und Felder verließen und in die Stadt zogen.

Für den Staat hatte die neue Agrarordnung den Vorteil, dass schon 1932 drei Viertel der landwirtschaftlichen Bruttoproduktion in großen Staats- und Kollektivwirtschaften erzeugt wurden, was den Zugriff erheblich erleichterte. Es wurde von ihnen erwartet, dass sie mehr, viel mehr Getreide für den Staat erwirtschafteten, und die Planung war entsprechend angehoben worden. Selbst wenn der Staat die Kollektivwirtschaften weiterhin auf Kosten der Einzelbauern unterstützte und Letztere verpflichtete, ihnen bei Bedarf das eigene Zugvieh zur Verfügung zu stellen, die geforderten Staatsquoten hatten auch sie zu erbringen, und die staatlichen Beschaffungsorgane trieben deren Ablieferung mit gleicher Rigorosität ein wie bei den Einzelwirtschaften.

Der Staat erweiterte im Sommer 1932 sein Instrumentarium strafrechtlicher Repressivmaßnahmen noch einmal. Wer mit Lebensmitteln (also auch Getreide) spekulierte, sollte für fünf bis zehn Jahre in ein Konzentrationslager eingewiesen werden. Und wer sich staatliches Eigentum (Kolchoseigentum eingeschlossen) vor Ort oder auf dem Transport aneignete, sollte mit dem Tod (zumindest mit zehn Jahren Lagerhaft) bestraft werden, unter Einziehung seines Vermögens; zu diesem Eigentum gehörten auch die Ernte auf den Feldern, die öffentlichen Depots, das Vieh und die Kolchosspeicher. Stalin hatte das Gesetz vom 7. August 1932 selbst angeregt und bei seiner Formulierung mitgeschrieben. Noch im gleichen Jahr wurden nach diesem Gesetz über 20 000, im Folgejahr über 100 000 Personen durch Gerichte der RSFSR verurteilt.

Bei der Getreidebeschaffung entfiel auf die Ukraine und den Nordkaukasus, die beiden traditionellen Getreideüberschussgebiete, fast die Hälfte des staatlichen Planansatzes. Obwohl auch dort die Ernte seit Anfang der 1930er Jahre rückläufig und früh absehbar war, dass sie 1932 nur für den Eigenbedarf reichen würde, hielt man an den ehrgeizigen Beschaffungsplänen fest. Weil die Ablieferungen hinter dem Plan zurückblieben, ein «Durchbruch» mit propagandistischen Mitteln nicht zu erzielen war, richtete sich nun der Kampf gegen Dorfkommunisten und Kolchosen, die «in krimineller Weise» die staatlichen Planungen «sabotierten». Diese Entwicklung führte Stalin darauf zurück, wie er Ende November 1932 auf einer gemeinsamen Sitzung von Politbüro und ZK erklärte, dass «antisowjetische Elemente und Organisationen» Schädlingsarbeit und Sabotage betrieben und ein «bedeutender Teil unserer Dorfkommunisten» gegenüber den Kolchosen und Sowchosen eine «falsche, unmarxistische Haltung» einnehme: Sie idealisierten die Kolchosen zu sehr; sie dächten nicht selten, wenn die Kolchose die «sozialistische Form des Wirtschaftens» sei, könne es in ihr «nichts Antisowjetisches oder Sabotageiges» geben. Mit Leninismus habe das nichts zu tun, entscheidend seien die Fakten und die Kolchosen kein Fetisch. In einem Rundbrief des Politbüros wurden die Lokalbehörden angewiesen, wenn eine Kolchose ihrer Anlieferungspflicht nicht nachkomme, sei ihr das ganze Getreide zu nehmen, auch jenes, das angeblich zur Aussaat bestimmt sei. Zu Tausenden wurden Dorfkommunisten verhaftet, Kolchosen, ganze Dörfer und Kosakensiedlungen deportiert.

Obwohl das Politbüro und auch Stalin wussten, dass den wichtigsten Getreideregionen eine Hungersnot drohte, ähnliche Meldungen aus Kasachstan eintrafen, wo die Kollektivierung Nomaden zur Sesshaftigkeit gezwungen hatte, hielt die Führung an ihrem strikten Kurs fest. Als der Erste Sekretär des Parteikomitees Mittlere Wolga Mendel Chatajewitsch im November 1932 in einem Brief an Molotow schrieb, gerade wer die Wahrung der langfristigen ökonomischen Interessen des Sowjetstaates im Blick habe, müsse auch für die Befriedigung der «grundlegenden Produktions- und Konsumbedürfnisse der Kolchosen und Kolchosniki [Kolchosbauern] sorgen», sonst würden sie bald «weder aussäen noch die Produktion erweitern», schrieb ihm Molotow entrüstet zurück, eine solche Haltung sei «im Kern falsch, unbolschewistisch». Die Staatsinteressen nachrangig? Niemals – sie müssten immer an erster Stelle rangieren.

Stalin führte das Land sehenden Auges in die Katastrophe. Nicht wenige versuchten zu fliehen. Schon seit Ende der 1920er Jahre hatten jährlich Millionen von Bauern das Dorf verlassen, in dem sie für sich und ihre Kinder keine Zukunft mehr sahen. Im Dezember 1932 versuchte der Staat, die Abwanderung aus den Dörfern zu erschweren. Die Städte, die bereits aus allen Nähten platzten, sollten von «Sozialschmarotzern» entlastet und ihre «kulakische Unterwanderung» unterbunden werden.

Für die Betroffenen in den Hungergebieten gravierender war, dass im Januar 1933 eine (von Stalin als Partei- und Molotow als Regierungschef unterschriebene) Direktive die Massenausreise aus den Hungergebieten in die angrenzenden Regionen generell verbot. Zog man aus der mitgelieferten Begründung die ganze Verschwörungsrhetorik ab, so wurde sichtbar: Die Führung wusste, dass die Ankunft der Hungerzüge im Zentrum, im Westen und Norden des Landes, ganz abgesehen von den wirtschaftlichen und sozialen Konsequenzen, alle Propagandameldungen von den riesigen Erfolgen beim Aufbau des Sozialismus der Lüge überführte. Auch vor dem Ausland sollte, anders als bei der Hungersnot von 1921, die Entwicklung geheim gehalten werden; deswegen kam auch von dort keine Hilfe.

Spezialabteilungen der GPU sollten den Massenexodus verhindern. An den Bahnstationen der Ukraine und des Nordkaukasus wurden keine Fahrscheine mehr an Personen ohne Sondergenehmigungen verkauft. Hunderttausende, die sich trotzdem auf den Weg machten, wurden zurückgeführt – meist in den sicheren Tod. Augenzeugen berichteten, die GPU registrierte, wie Haustiere, Ratten, Kadaver gegessen wurden, nur um zu überleben, auch Fälle von Kannibalismus kamen vor, wie die geschwächten und aufgedunsenen Körper zusätzlich von Seuchen heimgesucht wurden, wie Bauern ihre Kinder in der Stadt aussetzten, um sie vor dem sicheren Tod zu bewahren, wie Züge in Kiew ankamen, voll von Leichen, die man rechts und links der

Bahnstrecke aufgelesen hatte, und wie ganze Dörfer ausstarben, ganze Landstriche verödeten.

Von der Hungersnot waren im ganzen Land 25 bis 30 Millionen Menschen betroffen. Während die Sowjetunion 1932 1,8 Millionen Tonnen Weizen, im ersten Halbjahr 1933 noch einmal 220 000 Tonnen exportierte und damit die westlichen Technologieimporte für die Industrie bezahlte, verhungerten fünf bis sieben Millionen Menschen. Am schwersten traf es die Ukraine mit vier Millionen Opfern, je eine Million starben im Nordkaukasusgebiet und in Kasachstan. Hätte man die Getreideexporte 1932 gestoppt oder auch nur die eine Million Tonnen zur Linderung der Not verwendet, über die der Staat im Sommer 1933 als Reserve immer noch verfügte, hätte sich eine Katastrophe dieses Ausmaßes vermeiden lassen. Man hat errechnet, dass schon die eine Million Tonnen Reserve genügt hätten, um vier Millionen mit einer Normalration über ein ganzes Jahr lang zu versorgen, verkürzt auf eine Notration und über einen kürzeren Zeitraum sogar noch mehr. Doch der Führung kamen solche Überlegungen offenbar nicht in den Sinn.

Dies lag nicht nur am bolschewistischen Fetisch der «forcierten Industrialisierung», der für eine solche Politik keinen Raum ließ. Es lag auch an der Einstellung der bolschewistischen Führung gegenüber der Bauernschaft, die man – wie die Gutsbesitzer, Kapitalisten, bürgerlichen Eliten, Mitglieder des geistlichen Standes, Inhaber kleiner Handwerksbetriebe, Händler und Kulaken – als «Überbleibsel» des Alten den aussterbenden Klassen zurechnete. Noch dazu hatten die Bauern gegen die Bolschewiki rebelliert, gegen die Zwangsbeschaffung im Kriegskommunismus (die prodraswjorstka) und eben jetzt wieder, als die Führung zu den Methoden des Bürgerkriegs zurückkehrte. Die GPU hatte registriert, dass die Ukraine ein Zentrum des bäuerlichen Widerstands war und sowohl bei den «Terrorakten» wie bei den «Massenunruhen» an erster Stelle rangierte. Man wird davon ausgehen können, dass dies der Führung im Gedächtnis geblieben war. Benutzte Stalin die Hungersnot ganz bewusst als Waffe, um einen Völkermord am ukrainischen Volk zu begehen? Zweifel bleiben: Die Politik im nördlichen Kaukasus oder gar in Kasachstan war um keinen Deut humaner als in der Ukraine.

Als der Schriftsteller und Augenzeuge Michail Scholochow im April 1933 Stalin vom immensen Leid der Bauern und von den sadistischen Übergriffen der staatlichen Organe berichtete, schrieb dieser ihm im Mai 1933 kurz zurück: Sein Bericht habe in manchem recht, er verweise auf «eine wunde Stelle bei unseren Partei- und Sowjetfunktionären», das sei ungut, und man müsse dem nachgehen. Aber Scholochows Schilderung sei «einseitig», sie sehe nur «ein[en] Aspekt der Dinge». Zum «anderen Aspekt der Realität» gehöre: Die «verehrten Broterzeuger» seien «keine harmlosen Leute», sie hätten einen «stillen Krieg gegen die Sowjetmacht» geführt, einen «Krieg, um die Sowjetmacht auszuhungern». Echte Betroffenheit, die man nach Scholochows eindringlicher Schilderung hätte vielleicht erwarten können, klang anders.

Wie weit die Perversion des politischen Systems – mit Stalin als dessen Epizentrum – bereits fortgeschritten war, zeigte der erste Kongress der «Kolchosstoßarbeiter», die sich beim Aufbau des Kolchossystems besonders hervorgetan hatten. Der Kongress tagte vom 15. bis 19. Februar 1933, mitten in der Hungerkrise, in Moskau. Über 1500 Delegierte nahmen daran teil, sie wählten Stalin ins Ehrenpräsidium. In seinem Schlussvortrag sagte er: «Wir haben erreicht, dass die Millionenmassen der armen Bauern, die in die Kollektivwirtschaften eingetreten sind und dort den besten Boden und die besten Produktionsinstrumente benutzen, auf das Niveau von Mittelbauern aufgestiegen sind. Wir haben erreicht, dass die Millionenmassen der armen Bauern, die früher ein Hungerdasein fristeten, jetzt in den Kollektivwirtschaften zu Mittelbauern, zu Leuten mit gesicherter Existenz geworden sind [...] Das ist eine große Errungenschaft, Genossen. Das ist eine Errungenschaft, wie die Welt sie niemals gekannt und wie noch kein Staat in der Welt sie erzielt hat.» Die Reaktion war: «Nicht enden wollender Beifall, der in eine Ovation übergeht. Alle erheben sich von den Plätzen und jubeln Genossen Stalin zu. Hurrarufe. Es leben die fortgeschrittenen Kollektivbauern! Es lebe unser Führer, Genosse Stalin!»._ Was hier beklatscht wurde, war ein Verbrechen gegen die Menschlichkeit. Nur kannte man den Begriff damals noch nicht, in der Sowjetunion schon gar nicht. Selbst wenn manche Linksintellektuellen im Westen weiterhin ihren Illusionen nachhingen: Der Sowjetkommunismus hatte endgültig sein menschliches Antlitz, ja jeglichen Anschein von Humanität verloren.

VIII. MOSKAU – 31. JULI 1937
Der Staatsterrorist

Im Januar 1933 berichtete Stalin dem Vereinigten Plenum von Zentralkomitee und Zentraler Kontrollkommission von den Ergebnissen des Ersten Fünfjahrplans. Seine grundlegende Aufgabe sei es gewesen, «die UdSSR aus einem Agrarland, einem machtlosen, von den Launen der kapitalistischen Länder abhängigen Land in ein Industrieland, in ein mächtiges, völlig selbständiges und von den Launen des internationalen Kapitalismus unabhängiges Land zu verwandeln». Gleichzeitig sollten die «kapitalistischen Elemente restlos» verdrängt, die «Front der sozialistischen Wirtschaftsformen» erweitert und die ökonomische Basis für die «Errichtung der sozialistischen Gesellschaft» geschaffen werden.

Tatsächlich habe man in nur vier Jahren in der Industrie, in der Landwirtschaft, bei der «Verbesserung der materiellen Lage der Arbeiter und Bauern», beim «Warenumsatz zwischen Stadt und Land» und beim «Kampf gegen die Überreste feindlicher Klassen» entscheidende Siege erzielt: «[D]ie letzten Überreste der sterbenden Klassen: die Privatindustriellen und ihr Anhang, die Privathändler und ihre Handlanger, die ehemaligen Adeligen und Popen, die Kulaken und ihre Helfershelfer, die ehemaligen weißen Offiziere und Landpolizisten, die ehemaligen Polizisten und Gendarmen, die verschiedensten bürgerlichen Intellektuellen chauvinistischer Färbung und alle sonstigen antisowjetischen Elemente [seien] aus dem Gleise geworfen» worden, selbst wenn sie sich «in unseren Werken und Betrieben, in unseren Institutionen und Handelsorganisationen, in den Eisenbahn- und Schifffahrtsbetrieben und hauptsächlich in den Kollektiv- und Sowjetwirtschaften» unter der «Maske von Arbeitern und Bauern» versteckten, der eine oder andere sich sogar in die Partei einschlich. Selbst wenn «noch nicht alles zum Besten bestellt» sei, unbestreitbar «Mängel und Fehler» vorgekommen seien, sei ein «Sieg» von «wahrhaft weltgeschichtlicher Bedeutung» errungen worden.

Wer ohne ideologische Brille zurücksah, konnte die innen- und außenpolitische Bilanz der letzten fünf Jahre nur verheerend nennen. Der Große Sprung war ein Sprung ins Chaos. Trotz einer riesigen Kraftanstrengung, eines gewaltigen Einsatzes von Ressourcen, von menschlichem Kapital und staatlicher Gewalt wurden die selbstgesteckten Ziele des ersten Fünfjahrplans weder bei der Energiegewinnung noch in der Schwerindustrie, noch im Maschinenbau erreicht.

Als Stalin die Umwandlung der bäuerlichen Kleinwirtschaften zu modernen landwirtschaftlichen Großbetrieben feierte, unterschlug er, dass die Bruttoproduktion an Getreide nicht gestiegen, der höhere Marktanteil den Kolchosen nur abgepresst und die Fleisch-, Milch- und Eierproduktion dramatisch eingebrochen waren. Es fehlte an Zugkraft, weil die Pferde und Ochsen aus Futtermangel in den Kolchosen verreckten und die versprochenen Traktoren deren Zugkraft nicht ersetzen konnten.

Dass mit den «Erfolgen in Industrie und Landwirtschaft» die «Arbeitslosigkeit überwunden» und der «Verelendung und dem Pauperismus im Dorf ein Ende gemacht» wurde, «eine Errungenschaft», wie Stalin sagte, «von der kein einziger bürgerlicher Staat [...] auch nur zu träumen wag[e]», war Zynismus, der an Obszönität grenzte. Zu den Millionen, die Jahr für Jahr das Dorf verließen, um in der Stadt ihr Auskommen zu suchen, zu den Maßnahmen, mit denen die Sowjetregierung diese Migrationsströme zu stoppen suchte, dazu sagte Stalin keinen Satz. Wie man das Wort von der Beendigung des Elends und der Massenarmut im Dorf in den Mund nehmen konnte, wenn gleichzeitig im eigenen Land Millionen elendiglich verhungerten, ist kaum zu begreifen.

Als «Errungenschaft» des Fünfjahrplans galt auch, dass aus Industrie, Landwirtschaft und Handel die «kapitalistischen Elemente», die «Überreste der sterbenden Klassen» vertrieben wurden. Das las sich, als ob man Scherben zur Seite kehrte. Tatsächlich handelte es sich um Millionen menschlicher Existenzen, die nun ihren Besitz, ihr Tätigkeitsfeld und ihren Anspruch auf Lebensmittelversorgung verloren, in immer neuen Wellen verhaftet, ins Gefängnis gesteckt, nach Sibirien verfrachtet, in Sondersiedlungen deportiert oder in Straflager verbracht wurden. Hunderttausende kamen dabei um.

Diesen «Ehemaligen» war, wie man Stalins Bilanzrede entnehmen konnte, alles zuzutrauen: «Wühlarbeit», «Brandstiftung», «Sabotage», «massenhafter Diebstahl und Veruntreuung staatlichen und genossenschaftlichen Gutes». Sie steckten das Vieh in den Kolchosen mit der «Pest» an, impften ihm die «sibirische Seuche» ein, verbreiteten die «Meningitis unter den Pferden». Kurz, sie waren mit ihrer «Schädlingsarbeit» für alles verantwortlich, was in der Sowjetunion im Argen lag. Zwar seien sie zu einer direkten Attacke auf die Sowjetmacht nicht mehr in der Lage, aber ihr Widerstand werde sich noch verstärken. Damit waren auch die Schuldigen der Zukunft bereits markiert.

Besonders agitierte Stalin gegen die «bürgerlichen Spezialisten», die in Fabriken und Betrieben, im Bildungssektor und Verkehrswesen, im Sowjet- und auch im Parteiapparat weiterhin wichtige Funktionen wahrnahmen. Ein antibürgerlicher Affekt und ein verbliebenes Grundmisstrauen gegenüber den «Rechten», mit denen er sie im Bunde sah, gingen dabei Hand in Hand. Was mit den Ingenieuren in Schachty begann, setzte sich in Schulen und Hochschulen, schließlich auch in der Wirtschafts- und Sowjetverwaltung fort. Tausende verloren ihre Posten, wurden mit apokryphen, angeblich aus dem Ausland gesteuerten Terroristen- und Sabotagegruppen in Verbindung gebracht, die sich im Obersten Volkswirtschaftsrat oder Komitee für Wirtschaftsplanung (Gosplan), im Volkskommissariat für Finanzen oder in der Staatsbank gebildet haben sollten. Andere hatten angeblich eine «Bauernpartei der Arbeit» geleitet oder einer nicht minder ominösen «Industriepartei» angehört. Unter Folter gestanden die Beschuldigten meist alles ein.

Dass der Staat damit Fachleute und wichtige Funktionsträger verlor, scheint die Führung nicht weiter irritiert zu haben. Stalin nahm, wie sein Briefwechsel mit Molotow zeigt, regen Anteil am Geschehen und entschied mit, ob Anklage zu erheben oder noch zu warten sei. Die Prozesse nahmen kein Ende. Hatte Lenin sich einst zum Ziel gesetzt, den «bürgerlichen Staatsapparat» zu zerschlagen, so war es Stalins Anliegen, die Reste der «bürgerlichen Zivilgesellschaft» zu beseitigen. Dass damit auch die Zahl der Feinde des Sowjetstaates stetig wuchs, war sich Stalin wohl bewusst, wie seine ideologisch verklausulierte These von der «Verschärfung des Klassenkampfes unter den Bedingungen des sozialistischen Aufbaus» zeigte.

Die Repressionen konnten jeden treffen. Im Winter 1932/33 hatten der Leiter der GPU und der Chef der Zentralverwaltung der Lager (russ. Abk. GULAG) einen «grandiosen Plan» vorgelegt: Er sah die «Säuberung» der Städte von «kulakischen», «parasitären» und «sozial gefährlichen» Elementen vor. Von Stalin für «gut» befunden, ergänzte er die gleichzeitige Einführung von obligatorischen Inlandspässen und sollte obendrein zur Entlastung der überfüllten Gefängnisse beitragen. «Kulaken», die in Betrieben oder auf Baustellen Unterschlupf gefunden hatten, Personen, die ohne die neuen Papiere aufgegriffen wurden, Bettler, Landstreicher, Straßenkinder, Schieber, Spekulanten, Kleinkriminelle und Gewohnheitsverbrecher waren laut Plan nach Westsibirien und Kasachstan zu verbringen, in «Sondersiedlungen» ansässig zu machen und zur wirtschaftlichen Erschließung dieser Randregionen zu nutzen; die dafür eingesetzten Ressourcen würden sich rasch bezahlt machen.

Noch bevor die nötigen Transitlager in Westsibirien auch nur errichtet waren, karrten die Güterzüge bereits Hunderte, Tausende, Zehntausende an, die die Miliz aufgegriffen hatte, die man in Städten und Regionen loswerden wollte. Sowjetbürger, die das Pech hatten, ohne Ausweis oder die «richtigen» Papiere unterwegs zu sein; Personen, die im Ruf standen, «Ehemalige» (Hauseigentümer, Beamte, Kleingewerbetreibende) zu sein; Mittellose, Alte und Invaliden, selbst Hochbetagte, Blinde und Taubstumme waren dabei und ein hoher Prozentsatz von Kriminellen. Hunderte, Tausende flohen. Ob sie sich Banden anschlossen, eigene Banden bildeten, darüber lässt sich nur spekulieren. 1930 hatte die Obrigkeit die Zahl der «Banden» in Westsibirien auf 880, die Zahl der «Banditen» («entlaufene Kulaken», «kriminelle Elemente») auf 12 000 geschätzt, und sie wusste auch, dass sich die Sache inzwischen nicht erledigt hatte.

In dieser desaströsen Situation befand sich die Sowjetunion Anfang 1933, als in Deutschland die Nationalsozialisten an die Macht kamen. Selbst wenn man sich zunächst beruhigte und aus Berlin versichern ließ, es werde sich so viel nicht ändern: Noch im gleichen Jahr erwies sich diese Hoffnung als Illusion. Über Alternativen einer sowjetischen Reaktion zu diskutieren erschien müßig; es gab sie nicht. Der sowjetischen Außenpolitik waren durch die Lage im Innern die Hände gebunden. Das war auch 1931 so gewesen, als Japan die Mandschurei besetzte, dort im Jahr darauf den Marionettenstaat Mandschukuo errichtete und damit der Mongolischen Volksrepublik, die man 1924 als zweiten sozialistischen Staat neben der Sowjetunion ausgerufen hatte, gefährlich nahe rückte.

Negativ war auch Stalins persönliche Bilanz, wenn er auf das Jahr 1932 zurückblickte: Es war erst wenige Wochen her, dass sich seine zweite Ehefrau, Nadeschda Allilujewa, das Leben genommen hatte. Mit 19 Jahren bereits verheiratet, mit 20 Jahren

Mutter und 23 Jahre jünger als ihr Ehemann, war sie psychisch und physisch nicht annähernd so robust wie dieser. Eingeladen bei den Woroschilows (aus Anlass der Revolutionsfeiern am 7. November 1932) hatte Stalin – einmal mehr – einer anderen Frau den Hof gemacht und auf die sichtliche Verstimmung Nadeschdas – wie so oft – mit Zynismus und Grobheit reagiert. Nadeschda verließ sichtlich erregt das Fest, zusammen mit der Frau Molotows, Polina Schemtschuschina, die sie zu beruhigen suchte; nach einem kleinen gemeinsamen Spaziergang kehrte Nadeschda in ihre Kremlwohnung zurück. Hier erschoss sie sich mit einer kleinen Walther-Pistole, die ihr ihr Bruder Pawel aus Berlin mitgebracht hatte.

Glücklich war die Verbindung wohl nur in den ersten Jahren gewesen, als die 17-jährige Nadeschda Stalin während des Bürgerkriegs bei seinem Einsatz als Volkskommissar nach Zaryzin begleitete, und danach, als man in Moskau eine geräumige Wohnung bezog, eine Familie gründete, Freunde eingeladen werden konnten, die Großfamilie zu Besuch kam. Als Generalsekretär und mit Machtkämpfen und Intrigen beschäftigt, kam Stalin meist erst spätnachts von seinem Büro in die Wohnung zurück; die Spannungen brachte er offensichtlich mit. Die Gerüchte über die Beziehungen ihres Ehemanns zu anderen Frauen nervten seine Frau. Auf Szenen reagierte er seinerseits gereizt und grob. Die gemeinsamen Wochenenden in der Datscha Subalowo 4 wurden seltener. Nicht immer fuhr man gemeinsam in die Ferien ans Schwarze Meer.

Die Ehe schien schon am Ende, als Nadeschda 1926 zurück zu ihren Eltern nach Leningrad zog. Bei der Rückkehr hatte sie sich ausbedungen, an der Moskauer Industrie-Akademie studieren zu dürfen, nach modernen Begriffen eine Einrichtung des zweiten Bildungsweges. Chemieingenieurin in der Textilindustrie wollte sie werden und auf eigenen Beinen stehen. Hier versuchte zur gleichen Zeit der stellvertretende Grubenleiter und Ortsfunktionär Nikita Chruschtschow einen höheren Schulabschluss nachzuholen. Er engagierte sich nebenher, ganz auf Stalins Linie, in der Parteiorganisation der Akademie gegen die «Altbolschewiki, ehemaligen Fabrikdirektoren und Gewerkschaftsführer», die in der Dozentenschaft Unterschlupf gefunden hatten; mit einem «Leserbrief» machte er in der «Prawda» darauf aufmerksam (und vor allem auf sich selbst). Nadeschda machte den Kommilitonen mit Stalin bekannt und legte damit den Grundstein für dessen weitere Karriere.

Die Entspannung, die Nadeschdas Studium für den Ehealltag mit sich brachte, war offensichtlich nicht von Dauer. Ihr Tod soll Stalin nach Auskunft seiner Gefährten tief bewegt und verändert haben. Er habe sich zu wenig um sie gekümmert, gestand er ein, aber er suchte die Schuld nicht nur bei sich. Er machte Nadeschda den Vorwurf, ihn durch ihren Suizid gekränkt, verletzt, verstümmelt zu haben. Es wurde einsamer um Stalin, sei es, weil er die Plätze und Personen mied, die ihn an «früher» erinnerten, sei es, weil die Freunde und Verwandten selbst wegblieben, weil es Nadja nicht mehr gab, die die persönlichen Beziehungen gepflegt hatte und ihr Mittelpunkt gewesen war.

Ob es nun die private Tragödie, die katastrophalen Zustände im Innern oder die außenpolitischen Ereignisse waren, 1933/34 schien Stalin in seinem Furor innezuhalten. Der zweite Fünfjahrplan, so versprach er, werde das Tempo der Industrialisierung reduzieren, das Verhältnis zwischen Investitions- und Konsumgüterindustrie neu justieren, den Betrieben mehr Spielraum geben und mehr finanzielle Anreize für die Arbeiter schaffen.

In der Landwirtschaft wurde seit Ende 1932 das Requisitionssystem Schritt für Schritt durch feste Ablieferungsquoten ersetzt. Die Führung hatte eingesehen, dass die Kolchosbauern, um zu überleben, ein Stück «Hofland» brauchten, das sie in eigener Regie bewirtschaften konnten. 1933 versprach Stalin ihnen auch, beim Erwerb einer eigenen Kuh behilflich zu sein, und 1934, sie bei der Beschaffung von Futtermitteln zu unterstützen. Da schon in wenigen Jahren über die Hälfte der in den Kollektivwirtschaften produzierten Kartoffeln, der Früchte, des Gemüses, über 70 Prozent des Fleisches, der Milch und der Eier auf dem privaten Privatland erwirtschaftet wurden und auch Fleisch, Milch und Kartoffeln der Naturalsteuer unterlagen, profitierte der Staat davon mit.

Selbst das Repressionssystem schien an gewisse Grenzen gestoßen zu sein. Das Justizwesen war völlig überlastet. Was sollte mit den Hunderttausenden von Verhafteten geschehen? In der ersten Jahreshälfte 1933 wurden 738 000 abgeurteilt, in der zweiten 687 000. Die Gefängnisse quollen über. Das System der Straflager war so schnell nicht weiter auszubauen. Zum 1. Januar 1933 verzeichnete man 334 000 Lagerinsassen, zum 10. April 456 000, und weitere 41 000 waren bereits unterwegs. Jede neue Verhaftungs-, Deportationswelle bescherte Staat und Partei zusätzliche Feinde. Das Regime sah im Frühjahr 1933 keine andere Möglichkeit, als Hunderttausende wegen Kleindelikten Einsitzende aus den Gefängnissen zu entlassen und der GPU geheime Anweisung zu geben, auf Massenverhaftungen (von Bauern) künftig zu verzichten und die Zahl der deportierten «Konterrevolutionäre» auf 12 000 Haushalte zu beschränken. Ja, man erweckte im Frühjahr 1934 sogar den Anschein, die verhasste Organisation ganz aufzulösen; sie wurde in das neue für die Gesamtunion zuständige Volkskommissariat des Innern eingegliedert und trat künftig unter dem zunächst weniger belasteten Kürzel NKWD (Volkskommissariat für innere Angelegenheiten) in Erscheinung.

Ohne allen Zweifel hatte die Politik der zurückliegenden fünf Jahre auch die Partei bis ins Mark erschüttert. Zehntausende, die 1927 noch im Glauben an das lauthals propagierte Klassenbündnis von Arbeitern und Bauern den Kampf gegen die «Linken» mitgetragen hatten, sahen sich bald darauf als «Rechte» selbst im Fokus der Kritik. Dass viele kommunistische Funktionäre nicht bereit waren, die rigorose stalinistische Beschaffungspolitik im Dorf kompromisslos durchzusetzen, war für

Stalin «Sabotage» und ein Grund für die seit November 1932 durchgeführte Parteisäuberung. Dabei wurden 1932/33 rund 450 000 Mitglieder aus der Partei ausgeschlossen.

Dass die Kritik auch in höheren Kreisen noch nicht völlig verstummt war, zeigte der «Fall Rjutin». Artemjan Rjutin war 1927 vom 15. Parteitag zum Kandidaten des Zentralkomitees gewählt worden. Doch seit der Wende im Folgejahr ging er zur neuen Politik immer mehr auf Distanz, verlor seine Ämter und wurde 1930 aus der Partei ausgeschlossen. Er gab nicht auf, verfasste die Broschüre «Stalin und die Krise der proletarischen Diktatur» und einen Aufruf an alle Parteimitglieder, in dem er die Gründung eines «Bundes der Marxisten-Leninisten» verkündete und dazu aufrief, der Herrschaft Stalins und seiner Clique möglichst schnell ein Ende zu setzen. Sein Fall beschäftigte im Oktober 1932 das Politbüro, das ZK und das Präsidium der ZKK. Rjutin wurde zu zehn Jahren verurteilt.

Auch der Partei, ihren gebeutelten Kadern und dissentierenden Gruppen sollte 1933 offensichtlich eine gewisse «Entspannung» signalisiert werden: Im Dezember 1933, im Vorfeld des 17. Parteitags, gab das Politbüro die Entscheidung bekannt, dass Sinowjew und Kamenew von einem der Moskauer Stadtkomitees wieder in die Partei aufgenommen werden sollten. Einige Tage später ermöglichte man dem früheren Trotzkianhänger und prominenten Wirtschaftstheoretiker der «Linken» Jewgeni Preobraschenski den Wiedereintritt, im Frühjahr 1934 einem prominenten «Rechten», dem früheren Ersten Sekretär der Moskauer Parteiorganisation Nikolai Uglanow. Ein weiteres prominentes Mitglied der «Linksopposition», Christian Rakowski, bis 1927 Botschafter in Frankreich, durfte nach Moskau zurückkehren, um sich mit einem Artikel in der «Prawda» vom «konterrevolutionären Trotzkismus» loszusagen. Auf Vorschlag Stalins und bestätigt durch das Politbüro wurde Bucharin im März 1934 Hauptherausgeber der Regierungszeitung «Iswestija», Sinowjew im Frühjahr einer der Herausgeber der Parteizeitschrift «Bolschewik» und Kamenew Mitarbeiter in einem Literaturinstitut.

Sinowjew, Kamenew und Preobraschenski sowie die «Rechten» Tomski und Rykow sollten Gelegenheit erhalten, vor dem Parteitag aufzutreten. Selbst wenn sie dort vor allem ihre «Fehler» eingestehen sollten, hoffte die Parteiführung wohl, von ihrem Auftritt und ihrer Bestätigung der «Generallinie» werde zugleich eine Botschaft der «Versöhnung» ausgehen. Der 17. Parteitag, der vom 26. Januar bis 10. Februar 1934 in Moskau stattfand, wurde als «Parteitag der Sieger» gefeiert. Stalin galt als «genialer Führer» (Chruschtschow), «groß, weise und liebenswürdig» (Schdanow), als der «konsequenteste, glänzendste Schüler Lenins» (Tomski), dessen Rechenschaftsbericht (so Kirow) zum «Gesetz der Partei» erklärt werden sollte. Auf dem Parteitag stand auch der zweite Fünfjahrplan zur Besprechung und Abstimmung. Wenn Kirow mit der Wendung schloss, man habe «das Schlimmste hinter sich», brachte er damit nicht nur die Hoffnung der Delegierten zum Ausdruck, sondern des ganzen geschundenen Landes.

Veränderungen in der Parteihierarchie brachte der Parteitag nicht: Stalin blieb die unangefochtene Nummer 1, Kaganowitsch wurde sein Stellvertreter als ZK-Sekretär. Neben Molotow war er derjenige im Politbüro, mit dem sich Stalin am häufigsten und am ausführlichsten beriet. Stalin holte sich aber immer wieder auch Neue in den inneren Zirkel wie Andrei Andrejew, Nikolai Jeschow, Andrei Schdanow, die genau wussten, wem sie ihren Aufstieg zu verdanken hatten. Stalin hätte auch Kirow, seit 1930 Vollmitglied des Politbüros, gerne nach Moskau ins Sekretariat geholt. Doch dem fielen Ortswechsel schwer, schon 1926, als er von Baku nach Leningrad versetzt wurde, und er wollte auch jetzt lieber Parteichef in Leningrad bleiben. So geschah es auch, seine Teilnahme an Politbürositzungen blieb weiterhin sporadisch.

Angesichts der außenpolitischen Bedrohung in Ost und West

wurde seit 1933 auch eine Kurskorrektur in der Außenpolitik in Angriff genommen. Die Sowjetunion war nach dem Austritt Deutschlands aus dem Völkerbund im Oktober 1933 ihrerseits bereit, dem Völkerbund beizutreten, und hatte «nichts dagegen», in seinem Rahmen Regionalpakte zur gemeinsamen Verteidigung für den Fall einer Aggression von Seiten Deutschlands abzuschließen. Als Partner waren vor allem Frankreich und Polen zu gewinnen, aber auch Belgien, Finnland, die baltischen Staaten und die Tschechoslowakei sollten irgendwie eingebunden werden. Hatte die Kominternführung zwischen bürgerlicher Demokratie und faschistischer Diktatur bisher keinen «prinzipiellen Unterschied» ausmachen können, Faschismus sei nur eine andere «Form bürgerlicher Herrschaft», so revidierte sie nun diese Haltung. Und hatte sie seit der zweiten Hälfte der 1920er Jahre die «Sozialfaschisten von der SPD» als «Hauptfeind der Arbeiterklasse» bezeichnet, rückte man allmählich auch von dieser Position ab und propagierte eine gemeinsame «Volksfront» gegen den Faschismus.

Stand Sowjetrussland angesichts der verheerenden Lage im Innern und der schweren Gewitterwolken im Westen wie im Osten vor einer neuen Wende? Zurück zum gemäßigten Kurs der NEP? Gab es entsprechende Überlegungen im Zentralkomitee, verbunden mit Gedankenspielen, Stalin als Generalsekretär abzulösen, der dem Land die Katastrophe eingebrockt hatte? Hatte man im 48-jährigen Leningrader Parteichef Kirow bereits einen neuen Hoffnungsträger gefunden, der im Dezember 1934 unter angeblich «bis heute ungeklärten Umständen» von einem Attentäter aus der eigenen Partei erschossen wurde? Steckte Stalin selbst hinter dem Mord, der ihm die Möglichkeit gab, der Opposition einen Strich durch die Rechnung zu machen und seinerseits mit aller Härte gegen frühere und neue Feinde vorzugehen?

Die schrittweise Öffnung der sowjetischen Archive seit den 1990er Jahren hat diese Vermutungen und Gedankenspiele nicht bestätigt. In den Quellen ist nicht nachzuweisen, dass im Politbüro Moderate und Radikale aufeinanderstießen. Letztendlich ohne Beleg blieb auch die Behauptung, Stalin habe auf dem 17. Parteitag bei den geheimen Wahlen zum Zentralkomitee viel mehr Gegenstimmen erhalten als Kirow und daraufhin Weisung gegeben, die Stimmzettel zu vernichten. Auch galt Kirow eher als Protegé denn als Rivale Stalins, der sich bisher als treuer Verfechter der «Generallinie», nicht als unabhängiger Reformer hervorgetan hatte.

Kirow wurde am 1. Dezember 1934 in seinem Leningrader Amtssitz erschossen. Er wollte gerade sein Dienstzimmer im Smolny-Institut aufsuchen, sein Leibwächter hatte ihn für einen Moment auf dem Flur aus den Augen verloren, als der Attentäter ihn von hinten erschoss. Die hinzugeeilten Wachen verhinderten, dass er danach Selbstmord beging. Der Mörder, Leonid Nikolajew, war 30 Jahre alt, nur eineinhalb Meter groß und von eher schmächtiger Statur. Seine proletarische Herkunft hatte ihm den Weg in Komsomol und Partei geebnet, und mit seinem Parteiausweis war es ihm nicht schwergefallen, Zugang zum Gebäude zu erhalten. Wie die Ermittlungen ergaben, hatte er früh den Vater verloren, war in Armut aufgewachsen und hatte wegen einer rachitischen Erkrankung erst mit elf Jahren laufen gelernt. Immer wieder krank und vom Leben nicht gerade verwöhnt, fühlte er sich häufig ungerecht behandelt und reagierte darauf mit Aggressivität. Vielleicht war er auch deshalb seit Monaten arbeitslos. Ob an dem Gerücht etwas dran war, dass Kirow mit seiner Frau ein Verhältnis hatte, wurde nicht geklärt; vermutlich hatten die Ermittler daran auch wenig Interesse.

Stalin fuhr schon am Folgetag nach Leningrad und war bei ersten Verhören dabei. Der für seine Gegner naheliegende Verdacht, er habe den Mord selbst in Auftrag gegeben und wollte nun persönlich dafür sorgen, dass nichts aus dem Ruder lief, ließ sich trotz intensiver Nachforschungen seit Mitte der 1950er und noch einmal Ende der 1980er Jahre nicht erhärten. Schon die Person des Attentäters sprach im Grunde dagegen: Für einen wie auch immer motivierten Racheakt mochte sich der eigenbrötlerische, psychisch labile Verlierertyp eignen, für einen gezielten politischen Auftragsmord nicht. Stalin ließ Nikolai Jeschow, der die Ermittlungen im Auftrag des Sekretariats überwachte, und ZK-Mitglied Alexander Kossarew kommen und forderte sie auf: «Sucht die Mörder unter den Sinowjewisten!» Es ist nicht auszuschließen, dass Stalin glaubte, sie könnten etwas mit dem Mord zu tun haben. Sinowjew war der Vorgänger Kirows als Parteichef von Leningrad gewesen und hatte dort zweifellos noch immer seine Anhänger; und Sinowjew war auch nach seinem Sturz immer wieder mit oppositionellen Gruppen in Verbindung gebracht worden. In jedem Fall sah Stalin in den Vorgängen nun eine treffliche Gelegenheit, mit ehemaligen Gegnern endgültig anzurechnen, für die entsprechenden «Beweise» würden die Sicherheitsorgane schon sorgen.

Im Eiltempo wurde eine Änderung des Gerichtsverfahrens in Fällen der Vorbereitung und Verübung von Terrorakten formuliert. Stalin schrieb daran mit. Sie wurde auf den 1. Dezember datiert und am 4. Dezember in der «Prawda» veröffentlicht. Sie sah ein Schnellverfahren in nur zehn Tagen vor, wobei das Urteil sofort zu vollstrecken sei. Für die Aufnahme in die Strafprozessbücher der Unionsrepubliken musste der Text noch einmal überarbeitet werden, aber es kam ohnehin vor allem auf die propagandistische Wirkung an. Stalin hatte nicht nur den guten Tipp parat, wo die Täter zu suchen seien, sondern er brachte auch den NKWD auf Linie: Stalin rief dessen Leiter an und drohte ihm: «Seid auf der Hut, wir schlagen Euch in die Fresse.»

Dass Stalin den Fall nicht aus der Hand geben wollte, zeigt auch der Umstand, dass die über 250 Verhörprotokolle und Berichte auf seinem Schreibtisch landeten und er mit der Generalstaatsanwaltschaft wie mit dem Militärkollegium des Obersten Gerichtshofes, vor dem der Prozess stattfinden sollte, konferierte. Hatte Nikolajew zunächst angegeben, allein gehandelt zu haben, aus Frust über die Partei, seine Arbeitslosigkeit und mangelnde materielle Unterstützung, hatten ihn die Untersuchungsbehörden schon nach wenigen Tagen so weit, dass er «Hintermänner» nannte, woraus die Ermittler dann ein «Moskauer» und ein «Leningrader Zentrum» als Drahtzieher der Verschwörung machten.

Mitte Dezember wurden Sinowjew und Kamenew verhaftet, Hunderte ihrer Anhänger in Leningrad festgenommen. Noch im Dezember wurden Nikolajew und seine «unmittelbaren Mittäter» vor Gericht gestellt und erschossen. Alle 14 befand man für schuldig, «aktive Mitglieder» einer antisowjetischen sinowjewistischen Organisation in Leningrad gewesen zu sein; weil der Rückhalt im Volke fehlte, habe sie «eine illegale, terroristische, konterrevolutionäre Gruppe» gebildet. Mitte Januar wurden weitere 77 Leningrader Hintermänner, das angebliche «Leningrader Zentrum», vor Gericht gestellt, zu Haftstrafen und Verbannung verurteilt. In einem gesonderten Prozess gegen das «Moskauer Zentrum» (das angeblich unter der Führung Sinowjews und Kamenews stand) erhielten die 19 Angeklagten Gefängnisstrafen, Sinowjew erhielt zehn, Kamenew fünf Jahre. Sinowjew hatte zwar jede Beteiligung an den Planungen von sich gewiesen, sich aber gezwungen gesehen, die «politische Verantwortung» für das Geschehen zu übernehmen.

Durch ein Rundschreiben des ZK aufgefordert, «Lehren aus den Ereignissen» zu ziehen, die zur Ermordung Kirows geführt hatten, machten sich die Parteikomitees landesweit daran, nach vergleichbaren antisowjetischen, konterrevolutionären Strukturen im eigenen Sprengel zu suchen und Dossiers über Parteimitglieder anzulegen, die verdächtigt wurden, irgendwann und irgendwo oppositionellen Gruppen nahegestanden zu haben. Die «Ermittlungen» reichten nicht selten bis zum Anfang der 1920er Jahre zurück und führten zur Umsiedelung von Hunderten von Familien; darüber hinaus boten die zusammengestellten Listen viel Material für künftige Aktionen. Zwischen Dezember 1934 und Februar 1935 wurden 6500 Personen nach dem neuen Verfahren verurteilt, das das Gesetz vom 1. Dezember 1934 etabliert hatte, im Laufe des Frühjahrs Zehntausende entsprechender Dossiers zusammengestellt. Bis zum Ende des Jahres wurden über 100 «feindliche Gruppen und Organisationen» entlarvt. Bei einer im Mai 1935 gestarteten und bis zum Spätherbst durchgeführten «Überprüfung der Parteidokumente» verloren erneut 250 000 ihre Mitgliedschaft.

Gleichzeitig liefen die Maßnahmen weiter, die der Bevölkerung die Rückkehr zur Normalität signalisieren sollten. So verfügte ein Beschluss von Zentralkomitee und Regierung im Juni 1935, dass künftig Verhaftungen durch Organe des NKWD nur noch mit Zustimmung des entsprechenden Staatsanwaltes vorgenommen werden durften. Bei Verhaftung von leitenden Mitarbeitern, Spezialisten und Parteimitgliedern musste die Zustimmung der Leiter des Volkskommissariats, der Behörde, des zuständigen Parteisekretärs (bis hinauf zum ZK und zur Parteikontrollkommission) eingeholt werden. Zu diesen Maßnahmen gehörte auch der vom Politbüro im Juli gefasste Beschluss, Haftstrafen von Kolchosbauern zu reduzieren und Vorstrafen zu löschen, wenn das Delikt nicht «konterrevolutionären» Charakter besaß und die Strafe unter fünf Jahren geblieben war. Haftentlassung und Löschung der Vorstrafe sollte es auf Beschluss von Politbüro und Regierung seit August 1935 auch für Zehntausende von Funktionären geben, die wegen «Sabotage bei der Getreidebeschaffung» verurteilt worden waren.

Ende des Jahres rang man sich sogar dazu durch, auch die Urteile nach dem berüchtigten Gesetz vom 7. August 1932 überprüfen zu lassen, wo Personen wegen eines einmaligen kleinen Diebstahlvergehens am gesellschaftlichen Eigentum zu drakonischen Strafen verurteilt worden waren. Auch hier ergab die «Überprüfung», dass ein Großteil der Urteile nicht gerechtfertigt gewesen war. Gewissermaßen die Krönung dieser Maßnahmen sollte das Versprechen einer ganz neuen Verfassung sein, die statt des völlig unübersichtlichen Delegationsprinzips ein allgemeines, direktes und geheimes Wahlrecht für den Obersten Sowjet einführen sollte. Ende Januar 1935 stimmte das Politbüro auf Vorschlag Stalins zu; im Februar 1935 wurde eine entsprechende Kommission unter seinem Vorsitz gebildet.

Es ist nicht ersichtlich, dass sich mit diesen Vorschlägen eine Gruppe von «Moderaten» im Politbüro gegenüber ihren radikaleren Genossen profiliert hätte. Sie wurden vom Politbüro mit der Regierung abgestimmt und gemeinsam getragen, nicht selten, ja überwiegend auf Initiative Stalins. Alle wichtigen Vorhaben trugen seine Unterschrift, keines war gegen seinen Willen angestoßen worden. Seine Reden in der Öffentlichkeit gaben die Botschaft vor: Sie vermittelten der Bevölkerung stets aufs Neue, dass Kolossales geleistet, vieles erreicht worden sei und sich am Horizont eine rosige Zukunft abzuzeichnen beginne. Gleichzeitig müsse aber weiterhin mit aller Entschiedenheit gegen «Konterrevolutionäre» und «sowjetfeindliche Elemente» vorgegangen werden, die hinter jeder Ecke lauerten. Selbst wenn die Repressionen nicht mehr das Ausmaß von Anfang der 1930er Jahre erreichten, ihr Niveau blieb enorm hoch: 1935 wurden 267000, 1936 274000 Personen in Verfahren verurteilt, die in der Zuständigkeit des NKWD durchgeführt wurden. Versprechen auf Besserung und Verfolgungswahn, Hoffnung und Angst schienen für die Führung keine Widersprüche zu sein, sondern nur die zwei Seiten der gleichen Sache.

Gewalt war und blieb allgegenwärtig in einem Staat und in einer Gesellschaft, die aus Krieg und Bürgerkrieg hervorgegangen waren. Kein Wunder bei einer Führung, die ihr Ziel eines «sozialistischen Aufbaus» gegen den Willen und den Widerstand der bäuerlichen Mehrheit durchsetzte und die Gewalt unter der Vorgabe, den Aufbau des Sozialismus verteidigen zu müssen, permanent praktizierte. Ihr Albtraum war, dass sich innen- und außenpolitische Bedrohung miteinander verbanden wie seinerzeit im Bürgerkrieg.

Aus Sicht der Moskauer Führung hatte sich die internationale Lage weiter verschärft: Die vorübergehenden Erfolge sowjetischer Außenpolitik – die Nichtangriffsverträge mit Finnland, Lettland, Estland und Polen 1932, die diplomatische Anerkennung durch die USA 1933, der Beitritt der Sowjetunion zum Völkerbund 1934 sowie die Beistandspakte mit Frankreich und der Tschechoslowakei 1935 – wurden im Westen konterkariert vom Einmarsch Deutschlands in das entmilitarisierte Rheinland und vom Überfall Italiens auf Abessinien. Im Osten drang Japan auf dem chinesischen Festland weiter vor, was nach der Besetzung von Teilen der inneren Mongolei 1936 im Folgejahr zum offenen Konflikt Japans mit China führte. Noch im gleichen Jahr schlossen Deutschland und Japan den «Antikominternpakt», dessen antisowjetische Zielsetzung bereits seiner Bezeichnung zu entnehmen war und dem sich 1937 auch Italien anschloss.

Für zusätzlichen Sprengstoff sorgte der Ausbruch des spanischen Bürgerkriegs. Gegen die linke Volksfrontregierung, die sich im Frühjahr 1936 nach gewonnenen Wahlen gebildet hatte, putschten im Sommer Einheiten in Spanisch-Marokko, deren Führung General Francisco Franco übernahm. Um eine drohende Europäisierung des Konflikts zu verhindern, propagierten Frankreich und England eine Politik der Nichteinmischung, der zwar auch Deutschland, Italien und Sowjetunion beitraten, ohne sich jedoch tatsächlich an das Waffenembargo zu halten. Während Deutschland und Italien die Aufständischen mit «Freiwilligenverbänden» und Kriegsmaterial unterstützen, organisierte die Komintern für die republikanische Regierung «Internationale Brigaden». Die Sowjetunion schickte Militärberater und schweres Gerät, wobei sie sich die Lieferung von Panzern, Flugzeugen, Geschützen und Gewehren bezahlen ließ.

Aus der Zuspitzung der internationalen Lage und den spanischen Erfahrungen zog Stalin seine Schlüsse. Offenkundig waren die westlichen Demokratien nicht in der Lage, Deutschland und Italien Einhalt zu gebieten, und schon gar nicht bereit, auf die neue sowjetische Strategie eines «gemeinsamen Kampfes gegen den Faschismus» einzugehen. Das steigerte die Kriegsgefahr erheblich. Man musste sich darauf einstellen, vor allem durch eine Steigerung der eigenen Rüstungsanstrengungen. Die Schwäche und letztendliche Niederlage der republikanischen Regierung in Spanien führte Stalin auch darauf zurück, dass die von der Volksfront beherrschten Gebiete keine geschlossene politische Einheit bildeten. Jedes Dorf, jede Region verfolgte seine eigene Strategie, und auf Seiten der Regierung kämpften neben aufrechten, kominternaffinen Kommunisten auch «Anarchisten», «Trotzkisten» und Anhänger anderer linkssozialistischer Gruppierungen, die nicht bereit waren, sich dem kommunistischen Führungsanspruch unterzuordnen.

Moskau kritisierte diesen Zustand und hielt die Madrider Regierung an, dagegen vorzugehen. Solche chaotischen Zustände öffneten Spionage, Sabotage und Verrat Tür und Tor. Man war in Moskau überzeugt, dass manche Niederlage auf Verrat zurückzuführen war, und zitierte den francistischen General Emilio Mola, einen der Hauptakteure des Putsches, der im Herbst 1936 ankündigte, er werde mit vier Kolonnen nach Madrid marschieren, die fünfte sei schon dort und werde den Kampf eröffnen. Sich auf den möglichen Konflikt vorzubereiten hieß für Stalin, chaotische Zustände wie in Spanien nicht zuzulassen, Spionage und Verrat vorzubeugen, Dissens und Opposition jeglichen Boden zu nehmen.

Die spanischen Ereignisse schienen allen Anwesenden präsent, als sie sich im Februar/März 1937 zu einer Plenumssitzung des Zentralkomitees trafen, selbst wenn sie vornehmlich über die Lage im Innern sprachen. Das Zentralkomitee diskutierte zunächst mehrere Tage lang über den «Fall Bucharin und Rykow»; sie wurden, wie Jeschow ausführte, durch Ermittlungen und Aussagen im Sinowjew-Kamenew-Prozess schwer belastet. Das ZK setzte schließlich eine Kommission ein, die unter Stalins Vorsitz eine Beschlussvorlage ausarbeiten sollte. Sie schlug vor, beide aus dem ZK und der Partei auszuschließen und die weiteren Ermittlungen dem NKWD zu übertragen. Der Beschluss wurde – bei Stimmenthaltung der Betroffenen – einstimmig angenommen. Auch wenn das Plenum sich nun laut Tagesordnung anderen Fragen zuwandte, «Schädlingsarbeit» und das Versagen bei ihrer Enttarnung blieben das Leitthema der Diskussionen. So sprach Jeschow von fast 900 «Fällen» in den Volkskommissariaten (in den letzten fünf Monaten) und dem Versagen der Funktionäre bei ihrer Enttarnung, von Tausenden von «Diversionsakten aller Art», die auf das Konto von «Trotzkisten» gingen.

Die «Mängel in der Parteiarbeit» und die «Maßnahmen zur Liquidierung der trotzkistischen und sonstigen Doppelzüngler» waren denn auch die Themen, mit denen Stalin in die Diskussion einstieg. Schädlings-, Diversions- und Spionagetätigkeit durchziehe, so resümierte er, die Arbeit fast aller Organisationen, die Wirtschaft, die Verwaltung, die Partei. «Trotzkisten» spielten dabei eine aktive Rolle. Doch die «Trotzkisten» von heute seien «keine politische Strömung in der Arbeiterbewegung» mehr, mit denen man diskutieren könne. Sie seien «eine prinzipien- und ideenlose Bande berufsmäßiger Schädlinge, Diversanten, Spione, Mörder», die «schonungslos zerschmettert und vernichtet werden müssen», wozu neue «Methoden der Ausrottung und der Zerschmetterung» nötig seien. Sie seien nicht nur in die unteren Organisationen eingedrungen, sondern auf verantwortliche Posten gelangt; sie profitierten vom Vertrauen, das ihnen als Parteimitgliedern entgegengebracht werde.

Wenn manche dagegenhielten, dass die «Trotzkisten» doch nur wenige seien, übersähen sie, so Stalin, die besondere Gefährdung des Landes durch die kapitalistische Einkreisung. Die Schädlinge und Diversanten genössen die «direkte Unterstützung unserer Feinde jenseits der Grenzen», wobei er Deutschland und Japan namentlich nannte. Sie würden ihre Schädlingsarbeit «in vollem Umfang» nicht in Friedenszeiten, sondern «unmittelbar vor dem Kriege oder während des Krieges» entfalten; und selbst wenn es nur wenige wären: «Um ein Dnjepr-Kraftwerk zu erbauen, muss man Zehntausende Arbeiter einsetzen. Um es aber in die Luft zu sprengen, dazu sind vielleicht ein paar Dutzend Menschen nötig, nicht mehr. Um eine Schlacht im Kriege zu gewinnen, dazu bedarf es vielleicht einiger Armeekorps von Rotarmisten. Um jedoch diesen Sieg an der Front zunichtezumachen, dazu genügen ein paar Spione irgendwo im Stab einer Armee oder sogar einer Division, die den Operationsplan entwenden und ihn dem Feind ausliefern.» Man könne Hunderte solcher Beispiele anführen.

Schon seine «Beispiele» zeigten: «Feinde» konnten überall lauern, sie waren «Trotzkisten» oder «Sinowjewisten» oder «Bucharinisten», aber mit den früheren «Trotzkisten» nicht identisch, womit für Stalin «Trotzkist» zum Synonym für Schädling und Verbrecher schlechthin wurde. Weitere «Beispiele» für Wurzeln möglicher Gegnerschaft hatten Malenkow in einem für Stalin erarbeiteten Dossier und Stalins Vorredner benannt: Es gab mittlerweile 1,5 Millionen «ehemalige» Parteimitglieder, die bei den regelmäßigen «Säuberungen» ihre Mitgliedschaft verloren oder die Partei freiwillig verlassen hatten. Für Westsibirien gab der zuständige Parteisekretär (Eiche) an, dass zwischen 1926 und 1937 96 000 Mitglieder ausgeschlossen wurden, während der aktuelle Mitgliederbestand bei 44 000 liege. Auch in Fabriken war es offensichtlich keine Seltenheit, dass die Zahl der «ehemaligen» die Zahl der «aktuellen» Kommunisten überstieg.

Der Vorsitzende des Rates der Volkskommissare, Molotow, der 1930 das Amt von Rykow übernommen hatte, führte für die Volkskommissariate aus, dass man allein zwischen 1. Oktober 1936 und 1. März 1937 in diesen Behörden eine ganze Reihe «trotzkistischer Gruppen» ausgehoben habe: beim Volkskommissariat für Schwer- und Rüstungsindustrie 585 Personen, für Volksbildung 228, für Leichtindustrie 141, für Verkehrswesen 137, für Landwirtschaft 102, für Lebensmittelindustrie 100; in allen anderen Volkskommissariaten waren es zusammengerechnet noch einmal 484 Personen (ohne die Volkskommissariate für Verteidigung und innere Angelegenheiten, über die separat berichtet werde). Dazu kamen die Akademien und Hochschulen, die Verlage und Redaktionen, die Gerichte, die Staatsanwaltschaft und der gesamte übrige Staatsapparat.

Für die Rote Armee legte der zuständige Volkskommissar Woroschilow dar, seit dem Weggang Trotzkis habe man in den letzten zwölf, dreizehn Jahren rd. 47 000 Militärangehörige gefeuert, 21 000 seien neu hinzugekommen. Alle Moskauer Militärschulen seien seit 1923 fest in der Hand von «Trotzkisten» gewesen. Im Zuge der Säuberungen im Parteiapparat der Armee habe man 3328 Mitglieder ausgeschlossen, 555 wegen «Trotzkismus und konterrevolutionärer Gruppenbildung» und von diesen 400 auch sofort aus der Armee entlassen. Zurzeit dienten noch rd. 700 ehemalige Anhänger Trotzkis und Sinowjews in der Armee, die jedoch namentlich bekannt und unter Kontrolle seien.

In die Hunderttausende ging die Zahl der «Entkulakisierten». Wenn sie nach der Verbüßung ihrer Strafe und nach der Wiederherstellung ihrer Rechte durch die neue Verfassung gegen den Willen der Behörden die «Sondersiedlungen» und Lager verließen und erneut in ihrem ehemaligen Dorf erschienen, dort auf einstige Gegner und Scharfmacher stießen, mit ihren Kindern in die Kolchose eintreten wollten, die Rückgabe von entwendetem Hab und Gut oder die Zuteilung von Hofland verlangten, kam es nicht nur zu Loyalitätskonflikten, sondern zu offenem Aufruhr. Auch in den Städten waren sie nicht willkommen, schienen sie doch, wenn sie Arbeit bekamen, die Betriebe zu «unterwandern», wenn nicht, die «Deklassierten», die sozialen städtischen Randgruppen zu verstärken. Schließlich gab es in jeder Stadt Viertel, in jeder Region «entlegene» Landstriche (wie Eiche für Westsibirien und Kossior für die Ukraine bestätigten), in denen man auf die Machthaber nicht gut zu sprechen war.

Eine weitere Problemgruppe waren die Religiösen, selbst wenn sie keine «Gruppe» im eigentlichen Sinne waren: Nach den

Ergebnissen der Volkszählung 1937 gaben über 57 Prozent der über Sechzehnjährigen an, gläubig zu sein (das waren 55 Millionen). Vermutlich war ihr Anteil sogar noch wesentlich höher, da nicht jeder der Befragten den Mut hatte, solche Angaben zu machen. Der Sachverständige der Partei für kirchliche Fragen und Vorsitzende der «Gesellschaft der Gottlosen» teilte auf dem ZK-Plenum mit, dass 39 000 registrierte religiöse Organisationen existierten, mit einem aktiven Kern von ca. einer Million Gläubigen (was ein Zwischenrufer als Untertreibung ansah). Sie würden sich bereits auf die in der neuen Verfassung garantierten allgemeinen und geheimen Wahlen vorbereiten.

Schdanow wollte von Fällen erfahren haben, wo Popen anstelle des auch kandidierenden Parteisekretärs bestellt wurden. Gewählt werden müsse auch in der Partei nach den Prinzipien des demokratischen Zentralismus. Wenn statt der Wahlen häufig Kooptation praktiziert werde, sei das keine Lösung, weil dadurch zahlreiche Parteifeinde ins Amt kämen bzw. Funktionäre in Leitungspositionen ihre gesamte Entourage mitbrächten. Dass dieser Klientilismus das Problem von Duodezfürstentümern mit eigener Gefolgschaft und entsprechenden Loyalitätsstrukturen in sich barg, lag auf der Hand. Strukturell glich es jenem Problem, das man bei den Oppositionsgruppen bekämpfte.

Feinde ringsum. Sie «auszurotten» und zu «zerschmettern» verlange nach «neuen Methoden», so hatte es Stalin auf dem Februar-März-Plenum 1937 angekündigt. Die Antwort bestand in einer breiten Palette staatlicher Gewaltmaßnahmen. Ob alle «neu» waren, sei dahingestellt, neu war vor allem ihre Massivität. Sie gab dem Staatsterror eine neue Qualität. In den Jahren 1937/38 wurden mehr als eineinhalb Millionen Menschen verhaftet und über 680 000 erschossen; die Zahl der Häftlinge in den Straflagern und Arbeitskolonien hatte sich zwischen 1935 und 1938 verdoppelt (auf fast 1,9 Millionen). In der Zahl der Toten waren alle jene noch nicht enthalten, die die Aktionen gegen nationale Minderheiten oder die Folter nicht überlebten, die im Straflager starben oder auf dem Transport dorthin umkamen. Die Maßnahmen des Staatsterrors wurden in aller Regel von Stalin initiiert, vom Politbüro beschlossen, vom NKWD durchgeführt und – wo es tunlich schien – vom Justizapparat in Szene gesetzt.

Als rechte Hand diente Stalin dabei Nikolai Jeschow. Jeschow arbeitete seit 1927 im Apparat des Zentralkomitees, wurde auf dem 17. Parteitag ins ZK gewählt, anschließend Mitglied des Orgbüros und Stellvertretender Vorsitzender der Parteikontrollkommission. Den eigentlichen Karrieresprung machte er, als ihn Stalin nach dem Kirow-Mord zum Vertrauensmann im NKWD bestellte und beauftragte, die Täter unter den «Sinowjewisten» zu suchen (was die Tschekisten mit Misstrauen aufnahmen). Jeschow nutzt die Chance, Stalins Auftrag zu erfüllen, NKWD-Chef Genrich Jagoda aus dem Amt zu verdrängen und im Herbst 1936 selbst dessen Leiter zu werden. Stalin hatte sich persönlich Ende September 1936 in einem Telegramm aus Sotschi dafür eingesetzt, Jeschow «unbedingt und sofort» zum Volkskommissar des Inneren zu machen. Bei den Ermittlungen gegen den Trotzkistisch-Sinowjewistischen Block sei Jagoda der Sache nicht gewachsen gewesen und der NKWD den Dingen vier Jahre lang hinterhergehinkt. Jagoda wurde im März 1937 verhaftet.

Wie eng die Zusammenarbeit Stalins mit Jeschow war, zeigt schon der Umstand, dass Stalin ihn 1937/38 270-mal in seinem Dienstzimmer empfing und über 830 Stunden mit ihm konferierte. Nur Molotow war noch öfter und noch länger bei Stalin. Von Stalin holte sich Jeschow seine Instruktionen, mit ihm sprach er die geplanten Maßnahmen durch. Stalin scheute sich nicht, seinerseits eindeutige «Empfehlungen» zu geben und massiv in die Planungen einzugreifen. Jeschow legte über die Monate hinweg 383 Listen mit den Namen von mehr als 44 000 Funktionären und Führungskräften aus Partei, Armee und Wirtschaft zur Unterschrift vor, die sich vor dem Militärkollegium des

Obersten Gerichtshofes, Militärgerichten oder Sonderkonferenzen des NKWD zu verantworten hatten. Die Justizkommission der Politbüros hatte sie zusammengestellt und auch die Strafen vorab festgelegt; über 39 000 wurden zur «Höchststrafe» (zum Tode) verurteilt. In der Regel wurden die Erschießungslisten von mehreren unterschrieben: Stalins Unterschrift findet sich auf 362 Listen, Molotows auf 373, Woroschilows auf 195, Kaganowitschs auf 191, Schdanows auf 177 und Mikojans auf 62.

Die im Anschluss an das Februar-März-Plenum verfügten Maßnahmen zeigten vor allem ihre außenpolitische Zielrichtung an. Im März 1937 ordnete ein Befehl des NKWD an, die Personalien aller Ausländer zu registrieren, die bis zum 1. Januar 1936 die sowjetische Staatsbürgerschaft angenommen hatten; und das Politbüro verfügte die Entlassung aller Personen aus dem Kommandobestand der Roten Armee, die aus politischen Gründen aus der Partei ausgeschlossen worden waren. Im Mai bestätigte das Politbüro einen Beschluss zur Ausweisung aller Parteigänger der Opposition aus Moskau, Leningrad und Kiew, im Juni erweiterte es ihn auf die Städte Sotschi, Taganrog und Rostow am Don; er galt auch für Familienangehörige von Oppositionellen, die zu fünf Jahren oder mehr verurteilt worden waren. Eine Direktive des NKWD ordnete im Juli die Säuberung von Wasserwerken, wissenschaftlichen Forschungsinstituten und Laboratorien für Mikrobiologie an; Personen mit fremder Staatsangehörigkeit, solche mit Verbindung zum Ausland und «aktive antisowjetische Elemente» waren zu verhaften. Einen Tag später warnte der NKWD vor Agentengruppen deutscher Staatsangehöriger insbesondere in der Verteidigungsindustrie, die als «fünfte Kolonne» Diversionshandlungen für die Zeit des Krieges vorbereiteten. Über sie waren Listen zusammenzustellen und nach Moskau zu schicken. Die Zahl ähnlicher Befehle und Operationen, von landesweit aufgedeckten konterrevolutionären Organisationen und Verschwörungen, von Diversanten- und Sabo-

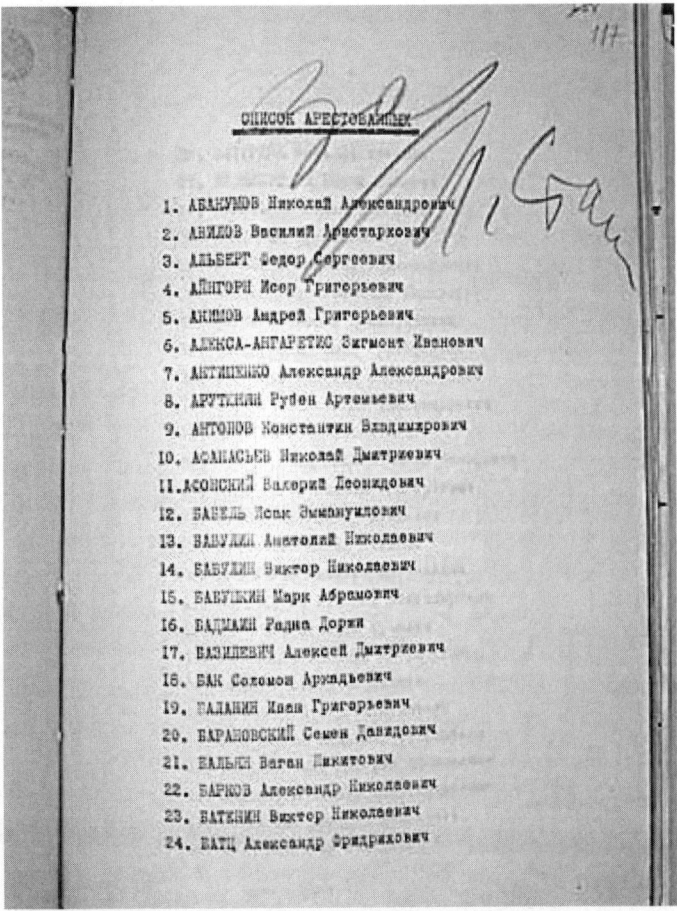

Erste Seite einer Erschießungsliste mit 346 Namen vom Januar 1940, auf der Stalin seine Zustimmung (sa) mit Unterschrift vermerkt hat. Als Zwölfter steht auf dieser Liste der Name des Schriftstellers Isaak Emmanuilowitsch Babel, der mit seinen Geschichten aus Odessa und Budjonnys Reiterarmee weltberühmt wurde. Er wurde im Januar 1940 nach schweren Folterungen und einem erzwungenen Geständnis, Mitglied einer trotzkistischen Gruppe zu sein (das er allerdings in der Gerichtsverhandlung widerrief), zum Tode verurteilt und am Tag darauf im Moskauer Butyrka-Gefängnis erschossen.

tagegruppen, von Schädlingsarbeit und geplanten Attentaten ging in die Hunderte.

Grosso modo lassen sich drei Zielgruppen und Formen des Terrors unterscheiden:

1. Führungskräfte aus dem Partei-, Staats-, Militär- und Wirtschaftsapparat, die zu Hunderten vor Gericht gestellt wurden;

2. Angehörige von Volksgruppen, die in Verdacht standen, im Konfliktfall zur «fünften Kolonne» zu werden; sie wurden zu Zehntausenden deportiert; Generalverdacht und Terror richten sich landesweit

3. gegen alle «sowjetfeindlichen Elemente»: Mit Beschluss vom 31. Juli 1937 gab das Politbüro den einzelnen Regionen eine Quote vor, über die Planerfüllung bzw. Übererfüllung sollten sie selbst entscheiden; Hunderttausende fielen ihnen zum Opfer.

Die prominenteste dieser Zielgruppen war die alte bolschewistische Parteielite, über die man in drei großen Schauprozessen zu Gericht saß. Beim ersten dieser drei Moskauer Schauprozesse, dem «Prozess gegen das trotzkistisch-sinowjewistische terroristische Zentrum», saßen im August 1936 16 prominente Parteimitglieder, darunter Sinowjew und Kamenew, auf die Anklagebank; beim zweiten im Januar 1937, dem «Prozess gegen das sowjetfeindliche trotzkistische Zentrum», 17 weitere, darunter Pjatakow, Radek und Sokolnikow; beim dritten, dem «Prozess gegen den Block der Rechten und Trotzkisten», verhandelte man im März 1938 gegen 21 Ehemalige, darunter Bucharin, Rykow, Krestinski und Jagoda. Sie alle gehörten zur alten Garde der Bolschewiki und hatten vormals wichtige Posten in Partei und Staat bekleidet. Sie alle hatten unter der Folter gestanden, fast alle wurden zum Tode verurteilt und erschossen. Neben den drei großen Schauprozessen in Moskau gab es allein zwischen August und Dezember 1937 rund drei Dutzend weitere öffentliche Prozesse in der Provinz und neben den öffentlichen Prozessen viele, viele Verfahren unter Ausschluss der Öffentlichkeit.

Seit Chruschtschows «Geheimrede» auf dem 20. Parteitag ist

bekannt, dass von den 1966 Delegierten des 17. Parteitags, der Anfang 1934 stattgefunden hatte, 1108 «gegenrevolutionärer Verbrechen» beschuldigt und verhaftet wurden, 70 Prozent (98 von 139) der auf dem 17. Parteitag zu Mitgliedern und Kandidaten des Zentralkomitees Gewählten überlebten die Jahre 1937/38 nicht. Abgesehen von den Altmitgliedern Bucharin, Kamenew, Rudsutak, Rykow, Sinowjew, Sokolnikow sowie Tomski und Ordschonikidse, die Suizid begingen, wurden vier weitere, aktuelle Politbüromitglieder (Eiche, Kossior, Postyschew, Tschubar), die Stalin selbst gefördert und ins Politbüro gebracht hatte, verhaftet und erschossen. Nur 35 der 1827 Delegierten des 18. Parteitages von 1939 hatten das Parteivolk schon fünf Jahre zuvor vertreten.

Die «Säuberungen» oben setzten sich unten in den Parteiorganisationen der Republiken, Gebiete und Kreise, der Städte, Behörden, Fabriken, Betriebe, der Kolchosen und Sowchosen fort. Mancherorts kam der Austausch der regionalen Parteikader einem Kahlschlag gleich. Die Zahl der Parteimitglieder fiel zwischen 1933 und 1938 von 3,5 auf 1,9 Millionen, und Zehntausende bezahlten die Zugehörigkeit zur Partei, zum Komsomol, zur Komintern mit ihrem Leben.

Noch verheerender waren möglicherweise die Auswirkungen in der Armee, wo ein Großteil der Generäle und Obersten zumindest die Stellung, wenn nicht das Leben verlor. Im Mai 1937 war Michail Tuchatschewski, Marschall der Sowjetunion und Stellvertretender Volkskommissar für Verteidigung, der als Schöpfer der modernen Roten Armee galt, verhaftet, der «Leitung antisowjetischer und trotzkistischer Organisationen in der Roten Armee» und der «Spionage für eine fremde Macht» beschuldigt, gefoltert, in einem nichtöffentlichen Verfahren vor Gericht gestellt, zum Tode verurteilt und in der Nacht zum 12. Juni 1937 in der Lubjanka erschossen worden. Sein Fall riss fast die gesamte militärische Führungsspitze mit in den Abgrund: Drei (von fünf) Marschälle, 13 (von 15) Armeekommandeure, acht (von neun) Admiräle, 50 (von 57) Kommandierende Generäle sowie über die Hälfte aller Divisions- und Brigadekommandeure wurden wie er verhaftet und zum großen Teil hingerichtet. Die Gesamtzahl der verhafteten militärischen Führungskräfte wird auf 30 000–35 000 geschätzt.

Neben den Führungskräften aus dem Partei-, Staats-, Militär- und Wirtschaftsapparat traf der Bannstrahl der staatlichen Terrormaßnahmen zweitens Volksgruppen, die im Verdacht standen, dass sie im Kriegsfall zur «fünften Kolonne» werden konnten. Am 4. Mai 1937 brachte die «Prawda» einen Artikel zu den «heimtückischen Rekrutierungsmethoden ausländischer Geheimdienste», an dem Stalin mitgeschrieben hatte. Als sich die Lage im Fernen Osten im Sommer weiter zuspitzte, verfügte ein streng geheimer Befehl von ZK und Regierung im Herbst 1937, dass die im Grenzgebiet lebenden Koreaner in einer Großaktion (schließlich handelte es sich um 170 000 Menschen) nach Kasachstan zwangsumgesiedelt werden sollten, um das «Eindringen japanischer Spione» zu verhindern. Im Westen der Sowjetunion galt das Misstrauen besonders den in kriegswichtigen Betrieben beschäftigten oder in Grenznähe wohnenden Polen und Deutschen. Schon im April 1936 hatten Politbüro und Regierung angeordnet, 15 000 polnische und deutsche Familien aus der Ukraine nach Kasachstan umzusiedeln. Im August 1937 bestätigte das Politbüro einen Befehl zur «Liquidierung der polnischen Diversions- und Spionagegruppen», dessen Umsetzung 18 000 Personen betraf. Im Februar und April 1937 hatte die Hauptverwaltung für Staatssicherheit des NKWD zwei Direktiven («Briefe») «Über die terroristische Diversions- und Spionagetätigkeit deutscher Trotzkisten» bzw. «Über die zunehmende Aktivität der deutschen Spionageorgane» verschickt. Im Juni erhielt der NKWD erste Weisungen für die bevorstehenden nationalen Massenoperationen, zu deren Vorbereitung Namenslisten erstellt werden sollten.

Vom Beschluss des Politbüros im Juli 1937, alle Deutschen in

«Rüstungsbetrieben, halbmilitärischen und Chemiewerken, in Elektrokraftwerken und auf Baustellen in allen Gebieten» zu verhaften, war bereits die Rede; mit ihm begann die «Deutsche Operation» des NKWD. Über das weitere Schicksal entschieden «Zweierkommissionen» (dwoiki) aus Vertretern der Staatsanwaltschaft und des NKWD, die sich ihre Entscheidungen von Moskau bestätigen lassen mussten. Die außergerichtlichen Todesurteile nach den NKWD-Massenoperationen werden für den Zeitraum zwischen August 1937 und November 1938 mit rd. 111 000 für die «Polnische Operation», mit 42 000 für die «Deutsche Operation» und mit 17 000 für die «Lettische Operation» angegeben. Parallele Operationen richteten sich gegen Esten, Finnen, Griechen, Iraner, Charbiner, Chinesen und Rumänen, die – laut einem Politbüro-Beschluss von Ende Januar 1938 – bis 15. April fortgesetzt und gleichzeitig auch auf «Bulgaren und Mazedonier, sowohl ausländischer als auch sowjetischer Staatsangehörigkeit», ausgeweitet werden sollten.

Wenn Chruschtschow in seiner «Geheimrede» 1956 mit dem stalinschen «Persönlichkeitskult» und den «Massenrepressalien» abrechnete, hatte er vor allem die Verhaftungen von «Partei-, Sowjet-, Wirtschafts- und Militärfunktionären» im Blick, die «unserem Land, der Sache des sozialistischen Aufbaus gewaltige Schäden» zugefügt hätten. Dass in den Strudel des stalinistischen Terrors zu Hunderttausenden auch Angehörige ethnischer Minderheiten, Intellektuelle, Wissenschaftler, Künstler, Schriftsteller, Leute vom Theater, «gewöhnliche Sowjetbürger» und Randgruppen der Gesellschaft gerieten, davon sprach Chruschtschow nicht, so dass der Eindruck entstehen konnte, Hauptopfer der Säuberungen seien die Partei, der Staat und seine Funktionseliten gewesen.

Endgültig widerlegt wurde dieses Bild durch jene Massenaktion, die sich aus dem Beschluss des Politbüros des Zentralkomitees vom 31. Juli 1937 (mit der Unterschrift Stalins) und dem Einsatzbefehl des NKWD No 00447 über die Repressivmaßnahmen «gegen ehemalige Kulaken, Kriminelle und andere antisowjetische Elemente» (mit der Unterschrift Jeschows, vom Vortag) entwickelte. Beide wurden erst nach dem Zerfall der Sowjetunion und dem erweiterten Archivzugang in den 1990er Jahren bekannt. Sie lassen nicht nur eine dritte Stoßrichtung des stalinistischen Staatsterrors erkennen, sie illustrieren zugleich dessen Mechanismen, seine totalitäre Zielsetzung wie die Verteilung der Rollen in der Durchführung zwischen «oben» und «unten».

Schon am 2. Juli 1937 hatte das Politbüro beschlossen, mit der Erfassung von «Kulaken» und «Kriminellen» zu beginnen, und Stalin hatte am Folgetag als Sekretär des ZK den Beschluss an die regionalen Parteileitungen weitergeleitet: Es sei festgestellt worden, dass ein großer Teil ehemaliger Kulaken und Krimineller nach Ablauf der Verbannungsfrist in ihre früheren Gebiete zurückkehrte und sich als «Hauptanstifter verschiedenster antisowjetischer Verbrechen und Sabotageakte» erweise. Sie seien zu registrieren, nach dem Grad ihrer Gefährlichkeit in zwei Kategorien einzuteilen und zu ihrer Verurteilung außergerichtliche Organe, «Troiki», zu schaffen, gewöhnlich bestehend aus dem Leiter des NKWD, dem Ersten Parteisekretär und dem Staatsanwalt. Binnen fünf Tagen sollten die Vorschläge dazu sowie die Zahl der Registrierten der Moskauer Zentrale gemeldet werden. Ein paralleles Schreiben ging an die Dienststellen des NKWD.

Aufgrund der eingegangenen Meldungen stellte das NKWD bis Ende des Monats jenen Befehl vom 31. Juli 1937 zusammen. Neben der Bestätigung der Troiki gab er auch für jede Region Richtzahlen vor, wie viele Verhaftungen der Kategorie I (mit dem Tod) und der Kategorie II (mit acht bis zehn Jahren Lagerhaft zu bestrafen) vorzunehmen seien. Die Richtzahlen sollten Orientierungshilfen sein. Wenn die «Umstände» nach einer Erhöhung der Richtzahlen verlangten, waren die regionalen Dienststellen des NKWD «verpflichtet», entsprechend begründete Anträge zu stellen. Die «Zielgruppe» war, auch auf Wunsch der

Zur Umsetzung des Befehls 00 447: Telegramm des Irkutsker Gebietsparteikomitees und des Irkutsker NKWD an Stalin und Jeschow: Darin wurde angesichts der «bedeutenden Verunreinigung» des Gebiets mit Rechts-Trotzkisten, panmongolischen und kulakisch-weißgardistischen Elementen, die alle der ersten Kategorie zuzurechnen seien, das Zentralkomitee der Partei gebeten, dem Irkutsker Gebiet eine zusätzliche Quote von 4000 [zur Höchststrafe durch Erschießung] einzuräumen. Ihre Zustimmung (sa) bestätigten durch ihre Unterschrift Stalin, Molotow, Woroschilow, Kaganowitsch, Jeschow. Zusätzlich ist die Zustimmung von Mikojan und Tschubar vermerkt.

Regionen, nun sehr viel weiter gefasst als noch Anfang des Monats. In der langen Liste von als einschlägig anzusehenden Elementen waren neben «ehemaligen Kulaken» nun auch frühere Mitglieder antisowjetischer Parteien (Sozialrevolutionäre, georgische Menschewiki, Mussawisten und Daschnaken), der «weißen» Armee, Gendarmen, Beamte, Kultusdiener, Angehörige von Strafkommandos, Banditen, Bandenhelfer, Schleuser, Rückkehrer, die sich vor Repressionen versteckt hatten, Trickdiebe, Berufsschmuggler, Viehdiebe aufgezählt. Die ursprüngliche, noch nicht ganz vollständige Planung sah die Verhaftung von 268 950 Personen vor, wovon 75 950 der Kategorie I zugerechnet und erschossen werden sollten. Die Aktion sollte am 5. August beginnen und binnen vier Monaten abgeschlossen sein. Anträge zeigten rasch, dass die Regionalorgane mit den für sie vorgesehenen Kontingenten «nicht auskamen» und die Fristen immer wieder verlängert werden mussten. Tatsächlich wurden bis Ende 1938 in der gesamten Aktion 767 397 Menschen verurteilt, davon 386 798 nach Kategorie I (zum Tod durch Erschießen).

So singulär dieser furchtbare Vorgang war, er trug zugleich einige für das stalinistische Herrschafts- und Repressionssystem typische Züge: Die Massenaktion geschah unter Ausschluss der Öffentlichkeit, obwohl Hunderttausende davon betroffen waren und Zehn-, ja Hunderttausende davon gewusst haben müssen. Die Initiative ging von oben aus, aber die Regional- und Lokalstellen waren daran beteiligt und legten die Vorgaben unterschiedlich aus, auch was die betroffenen Gruppen der Bevölkerung betraf. Dabei gab das Zentrum die Initiative nie aus den Händen. Und so wie die Aktion durch Befehle von oben ins Werk gesetzt worden war, setzte ihr eine Anordnung von oben ein Ende. Am 17. November 1938 unterzeichneten Stalin für das Zentralkomitee und Molotow für den Rat der Volkskommissare einen Befehl «Über Verhaftungen, staatsanwaltschaftliche Aufsicht und Durchführung des Untersuchungsverfahrens», der den Organen des NKWD und der Staatsanwaltschaft verbot, künftig «Massenoperationen zwecks Verhaftungen und Deportationen durchzuführen». Verhaftungen sollten künftig nur wieder nach Art. 127 der Verfassung auf Anordnung eines Gerichts oder mit Billigung der Staatsanwaltschaft möglich sein; die gerichtlichen Troiki waren aufzulösen.

Zugleich distanzierte man sich «oben» von den Folgen der eigenen Maßnahmen: Die Organe des NKWD hätten bei der «Zerschlagung der Volksfeinde und der Säuberung der Sowjetunion von zahlreichen Spionage-, Terror-, Diversions- und Schädlingskadern» enorme Arbeit geleistet. Die «Anwendung vereinfachter Untersuchungs- und Gerichtsverfahren» bei den Massenoperationen, auch gegen die ethnischen Gruppen als «Stützpunkte ausländischer Geheimdienste», sei nötig gewesen. Sie habe jedoch nicht nur zur Vernachlässigung anderer geheimdienstlicher Ermittlungen, sondern zu einer Reihe «schwerster Fehler» geführt, zu unbegründeten Verhaftungen, zur Fälschung von Ermittlungsunterlagen und zu Verfahren gegen unschuldige Personen. Die neu beschlossenen Maßnahmen sollten dem NKWD und der Staatsanwaltschaft Gelegenheit geben, die dargelegten Fehler zu beseitigen und die Organisationsstruktur «umzubauen». Die «Säuberung der Sowjetunion von Spionen, Schädlingen, Terroristen und Diversanten» sei damit nicht erledigt, der Kampf gegen sie gehe natürlich weiter.

So wie sich die Führung von den Folgen ihrer Politik distanzierte, distanzierte sich Stalin von seinem willigen Vollstrecker Jeschow. Eben noch gefeiert und geehrt, folgte ein typischer, sorgfältig ins Werk gesetzter Abstieg auf Raten; auch Zufälle ließen sich dafür nutzen. Im Juni 1938 setzte sich im Fernen Osten der regionale NKWD-Chef mit einem Koffer voller Geheimpapiere zu den Japanern ab. Er hatte davon Wind bekommen, dass das Politbüro beschlossen hatte, ihn von seinem Posten zu entbinden und nach Moskau zurückzubeordern. Sein Verschwinden war ein geheimdienstlicher Skandal und fiel auch auf den Chef der Behörde, Jeschow, zurück. Im August setzte ihm Stalin im NKWD den Parteichef von Georgien, Lawrenti Berija, als Stellvertreter an die Seite. Im Oktober berief das Politbüro eine Kommission, die – innerhalb von zehn Tagen, wie Stalin anordnete – die Tätigkeit des NKWD überprüfen und neue Richtlinien für Verhaftungen, Ermittlungen und die staatsanwaltschaftliche Aufsicht entwerfen sollte.

Deren Recherchen flossen in den Beschluss vom 17. November ein, der einiges Lob enthielt, vor allem aber Missstände in der Arbeit der Ermittlungsbehörden und bei der Umsetzung der ihnen übertragenen Aufgaben anprangerte. Dass wenige Tage zuvor der NKWD-Chef der Ukraine Uspenski untergetaucht war, wie man munkelte, gewarnt von Jeschow, und dass Berija Mitarbeiter mitgebracht hatte, die Jeschowleute in führenden Funktionen ersetzten, muss diesem vor Augen geführt haben, dass seine Position zunehmend unhaltbar wurde; er suchte bereits seit geraumer Zeit Zuflucht im Alkohol, was die Lage noch verschärfte. Bei einer Unterredung am 23./24. November in Stalins Arbeitszimmer nahm Jeschow die politische Verantwortung für alle Mängel der NKWD-Arbeit auf sich, tags darauf billigte das Politbüro sein Rücktrittsgesuch. Auf dem 18. Parteitag im März 1939 wurde er nicht einmal mehr in das Zentralkomitee gewählt, im April verhaftet und beschuldigt, für verschiedene ausländische Geheimdienste gearbeitet zu haben. Weil er die Usancen kannte, gab er alles zu. Im Februar 1940 wurde er zum Tode verurteilt und zwei Tage später im Keller des Butyrka-Gefängnisses erschossen.

Dass die furchtbaren Jahre 1937/38 in der Sowjetunion als «Jeschowschtschina» (die schlimme Jeschowzeit) bezeichnet wurden, zeigte, dass es Stalin gelungen war, die Hauptverantwortung auf seinen Handlanger abzuwälzen. Er ließ ihn sogar aus Bildern, die ihn zusammen mit Jeschow zeigten, herausretuschieren. Jeschow sollte nicht als Vertreter des Systems, sondern als persönlich widerliches Monster und blutrünstiger Giftzwerg erscheinen, der Gesetze übertreten, Beweise gefälscht und selbst die Führung getäuscht hatte. Dass er sich zum Scheusal entwickelt hatte, das an Verhören teilnahm, Folterungen anordnete, Geständnisse aus den Häftlingen herausprügeln oder erfinden ließ – das alles traf zu. Ebenso unbestreitbar war aber auch, dass er im höheren Auftrag handelte. Stalin war der eigentliche Drahtzieher, Taktgeber und Nutznießer der Exzesse staatlicher Gewalt, selbst als er seinen Büttel nun aus dem Verkehr zog.

Was für Jeschow gilt, gilt auch für seinen Vorgänger im Amt Genrich Jagoda – und die Nachfolger Lawrenti Berija und Wiktor Abakumow. Wie Chruschtschow später in seinen Erinnerungen ausgedrücklich betonte: Nicht sie haben sich Stalin, sondern Stalin hat sie sich ausgesucht und zu Monstern gemacht, und es war er, der sie ebenso skrupellos wieder fallen ließ, wenn ihm die Zeit dafür gekommen schien. Wenn Chruschtschow nach Stalins Tod allerdings den Eindruck zu erwecken suchte, als hätten die Massenrepressalien erst in der zweiten Hälfte der 1930er begonnen, so unterschlug er, dass die Grundlagen des staatsterroristischen Systems bereits unter Lenin, in Revolution und Bürgerkrieg gelegt worden waren und auch die Politik der forcierten Industrialisierung und Zwangskollektivierung mit Mitteln des Massenterrors durchgesetzt wurde. Sowenig der Massenterror erst 1937 begonnen hatte, endete er im Folgejahr. Er setzte sich am Ende des Krieges und in der Nachkriegszeit fort und war zum integralen Bestandteil des Gesamtsystem geworden, wie noch zu zeigen sein wird.

Im Lebens- und Regierungsstil war Stalin der einstigen «Kremlfamilie» immer mehr entrückt; seine Herrschaft hatte feudale Züge angenommen. Nach dem Suizid seiner Frau hatte Stalin im Kreml eine neue Wohnung bezogen. Sie lag in der Beletage des Senatsgebäudes. Im 18. Jahrhundert im klassizistischen Stil vom Architekten Matwei Kassakow erbaut, war die neue Wohnung – in der kindlichen Erinnerung von Swetlana – ziemlich ungemütlich. Als Amtsgebäude hatte das Senatsgebäude einen halb Meter dicke Mauern, lange Korridore und hohe Räume mit teilweise gewölbten Decken. Die Fenster schauten auf den Senatsplatz und das Arsenal. Mag sein, dass bei der Ortswahl auch sicherheitspolitische Überlegungen eine Rolle spielten. Nicht ohne Bedeutung war wohl auch, dass im gleichen Gebäude die Regierung, der Rat der Volkskommissare, tagte und einst Lenin (nach seinem Umzug aus dem Kavalierhaus) hier logiert hatte.

Seit Anfang der 1930er Jahre hatte man für Stalin im westlichen Villenvorort Kunzewo eine neue Residenz gebaut, für die sich im Amtsgebrauch der Begriff «Nahe Datscha» (blischnaja datscha) einbürgerte. Sie ersetzte (das ebenfalls mit Erinnerungen belastete) Subalowo 4 als Sommerhaus. Dieses wurde freilich ebenso wenig als Ausweichquartier völlig aufgegeben wie das Gut Libki nördlich der Stadt mit seinem «riesigen Park mit prächtigen hundertjährigen Linden», wozu noch vor dem Krieg, wie sich Swetlana erinnerte, ein weiteres Haus östlich der Stadt, Semjonowskoe, hinzukommen sollte, «in der Nähe eines alten Gutshofes», mit «riesigen, noch von Leibeigenen gegrabenen Teichen, mit klarem, strömendem Wasser und ausgedehnten Forsten».

Kunzewo war insofern anders, als es – nach den Vorstellungen Stalins geplant – von Anfang an mehr als ein Sommersitz sein sollte. Es sollte das ganze Jahr über nutzbar sein und auch ein Arbeitszimmer besitzen. Die Organisation des Baus hatte eine Spezialabteilung der Staatssicherheit (GPU/NKWD) übernommen, sie hatte als Architekten Miron Merschanow unter Vertrag genommen. Als Baustoff wählte man die Neuentwicklung Fibrolit, von dem man sich eine gute Wärmedämmung versprach. Ob auch die Verkleidung der Korridor- und Zimmerwände mit Holzpaneelen auf die rheumatischen Beschwerden des Hausherrn oder auf seinen schlicht gediegen-biederen Geschmack zurückzuführen war, muss offenbleiben. Das Haus erhielt einen grünen Anstrich, wie viele Datschen im Moskauer Umland und eine Farbe, die Stalin angeblich «liebte». Damit fiel die neue Residenz kaum auf in einer rundum grünen Umgebung. War es bloßer Zufall, dass auch der Winterpalast in Sankt Petersburg eine dunkelgrüne Fassade hatte?

Da alle Fristen sehr knapp bemessen waren, war das Haus bereits Ende 1933 bezugsfertig. Doch noch in den 1930er Jahren begannen die bei Stalin üblichen nimmermüden Aus- und Umbauten. Dabei wurde das Haus in Ziegelsteinen neu errichtet, die Zimmerflucht verändert, der Gebäudekomplex erweitert, ein Stockwerk aufgesetzt und schließlich ein Lift vom Erdgeschoss in die erste Etage eingebaut. Meist geschah dies in den Sommermonaten, wenn der Hausherr ohnehin über Wochen hinweg im Süden weilte. Der Architekt stand für die Umbauten ab Sommer 1943 nicht mehr zur Verfügung. Er war verhaftet und im Folgejahr zu zehn Jahren Zwangsarbeit verurteilt worden.

Seit Mitte der 1920er Jahre hatte Stalin, wie schon erwähnt, die Sommer am Schwarzen Meer, in Ferienhäusern auf der Krim, bei Sotschi oder an der Küste Abchasiens (einer Autonomen Republik, die zu Georgien gehörte) verbracht. Es waren wohl die Schönheit der Landschaft, das Klima und die Nähe zur alten Heimat, die ihn anzogen. War sich der Generalsekretär bewusst, dass er im Lebensstil die Zaren, Großfürsten, Mitglieder des Hoch- und Geldadels imitierte, die früher hier ihre Paläste und Sommerhäuser errichtet oder in den vornehmen Grandhotels logiert hatten? Stalin pflegte im Süden zu kuren, Netzwerke zu knüpfen, Hof zu halten, ohne den Draht nach Moskau abreißen zu lassen. Die Dienstpost ließ er nachkommen, seine Moskauer «Stallwache» informierte ihn ausführlich, und er zögerte nicht, ihr detaillierte Anweisungen zu geben. In den 1920er Jahren hatte Molotow diese Aufgabe übernommen, in den 1930er Jahren vor allem Kaganowitsch.

Seit den 1930er Jahren wurden hier mehrere neue Staatsdatschen errichtet, am meisten gefiel es Stalin in der Datscha «Kaltes Flüsschen» (Cholodnaja retschka), die er sich als Sommerresidenz vom Architekten Merschanow an der abchasischen Steilküste in der Nähe des Ortes Gagra hatte errichten lassen. Auf halber Höhe, versteckt hinter Nadelbäumen, mit Panoramablick auf das Meer, erinnerte sie ihn nicht nur wegen des Zuschnitts und der dunkelgrünen Fassade an die «Blischnaja datscha». Auch die Ausstattung – mit viel hellem Holz, Billardtisch und Kinosaal – war nach seinem Gusto.

Mit den Umzügen und neuen Wohnsitzen änderte sich das soziale Umfeld. Stalin nutzte die neue Wohnung im Kreml kaum. Er kam nur zum Abendessen mit den Kindern nach Hause, ließ sich danach mit seinem Packard in die «Nahe Datscha» fahren und von dort am nächsten Tag direkt ins Büro. Stalin hatte seit dem Bürgerkrieg eine besondere Vorliebe für diese amerikanische Automarke; erst für den Packard Twin Six, ein Cabriolet, das er anderen Modellen aus dem staatlichen Fuhrpark (Buick, Lincoln, Rolls-Royce) vorzog. Im Oktober 1935 bekam er vom amerikanischen Präsidenten eine gepanzerte Version des Nachfolgemodells (Packard Twelve) geschenkt, mit Zwölfzylinder-Motor, fast acht Litern Hubraum und an die sechs Tonnen schwer. Erst in der zweiten Hälfte der 1930er Jahre begann man in der Sowjetunion eigene Staatslimousinen zu bauen (im Moskauer Stalinwerk SIS). Inzwischen war Stalins Personenschutz erheblich verstärkt worden, in der Geheimpolizei gab es dafür eine eigene Abteilung, für ihn selbst war eine Gruppe von neun Mitarbeitern zuständig unter der Führung von General Nikolai Wlassik. Auch das Personal wurde nach und nach überprüft und zu einem erheblichen Teil ausgetauscht.

Unter den neuen Umständen löste sich der Kontakt zur erweiterten Familie, den Swanidses und den Allilujews, allmählich auf, bevor beide Familien selbst in den Strudel der Säuberungen gerieten, ohne dass sich Stalin für sie eingesetzt hätte. Versuche, ihn dazu zu drängen, blieben in aller Regel erfolglos. Alexander Swanidse, der Bruder von Stalins erster Frau, wurde zusammen mit seiner Frau Katharina 1937/38 verhaftet und erschossen.

Stalins Schwager Pawel Allilujew, Nadeschdas Bruder, starb 1938 unter ungeklärten Umständen, zehn Jahre später wurde seine Frau zu Lagerhaft verurteilt. Stalins dritter Schwager, Stanislaw Redens, verheiratet mit Nadeschdas Schwester Anna, wurde 1938 verhaftet, 1940 zum Tode verurteilt und erschossen, seine Frau 1948 verhaftet und zu zehn Jahren Arbeitslager verurteilt. Stalin hatte sich aus den alten familiären Bindungen gelöst, eine weitere Ehe einzugehen plante er nicht, was nicht hieß, dass Frauen in seinem Leben künftig keine Rolle mehr spielten. Gerüchte gab es dazu viele, nicht nur jenes über Valentina Istomina, Mitarbeiterin der Staatssicherheit, die er aus Subalowo mitnahm und die ihm in den letzten 18 Jahren seines Lebens in Kunzewo das Haus führte.

Eine vergleichbare Entwicklung hatte sich in den vergangenen zehn Jahren auch im politischen Leben vollzogen. Stalin war seinen Kollegen in der politischen Führung mehr und mehr entrückt. Ohne die Strukturen kollektiver Führung, Zentralkomitee und Politbüro, abzuschaffen, dominierte er sie nach Belieben. War das Politbüro Anfang der 1930er Jahre noch sechs- bis achtmal pro Monat, also alle vier bis fünf Tage, zusammengekommen, bei Bedarf sogar noch öfter, so gab es 1936 in jedem Monat nur noch eine Sitzung, in manchen Monaten überhaupt keine. Ob es 1937/38 noch zu regulären Sitzungen zusammentrat, wie viele der jährlich etwa 3000 Entscheidungen Stalin (im Namen des Politbüros) allein gefällt, wie viele er in kleinem Kreis mit einzelnen Mitgliedern (zunächst noch mit Jeschow, dann vor allem Molotow, Kaganowitsch, Woroschilow, Mikojan, schließlich mit Schdanow, Berija und Malenkow) vorbesprochen hatte, wie viele davon danach den übrigen Mitgliedern und Kandidaten des Politbüros zur Bestätigung und Kentnisnahme im Umlaufverfahren zugingen, ist nicht eindeutig zu ermitteln.

Das Politbüro war immer weniger in der Lage, seine institutionellen Rechte auch wahrzunehmen, ja nicht einmal seine Mitglieder und Kandidaten vor dem Zugriff des staatlichen Repressionsapparates zu schützen. Vergleichbares galt für ihre engen Mitarbeiter und sogar Familienmitglieder. Fast schien es, als sollten sie damit gedemütigt, ihnen die Machtverhältnisse vor Augen geführt werden.

Nur einige prominente Beispiele: Zwei von Stanislaw Kossiors Brüdern (er selbst war seit 1930 Vollmitglied des Politbüros) wurden 1937/38 verhaftet und erschossen; dass er sich für Familienmitglieder, die verhaftete Frau seines Bruders, eingesetzt hatte, beschleunigte nur den eigenen Untergang.

Obwohl Molotow seit 1921 Kandidat, seit 1926 Vollmitglied des Politbüros, seit 1930 Regierungschef und überhaupt einer der engsten und ergebensten Mitarbeiter Stalins war, wurde er von ihm immer wieder gemaßregelt. Molotows Frau, Polina Schemtschuschina, auch sie eine Altbolschewikin, verlor 1939 ihren Posten als Volkskommissarin für Fischereiindustrie; durch mangelnde Vorsicht hätten sich in ihrer Umgebung zahlreiche feindliche Spione einnisten können. Sie wurde im Februar 1941 nicht mehr als Kandidatin ins ZK gewählt und verbrachte nach dem Krieg einige Jahre in der Verbannung.

Lasar Kaganowitsch, auch er einer der engsten Vertrauten Stalins, war seit 1930 Politbüromitglied, seit 1935 Volkskommissar für das Eisenbahnwesen, seit 1937 für die Schwerindustrie, sein Bruder Michail seit 1937 Volkskommissar für den Flugzeugbau. Nachdem man zahlreiche Mitarbeiter Lasars 1937/38 verhaftet hatte, wurde noch vor Kriegsbeginn sein Bruder von seinem Posten entbunden und anschließend der Zugehörigkeit in einer «konterrevolutionären Organisation» beschuldigt, was ihn in den Selbstmord trieb.

Michail Kalinin war seit 1919 Kandidat, seit 1926 Mitglied des Politbüros und als Vorsitzender des Obersten Sowjet auch nominelles Staatsoberhaupt; seine Frau wurde 1938 verhaftet und für mehrere Jahre in Lagerhaft genommen. Vom Selbstmord Grigori Ordschonikidses, der sich nicht in der Lage sah, «seine Leute» aus seinem nordkaukasischen Bekanntenkreis und der ihm anvertrauten Schwerindustrie gegen die Übergriffe des staatlichen Terrorapparates zu schützen, war schon die Rede.

Dass Stalin es war, der die Wegmarken setzte und den Kurs vorgab, zeigte auch seine schrittweise Neuverteilung der Funktionen und Kompetenzen in den obersten Leitungsorganen, ohne dass er dafür den Weg einer Verfassungsänderung beschritt. Der Konzentration auf eine kleinere «Fünfergruppe» im Politbüro (das 1939 eigentlich neun Vollmitglieder und zwei Kandidaten umfasste) folgte im Frühjahr 1941 die Bildung eines kleineren «Büros des Rates der Volkskommissare» und die Bestellung von Nikolai Wosnessenski zum Stellvertretenden Vorsitzenden, der bisher nicht einmal Kandidat des Politbüros gewesen war. Was Stalin tatsächlich beabsichtigte, enthüllte sich erst wenige Wochen später, als er zusätzlich zum Posten des Generalsekretärs der Partei auch den Vorsitz in der Regierung (im Rat der Volkskommissare) übernahm, Molotow zu seinem Stellvertreter machte, aber auf die Außenpolitik beschränkte und im Sekretariat des Zentralkomitees Andrei Schdanow, einen weiteren Jungen, zu seinem Stellvertreter machte. Damit setzte er die «alten Knacker», wie er ironisch mit Bezug auf Lenin sagte, bewusst zurück.

Noch weit über Stalins Stellung als Partei- und Regierungschef hinaus ging der Kult, der sich seit Ende der 1920er Jahre um seine Person entwickelt hatte. Zu seinem «offiziellen» fünfzigsten Geburtstag, dem 21. Dezember 1929 – tatsächlich war er da schon 51 – widmete ihm die «Prawda» eine ganze Nummer. Ihr «kämpferischer bolschewistischer Gruß» galt dem «wahrhaftigen Fortsetzer des Werkes von Marx und Lenin»; dem «unerschütterlichen Kämpfer für die Reinheit des Marxismus-Leninismus» und für die «stählerne Einheit» der Reihen der Kommunistischen Partei und der Komintern; dem «Organisator und Leiter der sozialistischen Industrialisierung und der Kollektivierung»; dem «Führer der Partei des Proletariats, der auf einem Sechstel der Erde den Sozialismus aufbaute», dem «ältesten Prawdisten». Huldigungsartikel von Spitzengremien der Partei und ihrer leitenden Funktionäre folgten: über den «Leiter des Klassenkampfes» (vom Präsidium der Komintern), den «Kämpfer für die Weltrevolution» (von der Roten Gewerkschaftsinternationale), den «Steinharten Bolschewiken» (von S. Ordschonikidse), über «Stalin und die Partei» (von L. Kaganowitsch), über «Stalin und die Industrialisierung des Landes» (von W. Kuibyschew), über «Stalin und die Rote Armee», «Zarizyn» und die «Südfront» (von K. Woroschilow), den «Stählernen Soldaten der bolschewistischen Garde» (von A. Mikojan), den «Steuermann des Bolschewismus» (von M. Kalinin) sowie Würdigungen durch den Volks- und Kremlpoeten Demian Bedny.

Stalin, so zeigte die Lektüre, war der «Führer», der an der Seite Lenins die Revolution gemacht, deren Errungenschaften im Bürgerkrieg verteidigt, die Sowjetunion mit gegründet hatte, der nach Lenins Tod die Führung übernahm, dessen Werk fortsetzte und die Grundlagen für das neue Russland schuf. Er erschien als Demiurg, als Schöpfergott, der von den katastrophalen Folgen seines Handelns unberührt blieb, selbst Fehler und Versäumnisse anmahnte, noch lieber als Verkünder einer neuen Welt und eines neuen Menschen auftrat und deren Protagonisten feierte.

Am 17. November 1935 fand die erste Unionsberatung der Stachanowleute statt, benannt nach jenem Bestarbeiter Alexei Stachanow, der im August in einer Schicht mit seinen Leuten in einer Zeche des Donezbeckens 102 Tonnen Steinkohle, das Dreizehnfache der Norm, gefördert hatte. Stalin sah deren Bewegung als Ausdruck einer «neuen, höheren Etappe des sozialistischen Wettbewerbs», in der «neue Menschen» mit «neuer Technik» (in «erstklassigen Werken und Fabriken») die alten technischen Arbeitsnormen brachen. Dafür habe eine «radikale Verbesserung der materiellen Lage der Arbeiter» die Voraussetzung geschaffen: «Es lebt sich jetzt besser, Genossen, es lebt sich jetzt froher» (schit stalo lutsche, towarischtschi, schit stalo weseleje).

Dass die Wirklichkeit dem nicht entsprach, hinderte die Zuhörerschaft nicht, wenn wir der «Prawda» glauben, in Euphorie auszubrechen: «Die Teilnehmer der Versammlung der Stachanowleute bereiten dem Genossen Stalin eine stürmische, begeisterte Ovation. Der ganze Saal erdröhnt vom Beifall, ein mächtiges ‹Hurra› lässt die Decken des Saales erzittern. Zahllose Zurufe, die den Führer der Partei, Genossen Stalin, hochleben lassen, erschallen von allen Seiten. Die Ovation endet mit dem machtvollen Absingen der Internationale – 3000 Teilnehmer der Versammlung singen die proletarische Hymne.» Ähnliches sollte sich einige Tage später nach Stalins Rede auf einem Treffen mit den besten Mähdrescherführern und -führerinnen zutragen, wenn wir wiederum der «Prawda» als Quelle folgen.

Im eigentlich «schrecklichen Jahr» 1937 stellte Grigori Schegal sein Monumentalgemälde «Führer, Lehrer, Freund» fertig, getreu dem Auftrag des «Sozialistischen Realismus», der den Künstler zu «Parteilichkeit», «Volksverbundenheit» und «Typik» verpflichtete. Auf 3,40 mal 2,60 Meter zeigte es, wie Stalin auf dem 2. Allunionskongress der Kolchosstoßarbeiter – vor der überlebensgroßen Statue Lenins – der einfachen Kolchosbäuerin Fedotowa «mit praktischen Hinweisen und freundlichem Zuspruch» hilft, die Versammlung mit über 2000 Teilnehmern zu leiten. Das Bild bringe, so ein Kommentar, zum Ausdruck, wie «die Fürsorge des großen Stalin» die einfachen Leute des Sowjetlandes beschwinge. Angesichts des geschilderten Hintergrunds, dass der «große Stalin» im gleichen Zeitraum Hunderttausende «einfache Leute des Sowjetlandes» in den Tod schickte, war die Aussage des Bildes geradezu pervers.

Bilder wie dieses sollten mit dazu beitragen, dass Fragen, die den kultisch Verehrten mit den Folgen seiner Politik konfrontierten, gar nicht erst gestellt, sofern sie nicht ohnehin bagatellisiert wurden. Wie auf jenem Bild von Alexander Gerassimow aus dem Jahr 1938, das Stalin mit Kliment Woroschilow, Volkskommissar für Verteidigung und Marschall der Roten Armee, auf dem Kremlglacis zeigte. Im Hintergrund sah man Türme der Kremlmauer und über den Moskaufluss hinweg die Häuser und rauchenden Schornsteine der Stadt. Es hatte offensichtlich geregnet, der gepflasterte Weg war noch feucht, aber nun begann es schon wieder aufzuklaren und die Sonne durchzubrechen. Die Säuberungen – ein Regenschauer. Das Bild erhielt 1941 den Stalinpreis.

Seit Ende der 1930er Jahre wurde der Film zu einem zentralen Medium der Verbreitung des Stalinkultes. Einen Anfang machten dabei die Streifen «Lenin im Oktober» (1937) und «Lenin im Jahr 1918» (1939) von Michail Romm. Obwohl es dem Titel nach Leninfilme waren, führten sie Stalin als den eigentlich entscheidenden Akteur ein. Er sei es gewesen, der in der Revolution, als Lenin nach dem missglückten Juliaufstand abtauchen musste, die Geschicke lenkte und im Bürgerkrieg, als Lenin nach dem Attentat von Fania Kaplan schwer verletzt daniederlag, an der Südfront bei Zaryzin die Versorgung der Hauptstadt mit Brot sicherstellte. Der Bedeutung des Mediums Film war sich Stalin vollauf bewusst.

Auf gleicher Linie lagen auch die Ehrungen zu Stalins «offiziellem» 60. Geburtstag: Der Oberste Sowjet zeichnete ihn für seine «außerordentlichen Verdienste um die Organisation der bolschewistischen Partei, die Schaffung des sowjetischen Staates, den Aufbau der sozialistischen Gesellschaft in der UdSSR und die Stärkung der Freundschaft zwischen den Völkern der Sowjetunion» mit dem Titel eines «Helden der Sozialistischen Arbeit» und dem «Lenin-Orden» aus. Das Zentralkomitee ehrte ihn als den «Großen Fortsetzer des Lenin'schen Werkes». Wörtlich übernahm Molotow diese Wendung als Überschrift zu seinem Huldigungsartikel in der «Prawda», und Mikojan textete «Stalin – das ist der Lenin von heute». Für den Leitartikler der «Prawda» war er der «liebe Stalin» (rodnoj Stalin) – «unser Banner», «unser Glück»: «Das Land der Sowjets, die Millionen von Werktätigen auf der ganzen Welt grüßen heute den Führer der

Völker, den großen Gründungsvater des Kommunismus. Die besten Gedanken, Gefühle und Wünsche gelten Stalin, dem größten Menschen unserer Zeit.» Dabei blieb nichts dem Zufall überlassen. In seine eigene, zum 60. Gebutstag erscheinende «Lebensbeschreibung» schrieb er, wie wir von Chruschtschow wissen, selbst unter anderem den Satz hinein: «Stalin, der in meisterhafter Weise den Aufgaben eines Führers der Partei und des Volkes gerecht wird und die volle Unterstützung des ganzen Sowjetvolkes genießt, hat in seiner Tätigkeit niemals auch nur einen Schatten von Eigendünkel, Überheblichkeit und Selbstlob an den Tag gelegt.»

IX. MOSKAU – 7. NOVEMBER 1941
Der Vaterländische Generalissimus

Ende der 1930er Jahre vollzog Stalin einen spektakulären, weltweit Aufsehen erregenden außenpolitischen Kurswechsel. Er gab die Strategie einer «Einheitsfront gegen den Faschismus» auf und schlug sich auf die Seite Hitlers. Im zurückliegenden Jahrzehnt war das Hauptziel der sowjetischen Außenpolitik gewesen, die Entwicklung im Innern flankierend abzusichern, das Land aus internationalen Konflikten herauszuhalten. Die Sowjetunion war dem Völkerbund beigetreten, hatte sich um den Abschluss eines umfassenden Regionalpaktes in Osteuropa bemüht, der die bestehenden Grenzen garantieren sollte, und nach dessen Scheitern Beistandsabkommen mit Frankreich und der Tschechoslowakei geschlossen.

Doch diese Politik stand, wie Stalin im März 1939 in seinem Rechenschaftsbericht vor dem 18. Parteitag ausführte, vor dem Scheitern. Das Nachkriegssystem der Friedensverträge sei zusammengebrochen, ein neuer imperialistischer Krieg um Einflusssphären, Kolonien und die Neuaufteilung der Welt im Gange: Japan rückte in Ostasien weiter vor, Italien hatte Abessinien überfallen und Deutschland Österreich angegliedert; Hitler und Mussolini hatten auch in den spanischen Bürgerkrieg auf Seiten der Putschisten eingegriffen, ohne dass der Völkerbund, ohne dass England, Frankreich und die USA ihnen in den Arm fielen. Mit halbherzigen Sanktionsdrohungen und propagierter «Nichteinmischung» ließen sich die Aggressoren nicht stoppen. Mehr noch, England und Frankreich hatten Hitler soeben im Münchner Abkommen den Zugriff auf die überwiegend deutsch besiedelten Randgebiete der Tschechoslowakei zugestanden, ohne die Sowjetunion auch nur zu konsultieren, die mit der Tschechoslowakei (im Bunde mit Frankreich) einen Beistandspakt abgeschlossen hatte.

Stalin warf den westlichen Demokratien nicht nur Entgegenkommen gegenüber den faschistischen Mächten vor; er unterstellte ihnen zugleich, deren Aggression auf die Sowjetunion lenken zu wollen. Dieses Spiel, so warnte er, werde man nicht weiter mitmachen. Dass wenige Tage danach, Mitte März 1939, deutsche Truppen folgenlos in Prag einmarschierten und die «Reste» des tschechischen Staates «zerschlugen» und dass es in Fernost (am Grenzfluss Chalkin Gol) im Mai zu schweren Kämpfen zwischen der Roten Armee und den Japanern kam, bestätigte ihn in seiner Überzeugung, dass in der Außenpolitik dringender Handlungsbedarf bestand.

Im Mai musste der Volkskommissar für Auswärtige Angelegenheiten und Stratege des bisherigen Konzeptes der «Kollektiven Sicherheit», Maxim Litwinow, gehen; da er jüdischer Abstammung war, ließ sich seine Demission auch als entgegenkommende Geste gegenüber den avisierten neuen Gesprächspartnern verstehen. Nachfolger wurde Wjatscheslaw Molotow, der den Posten zusätzlich zum Vorsitz im Rat der Volkskommissare übernahm. Außenpolitik sollte stärker als bisher zur Chefsache werden. Während Stalin Litwinow 1938 im Durchschnitt nicht einmal alle zwei Wochen zu einer Aussprache empfangen hatte, traf er Molotow mehrmals die Woche, 1939 nahezu täglich.

Seit dem Frühsommer 1939 verhandelte die Sowjetunion mit beiden Seiten: mit England und Frankreich, die für Polen, Rumänien und die Türkei eine Garantieerklärung abgegeben hatten und die Sowjetunion einluden, sich dem anzuschließen. Die Sowjetunion sondierte gleichzeitig die Haltung des nationalsozialistischen Deutschland, das sich von einem Bündnis mit der

Sowjetunion Rohstofflieferungen für seine auf Hochtouren laufenden Kriegsvorbereitungen und für den geplanten Angriff auf Polen eine Absicherung gegenüber einem Zweifrontenkrieg versprach. Was die deutsche Seite bot, war deutlich mehr: Ohne ein militärisches Engagement zu verlangen, bot sie der sowjetischen Seite ein Kreditabkommen, einen Handels- und einen Nichtangriffsvertrag an, verbunden mit dem Versprechen, bei der Regelung des sowjetisch-japanischen Verhältnisses behilflich zu sein.

So wurde am 19. August 1939 in Berlin ein Handels- und Kreditabkommen unterzeichnet, das deutsche Lieferungen in den nächsten zwei Jahren in Höhe von 380 Millionen Reichsmark vorsah. Weil Hitler die Zeit unter den Nägeln brannte, empfingen schon wenige Tage später Stalin und Molotow den deutschen Außenminister Joachim von Ribbentrop im Kreml. Hier kam es in der Nacht vom 23. auf den 24. August in gelöster Atmosphäre zur Unterzeichnung eines «Nichtangriffvertrages», der beide Seiten verpflichtete, «sich jedes Gewaltaktes, jeder aggressiven Haltung und jedes Angriffs gegeneinander, und zwar sowohl einzeln als auch gemeinsam mit anderen Mächten, zu enthalten». Im Falle, dass eine der vertragschließenden Parteien «Gegenstand krigerischer [sic!] Handlungen seitens einer dritten Macht» wurde, sollte der andere Vertragspartner diese «in keiner Form» unterstützen.

Zum Vertragswerk gehörte auch ein «Geheimes Zusatzprotokoll», in dem die beiden Partner für den Fall einer «territorial-politischen Umgestaltung» Osteuropa unter sich aufgeteilt hatten. Dabei wurden Finnland, Estland und Lettland der sowjetischen Interessensphäre zugeschlagen, Litauen der deutschen; in Südosteuropa betonte die sowjetische Seite ihr besonderes Interesse an Bessarabien, für das die deutsche Seite ihr «völliges politisches Desinteresse» erklärte; und auf den «zum polnischen Staat gehörenden Gebieten» grenzte man die beiden Interessensphären durch den Verlauf der Flüsse Narew, Weichsel und San ab, wobei man die Frage, ob überhaupt ein unabhängiger polnischer Staat erhalten bleiben sollte, «endgültig erst im Laufe der weiteren politischen Entwicklung» klären wollte.

Dass diese «weitere politische Entwicklung» nicht in einer fernen Zukunft lag, der deutsche Angriff auf Polen unmittelbar bevorstand, war Stalin bewusst: deshalb hatte die deutsche Seite so gedrängt, die Spannungen zwischen Deutschland und Polen, so Hitler in seinem Telegramm an Stalin vom 20. August, seien «unerträglich geworden»; deshalb trat das Abkommen auf deutschen Wunsch bereits mit der Unterzeichnung (also noch vor der beiderseitigen Ratifizierung) in Kraft; und deshalb hatte Stalin auf den territorialen Absprachen als Teil der Gesamtvereinbarung bestanden.

Schon tags darauf war der Text des Nichtangriffsvertrages (selbstredend ohne das streng geheime Zusatzprotokoll) in «Prawda» und «Iswestija» nachzulesen – für Freund und Feind gleichermaßen ein Schock. Schließlich hatte die Sowjetführung (und mit ihr die Kommunistische Internationale) seit Mitte der 1930er Jahre den «Faschismus» beharrlich als «offene, terroristische Diktatur», den deutschen Nationalsozialismus als dessen «reaktionärste Abart» verurteilt und den Sturz des «Hitlerfaschismus» zur wichtigsten taktischen Aufgabe aller kommunistischen Parteien erklärt. Nun versprachen sich beide Vertragsparteien, alle Streitigkeiten und möglichen Konflikte «ausschliesslich auf dem Wege freundschaftlichen Meinungsaustausches» aus dem Wege zu räumen. Eine Woche später, am 31. August, ratifizierte der Oberste Sowjet den Vertrag – nur Stunden bevor die Wehrmacht in Polen einmarschierte und der Zweite Weltkrieg begann.

Obwohl die Vereinbarung die Unterschriften der Außenminister trug, die Rechtsform eines zwischenstaatlichen Vertrags besaß und verfassungsgemäß vom Obersten Sowjet ratifiziert wurde, also Stalin qua Amt – als Generalsekretär der Partei – nichts damit zu tun hatte, war sie zum Gutteil sein Werk. Er hatte die entscheidenden Verhandlungen geführt, während auf der anderen

Seite zu einzelnen Punkten Hitler über eine Standleitung nach Berlin um Zustimmung gefragt werden musste. Insofern traf die Bezeichnung «Hitler-Stalin-Pakt» in der Sache durchaus zu. Über Skrupel Stalins ist nichts bekannt. Es kann davon ausgegangen werden, dass er das Ergebnis als Erfolg verbuchte. Es war gelungen, das eigene Land, das auf keinem Gebiet kriegsbereit war, aus den militärischen Händeln herauszuhalten. Nun führten «zwei Gruppen von kapitalistischen Staaten» gegeneinander Krieg, man habe nichts dagegen, «dass sie kräftig aufeinander einschlagen und sich schwächen», erklärte er Anfang September dem Generalsekretär des Exekutivkomitees der Kommunistischen Internationale, Georgi Dimitroff. Es wäre nicht schlecht, «wenn Deutschland die Lage der reichsten kapitalistischen Länder (vor allem Englands) ins Wanken brächte».

Passé war allerdings die bisherige Kominternstrategie einer Einheitsfront mit den bürgerlichen Kräften gegen den Faschismus. Die kommunistischen Parteien in den kapitalistischen Staaten waren entsprechend zu instruieren, was Dimitroff auch tat: Die neue Strategie gelte, so Stalin, auch für Polen. Polen sei früher in seiner Geschichte ein Nationalstaat gewesen, den Revolutionäre gegen Teilung und Versklavung verteidigt hatten. Heute sei es «ein faschistischer Staat, der Ukrainer, Weißrussen usw. knechtet. Die Vernichtung dieses Staates unter den gegenwärtigen Bedingungen würde einen bourgeoisen faschistischen Staat weniger bedeuten.»

Stalin nahm damit die Entwicklung der nächsten Tage und Wochen vorweg. Am 17. September marschierte die Rote Armee auf ganzer Front in die vorwiegend von Weißrussen und Ukrainern bewohnten ostpolnischen Gebiete ein. Elf Tage später schlossen Deutschland und die Sowjetunion einen «Grenz- und Freundschaftsvertrag», wozu Ribbentrop erneut nach Moskau kam und von Stalin und Molotow empfangen wurde. Zynisch konstatierten sie darin «das Auseinanderfallen des bisherigen polnischen Staates»; es sei nun «ausschließlich ihre Aufgabe»,

Ruhe und Ordnung in diesen Gebieten wiederherzustellen. Die von ihnen vorgenommene Abgrenzung der Interessensphären sei «endgültig» und «jegliche Einmischung dritter Mächte» unerwünscht.

In einem anschließenden Notenwechsel vereinbarte man auch den kräftigen Ausbau der Wirtschaftsbeziehungen. Zur Grundlage dafür wurde das am 11. Februar 1940 abgeschlossene deutsch-sowjetische Wirtschaftsabkommen. Seit dem Sommer 1940 wurde die Sowjetunion zum wichtigsten Nahrungsmittel- und Rohstofflieferanten des Reiches; im Gegenzug lieferte es der Sowjetunion vor allem industrielle Ausrüstungen und Maschinen, darunter 6500 Werkzeugmaschinen für die Rüstung sowie Musterwaffen.

Die «Endgültigkeit» der im besetzten Polen gezogenen Grenzen unterstrich die sowjetische Seite schon dadurch, dass sie «ihre» Gebiete sowjetisierte und den angrenzenden weißrussischen und ukrainischen Sowjetrepubliken einverleibte. Privatbesitz an Produktionsmitteln wurde enteignet, die Landwirtschaft kollektiviert, Widerstand mit Gewalt, durch Verhaftungswellen und Deportationen gebrochen – nicht anders, als man das in den Kerngebieten gemacht hatte. Zu den prophylaktischen Repressionsmaßnahmen gehörte auch, dass auf Beschluss des Politbüros vom 6. März 1940 an die 25 000 in Sonderlagern einsitzende polnische Offiziere, ehemalige Fabrik- und Grundbesitzer, Justizangestellte, Beamte und andere Angehörige der polnischen «bürgerlichen» Intelligenz erschossen und in Massengräbern beigesetzt wurden, von denen eines in der Nähe von Smolensk, im Wald von Katyn, lag.

In einem (wiederum streng geheimen) Zusatzprotokoll zum deutsch-sowjetischen Grenz- und Freundschaftsvertrag vom 28. September 1939 hatten die vertragschließenden Parteien die Aufteilung Osteuropas in Interessensphären dahingehend modifiziert, dass nun auch Litauen der sowjetischen Einflusssphäre zugeschlagen, während die Zuständigkeit Deutschlands in Zen-

Unterzeichnung des Vertrages vom 28. September 1939: Unter einem Bild Lenins stehen (von links nach rechts): Schulze-Kossens (Ribbentrops Adjutant), Generalstabschef Schaposchnikow, Ribbentrop, Stalin und Pawlow (russ. Dolmetscher); vorne: Gustav Hilger (dt. Dolmetscher) und Molotow. Hilger erinnerte sich später, Stalin sei «sehr guter Laune» gewesen, und Ribbentrop habe später mehrfach wiederholt, «er habe sich im Kreml so wohlgefühlt wie unter alten nationalsozialistischen Parteigenossen».

tralpolen erweitert wurde. Noch im Herbst 1939 zwang die Sowjetunion den baltischen Staaten (Estland, Lettland und Litauen) Truppenstationierungsabkommen auf – Beginn eines Annexionsprozesses, der ein Jahr später über Okkupation und Scheinwahlen zur Ausrufung einer Estnischen, einer Lettischen und einer Litauischen Sowjetrepublik und (Anfang August 1940) zu deren formeller «Aufnahme» in die Sowjetunion führte. Wie im früheren Ostpolen folgte der Machtübernahme auch im Baltikum die Sowjetisierung, verbunden mit Verhaftungs- und Deportationswellen. Zeitlich parallel dazu besetzte die Rote Armee Bessarabien und Teile der Bukowina, die bisher zu Rumänien gehört hatten; Teile wurden der Ukrainischen Sowjetrepublik angegliedert, der Großteil bildete die neue Moldauische Unionsrepublik. In vier großen Massenaktionen wurden aus den baltischen Staaten und der Moldau, aus der westlichen Ukraine und dem westlichen Weißrussland bis zum Frühjahr 1941 etwa 370 000 Menschen in Randregionen der Sowjetunion deportiert.

Ein ähnliches Schicksal war wohl auch Finnland zugedacht, das sich im September 1939 mit Gebietsforderungen von Seiten der sowjetischen Regierung konfrontiert sah. Sie betrafen Inseln im finnischen Meerbusen sowie Teile Kareliens im Vorfeld Leningrads, die Finnland aus strategischen Gründen der Sowjetunion überlassen sollte. Stalin ging wohl davon aus, dass Finnland angesichts der Größenverhältnisse kaum etwas anderes übrig bleiben würde: Finnland hatte weniger als vier Millionen, die Sowjetunion über 190 Millionen. Einwohner und war über 50-mal so groß. Doch die finnische Regierung weigerte sich und leitete eine Teilmobilmachung ihrer Streitkräfte ein. Die sowjetische Regierung brach daraufhin die diplomatischen Beziehungen ab, kündigte den bestehenden Nichtangriffspakt und gab ohne förmliche Kriegserklärung der Roten Armee den Befehl zum Einmarsch.

Doch der allenthalben erwartete rasche Zusammenbruch Finnlands blieb aus. Mitte März 1940 schlossen beide Seiten

Frieden. Finnland hatte große Teile an der karelischen Landenge sowie Inseln im Finnischen Meerbusen abzutreten und die Stadt Hanko an der Südwestspitze des Landes auf 30 Jahre der Sowjetflotte als Stützpunkt zu verpachten. Finnland verlor zehn Prozent seiner Ackerfläche und seiner Industrie und hatte über 400 000 Finnen, die aus den sowjetisch gewordenen Gebieten flohen, an anderer Stelle im Land neu anzusiedeln.

Es war Stalin gelungen, mit dem Baltikum, Ostpolen und Bessarabien große Gebiete im Westen «zurückzugewinnen», die Russland in der Revolution und im nachfolgenden Bürgerkrieg verloren hatte. Stolz konnte Stalin auf diese Erfolge allerdings kaum sein, vor allem die Finnland abgepresste Lösung fühlte sich wie eine Niederlage an. Das sowjetische Vorgehen in Osteuropa belastete das Verhältnis zum Westen erheblich; zudem hatte die Sowjetführung im «Winterkrieg» die Reste ihres politischen Ansehens verspielt: Die Sowjetunion wurde aus dem Völkerbund ausgeschlossen. Dagegen erhielt Finnland von allen Seiten moralischen Zuspruch. Der amerikanische Präsident rief zu einem «moralischen Embargo» auf, Frankreich und Großbritannien stellten Hilfstruppen in Aussicht, schwedische Freiwillige traten in die finnische Armee ein.

Decouvrierend für Stalins Verständnis von nationaler Selbstbestimmung war, dass er eine finnische Marionettenregierung mitbrachte, die im Grenzort Terijoki unter dem Kominternfunktionär Otto Kuusinen residierte und mit der Sowjetunion «Verträge» schloss. Noch schlimmer war allerdings die militärische Seite: Der «Winterkrieg» demonstrierte, dass die Sowjetarmee – trotz ihrer numerischen Überlegenheit – nicht kriegsbereit war; selbst an Kleidung und Verpflegung fehlte es. Waren auf finnischer Seite über 25 000 Soldaten gefallen, so waren es auf sowjetischer Seite vermutlich fünfmal so viele; hinzu kamen über zweihunderttausend Verwundete. Versagt hatte vor allem der Kommandostab, was auf den militärischen Aderlass während der Säuberungen zurückzuführen war, auch wenn die politische

Führung das Problem personalisierte: Woroschilow verlor im Mai 1940 seinen Posten als Volkskommissar für Verteidigung, sein Nachfolger wurde Kliment Timoschenko.

Desaströs war der Waffengang vor allem deshalb, weil die deutsche Wehrmacht zur gleichen Zeit militärische Triumphe feierte: Im Spätsommer 1939 hatte sie in nur vier, fünf Wochen Polen besiegt, im Frühjahr 1940 Dänemark und Norwegen besetzt, im Frühsommer Belgien, Luxemburg und die Niederlande überrannt und am 22. Juni Frankreich in Compiègne zum Waffenstillstand gezwungen: Ganz Nordfrankreich (einschließlich Paris) blieb unter deutscher Militärbesatzung, dazu die gesamte Kanal- und Atlantikküste bis hinunter zur spanischen Grenze. Die französische Regierung residierte künftig in Vichy. Stalin hatte die Gegenseite erheblich stärker eingeschätzt und einen langen Abnutzungskrieg zwischen beiden Lagern erwartet. Sicher war die Sowjetunion noch immer mit Deutschland verbündet. Doch Hitlers Erfolge schwächten die eigene Position, das Bündnis zeigte Risse. Nicht nur in Finnland kollidierten mittlerweile die Interessen; Deutschland hatte dort entgegen den Absprachen Truppen stationiert, widersetzte sich einer sowjetischen Besetzung, und die finnische Regierung sicherte ihrerseits Deutschland im Sommer 1940 60 Prozent der Nickelförderung vertraglich zu, ohne dass Moskau konsultiert wurde.

Darüber hinaus schloss das Deutsche Reich Ende September mit Japan und Italien einen «Dreimächtepakt», in dem Japan die «Führung Deutschlands und Italiens bei der Schaffung einer neuen Ordnung in Europa» anerkannte und respektierte, während diese ihrerseits Japan das gleiche Recht im «großostasiatischen Raum» zusprachen. Die sowjetische Führung war irritiert. Zwar versicherte der Vertrag, dass dadurch die mit der Sowjetunion getroffenen Vereinbarungen «in keiner Weise» tangiert würden, und Berlin forderte die Sowjetführung auf, dem Pakt beizutreten. Doch widersetzte sich Hitler jedem weiteren Vordringen in Finnland sowie einer Ausweitung des sowjetischen Einflusses auf dem Balkan, der Einbeziehung Rumäniens und Bulgariens in die sowjetische Sicherheitszone, ebenso der Errichtung sowjetischer Luft- und Marinestützpunkte an den Dardanellen auf türkischem Boden. Diese Meinungsverschiedenheiten konnten auch bei einem Besuch Außenminister Molotows in Berlin in Unterredungen mit Hitler und Ribbentrop am 12. und 13. November 1940 nicht ausgeräumt werden.

Zündstoff bargen erst recht die von Molotow gesprächsweise angedeuteten weiteren Perspektiven, die sowjetischen Interessen von der Ostsee über das westliche Polen und Südosteuropa bis zum Schwarzen Meer und darüber hinaus, die man am liebsten in einem weiteren geheimen Zusatzpotokoll fixiert wissen wollte. Die deutsche Seite antwortete auf den schriftlich nachgereichten Wunschkatalog nicht und schuf mit der Besetzung Jugoslawiens und Griechenlands im Frühjahr 1941 weitere Fakten.

Seit Ende Juni 1940 bekamen Stalin und Molotow fast schon im Wochenabstand alarmierende Berichte der Hauptverwaltung für Staatssicherheit des NKWD auf den Schreibtisch. Die deutsche Wehrmacht verlege immer mehr Divisionen von der Westfront ins Vorfeld der sowjetischen Grenze, nach Königsberg und an die neue deutsch-sowjetische Grenze in Polen. Einer Aufstellung von Anfang November 1940 zufolge waren inzwischen mehr als 85 Divisionen, ein Drittel der deutschen Landstreitkräfte, an der Ostfront, die Divisionen im ehemaligen Österreich, in Böhmen und Mähren nicht gerechnet. Allerdings würde ein Teil seit der ersten Oktoberhälfte nach Ungarn, in die Slowakei und auf den Balkan verlegt; der Grund sollte mit Beginn des Balkanfeldzugs im nächsten Frühjahr offensichtlich werden. Doch der Großteil blieb an der deutsch-sowjetischen Grenze.

Die Sowjetführung war sich der steigenden Kriegsgefahr bewusst. Noch während des ersten Fünfjahrplans hatte sie mit der forcierten Aufrüstung der Roten Armee begonnen. Zwischen 1930 und 1932 (dem letzten Jahr des ersten Fünfjahrplans) verdoppelte sie die Ausgaben für Rüstungsgüter, bis 1940 sollten sie noch einmal um das Dreifache steigen. 1932 übertraf ihr Produktionsvolumen bereits die Produktion von landwirtschaftlichen Maschinen, Traktoren und Autos zusammengenommen. 1938 floss ein Drittel des Baustahls und -eisens in die Rüstungsindustrie, ebenso 42 Prozent des hochwertigen Stahls. Bis zum Sommer 1941 sollten über 60 Prozent der Produktion im Maschinenbau und in der Metallindustrie aus Rüstungsgütern bestehen.

Im Sommer 1940 steigerte die Sowjetführung mit Hinweis auf die akut wachsende Kriegsgefahr die Rüstungsanstrengungen noch einmal. Das Präsidium des Obersten Sowjet verfügte – auf Beschluss des Politbüros und per Ukas vom 26. Juni – den Übergang zum Achtstundentag und zur siebentägigen Arbeitswoche: «Wir brauchen mehr Metall, Kohle, Öl, mehr Flugzeuge, Panzer, Kanonen, Geschosse, mehr Lokomotiven, Waggons, Drehbänke, Autos, mehr Ausstoß in allen Zweigen unserer Volkswirtschaft.» Gleichzeitig wurde allen Arbeitern und Angestellten in Unternehmen und Behörden verboten, eigenmächtig den Arbeitsplatz zu wechseln. Zuwiderhandeln sollte mit einer Gefängnisstrafe von zwei bis vier Monaten geahndet werden. Die Volksgerichte waren gehalten, die Ermittlungen binnen Monatsfrist aufzunehmen und zu einem raschen Urteil zu kommen.

Bereits Ende Juli stieß das Plenum des Zentralkomitees nach: In der Mehrzahl der Betriebe sei der «Kampf» gegen diejenigen, die dem Arbeitsplatz fernblieben oder ihn dauernd wechselten, völlig unzureichend geblieben und deshalb weder ein Zuwachs im Volumen der Produktion noch eine Verbesserung ihrer Qualität festzustellen. Bei der Umsetzung der Maßnahmen sei vor allem der Direktor in der Pflicht, die Partei-, Sowjet-, Gewerkschafts-, Komsomol- und sonstigen gesellschaftlichen Organe hätten ihn dabei zu unterstützen. Es seien neue innerbetriebliche Disziplinarordnungen zu erstellen, die spätestens zum 1. September in Kraft treten sollten. Das Volkskommissariat der Justiz hatte die Arbeitsgesetzgebung durchzusehen und den Zielen des Erlasses anzupassen. Den Arbeitern und Angestellten wurde mit dem Strafgesetzbuch gedroht: «Hooliganismus» (wozu wohl auch die obigen Verfehlungen zählten) und Kleindiebstahl (ganz gleich welchen Ausmaßes) würden mit mindestens einem Jahr Gefängnis bestraft. Außerdem werde der Staatsanwalt der UdSSR seines Postens enthoben, weil er seinen Pflichten bei der Umsetzung des Erlasses nicht nachgekommen sei.

Aus den verordneten Maßnahmen wurde in den nächsten Wochen und Monaten eine Kampagne gegen die Verletzung der Arbeitsdisziplin, gegen Zuspätkommen, gegen Weglaufen und Wegbleiben vom Arbeitsplatz, gegen Schlendrian und Bummelantentum. Sie wurde zur regelrechten Hexenjagd auf alle, die die neue drakonische Disziplinarordnung und die von oben verordnete Abschaffung der Freizügigkeit, die nun auch die Arbeiter und Angestellten traf, zu unterlaufen suchten. Hunderttausende von «Werktätigen», binnen eines Jahres über drei Millionen, wurden vor Gericht gestellt, auch leitende Angestellte in den Fabriken, die ihrer Meldepflicht nicht nachkamen, und Richter, die zu milde Urteile fällten.

Die Führung wusste, dass dies kein neues Phänomen und in seiner akuten Brisanz von ihr selbst mitverschuldet war: Die Versorgungslage war kümmerlich, selbst die Beschaffung von Gütern des tagtäglichen Bedarfs schwierig, Brot nach einer schlechten Ernte Mangelware, für die man sich stundenlang anstellen musste. Da die Versorgungslage auf dem Lande noch schlechter war, suchten viele ihr Glück in der Stadt, vor allem in Moskau und Leningrad. Endlose Schlangen noch vor Öffnung der Geschäfte waren dort keine Seltenheit, immer wieder kam es zu Schlägereien unter den Wartenden. Miliz versuchte, die Nichtortsansässigen herauszufiltern. Dass die Werktätigen schon wegen eines kleinen Vorteils bereit waren, den Arbeitsplatz zu wechseln, zeigte nur, wie schwach die innere Bindung an ihre Betriebe war.

Das alles blendete die Kampagne einfach aus, machte die Entfernung vom Arbeitsplatz oder seinen Wechsel, statt nach den Gründen zu fragen, den Betroffenen zum moralischen Vorwurf. Sie verstellte damit den Blick auf das eigentliche Problem: Mehr Rüstung, mehr Waffen, Panzer und Flugzeuge, längere Arbeitszeiten ließen sich zwar erzwingen. Aber numerische Überlegenheit war noch kein Äquivalent für Stärke und Sicherheit, wie der «Winterkrieg» gezeigt hatte. Welchen Sinn machte es, wenn ZK und Regierung Ende Juli 1940 verfügten, die Fertigung von Flugzeugen und Flugzeugmotoren in der zweiten Jahreshälfte zu steigern, wenn schon in Friedenszeiten täglich, wie Untersuchungen des Politbüros ergaben, zwei bis drei Maschinen wegen «Unachtsamkeit» vom Himmel fielen? Für diese Probleme hatte Stalin, der einmal mehr auf bloße Gewalt als Mittel der Politik setzte, keine Lösung.

So waren die militärischen Erfolge Hitlers, die Erfahrung, dass die eigene Armee trotz aller Rüstungsanstrengungen nicht kriegsbereit war, und der Zustand, in dem sich das Land und seine Gesellschaft befanden, für die sowjetische Staatsführung im Frühjahr und Sommer 1940 gleichermaßen beängstigend. Während Hitler bereits große Truppenteile an die Ostgrenze verlegte und sich die sowjetische militärische Planung, im Kriegsfall das Geschehen rasch auf das Territorium des Gegners zu tragen, als pure Illusion erwies, mussten auch die Zweifel am Verhalten der eigenen Bevölkerung, die Angst vor der «fünften Kolonne» wachsen.

Zwar bestätigten sich die Gerüchte nicht, dass nun auch Großbritannien mit Deutschland Frieden schließen werde. Vielmehr war die Regierung Churchill sichtlich bemüht, die diplomatischen Beziehungen zwischen London und Moskau wiederzubeleben, über ihren neuen, agilen Botschafter, den politischen Linksintellektuellen Stafford Cripps; er deutete an, London könne zur Anerkennung der sowjetischen Annexionen bereit sein. Auch übermittelte London über den sowjetischen Botschafter Iwan Maiski im Frühsommer 1941 Geheimdienstberichte, die die deutschen Aufmarschvorbereitungen bestätigten und vor einem unmittelbar bevorstehenden Überfall warnten. Doch Stalin argwöhnte, diese Aktivitäten seien in erster Linie Versuche, die Sowjetunion als Verbündeten zu gewinnen und in den Konflikt hineinzuziehen.

Stalin kannte Hitlers «Mein Kampf», seine Feindbilder vom «slawischen Untermenschen» und von der «jüdisch-bolschewistischen Weltverschwörung». Er wusste, welches Schicksal der Sowjetunion als «Ostraum» und deutsches Kolonisationsgebiet zugedacht war; ihm war ebenso bewusst, dass er das Land nicht dauerhaft aus diesem Konflikt heraushalten konnte. Jetzt ging es auch nicht mehr darum, wie Stalin in einer Rede einige Jahre zuvor gesagt hatte, als «letzte» Macht aufzutreten, «um das entscheidende Gewicht in die Waagschale zu werfen». Es ging um die nackte Existenz, um das Überleben der Sowjetunion.

So sprach er den Absolventen der Militärakademien bei einem Empfang im Kreml am 5. Mai 1941 Mut zu, pries die gewaltigen Fortschritte bei der Modernisierung der Roten Armee, bei der Panzer-, der Luftwaffe und der Artillerie, hinter der nur die Ausbildung noch etwas zurückbleibe. Man habe eine moderne Armee mit offensiver Schlagkraft, die nicht mehr nur zu bloßer Defensive fähig sei. Die deutsche Wehrmacht sei keineswegs unschlagbar. Die Deutschen seien siegreich gewesen, wenn sie nur an einer Front kämpften (wie 1870), sie unterlagen im Zweifrontenkrieg (1916/17) und hätten aus der Niederlage gelernt. Stalin führte ihre bisherigen Siege auch auf die überlegene Kampfmoral zurück, mit der sie sich «von den Fesseln von Versailles» befreiten. Sie würden diesen Elan verlieren, wenn sie – wie einst Napoleons Grande Armée – vom Befreier zum Eroberer würden.

Stalin sperrte sich hartnäckig trotz der zahllosen Warnungen über die verschiedensten Kanäle gegen die Einsicht, dass die Entscheidung dazu schon gefallen war, der Angriff unmittelbar bevorstand. Als ihm am 17. Juni 1941 der Volkskommissar für

Staatssicherheit, Wsewolod Merkulow, eine Agentenmeldung aus Berlin vorlegte, alle Vorbereitungen für den Angriff seien abgeschlossen, er könne jederzeit erfolgen, schrieb Stalin an den Rand, Merkulow könne seinen Gewährsmann aus dem Stab der Luftwaffe zu seiner «verfickten Mutter» zurückschicken, dieser sei keine «Quelle», sondern ein «Desinformant». In keinem Fall, so Stalins Überzeugung, dürfe sich die Rote Armee «provozieren» lassen, selbst loszuschlagen, wohl weil der Krieg damit für Deutschland zu einem Verteidigungskrieg würde.

Als die Führung in der Nacht vom 21. auf den 22. Juni 1941 per Telegramm informiert wurde, dass ein deutscher Überläufer die Nachricht überbracht habe, ihr Truppenführer habe ihnen soeben den Angriffsbefehl eröffnet, hatte Stalin immer noch die Sorge, dass sich die Truppen der Grenzmilitärbezirke «provozieren» ließen. Zwar wurden nun alle Truppen in Gefechtsbereitschaft versetzt und angewiesen, ihre Stellungen zu beziehen sowie alle Vorbereitungen für die Tarnung der Objekte und die Verdunkelung der Städte zu treffen. Aber «ohne Sonderanweisung» sollten sie «keine weiteren Maßnahmen» ergreifen. Diese Mahnung erging am 22. Juni um 0.30 Uhr. Als drei, vier Stunden später der deutsche Angriff begann und Generalstabschef Georgi Schukow Stalin telefonisch davon informierte, antwortete Stalin mit einem ungläubigen Schweigen und rückte von seiner Position, es könne sich um eine «Provokation» handeln, von der «Hitler nichts wisse», erst ab, als der deutsche Botschafter Friedrich-Werner von der Schulenburg die Kriegserklärung überbrachte.

Erst um 7.15 Uhr erging der Befehl an die Bodentruppen, sich mit allen verfügbaren Mitteln auf die feindlichen Kräfte zu werfen und sie «in Regionen, wo» sie die sowjetische Grenze verletzt hatten, zu vernichten. Die Luftstreitkräfte wurden angewiesen, die feindliche Luftflotte auf den Flugplätzen und Bodentruppen bis zu 150 Kilometer im feindlichen Hinterland zu bombardieren. Doch der Befehl war bereits überholt. Deutsche

Truppen hatten nicht nur in einzelnen «Regionen» die sowjetische Grenze verletzt, sie hatten sie in breiter Front überschritten, und die sowjetischen Flugzeuge, die die Luftschläge ausführen sollten, waren schon zu einem erheblichen Teil von der deutschen Luftwaffe am Boden zerstört worden. Wen der Befehl überhaupt noch erreichte, ist unklar. Die Kommunikationsverbindung zu den Frontabschnitten war weitgehend zusammengebrochen.

Stalin sträubte sich dagegen, für das Geschehen und die daraus zu ziehenden Konsequenzen die Verantwortung zu übernehmen. Nicht er, sondern Verteidigungskommissar Simjon Timoschenko, Generalstabschef Schukow und Georgi Malenkow als Mitglied des Hauptmilitärrates der Roten Armee hatten den oben zitierten Befehl unterzeichnet. Stalin sah sich auch nicht in der Lage, noch am selben Tag als Partei- und Regierungschef in einer Rundfunkrede die sowjetische Öffentlichkeit vom deutschen Angriff zu informieren, ihr Mut zuzusprechen; daher wurde Molotow diese Aufgabe übertragen. Selbst wenn Molotow gleich anfangs darauf hinwies, dass er seine Erklärung «im Auftrag der Regierung und ihres Vorsitzenden Genossen Stalin» abgebe, und mit den Worten schloss, «die Regierung ruft euch, Bürger und Bürgerinnen der Sowjetunion, dazu auf, die Reihen noch enger um die ruhmreiche Bolschewistische Partei, um unsere sowjetische Regierung, um unseren großen Führer Genossen Stalin zu schließen», blieb merkwürdig, warum sich dieser in einer so elementaren Situation, wo es um Leben und Tod ging, nicht selbst an «sein» Volk gewandt hatte.

Und Stalin verkündete – als Regierungs- und Parteichef – zwar tags darauf die Bildung eines «Hauptquartiers des Hauptkommandos der sowjetischen Streitkräfte», dem er selbst auch angehörte; aber den Vorsitz sollte Verteidigungskommissar Timoschenko übernehmen. Nicht von Stalin, sondern von seinen engsten Mitarbeitern im Politbüro stammte Ende des Monats schließlich der Vorschlag, ein fünfköpfiges «Staatliches Verteidigungskomitee» (GKO) zu gründen, dem Molotow, Woroschilow, Malenkow und Berija angehören und in dem er selbst, Stalin, den Vorsitz übernehmen sollte; sie überraschten Stalin damit in seiner Datscha in Kunzewo, wohin er sich vorübergehend zurückgezogen hatte. In einer so schwierigen Situation, die sich stündlich änderte, brauche das Land eine Entscheidungsinstanz, eine Führung. Stalin stimmte zu.

Tags darauf, am 1. Juli 1941, wurde die Gründung des GKO in der Presse bekannt gegeben. Alle Partei-, Sowjet-, Militär-, Wirtschafts- und Gewerkschaftsorgane hatten seinen Anweisungen zu folgen. Der von Lenin im Herbst 1918 geschaffene «Rat für Arbeiter- und Bauernverteidigung» lieferte offenkundig das Vorbild. Am 10. Juli erfolgte die Umbildung des Hauptquartiers in ein «Hauptquartier des Obersten Kommandos», in dem Stalin als Vorsitzender des GKO den Vorsitz führte. Am 19. Juli übernahm Stalin den Posten des Volkskommissars für Verteidigung und am 8. August 1941 die Befugnisse des Obersten Befehlshabers. Das Hauptquartier wurde in «Hauptquartier des Obersten Befehlshabers» umbenannt. Spezielle Kenntnisse für das Amt des Oberbefehlshabers brachte Stalin nicht mit, er hatte weder «gedient» noch je höhere militärische Posten bekleidet. Entscheidend war: Die wichtigsten Ämter im Staat, in der Leitung der Partei, der Regierung und der Streitkräfte, kurzum alle Macht, lag nun wieder in einer, seiner Hand.

Die Wege, auf denen Stalin den Erfolg suchte, waren die gleichen wie vor dem Krieg: die Wege der Propaganda, der Abschreckung, der Repression, der gewaltsamen Durchsetzung der Ziele ohne Rücksicht auf Verluste. Am 3. Juli 1941, knapp zwei Wochen nach dem deutschen Überfall, wandte er sich erstmals selbst in einer Rundfunkansprache an die Soldaten der Roten Armee und die sowjetische Bevölkerung. Er sprach sie nicht nur als «Genossen», sondern als «Bürger», «Brüder und Schwestern», «meine Freunde» an. Ziel der Rede war es, die entstandene Lage zu erklären, die Vorkriegspolitik zu rechtfertigen, verlorenes Vertrauen zurückzugewinnen, vor dem Feind eindrücklich zu warnen und, schwierig genug, Zuversicht zu verbreiten.

Das «faschistische Deutschland» habe «unerwartet und wortbrüchig den im Jahr 1939 zwischen ihm und der UdSSR abgeschlossenen Nichtangriffspakt zerrissen», selbst um den Preis, nun vor aller Welt als «blutiger Aggressor» dazustehen. Dennoch sei es richtig gewesen, sich «mit solchen wortbrüchigen Leuten und Ungeheuern wie Hitler und Ribbentrop» einzulassen, weil der Nichtangriffspakt dem eigenen Land eineinhalb Jahre Frieden beschert habe. Dass die «faschistische Luftwaffe» sowjetische Städte bombardieren und «faschistische Truppen» Teile des Landes besetzen konnten, sei «hauptsächlich» darauf zurückzuführen, dass die Wehrmacht sich bereits in Kampfbereitschaft befand, die sowjetischen Truppen erst mobilisiert werden mussten.

Alle müssten begreifen: Das Land befinde sich in «ernster Gefahr», der Feind sei «grausam und unerbittlich». Alle sozialen und nationalen Kräfte gelte es, dagegen zu mobilisieren: Der Feind habe sich das Ziel gesetzt, «die Macht der Gutsbesitzer wiederaufzurichten, den Zarismus wiederherzustellen, die nationale Kultur und die nationale Eigenstaatlichkeit der Russen, Ukrainer, Belorussen, Litauer, Letten, Esten, Usbeken, Tataren, Moldauer, Georgier, Armenier, Aserbaidschaner und der anderen Völker der Sowjetunion zu vernichten, sie zu germanisieren, sie zu Sklaven der deutschen Fürsten und Barone zu machen».

Die «Menschen unseres Landes» müssten «opferwillig in unseren Vaterländischen Befreiungskrieg gegen die faschistischen Unterdrücker ziehen»; die gesamte Arbeit sei «auf den Krieg umzustellen», Armee, Flotte und Bürger müssten «jeden Fußbreit Sowjetbodens verteidigen, müssen bis zum letzten Blutstropfen um unsere Städte und Dörfer kämpfen, müssen die Kühnheit, Initiative und Findigkeit an den Tag legen, die unserem Volke eigen sind». Zugleich sei ein «schonungsloser Kampf gegen alle Desorganisatoren des Hinterlands, gegen Deserteure, Panikmacher, Verbreiter von Gerüchten [zu] organisieren, wir müssen die Spione, Diversanten und feindlichen Fallschirmjäger vernichten».

«Bei einem erzwungenen Rückzug von Truppenteilen der Roten Armee», so fuhr Stalin fort, «muss das gesamte rollende Material der Eisenbahnen fortgeschafft werden; dem Feind darf keine einzige Lokomotive, kein einziger Waggon, kein Kilogramm Getreide, kein Liter Treibstoff überlassen werden. Die Kollektivbauern müssen das ganze Vieh wegtreiben und das Getreide zur Abbeförderung ins Hinterland dem Schutz der staatlichen Organe anvertrauen. Alles wertvolle Gut, darunter Buntmetalle, Getreide und Treibstoff, das nicht abtransportiert werden kann, muss unbedingt vernichtet werden.»

Schließlich sollten in den vom Feind okkupierten Gebieten Partisanenabteilungen und Diversionsgruppen geschaffen werden, «zum Kampf gegen die Truppenteile der feindlichen Armee, zur Entfachung des Partisanenkampfes überall und allerorts, zur Sprengung von Brücken und Straßen, zur Zerstörung der Telefon- und Telegrafenverbindungen, zur Niederbrennung der Wälder, der Versorgungslager und der Trains [Güterzüge]. In den okkupierten Gebieten müssen für den Feind und alle seine Helfershelfer unerträgliche Verhältnisse geschaffen werden, sie müssen auf Schritt und Tritt verfolgt und vernichtet und all ihre Maßnahmen müssen vereitelt werden.»

In diesem Befreiungskrieg stehe das Land, so versprach Stalin seinen sowjetischen Zuhörern, nicht allein, es werde «treue Verbündete an den Völkern Europas und Amerikas haben, darunter auch am deutschen Volk, das von den faschistischen Machthabern versklavt» werde. Der eigene Kampf werde «mit dem Kampf der Völker Europas und Amerikas für ihre Unabhängigkeit, für ihre demokratischen Freiheiten» verschmelzen. Merkwürdig war an diesen Formulierungen, dass Amerika zu diesem Zeitpunkt noch gar nicht in den Krieg eingetreten war; merkwürdig war erst recht, dass Stalin den eigenen Kampf mit dem «Kampf um demokratische Freiheiten» in Zusammenhang brachte. Ähnlich kühn war seine «Erinnerung» an die «sorglose Gelassenheit» und die «Stimmung des friedlichen Aufbaus» in der Vorkriegszeit, von der es nun Abschied zu nehmen gelte. Die «Erinnerung» der Bevölkerung an das zurückliegende Jahrzehnt dürfte in aller Regel eine andere gewesen sein.

Man könnte ebenso Spekulationen darüber anstellen, was wohl Letten, Litauer oder Esten dachten, als sie hörten, dass die Rote Armee auch ihre nationale Eigenstaatlichkeit verteidige. Hatten sie es nicht eben ganz anders erlebt? Durch die Realität ungedeckt war schließlich auch Stalins Behauptung, dass «die besten Divisionen des Feindes und die besten Einheiten seiner Luftwaffe schon zerschmettert sind und auf den Schlachtfeldern ihr Grab gefunden haben». Doch auf Fakten und Wahrheit kam es Stalin nicht an. Seine verzweifelte Botschaft lautete, die deutschen Truppen seien keineswegs unbesiegbar, selbst wenn der Augenschein etwas anderes zu belegen scheine und dies «die großmäuligen faschistischen Propagandisten unermüdlich in die Welt hinausposaunten».

«Alle Kräfte des Volkes [...] schnellstens zu mobilisieren», «gegen die Versklavung und die drohende Unterjochung», durch «heldenhaften Widerstand» bei der Verteidigung der Heimat, durch die prophylaktische Verlagerung aller Güter ins Hinterland, durch eine Politik der verbrannten Erde und Partisanenkampf in den vom Feind okkupierten Gebieten – das waren fortan die Parolen. Ein Teil der Maßnahmen war bereits angelaufen. Hunderte von Fabrikanlagen, vor allem kriegswichtige Betriebe, sollten in den nächsten Wochen demontiert, in Hunderttausende von Eisenbahnwaggons verladen und östlich des Ural wiederaufgebaut werden. Mit ihnen waren auch Facharbeiter, Ingenieure und leitende Angestellte dorthin zu verbringen. In Sicherheit gebracht werden sollten auch die Geldmittel, Goldbarren, Edelmetalle und Edelsteine aus der Obhut der Ministerien, der Staatsbank, der Rüstkammer des Kreml, der Museen und der Eremitage. Wie pessimistisch man die Gesamtlage einschätzte, zeigt der Umstand, dass der Rat der Volkskommissare Ende Juni 1941 bereits die teilweise Verlegung der Volkskommissariate und Hauptverwaltungen aus Moskau ins tiefe Hinterland verfügte. Beschlüsse zur Verlagerung von Archiven und der Evakuierung von Lenins Leichnam aus dem Mausoleum auf dem Roten Platz folgten.

Als Mitte Oktober 1941 die Front immer näher rückte, Leningrad seit Anfang September bereits eingeschlossen war, bereiteten sich auch Parteiführung und Regierung, die Reste der Volkskommissariate, etlicher anderer Behörden sowie die ausländischen Vertretungen darauf vor, Moskau zu verlassen. Die Regierung und die ausländischen Vertretungen sollten nach Kujbyschew (so hieß die Stadt Samara am Mittellauf der Wolga zwischen 1934 und 1990) verlegt werden, der Apparat der Volkskommissariate in die dafür vorgesehenen Städte westlich und östlich des Ural. Die hektische Betriebsamkeit in den Behörden, die Vernichtung von Akten, die Aktivitäten der Kommission, die festlegte, welche Betriebe demontiert, gesprengt oder vermint werden sollten, um den Deutschen nicht in die Hände zu fallen, die Evakuierungsmaßnahmen und die Massenflucht von Diplomaten, Funktionären, Behördenvertretern mit ihren Familienmitgliedern, die die Ausfallstraßen verstopften, sie lösten – zusammen mit den umlaufenden Gerüchten – Panik in der übrigen Bevölkerung aus, führten zu Menschenaufläufen, Unruhen, Plünderungen.

Stalin sollte am 17./18. Oktober Moskau verlassen; doch da die Befürchtungen eines raschen deutschen Durchbruchs sich nicht bestätigten, blieb er in der Stadt. Am 6. November fand eine Feier zum 24. Jahrestag der Oktoberrevolution in der Metrostation «Majakowskaja» statt, bei der Stalin vor Moskauer Sowjet- und Parteifunktionären sprach. Am Tag darauf, am 7. November, nahm er eine Truppenparade auf dem Roten Platz ab, bei der er sich in einer Rede von der Brüstung des Leninmausoleums an die gesamte sowjetische Bevölkerung wandte.

Die Dramatik der Lage war nicht zu leugnen, der Feind stand vor den Toren der Stadt. Was Stalin dagegensetzen konnte, war nicht viel: Es sei dem Feind nicht gelungen, das Land gleich mit dem ersten Schlag in die Knie zu zwingen; die sowjetischen Streitkräfte hätten die Angriffe des Feindes heldenhaft abgewehrt und ihm schwere Verluste zugefügt; vor allem aber hätten «der wortbrüchige Überfall» und «der uns aufgezwungene Krieg» das ganze Land zusammenrücken lassen, zu einem «Kampflager» vereint, das entschlossen sei, gemeinsam die deutschen Eindringlinge zu zerschmettern.

Seine Ausführungen mündeten in einen patriotischen Durchhalteappell: «Der Krieg, den ihr führt, ist ein Befreiungskrieg, ein gerechter Krieg. Möge euch in diesem Krieg das heldenmütige Vorbild eurer großen Vorfahren beseelen – Alexander Newskis, Dmitri Donskois, Kusma Minins, Dmitri Poscharskis, Alexander Suworows, Michail Kutusows! Möge euch das siegreiche Banner des großen Lenin Kraft verleihen!» Dass Stalin russische Fürsten, Adelige und Bürger, Feldherren und Admiräle in ihrem Kampf gegen Schweden, den Deutschen Orden und die Tataren (im 13. und 14. Jahrhundert), gegen polnische Invasoren (im 17. Jahrhundert) und gegen Napoleon (Anfang des 19. Jahrhundert) als Vorbilder im Kampf für die «ruhmreiche Heimat, ihre Freiheit, ihre Unabhängigkeit» beschwor, zeigte, dass er fortan auf die patriotische Karte setzte.

Im Studio nachgedreht und in vielen Kopien verbreitet, sollte die Rede, zusammen mit den Bildern von der Truppenparade auf dem Roten Platz, den Schulterschluss von Staat und Gesellschaft, ihren Durchhaltewillen im gemeinsamen Existenzkampf, im Einvernehmen mit der «Vaterländischen Geschichte», demonstrieren. Es wird berichtet, dass diese Botschaft ihr Ziel nicht verfehlte, wobei die unmenschliche deutsche Besatzungspolitik das Ihre dazu beitrug.

Aus Stalins Angaben zum Kriegsverlauf war kein klares Bild zu gewinnen, und seine Angaben zu den deutschen und sowjetischen Kriegsverlusten standen in groteskem Widerspruch zur Wirklichkeit. Mag sein, dass er die Zahlen selbst so genau nicht kannte und willfährige Mitarbeiter und Dienststellen ihm bei seiner Fehleinschätzung «zuarbeiteten». Doch wie schon die Industrialisierungskampagne und sein Krieg gegen die Bauern im Jahrzehnt zuvor gezeigt hatten, waren Zahlen und Behauptungen bei ihm nie für bare Münze zu nehmen, hatte er doch seine eigenen Vorstellungen von Wahrheit und Wirklichkeit. Was zählte, waren das politische Ziel und die propandistische Wirkung. Und wie damals setzte er nicht allein auf die Überzeugungskraft von Argumenten und Appellen. Sie waren begleitet von drakonischen Strafmaßnahmen, wo er Fehlverhalten und Feigheit vor dem Feind unterstellte.

So wurde General Dmitri Pawlow, «Held der Sowjetunion» und Kommandant der Westfront, für die Anfangsniederlagen verantwortlich gemacht, vor ein Tribunal gestellt und noch im Juli zusammen mit seinem Stab erschossen. Der Erlass trug die Unterschrift Stalins in seiner Funktion als Vorsitzender des Staatlichen Verteidigungskomitees. Am gleichen Tag wurden bei allen Regimentern und Divisionen, Stäben und Dienststellen der Roten Armee die «Kriegskommissare» als Vertreter der Partei und der Regierung wieder eingeführt, die sich künftig mit den Kommandeuren der entsprechenden Truppenteile die Verantwortung für die Durchführung der übertragenen Aufgaben teilten. Die Maßnahme, die an Bürgerkriegszeiten erinnerte, konnte nur als Ausdruck generellen Misstrauens gegenüber dem Kommandostab gedeutet werden.

Mitte August erließ das Hauptquartier des höchsten Oberkommandos unter dem Vorsitz Stalins den berüchtigten Befehl 270, der Kommandeure und Politfunktionäre, die ihre Rangzeichen abrissen, sich ins Hinterland absetzten oder sich in die Gefangenschaft des Feindes begaben, zu «bösartigen Deserteuren» erklärte, deren Familien als «Familien von Fahnenflüchtigen und Vaterlandsverrätern» verhaftet werden sollten. Rotarmisten und

Truppenteile, die vom Feind eingekreist wurden, hatten sich mit allen Mitteln wieder zu den Eigenen durchzuschlagen. Jeder Wehrpflichtige sollte sich einer Übergabe an den Feind widersetzen; diejenigen, die dem zuwiderhandelten, waren «mit allen Mitteln vom Boden oder aus der Luft zu vernichten», wobei die Familien derer, die sich ergaben, alle staatliche Unterstützung verlieren sollten. Bis 10. Oktober 1941 wurden über 10 000 Mitglieder der Roten Armee erschossen, ein Drittel davon als warnendes Beispiel vor den Augen ihrer Kameraden.

Kaum mehr Rücksichtnahme zeigte Stalin gegenüber der Zivilbevölkerung. Am 17. November 1941 erließ das gleiche Hauptquartier (Stawka) des Oberkommandos (mit den Unterschriften Stalins und des Generalstabschefs Schaposchnikow) den Befehl 0428. Er ordnete an, «alle Siedlungspunkte im Hinterland der deutschen Truppen in einer Tiefe von 40 bis 60 Kilometer ab der Hauptkampflinie und 20 bis 30 Kilometer links und rechts der Straßen vollständig zu zerstören und niederzubrennen». Dazu sollten neben Luftwaffe, Artillerie und Granatwerfern Aufklärungskommandos und Partisanen eingesetzt werden, die mit Flaschen von Brennstoffen, Handgranaten und Sprengmitteln auszustatten waren. Bei allen Regimentern sollten überdies Jagdkommandos zur Sprengung und Inbrandsetzung von Siedlungspunkten gebildet werden, die bei erzwungenen Rückzügen von Einheiten in Aktion zu treten hatten.

Mit dem Vordringen des Feindes an der Südfront, dem weiteren Verlust lebenswichtiger Agrar- und Industriegebiete und dem schwindenden Glauben der Bevölkerung an die Rote Armee begründete Stalin den Erlass des Befehls 227 (vom 28. Juli 1942). Er führte sie auf eine Missachtung von Ordnung und Disziplin in der Armee zurück und verfügte: «Die Miesmacher und Feiglinge müssen auf der Stelle vernichtet werden. Von nun an muss das oberste Gesetz für jeden Kommandanten, Rotarmisten, politischen Kommissar die Parole sein: ‹Kein Schritt zurück› ohne Befehl der Obersten Kommandostelle.» Armeekommandeure, die das eigenmächtige Verlassen der Stellungen duldeten, waren ihrer Posten zu entheben und vor ein Kriegsgericht zu stellen. Offiziere, Kommissare, Unteroffiziere und Rotarmisten, die sich dies zuschulden kommen ließen, waren Straf-Bataillonen und -kompanien zuzuteilen, die für besonders schwierige Aufgaben, Todeskommandos, eingesetzt wurden. Außerdem waren hinter den Linien, hinter «unzuverlässigen Divisionen», gut bewaffnete Spezialeinheiten zu bilden, die «im Falle eines unangeordneten Rückzugs der vor ihnen liegenden Divisionen jeden Flüchtenden und jeden Feigling [erschossen]». Der Befehl war vor allen Einheiten und Stäben zu verlesen.

Stalin war Vorsitzender des Staatlichen Verteidigungskomitees und Oberster Befehlshaber geworden, weil es niemanden gab, der die militärischen Spitzenämter mit vergleichbarer Autorität ausfüllen konnte. Alles andere hätte ein Machtvakuum und ein Kompetenzchaos erzeugt. Militärische Sachkenntnisse brachte er nicht mit. Er übertrug seinen Arbeitsstil nun auch auf militärische Belange. Er arbeitete in aller Regel im Kreml (mitunter auch in Kunzewo), am liebsten nachts, bis vier, fünf Uhr morgens, und bestellte die Generalstabsoffiziere und Vertreter des Hauptquartiers zum Vortrag in sein Arbeitszimmer. In dem großen, lichten, holzgetäfelten Raum stand ein langer, mit grünem Tuch bedeckter Tisch, wo sich Karten ausbreiten, Lagen besprechen und Operationen vorbereiten ließen. An den Besprechungen nahmen auch Mitglieder des Politbüros teil.

Die Besprechungen fanden oft im Stehen statt, wobei es zu Stalins Angewohnheiten gehörte, die Vortragenden zu unterbrechen und während der Berichte im Zimmer unruhig hin und her zu laufen. Er konnte leise und überlegt, aber auch «grauenhaft, ekelhaft ungehobelt und ungerecht» sein. In einem anschließenden Raum befand sich die Nachrichtenzentrale; hier liefen die Leitungen der Fernschreiber, der Verbindungen zu den Fronten und des internen Kremlnetzes zusammen, die zu Stalin durchgestellt werden konnten. Zu seinem Führungsstil gehörte es,

Vertreter des Generalstabs zu den Fronten und Armeen zu schicken, die ihm täglich persönlich Bericht zu erstatten hatten; wehe, wenn dieser Bericht sich verzögerte oder ausblieb. Auch Generalstabschefs hatten ihn «gereizt, wütend, ja wutschnaubend erlebt» (Wassilewski); er konnte wüst fluchen und gnadenlos sein. Erfüllten Kommandeure die in sie gesetzten Erwartungen nicht, wurden sie ihrer Posten enthoben. So hatte er es schon vor dem Krieg, selbst mit Generalstabschefs, gehalten.

Stalin blieb zugleich der Schreibtischtäter, der er war – hierin Lenin während des Bürgerkriegs durchaus vergleichbar: Nur ein einziges Mal besuchte er in all den Jahren die Front. Am 2. August 1943, ein halbes Jahr nach der Wende des Krieges bei Stalingrad, fuhr er an die Westfront, an den etwa 150 Kilometer westlich von Moskau liegenden Abschnitt von Wjasma-Rschew. Er bestieg dazu mitten in der Nacht in Kunzewo einen getarnten Kurzzug mit Dampflok, einigen Passagierwaggons und einer gepanzerten Plattform für die Luftabwehr; der Zug brachte Stalin – bewacht von einem Tross von Sicherheitsleuten in Zivil – über Moschaisk und Borodino nach Gschatsk. Hier stieg man in Autos um, nahm Quartier in einem Dorf, besuchte tags darauf den Befehlsstand und sprach mit dem Frontkommandanten. Am nächsten Tag fuhr der ganze Tross weiter nach Norden, an die Kalininfront; Stalin ließ sich auch dort vom zuständigen Frontkommandanten berichten, übernachte noch einmal in einem Bauernhaus, und am Abend des 5. August traf er bereits wieder in Moskau ein. Obwohl er seinen westlichen Verbündeten davon berichtete und Frontbesuche als notwendiges Routinegeschäft darstellte, war und blieb es sein einziger.

Mangelnde Sachkenntnis hielt Stalin zunächst nicht davon ab, sich militärisch-strategische Entscheidungen anzumaßen. Erst allmählich lernte er, ohne die Letztentscheidung je aus der Hand zu geben, gewisse Dinge den Fachleuten zu überlassen. Er begriff, dass Angriff, anders als in der Politik, nicht immer die beste Verteidigung war, und Offensiven sorgfältig vorberei-

Mythos und Realität: «Stalin an der Front» hieß ein 1944 fertiggestelltes Bild von Alexander Gerassimow. Stalin steht im Schnee, offensichtlich auf einer kleinen Anhöhe, und schaute in die Weite. Er war sichtlich allein hierhergekommen, mit einem Auto, das er im Schutz einer Tanne stehen gelassen hatte, nur begleitet von einem Rotarmisten, der sich in gebührendem Abstand im Hintergrund hielt. Thema war hier nicht der schreckliche Krieg, sondern der einsame, große Führer, der sich – einmal mehr – selbst ein Bild von der Lage machte und entschied. Dass das Bild seine eigene Wirklichkeit schuf, die mit der historischen wenig zu tun hatte, zeigte schon der Umstand, dass Stalin nur ein einziges Mal die Front besuchte; und dieser Besuch fand mitten im Sommer statt.

tet sein mussten. Er hatte gelernt, dass geregelte Informations-, Kommunikations- und Entscheidungsstrukturen, ein eingespielter Arbeitsablauf und Routinen unabdingbare Voraussetzungen waren für ein erfolgreiches Zusammenwirken zwischen dem Oberkommandierenden, dem Staatlichen Verteidigungskomitee, dem Politbüro, dem Hauptquartier, dem Generalstab, dem Volkskommissariat für Verteidigung und den zahllosen nachgeordneten militärischen und zivilen Behörden. Anders war eine Zehn-Millionen-Armee nicht zu führen, anders ließ sich ein geschundenes Land, das diesem riesigen Militärapparat zuarbeiten sollte, nicht regieren.

Am Generalstab als kollektivem Beratungsgremium schien Stalin zunächst wenig interessiert. Seine Praxis, dessen Mitglieder nach Kriegsbeginn an die Brennpunkte des militärischen Geschehens zu schicken, wies darauf hin, dass er sie eher als persönliche Zuarbeiter des Oberkommandierenden sah denn als operatives Zentrum; die Parallele zum Politbüro und zu dessen Mitgliedern liegt nahe. Immerhin entwickelte er ein gedeihliches Verhältnis zu seinen Generalstabschefs, Georgi Schukow, Boris Schaposchnikow, Alexander Wassilewski und Alexei Antonow, die diesen Posten zwischen 1941 und 1945 innehatten.

Stalin begegnete vor allem Schaposchnikow mit großem Respekt, der seit Mai 1937 als Generalstabschef fungierte. Zwischenzeitlich aus gesundheitlichen Gründen von seinem Amt entbunden, übernahm er den Posten im Juli 1941 erneut, im Mai 1942 wurde er Stellvertreter Stalins als Volkskommissar für Verteidigung und im Juni 1943 Leiter der Militärakademie des Generalstabs. Schaposchnikow war der Einzige, den, wie sich Schukow erinnerte, Stalin nicht mit «Genosse» und Nachnamen, sondern vertrauter mit Vor- und Vatersnamen ansprach, und nur er durfte angeblich auch in Stalins Arbeitszimmer rauchen. Schaposchnikow war seit 1937 Deputierter des Obersten Sowjet, seit 1939 Kandidat des Zentralkomitees der Partei und 1937 auch Mitglied jenes Militärgerichts gewesen, das die Generäle Tuchatschewski, Jakir und Uborewitsch zum Tode verurteilt hatte. Mit seinem markanten Mittelscheitel ist er auf Bildern schnell zu erkennen, etwa im September 1939 neben Ribbentrop und Stalin bei der Unterzeichnung des deutsch-sowjetischen Grenz- und Freundschaftsvertrages. Insofern erscheint es wie eine Ironie des Schicksals, dass Schaposchnikow, Jahrgang 1882, eigentlich zur Spezies der alten «Militärspezialisten» gehörte, gegen deren Übernahme in die Rote Armee Stalin einst heftig polemisiert hatte; Schaposchnikow hatte von 1907 bis 1910 die Kaiserliche Generalstabsakademie besucht und es danach in der alten Armee bis zum Oberst gebracht.

Eingeschränkt galt das auch für Wassilewski und Antonow, die, gut 13, 14 Jahre jünger als Schaposchnikow, durch dessen Schule gegangen waren. Wassilewski war 1917 Stabskapitän (also im Offiziersrang) gewesen, und Antonow entstammte einer Offiziersfamilie, schon der Vater und der Großvater waren Berufssoldaten. Stalin hatte aus Erfahrungen gelernt und bei der Auswahl der Führungskader einsehen müssen, dass im Kampf gegen eine moderne, hochgerüstete Armee die militärstrategischen Fähigkeiten der Marschälle vom Schlage eines Woroschilow und Budjonny – «proletarischer» Herkunft, revolutionäre Mitstreiter, Haudegen und Leitfossile des Bürgerkriegs – rasch an ihre Grenzen stießen. Woroschilow hatte bereits nach dem «Winterkrieg» seine Stellung als Verteidigungskommissar verloren. Aus Stalins Sicht versagte er auch als Kommandeur der Nordwestfront bei der Verteidigung Leningrads im Herbst 1941. Im Frühjahr 1942 weigerte sich Woroschilow, das Kommando über die Wolchowfront zu übernehmen. Auf Stalins Geheiß bestätigte ihm das Politbüro daraufhin Inkompetenz und sah ihn künftig nur noch für eine Beschäftigung mit frontfernen militärischen Aufgaben vor. Ganz fallen ließ Stalin seinen alten Kumpel allerdings nicht, er blieb in hohen Ämtern.

Auch im Krieg änderte Stalin, so hat Schukow einmal gesagt, «seine prinzipiellen Ansichten, Gewohnheiten, sein Verhältnis zur Lage und zu den Menschen» nicht. Doch im Verlauf des Krieges seien deren «Verdienste, ihre Fähigkeiten, ihre Unentbehrlichkeit für die Sache deutlicher hervor[getreten]». Schukow bezog sich damit auf das Verhältnis Stalins zu seinen Generalstabsoffizieren, zu den Oberbefehlshabern der Fronten, zu den Armeegenerälen. Ob Stalin es sich selbst eingestand oder nicht: Als Oberkommandierender war er nicht nur ihr unmittelbarer Vorgesetzter, sondern auch von ihnen abhängig und entwickelte ein persönliches Verhältnis zu ihnen, selbst wenn er ein «ungehobelter Patron» (Wassilewski) blieb.

Zum bekanntesten und höchstdekorierten der Militärs avancierte der nun schon mehrfach erwähnte Georgi Schukow, der dreimal den «Rotbannerorden», viermal die Medaille «Goldener Stern» eines «Helden der Sowjetunion», sechsmal den «Leninorden» und zweimal den «Suworoworden» erhielt. Auch er hatte sich seine ersten Sporen (die Orden vom heiligen Georg 3. und 4. Klasse) bereits in der zarischen Armee während des Ersten Weltkriegs verdient. Nach seinem Sieg über die Japaner am Chalkin Gol im August 1939 wurde er 1940 Befehlshaber des wichtigen Kiewer Militärbezirks. Im Frühjahr 1941 Generalstabschef, verlor er diesen Posten nach den katastrophalen Anfangsniederlagen und wurde fortan von Stalin (erst als Repräsentant der Stawka, dann als Kommandeur) an die wichtigsten Brennpunkte des Zweiten Weltkriegs geschickt: an die Leningrader Front, zur Verteidigung Moskaus, an die Westfront, nach Stalingrad, an den Kursker Frontboden, in die Ukraine, in die Schlacht um Berlin. Er nahm am 9. Mai 1945 als Repräsentant der Roten Armee in Berlin-Karlshorst die Kapitulation der deutschen Wehrmacht entgegen, nahm in Moskau auf dem Roten Platz am 24. Juni auf einem Schimmel die Siegesparade ab und wurde als Oberbefehlshaber der sowjetischen Besatzungstruppen zum ersten Chef der Sowjetischen Militäradministration in Deutschland (SMAD).

Es war ein Ausdruck gestiegenen Vertrauens gegenüber den

Kommandokadern, wenn im Oktober 1942 in der Armee die Institution der Kriegskommissare abgeschafft und den Kommandeuren wieder die alleinige Befehlsgewalt übertragen wurde. Der Große Vaterländische Krieg habe eine «überaus große Schicht von neuen talentierten Kommandeuren» entstehen lassen, die «ihre Ergebenheit gegenüber unserer Heimat bewiesen» und sich eine «beachtliche Erfahrung im modernen Krieg angeeignet» haben, hieß es im Erlass des Obersten Sowjet.

Die Aufwertung des Militärs als Institution und der «vaterländischen» Geschichte schlugen sich auch in anderen Entwicklungen nieder: So wurden seit 1942 wieder «Garderegimenter» aufgestellt, die Offiziere erhielten die seit der Revolution verpönten goldenen Schulterstücke zurück, und die neugeschaffenen militärischen Orden orientierten sich nicht an revolutionären, sozialistischen Personen und Symbolen (wie Rotbanner-, Roter-Stern-, Lenin-Orden), sondern an Ereignissen, Heerführern und Admirälen der «vaterländischen Geschichte»: 1942 wurden die Orden «Vaterländischer Krieg», «Suworow», «Kutusow», «Alexander Newski» gestiftet, 1943 kam der Orden «Bogdan Chmelnizki» hinzu, 1944 waren es die Orden «Uschakow» und «Nachimow», jeweils mit mehreren Rangstufen, sowie die Orden «Ruhm» und «Sieg».

Ein Schulterschluss mit der patriotischen Vergangenheit – mit Russland und seinen kulturellen Traditionen, mit dem, was das Land für viele zur «Heimat» machte – war auch, dass sich die Führung um ein gedeihlicheres Verhältnis zur Religiosität der Bevölkerung und zur orthodoxen Kirche bemühte. Den sichtbarsten Ausdruck fanden diese Bemühungen, als Stalin am 5. September 1943 – es war bereits nach Mitternacht – in seinem Arbeitszimmer im Kreml die Metropoliten Alexei, Nikolai und Sergi empfing, sich mit ihnen im Beisein von Molotow über eine Stunde lang unterhielt und die Presse darüber berichtete. Beim Rat der Volkskommissare wurde ein «Rat für die Angelegenheiten der russisch-orthodoxen Kirche» gebildet, die Kirche erhielt das Recht, den seit 1925 vakanten Stuhl eines Patriarchen neu zu besetzen, beim Patriarchat sollte ein Heiliger Synod gebildet werden, und ein eilig einberufenes Bischofskonzil wählte noch im September Metropolit Sergi zum neuen Patriarchen. Gab es 1939 nur vier aktive (in Freiheit befindliche) Bischöfe und einige Hundert (vielleicht 1000) Priester und Kirchen, so bei Kriegsende 46 Bischöfe, etwa 30 000 Priester und 16 000 Kirchen. Die «Rückbesinnung» auf die «vaterländische Geschichte» und die Reaktivierung der orthodoxen Kirche ließen zugleich erkennen: Der Krieg hatte die Grenzen stalinistischer Umerziehung, der Schaffung eines «neuen Menschen», der Bindekraft einer «sowjetischen Identität» aufgezeigt. Stalin zögerte nicht, den Kurs entsprechend zu korrigieren. Er schlug den Grundton eines Sowjetpatriotismus oder Nationalbolschewismus an, worauf er die Bevölkerung in seiner Rede am 7. November 1941 bereits eingestimmt hatte.

Eine gewisse Entspannung schien sich auch in den zivilen Führungsgremien abzuzeichnen. Die Mitglieder des GKO (Molotow, Woroschilow, Malenkow und Berija), in das im Februar 1942 auch die übrigen Politbüromitglieder (Mikojan, Wosnessenski und Kaganowitsch) aufgenommen wurden, hatten arbeitsteilig die Verantwortung für den Nachschub und die Versorgung der Armee mit lebenswichtigen Gütern übernommen, mit Panzern, Flugzeugen, Munition, Uniformen, Lebensmitteln. Die Zusammenarbeit funktionierte recht gut, wie sich Mikojan (selbst Volkskommissar für Außenhandel und im GKO zuständig für die Versorgung der Armee mit Lebensmitteln und Uniformen) erinnerte; vieles habe sich im direkten Gespräch oder am Telefon regeln lassen auf der Basis eines wechselseitigen Grundvertrauens. Auch Stalin ließ die Dinge so laufen, erst im letzten Kriegsjahr änderte sich der Ton, als sich das siegreiche Ende bereits abzuzeichnen begann. Wie um zu zeigen, wer hier die letztendlich das Sagen hatte, begann er erneut mit seinen demütigenden Schurigeleien.

Nach ersten Erfolgen bei der Durchbrechung des Leningrader Blockaderings Ende 1942 und der Kapitulation der deutschen 6. Armee in Stalingrad im Februar 1943 war Stalin (am 7. März 1943) der Marschallrang zugesprochen worden. Nach der Unterzeichnung der Urkunde zur bedingungslosen Kapitulation durch das Oberkommando der Wehrmacht am 9. Mai 1945 in Berlin-Karlshorst und der großen Siegesparade auf dem Roten Platz am 24. Juni 1945 wurde Stalin (am 27. Juni 1945) der Titel eines «Generalissimus» verliehen; er war erst tags zuvor durch Erlass des Präsidiums des Obersten Sowjet geschaffen worden. In der Politbürositzung, in der die Sache vorbesprochen wurde und an der auch die Marschälle Schukow, Wassilewski und Iwan Konew teilnahmen, gab sich Stalin, so erinnerte sich Konew, zurückhaltend: Sie, die Generale, bräuchten ihre Dienstgrade; er, Stalin, brauche für seine Autorität keinen Dienstgrad; und spöttisch habe er hinzugefügt, auch Chiang Kai-shek und Franco führten den Titel «Generalissimus», das sei ja eine schöne Gesellschaft. Da war er wieder, der alte Stalin, in all seiner Widersprüchlichkeit: die Arroganz der Macht, die sich «hinter einer Bescheidenheit verbarg, die schlimmer als Stolz war» (Konew).

Auch Stalin wusste, dass der Titel eines «Generalissimus», eines Generals der Generale, auf einen Begriff brachte, was er ohnehin für sich beanspruchte: Das Land verdanke den grandiosen Sieg vor allem ihm. Zwar hatte er in seiner Rede vom 9. Mai 1945 von den «unermesslichen Entbehrungen und Leiden» gesprochen, «die unser Volk während des Krieges zu erdulden hatte». Er hatte seine Reverenz der «heldenhaften Roten Armee» erwiesen, «ewigen Ruhm den in den Kämpfen gegen den Feind gefallenen Helden» versprochen, «die ihr Leben hingaben für die Freiheit und das Glück unseres Volkes». Zudem hatte er bei einem Empfang im Kreml zu Ehren der Befehlshaber der Roten Armee am 24. Mai 1945 einen speziellen Toast «auf das Wohl des russischen Volkes» ausgebracht, «weil es sich in diesem Kriege die allgemeine Anerkennung als führende Kraft der Sowjetunion unter allen Völkern unseres Landes verdient hat».

Doch wer daran Hoffnungen knüpfte, auf etwas mehr Freiheit und Glück für das Volk oder die Völker, auf eine Entspannung im Innern und eine Liberalisierung des politischen Systems, wurde enttäuscht. Hunger und neue Wellen der Repression machten allen Hoffnungen rasch ein Ende. An einem Fortleben des Geistes der Freiheit und des Selbstbewusstseins, wie er teilweise während des Krieges aufgekeimt war, wie ihn die Soldaten mit zurückbrachten, war die Führung nicht interessiert, an der Heroisierung des Volkes und des Sieges als gemeinsamer Tat nur mit großen Einschränkungen. Die Propaganda stellte klar, wem der Sieg im Großen Vaterländischen Krieg vor allem zu verdanken war: dem Weitblick und der strategischen Genialität Stalins. War er bisher als Vertrauter Lenins, Führer in Revolution und Bürgerkrieg, Architekt des sozialistischen Aufbaus, Theoretiker des Marxismus und Übervater des Volkes heroisiert worden, so kam nun der Ruhm des genialen Feldherrn und Weltenlenkers hinzu. Diese Rollen verschmolzen in der neuen Meistererzählung, die die Revolution, den Bürgerkrieg, die Industrialisierung und die Kollektivierung zur notwendigen Voraussetzung für die Behauptung im Zweiten Weltkrieg und den Aufstieg zur Weltmacht erklärte und eines durch das andere legitimierte.

X. JALTA – FEBRUAR 1945
Zuchtmeister und Weltenlenker

Im Rückblick schien fast schon vergessen, wie mühsam und leidvoll der Aufstieg der Sowjetunion zur Weltmacht, die Anerkennung Stalins als Partner in der Anti-Hitler-Koalition und Mitgestalter der Nachkriegsordnung gewesen waren. Gewiss, der deutsche Überfall vom 22. Juni 1941 hatte die Sowjetunion und Großbritannien zu Verbündeten gemacht. Churchill versprach Hilfe: Neben großen Mengen an kriegswichtigen Rohstoffen sollten – auf Beschluss des Kriegskabinetts – einige Staffeln britischer Jagdflugzeuge in Murmansk stationiert und der Roten Armee 200 Flugzeuge vom Typ «Tomahawk» aus eigenen Beständen überlassen werden. Auch um Wolle, Wollsachen und zwei bis drei Millionen Paar Stiefel hatte die Sowjetführung offenkundig gebeten; außerdem werde man, so versprach Churchill, den britischen Bombenkrieg auf deutsche Städte intensivieren, Hitler damit zwingen, einen Teil der Luftwaffe von der Ostfront in den Westen zu verlegen, und damit dort für Entlastung sorgen. Das werde alles allerdings «einige Wochen dauern».

Vergeblich drängte Stalin schon im Juli 1941 auf die Errichtung einer «zweiten Front» in Nordfrankreich oder im Norden Europas. Er bezifferte Anfang September den monatlichen Lieferbedarf auf 400 Flugzeuge und 500 Panzer. Anfang November regte er auch Vereinbarungen über die Kriegsziele und zur Friedensregelung nach dem Kriege an und machte dem britischen Außenminister Eden bei dessen Moskauer Besuch im Dezember klar, dass für ihn dazu die Anerkennung der sowjetischen Grenzen von 1941 (also der im Pakt mit Hitler vollzogenen Annexionen im Baltikum, in Ostpolen, in Finnland, der Nordbukowina und Bessarabiens) gehörten.

Am 12. Juli 1941 schloss Großbritannien mit der Sowjetunion ein Hilfsabkommen, Ende Oktober stimmte der amerikanische Kongress ihrer Einbeziehung in das Leih- und Pachtprogramm (Lend-Lease Act) zu und gewährte der Sowjetunion einen zinslosen Kredit in Höhe von einer Milliarde Dollar, um die Waffen-, Kriegsmaterial- und Rohstofflieferungen zu bezahlen. Obwohl die Unterstützung Moskaus auch im eigenen Interesse lag, hatte man in London wie in Washington im Sommer 1941 erhebliche Zweifel, ob die Sowjetunion lange der deutschen Kriegsmaschinerie standhalten würde. Als sich Mitte August 1941 Churchill und der amerikanische Präsident Roosevelt auf einem Kriegsschiff vor Neufundland trafen und Grundsätze für eine Nachkriegsordnung entwarfen, schien für sie die Sowjetunion keine Rolle mehr zu spielen. Sie forderten in der «Atlantik-Charta» die Freiheit des Handels und der Meere, proklamierten das «Recht aller Völker, sich jene Regierungsform zu geben, unter der sie zu leben wünsch[t]en», und widersprachen allen «territorialen Veränderungen, die nicht in vollem Einklang mit den in voller Freiheit ausgedrückten Wünschen der betroffenen Völker stehen».

Die USA lehnten es ab, die sowjetischen Annexionen anzuerkennen, und wussten die Briten davon zu überzeugen. Das war auch die Position der polnischen Exilregierung, die die von Moskau gewünschten territorialen Veränderungen zurückwies. Für allzu große politische Konzessionen sah man keinen Anlass. Man bleibe sich bewusst, schrieb Churchill im Januar 1942 an Eden, dass Russland erst in den Krieg eingetreten war, als es selbst von Deutschland angegriffen wurde. Diese Einstellung prägte auch die Haltung zu der von Stalin so dringlich geforderten «zweiten Front». Für die USA, die nach dem japanischen Überfall auf Pearl Harbor im Dezember 1941 auch offiziell in den Krieg eingetreten waren, verschob sich der Schwerpunkt ihrer Aktionen auf den pazifischen Raum. Churchill eröffnete Stalin im August 1942, dass man zur Erkenntnis gekommen sei, die Errichtung einer zweiten Front in Europa sei vorerst unmöglich; eine Landung in Nordfrankreich würde in einer Katastrophe enden. Stattdessen plane man für den Herbst eine Invasion in Französisch-Nordwestafrika, das Unternehmen «Torch». Churchill überbrachte diese Nachricht Stalin bei einem persönlichen Treffen in Moskau. Stalins Vorhaltungen begegnete er mit dem Hinweis, dass auch Großbritannien ein Jahr lang allein gegen Hitler gekämpft habe.

Selbst wenn Churchill versicherte, das Unternehmen «Torch» werde Russland «mehr helfen als jeder andere Plan», eine spürbare Entlastung an der Ostfront durfte sich Stalin davon nicht erwarten. Im gemeinsamen Krieg gegen Hitlerdeutschland setzten die Verbündeten ihre Schwerpunkte anders. Selbst wenn Churchill wie Roosevelt mit Hochachtung von den «heldenhaften», «tapferen russischen Armeen» sprachen, es war abzusehen, dass diese weiterhin die Hauptlast des Krieges gegen Deutschland tragen würden. Doch da die umfangreichen Waffen-, Munitions- und Lebensmittellieferungen und die alliierten Geleitzüge, die sie auf ihrem gefährlichen Weg nach Archangelsk oder über die Südroute beschützten, für die Sowjetunion überlebenswichtig blieben, gab es für Stalin keine Alternative. Churchill informierte Stalin zugleich über die britischen Luftangriffe auf deutsche Städte und die Bombenlast, die man über ihnen abwarf.

Es geschah auch aus Verärgerung, wenn Stalin im Winter 1942/43 die Einladung zu einem Dreiertreffen in Casablanca zur Besprechung «hochwichtiger» strategischer Entscheidungen ablehnte. Wegen der Lage in Stalingrad sei er vor Ort unabkömmlich. Die ohnehin belasteten Beziehungen wurden ein weiteres Mal von der Vergangenheit eingeholt, als deutsche Stellen im April 1943 die Entdeckung eines Massengrabs von über 4000 polnischen Offizieren bei Smolensk, im Wald von Katyn, bekannt gaben, die vom NKWD erschossen worden seien, und Experten des Internationalen Roten Kreuzes zu einer Untersuchung einluden. Wie wir heute wissen, war dies auf Befehl des Politbüros geschehen. Die sowjetische Seite machte die Deutschen für die Gräueltat verantwortlich und lehnte eine internationale Untersuchung ab. Doch auch die polnische Exilregierung in London unter Ministerpräsident Sikorski forderte die Untersuchung, was Stalin mit dem Abbruch der Beziehungen zu ihr beantwortete.

Ein Tiefpunkt schien erreicht, als Churchill nach amerikanisch-britischen Konsultationen im Mai 1943 Stalin mitteilte, dass die für August oder September avisierte Errichtung einer zweiten Front noch einmal verschoben werden müsse; vor 1944 sei nicht damit zu rechnen. In seiner Antwort machte Stalin aus seiner Verärgerung kein Hehl. Man habe nicht einmal versucht, diese «sehr wichtige Frage gemeinsam zu erörtern». Insofern musste er es als weiteren Affront empfinden, dass die Westalliierten nach der Landung in Sizilien und dem Sturz Mussolinis im Juli mit der neuen Regierung von Pietro Badoglio Verhandlungen begannen, ohne die Sowjetunion vorab zu konsultieren.

Doch die Verhältnisse waren mittlerweile im Fluss. Stalin hatte begonnen, sich mit dem «Verband polnischer Patrioten», dessen Gründung im Mai 1943 in Moskau bekannt gegeben wurde, einen eigenen polnischen Ansprechpartner zu schaffen. Man konnte sich fragen, ob er mit dem im Juli aus deutschen Kriegsgefangenen und kommunistischen Emigranten in Krasnogorsk bei Moskau gegründeten «Nationalkomitee Freies Deutschland», dem zwei Monate später die Gründung eines «Bundes deutscher Offiziere» folgte, Ähnliches vorhatte. Schon seit längerem schien Stalin eine doppelgleisige Deutschlandpolitik zu betreiben, die das gemeinsame Ziel einer «bedingungslosen Kapitulation Deutschlands» insgeheim zur Disposition stellte. Mit der formellen Auflösung der Komintern, der «Kommunistischen

Internationale», im Mai 1943 hatte sich Stalin zusätzliche außenpolitische Freiräume geschaffen.

Ihre eigentliche politische Brisanz gewannen diese Entwicklungen durch die militärische Lage, die «Stalingrad» als Kriegswende bestätigte. Seit dem Scheitern des deutschen Unternehmens «Zitadelle» gegen den Frontbogen von Kursk im Sommer 1943 rückte die Rote Armee auf breiter Front nach Westen vor, im November hatte sie den Dnjepr erreicht und an einigen Stellen bereits überschritten. Schon Wochen vorher hatte der amerikanische Generalstab dem Präsidenten erklärt, dass die Sowjetunion im Nachkriegseuropa eine «beherrschende Stellung» einnehmen werde; umso wichtiger sei es, ihr «jeglichen Beistand» zu gewähren und sie «zum Freunde zu gewinnen».

Erst jetzt wurde Stalin, bisher eher Bittsteller, Schritt für Schritt zum vollwertigen militärischen Verbündeten und Partner der Westalliierten bei der Neugestaltung Europas. Bei einer Außenministerkonferenz in Moskau einigten sich die drei Mächte im Oktober 1943 auf die Einrichtung einer «Europäischen Beratenden Kommission», in der Vertreter der drei Regierungen Vorschläge für die Kapitulation, die Einteilung in Besatzungszonen und die gemeinsame Kontrolle Deutschlands ausarbeiten sollten. Ende November/Anfang Dezember 1943 kamen Churchill, Roosevelt und Stalin zu einer ersten gemeinsamen Kriegskonferenz in Teheran zusammen. Es war Stalins erste Auslandsreise als Partei- und Regierungschef, und es war das erste und einzige Mal, dass er dafür ein Flugzeug bestieg. Da er Flugangst hatte, war er bis Baku mit dem Zug gefahren. Er zog es vor, von einem Oberst und nicht von einem Generaloberst nach Teheran geflogen zu werden, weil er bei Ersterem mehr Flugpraxis vermutete.

Die Großen Drei tagten auf dem Gelände der sowjetischen Botschaft. Hauptpunkte waren die Errichtung einer zweiten Front («Operation Overlord»), Polen und Finnland, die Lage im Mittelmeer, auf dem Balkan und in der Türkei, die Nachkriegsordnung in Deutschland und die Schaffung einer Organisation zur Wahrung des Weltfriedens. Während Roosevelt als jüngster Regierungschef die um den Tisch Versammelten als «Mitglieder einer neuen Familie» begrüßte, hielt sich Stalin mit derartigen Freundlichkeiten nicht lange auf.

Er hatte Churchill weiterhin im Verdacht, die Vorbereitungen zum Unternehmen «Overlord», zur Landung in der Normandie, nur halbherzig zu betreiben. Im Bewusstsein der neugewonnenen Macht drängte Stalin auf konkrete Angaben zu Zeitpunkt, Stoßrichtung und zur Benennung des Oberbefehlshabers. Er stimmte einer einvernehmlichen Lösung der finnischen Frage zu, war aber nicht bereit, sich auf Verhandlungen mit der polnischen Exilregierung einzulassen. Man einigte sich auf eine Westverschiebung Polens an die Oder zulasten des besiegten Deutschland; von den baltischen Staaten war (in den offiziellen Verhandlungen) gar nicht mehr die Rede. Stalin wurde auch nicht widersprochen, als er die Abtretung des nördlichen Ostpreußen mit Königsberg und des Memelgebiets (als «eisfreie Häfen») an die Sowjetunion forderte. Deutschland sollte aufgeteilt, Österreich wieder souverän, aber kein Donaubund gebildet werden; Stalin war gegen eine entsprechende Anregung Churchills. Insgesamt setzte Stalin seine Hauptforderungen durch: die Konzentration der Westalliierten auf die Schaffung der zweiten Front als strategisches Hauptziel in Europa und die Anerkennung der sowjetischen Grenzen vor dem deutschen Überfall im Juni 1941. So konnte Stalin befriedigt die Heimreise antreten, auf dem gleichen Weg, wie er gekommen war, mit einem Ehrenschwert im Gepäck, das Churchill ihm im Namen seines Königs, Georgs VI., für den Sieg bei Stalingrad feierlich überreicht hatte.

Als die Großen Drei gut ein Jahr später wieder zusammenkamen, war der Krieg längst entschieden. Die Rote Armee hatte zum Jahreswechsel 1944/45 im Norden, in Ostpreußen, die ehemalige Reichsgrenze überschritten, stand im Mittelabschnitt an der Weichsel und im Süden vor den Toren Österreichs. Rumänien, Bulgarien und Jugoslawien waren bereits überrollt, Ungarn hatte kapituliert. Am 6. Juni 1944 hatten Soldaten aus den USA, Großbritannien, Frankreich, Kanada und Polen in über 3000 Landungsbooten den Kanal überquert und waren unter dem Feuerschutz von 1500 Kriegsschiffen und 7500 Flugzeugen in der Normandie an Land gegangen; sie hatten Brückenköpfe gebildet und ständig erweitert. Ende des Monats standen fast eine Million Soldaten und 150 000 Fahrzeuge auf französischem Boden. Im August wurde Paris befreit, zum Ende des Jahres erreichten die Alliierten auch im Westen die Reichsgrenze.

Stalin hatte Churchill und Roosevelt auf die Krim eingeladen, die erst im Mai 1944 von der Roten Armee zurückerobert worden war. Selbst der todkranke Roosevelt schleppte sich hierher, weil Stalin alle vorgeschlagenen Tagungsorte außerhalb der Sowjetunion abgelehnt hatte. Roosevelt vermied es, sich vorher mit Churchill zu treffen, um nicht Stalins Argwohn zu wecken. Schon daran ließ sich ablesen, dass die Gewichte neu verteilt waren. Man tagte vom 4. bis 11. Februar 1945 im Kurort Jalta, in dem etwas außerhalb auf einer Anhöhe gelegenen weißen Liwadija-Palast. Der letzte Zar, Nikolaus II., hatte ihn im Stile der italienischen Frührenaissance mit einem maurischen Innenhof als Sommerresidenz erbauen lassen. Die Palastanlagen waren in aller Eile und mit großem Aufwand restauriert worden, die Kriegsschäden ringsum aber noch überall sichtbar.

Insgesamt bot der Palast eine prächtige, imperiale Kulisse in paradiesischer Umgebung, die für den neuen sowjetischen Machtanspruch und die Aussöhnung mit der eigenen Geschichte zu stehen schien. Im Palast und seinen Nebengebäuden war auch die amerikanische Delegation untergebracht. Die sowjetischen Gastgeber logierten ganz in der Nähe, die Uferstraße in südlicher Richtung nur einige Kilometer weiter; die Besitzungen in Koreis hatten vor der Revolution Fürst Jussupow gehört. Von dort waren es nur fünf, sechs Kilometer bis zum Alupka-Palast, wo die Briten wohnten. Die hochadelige Familie der

Woronzows hatte sich das romantische Schloss Anfang des 19. Jahrhunderts errichten lassen, in neugotischem Stil, mit einer maurischen Fassade zur Meeresseite. Architekt war der Brite Edward Blore, der auch am Buckingham-Palast mitgebaut hatte.

Auf der Agenda standen erneut Deutschland, Polen und die Schaffung einer neuen Weltorganisation, der «Vereinten Nationen». Es war vorauszusehen, dass der schwierigste Punkt Polen sein würde. Hier hatte Stalin vollendete Tatsachen geschaffen. Beim Einmarsch der Roten Armee hatte sich am 21. Juli 1944 im Grenzort Chełm ein «Polnisches Komitee der nationalen Befreiung» unter dem Vorsitz von Edward Osóbka-Morawski gebildet, das wenig später nach Lublin, in die Hauptstadt der Woiwodschaft, übersiedelte und seither «Lubliner Komitee» hieß. Das Komitee erklärte die Londoner Exilregierung für «illegal» und wurde von Stalin, wie er Churchill am 23. Juli mitteilte, als möglicher «Kern für eine provisorische polnische Regierung» anerkannt. Das Komitee schloss nur wenige Tage später mit Molotow ein Abkommen, in dem die Oder-Neiße-Linie als neue Westgrenze Polens festgeschrieben wurde.

Als angesichts des raschen Vorrückens der Roten Armee und der alarmierenden Ereignisse in Lublin die Londoner Exilregierung am 1. August den lange vorbereiteten Aufstand der «Heimatarmee» gegen die deutsche Besatzungsmacht auslöste («Warschauer Aufstand») und die Westalliierten Stalin zur Unterstützung der «polnischen Patrioten» drängten, antwortete er hinhaltend, de facto ablehnend. Die «Aktion in Warschau» sei mit dem sowjetischen Oberkommando nicht abgesprochen gewesen, die sie «anzettelten», seien eine «Verbrecherbande», «um die Macht an sich zu reißen». Ihr diesen Prestigegewinn zu verschaffen war nicht in Stalins Interesse. So wartete er ab, bis deutsche Truppen den Aufstand verlustreich niedergeworfen, Warschau weitflächig zerstört und die Reste der Heimatarmee Anfang Oktober zur Kapitulation gezwungen hatten.

Zwei, drei Wochen vor Beginn der Jalta-Konferenz war die

Rote Armee in Warschau einmarschiert und mit ihr auch das «Lubliner Komitee», das sich in «Provisorische Nationalregierung der Polnischen Republik» umbenannt hatte. Während Stalin ihr in Botschaften an Churchill und Roosevelt Anfang Januar 1945 «große Erfolge» bei der «Festigung des polnischen Staates und Staatsapparates», der «Konsolidierung der demokratischen Kräfte Polens» und der Stärkung ihrer Autorität «in breiten Schichten des polnischen Volkes» bescheinigte, warf er der Londoner Exilregierung vor, ihre «illegalen Agenten» und von ihr aufgehetzte «Terroristen» würden Anschläge auf Soldaten und Offiziere der Roten Armee verüben und einen «verbrecherischen Kampf» gegen die Sowjettruppen führen.

Diese Argumentation wiederholte Stalin auch in Jalta, als Churchill und Roosevelt erneut für die Londoner Exilregierung Partei ergriffen: Roosevelt habe seine eigene Öffentlichkeit und die fünf bis sechs Millionen Polen vor Augen, die jetzt in den USA lebten, Churchill die Emigranten, die den Kontakt zum eigenen Land verloren hätten, er, Stalin, die vielen Millionen, die in Polen geblieben seien und nun hinter der neuen Regierung stehen würden. Den Umstand, dass sie nicht gewählt sei, teile sie mit anderen – von den Westalliierten anerkannten – Regierungen (wie der von General de Gaulle in Frankreich). Als Oberkommandierender der in Polen stationierten Truppen komme es ihm darauf an, dass Ruhe und Ordnung herrsche und niemand von außen Unruhe schüre, wie es die Emigranten in London täten. Die Konzessionen, die Stalin machte, waren überschaubar: Er stellte in Aussicht, dass die Regierung der nationalen Einheit um einige Vertreter anderer polnischer Parteien erweitert werden könne. Generell wollte man, wie es in einer in Jalta verabschiedeten «Erklärung über das befreite Europa» hieß, die Völker dabei unterstützen, «provisorische Regierungen zu schaffen, die alle demokratischen Elemente der Bevölkerung repräsentieren und die verpflichtet sind, auf dem Wege freier Wahlen möglichst bald Regierungen zu bilden, die dem Willen des Volkes entsprechen». Wogegen sich die Londoner Exilregierung gesperrt hatte, wurde ausdrücklich festgeschrieben: die Westgrenze der UdSSR, einschließlich jener Gebiete, die die Sowjetunion im Pakt mit Hitler hinzugewonnen hatte.

Für die bedingungslose Kapitulation, die Einteilung in Besatzungszonen und die Kontrollverwaltung Deutschlands hatte die Europäische Beratende Kommission bereits Vorlagen erarbeitet. Die von Churchill eingebrachten Überlegungen, auch Frankreich an der Besatzung zu beteiligen und ihm eine eigene Zone zuzuweisen, sah Stalin skeptisch. Da die französische Zone jedoch nur aus der britischen und amerikanischen herausgeschnitten werden sollte, zeigte er sich kompromissbereit. Ähnliches galt für die Beteiligung Frankreichs an der gemeinsamen Kontrollverwaltung; auch hier gab Stalin schließlich nach. Dass Deutschland künftig in mehrere Territorien aufgeteilt werden sollte, hatte man schon in Teheran besprochen; genaue Pläne lagen hierfür jedoch noch nicht vor. Ein Hauptpunkt für Stalin waren die von Deutschland zu zahlenden Reparationen. Einwände Roosevelts und Churchills, dass man damit nach dem Ersten Weltkrieg schlechte Erfahrungen gemacht habe, ließ er nicht gelten. Der Fehler sei gewesen, sie in Geld zu verlangen, statt sie mit Demontagen und Entnahmen aus der laufenden Produktion zu begleichen. Wenn Stalin forderte, dass die Vergabe dem Prinzip «Jedem nach seinen Leistungen» folgen müsse, war jedem klar, was er damit meinte: Die sowjetischen Forderungen hatten obenan zu stehen. Er bezifferte sie auf zehn Milliarden Dollar, die Hälfte der von Deutschland zu begleichenden Gesamtsumme. Selbst wenn sich die Alliierten auf keine Zahlen festlegen lassen wollten, blieb der sowjetische Anspruch grundsätzlich unbestritten.

Unstrittig war auch das Vorhaben, eine Nachkriegsorganisation zur Wahrung des Weltfriedens zu schaffen. Es war vor allem Roosevelt, der das Projekt propagierte: Partner sollten die im Kampf gegen die Achsenmächte vereinten Nationen sein und deren Grundlage die Werte der Atlantikcharta bilden, zu denen sie sich bekannt hatten; auch die Sowjetunion hatte die Erklärung im September 1941 unterzeichnet. Als globale Organisation sollten sie die «Einheit der Welt» garantieren und den Weltfrieden sichern. Sowjetischen Bedenken, in der Organisation überstimmt zu werden, hatte man durch die Doppelstruktur von Vollversammlung und Sicherheitsrat Rechnung getragen; im Sicherheitsrat konnten die Ständigen Mitglieder (nach dem Stand der Beratungen: die USA, Großbritannien, die UdSSR und China) Maßnahmen durch ihr Veto verhindern. Stalin ließ sich in der dritten Vollsitzung diesen Mechanismus noch einmal ausführlich erklären, bevor er zustimmte und die Aufnahme wenn schon nicht aller, zumindest zwei bis drei weiterer Sowjetrepubliken vorschlug (Weißrusslands, der Ukraine, Litauens, die vom Kriegsgeschehen als Erste und am meisten in Mitleidenschaft gezogen worden waren).

Stalin hatte bei der Konferenz die sowjetischen Interessen offensiv vertreten; er sprach stets, wie ein britischer Beobachter feststellte, «haarscharf zur Sache», schien manchmal geradezu «amüsiert» zu sein, wenn Roosevelt unruhig wurde oder Churchill wie im Unterhaus losdonnerte. Er ließ sich von Roosevelts Gesten der Vertraulichkeit nicht vereinnahmen und von Churchills Poltern nicht einschüchtern. Keiner der Anwesenden bezweifelte den sowjetischen Anspruch auf Mitgestaltung der Nachkriegsordnung. Allen war bewusst, dass die Rote Armee in den nächsten Wochen weit nach Mitteleuropa vorstoßen würde; Rumänien, Bulgarien, Polen und Ungarn lagen nun in ihrem Machtbereich. Moskau hatte in all diesen Staaten «sowjetfreundliche Regierungen» eingesetzt, von denen die Westalliierten nur hoffen konnten, dass sie sich später dem Wählervotum stellen würden, wie man es in der «Erklärung über das befreite Europa» vereinbart hatte.

Churchill zweifelte nicht daran, dass die Sowjetunion ihren Einfluss in diesen Staaten so schnell nicht aufgeben werde, und hatte ihn bei einem Besuch in Moskau im Oktober 1944 in einem informellen Gespräch mit Stalin auf 90 Prozent in Rumänien, 75 Prozent in Bulgarien und 50 Prozent in Jugoslawien und Ungarn taxiert. In dieser Rechnung nicht enthalten war, dass über die Annexion Ostpolens kaum noch, über die Annexion der baltischen Staaten gar nicht mehr gesprochen wurde. Und weil sich die USA nach dem Sieg in Europa die sowjetische Hilfe im Krieg gegen Japan sichern wollten, machte man Stalin auch in Ostasien erhebliche Konzessionen: Die Sowjetunion sollte Südsachalin, das Russland 1905 an Japan verloren hatte, zurück, und die Inselkette der Kurilen übereignet bekommen; die wichtige Hafenstadt Dairen (russ. Dalni), einst Endpunkt der Transsirischen Eisenbahn, sollte zum Freihafen (unter internationaler Kontrolle) werden und Port Arthur per Pachtvertrag von der sowjetischen Flotte als Marinebasis genutzt werden können.

China hatte zuzustimmen, dass der Autonomiestatus der Äußeren Mongolei (und damit der sowjetische Einfluss) erhalten blieb, und der Sowjetunion auch bei den mandschurischen Eisenbahnen ein Mitspracherecht einzuräumen. In einem gesonderten Abkommen kamen die Regierungen Großbritanniens, der Sowjetunion und der USA überein, Kriegsgefangene und Zivilpersonen, die in Deutschland durch die einrückenden alliierten Streitkräfte befreit würden, in ihre Heimatländer zurückzuführen. Sie verpflichteten sich, dieser Repatriierung «jede mögliche Unterstützung zu erweisen».

Roosevelt und Churchill kehrten nicht unzufrieden nach Hause zurück. Roosevelt hatte Stalins Zustimmung zu seinem Projekt der Vereinten Nationen und zum Eintritt der Sowjetunion in den Krieg gegen Japan im Gepäck; das ließ sich gut vor der eigenen Öffentlichkeit vertreten. Churchill war die Aufnahme Frankreichs in den Kreis der Sieger- und Besatzungsmächte gelungen; sein Ziel war es, Westeuropa gegenüber der sowjetischen Dominanz zu stärken. Wo sich Übergangsregierungen gebildet hatten, sollten alle demokratischen Parteien darin vertreten sein, bald nach Kriegsende sollte es Neuwahlen geben. Auch auf diesen Grundsatz hatte man sich verständigt, viel mehr war aus westalliierter Sicht nicht zu erreichen gewesen. Teilnehmer der Konferenz berichteten, die Grundstimmung sei gut und hoffnungsvoll gewesen; sie hatten den Eindruck, dass man mit Stalin reden könne. Wie lange dessen Gesprächsbereitschaft anhalten würde, war freilich offen. Was die Koalition zusammenhielt, war – wie alle wussten – das gemeinsame Ziel: die siegreiche Beendigung des Krieges.

Als ein halbes Jahr später die Staats- und Regierungschefs Großbritanniens, der USA und der Sowjetunion erneut zusammentrafen, hatte sich Grundsätzliches geändert: Der Krieg in Europa war vorbei, im Mai hatte Deutschland bedingungslos kapituliert. Nur acht Wochen nach Jalta war Präsident Roosevelt gestorben. Und nur acht Wochen nach der Kapitulation verlor Churchill bei den Unterhauswahlen seinen Posten als Premier; er musste die weiteren Verhandlungen notgedrungen seinem Nachfolger Clement Attlee überlassen. Was die Großen Drei einst zusammengebracht hatte, war nun Geschichte, und derjenige, der sich mit seinen Vorstellungen von der «einen Welt» am engagiertesten für ihre weitere Zusammenarbeit eingesetzt hatte, war tot. Zwar hatte Ende April 1945 in San Francisco eine Konferenz begonnen, die als eine Art Vermächtnis Roosevelts die «Charta der Vereinten Nationen» ausarbeitete, die Ende Juni von 50 Staaten, die auf alliierter Seite am Kampf gegen die Achsenmächte beteiligt gewesen waren, unterzeichnet wurde. Doch war die Einigkeit der Drei Voraussetzung für das Funktionieren der Organisation, nicht umgekehrt.

Dass das Grundvertrauen zwischen den Großen Drei nicht belastbar war, hatten bereits die ersten Wochen nach Jalta gezeigt. Anfang März begannen Vertreter des alliierten Oberbefehlshabers in Italien, des britischen Feldmarschalls Harold Alexander, mit dem SS-General Wolff in Bern Vorgespräche über die Kapitulation der deutschen Truppen in Oberitalien. Stalin verlangte eine sowjetische Beteiligung, sie wurde ihm mit dem Hinweis verweigert, es handle sich nicht um offizielle Kapitulationsverhandlungen. Stalin vermutete, aufs Äußerste erregt, die Vorbereitung eines Geheimabkommens, das den Deutschen die Gelegenheit gab, Truppen von der Italienfront abzuziehen und an die Ostfront zu verlegen. Das München-Trauma meldete sich zurück.

Schon im März stand auch Polen erneut auf der Tagesordnung. Die sowjetische Seite ließ, wie Churchill monierte, Missionen und Beobachter nicht ins Land, die sich ein Bild von der Lage machen wollten. Stalins Rechtfertigung war, dass die Entsendung solcher Delegationen «von Polen als Beleidigung ihrer nationalen Würde aufgefasst» würde. Damit nicht genug. Den Ministerpräsidenten der Londoner Exilregierung Stanisław Mikołajczyk wollte er nur ins Land lassen, wenn dieser vorher öffentlich erklärte, die Beschlüsse von Jalta anzuerkennen und für die Herstellung freundschaftlicher Beziehungen zwischen Polen und der Sowjetunion einzutreten. Dies sollte, wie Stalin in einer weiteren Botschaft an Roosevelt nachlegte, auch für alle polnischen Persönlichkeiten gelten, die zu Konsultationen eingeladen wurden, die Anerkennung der neuen Ostgrenze Polens selbstverständlich eingeschlossen.

Nachdem Stalin Ende April Churchill gegenüber noch einmal betont hatte, dass die amtierende Provisorische Polnische Regierung auch den «Hauptbestandteil» der neuen Regierung der Nationalen Einheit bilden sollte, und von den Ergänzungskandidaten die genannte Erklärung als Vorbedingung verlangt hatte, steckten die Gespräche zur Reorganisation der polnischen Regierung endgültig fest. Stalins Forderungen waren keine leere Drohung. Als eine Gruppe von 15 Polen, die diesen Bedingungen offenkundig nicht erfüllten, einzureisen versuchte, um mit sowjetischen Vertretern zu Beratungen zusammenzukommen, wurde sie festgenommen und nach Moskau gebracht; die 15 saßen dort in Untersuchungshaft, wie Stalin Churchill auf Nachfrage Anfang Mai mitteilte.

Dass die (in der «Erklärung über das befreite Europa») in Aussicht genommenen Wahlen am machtpolitischen Status quo nichts ändern würden, hatte Stalin bereits Anfang Mai durchblicken lassen. Er lehnte Churchills Anregung ab, dass in Griechenland in den nächsten vier bis fünf Monaten allgemeine und freie Wahlen stattfinden könnten; sowjetische, amerikanische und britische Beobachter würden sich dabei überall im Lande davon überzeugen können, dass es weder Einschüchterungen noch sonstige Behinderungen gab. «Eine solche Kontrolle über das Volk eines verbündeten Staates würde notwendigerweise als Beleidigung und als grobe Einmischung in die inneren Angelegenheiten betrachtet werden», befand Stalin. Es war ihm klar, dass Churchills Vorschläge eigentlich auf Polen zielten und darüber hinaus auf die Zustände in den südlich angrenzenden Staaten Rumänien und Bulgarien, deren «sowjetfreundlichen» Regierungen die USA und Großbritannien ebenfalls die Anerkennung verweigerten.

Wenn Stalin sich gegen die «Einmischung in die inneren Angelegenheiten» kleinerer Staaten wandte, die deren «nationale Würde» verletzte, konnten die Westalliierten dies nur als blanken Zynismus empfinden. Der sowjetische Pakt mit Hitler, der Einmarsch in Ostpolen, der «Winterkrieg» gegen Finnland, die Annexion der baltischen Staaten, die erzwungene Abtretung der Nordbukowina und Bessarabiens, Katyn und das Vorrücken der Roten Armee in Osteuropa waren noch in frischer Erinnerung. Tatsächlich ging es nicht um Prinzipien, sondern um Machtpolitik. Die Westalliierten hatten in Moskau und Teheran die sowjetische Forderung nach einem «sowjetfreundlichen Polen» akzeptiert. Nach der bekannten Vorgeschichte konnte ein «sowjetfreundliches Polen» nur ein stalinhöriges Polen sein. In der Endphase des Krieges hatten die Rote Armee auch Rumänien und Bulgarien besetzt und Stalin den sowjetischen Machtanspruch auf diese Länder erweitert. Er ließ sich von Churchill den dominierenden sowjetischen Einfluss in der bekannten Prozentrechnung bestätigen und rechtfertigte sich damit, dass auch die Westalliierten mit den kleineren Staaten vor ihrer Haustüre nicht anders verfuhren und keine Einmischung Dritter wünschten.

Churchill war es «nicht sehr angenehm», wie er Ende April 1945 in einer «persönlichen und streng geheimen Botschaft» an Stalin schrieb, «einer Zukunft entgegenzusehen, in der sich Sie und die von Ihnen beherrschten Länder und dazu die kommunistischen Parteien in vielen anderen Staaten auf der einen Seite gruppieren und jene, die zu den englisch sprechenden Nationen und zu ihren Verbündeten und Dominions gehören, auf der anderen Seite stehen». Doch diese «nicht sehr angenehme» Zukunft hatte begonnen: Die Teilung der Welt, nicht ihre Einheit wurde zum Signum der kommenden Jahrzehnte.

Churchill sprach zugleich an, was im gemeinsamen Kampf gegen Hitler keine Rolle gespielt hatte, keine Rolle spielen sollte, im umfangreichen Briefwechsel zwischen den Großen Drei kaum je vorgekommen war und nun aber in den Vordergrund rückte: Die Tatsache, dass der neu aufgebrochene Konflikt in der Anti-Hitler-Koalition auch eine ideologische Seite hatte. Stalin wies auf seine lapidare Weise (just zum gleichen Zeitpunkt, im April 1945) gegenüber dem jugoslawischen Kommunisten Milovan Djilas darauf hin: «Dieser Krieg ist nicht wie in der Vergangenheit. Wer immer ein Gebiet besetzt, er legt ihm auch sein eigenes gesellschaftliches System auf. Jeder führt sein eigenes System ein, so weit seine Armee vordringen kann. Es kann ja nicht anders sein.» Ideologie und Machtpolitik ließen sich für ihn nicht trennen.

Mit welchen Erwartungen Stalin zur letzten der drei großen Kriegskonferenzen fuhr, wissen wir nicht. Den neuen amerikanischen Präsidenten Truman kannte er nur aus der Korrespondenz, auch Außenminister und Beraterstab hatten gewechselt.

Die Delegationen waren größer als in Teheran und Jalta, das Ereignis angekündigt und der Aufwand erheblich. Selbst wenn Pressevertreter den Sperrbezirk nicht betreten durften, waren 180 Journalisten nach Berlin gekommen. Man tagte am Rande der völlig zerstörten Hauptstadt des besiegten Feindes, in Schloss Cecilienhof in Potsdam, ursprünglich 1913–1917 erbaut für Kronprinz Wilhelm und seine Frau Cecilie im Stil eines englischen Landsitzes.

Für die Unterbringung der Delegationen hatte man 62 Villen in der Umgebung beschlagnahmt; sie lagen alle in der sowjetischen Besatzungszone. Stalin kam als Letzter, mit einem gepanzerten Sonderzug, einen Flug hatte er abgelehnt. Truman sagte er bei einem ersten Gespräch, die Ärzte hätten ihm abgeraten zu fliegen. Für die Sicherheit entlang der 1923 Kilometer Schienen zwischen Moskau und Berlin hatten 17 000 Mann NKWD-Truppen und 1515 Soldaten aus den operativen Mannschaften zu sorgen. An jedem Kilometer der Strecke wachten sechs bis 15 Personen, und insgesamt waren acht Panzerzüge auf der Strecke unterwegs. In Potsdam standen für die Bewachung sieben Regimenter des NKWD zur Verfügung. Es gab ein Post- und ein eigenes Telegraphenamt, und zusätzlich hatte man ein Versorgungszentrum aufgebaut.

In den letzten Wochen vor Potsdam war es in der Polenfrage zu einem kleinen Kompromiss gekommen. Die Provisorische Regierung war durch einige Vertreter anderer politischer Ausrichtungen ergänzt worden, unter Wahrung der bisherigen Machtverhältnisse; die USA und Großbritannien hatten die Regierung daraufhin anerkannt. Weil die USA noch immer auf die sowjetische Beteiligung am Krieg in Ostasien setzten, lehnten sie einen Konfrontationskurs gegen die Sowjetunion, wie Churchill ihn forderte, ab. Schließlich war man sich in den Grundlinien der Deutschlandpolitik, um die es auf der Konferenz vor allem gehen sollte, noch immer einig.

Die vierzehntägige Konferenz (vom 17. Juli bis 2. August

1945) brachte nach langen, kontroversen Debatten die Bestätigung des machtpolitischen Istzustandes auf der Basis der Vereinbarungen von Jalta: Man beschloss die Entnazifizierung, Entmilitarisierung und Umerziehung der Deutschen; Deutschland sollte in vier Besatzungszonen eingeteilt und gemeinsamer Kontrolle (unter Beteiligung Frankreichs) unterstellt werden. Die Siegermächte betonten wie schon in Jalta ihre Entschlossenheit, die deutschen Hauptkriegsverbrecher vor Gericht zu stellen, was seit dem Herbst 1945 in Nürnberg auch geschah. Deutschland hatte Reparationen zu erbringen, die vor allem durch Entnahmen aus der eigenen Besatzungszone und der Beschlagnahmung von Auslandsinvestitionen zu befriedigen waren. Die Sowjetunion sollte zusätzlich 15 Prozent der für die Friedenswirtschaft nicht erforderlichen Anlagen aus den westlichen Zonen im Austausch gegen Nahrungsmittel und Rohstoffe gleichen Wertes erhalten sowie weitere zehn Prozent ohne diesen Ausgleich.

Was Polen betraf, so wurden die Bemühungen um eine Regierungsbildung der Nationalen Einheit und die Bereitschaft zur Durchführung freier und geheimer Wahlen zur Kenntnis genommen. Zur Westgrenze Polens hatte man in Jalta noch keine endgültigen Entscheidungen gefasst. Stalin hatte auch da vollendete Tatsachen geschaffen und die Gebiete östlich der Oder-Neiße-Linie bereits polnischer Verwaltung unterstellt. Da diese Entscheidung gegen den Willen Stalins nicht rückgängig zu machen war, wurde die endgültige Festlegung aufgeschoben und bis zu einer Friedenskonferenz vertagt. Gleichzeitig legte man fest, dass die Umsiedelung der deutschen Bevölkerung, die in Polen, der Tschechoslowakei und Ungarn zurückgeblieben war, organisiert und human erfolgen sollte. Auch das war bereits in Jalta vorbesprochen worden und gab den Maßnahmen trotz der Grenzvorbehalte die Anmutung des Endgültigen. Festgehalten wurde auch die Übergabe der Stadt Königberg und der nördlich angrenzenden Gebiete der früheren Provinz Ostpreußen an die Sowjetunion, wobei auch hier der genaue Grenzverlauf von Sachverständigen noch festzulegen war.

Darüber hinaus installierte die Konferenz einen Rat der Außenminister, in dem die fünf «Hauptmächte» Großbritannien, die UdSSR, China, Frankreich und die Vereinigten Staaten von Amerika vertreten sein sollten. «Vordringliche und wichtige Aufgabe» dieses Gremiums war es, Friedensverträge für Italien, Rumänien, Bulgarien, Ungarn, Finnland und Deutschland auszuarbeiten und Vorschläge zur Regelung bisher ungelöster territorialer Fragen vorzulegen.

Dem Wunsch von Premier Attlee, Churchills Nachfolger, die Konferenz möge «ein wichtiger Meilenstein auf dem gemeinsamen Weg unserer drei Völker zu einem dauerhaften Frieden sein und die Freundschaft zwischen uns dreien, die wir uns hier getroffen habe, fest und dauerhaft», schloss sich Stalin an: «Das ist auch unser Wunsch.» Sein eigenes knappes Resümee lautete: «Man kann die Konferenz wohl als erfolgreich bezeichnen.» Für Truman, der die Berliner Konferenz für beendet erklärte und der Hoffnung Ausdruck gab, man möge sich bald wiedertreffen, hatte er nur ein ironisches «Geb's Gott» (daj bog) übrig. Lange Ausführungen, ein Überschwang an Emotionen, gar ideologische Belehrungen waren während der gesamten Konferenz seine Sache nicht. Er forderte die Anerkennung des machtpolitischen Status quo, die strikte Einhaltung früherer Zusagen und ließ sich auf Kompromisse ein, wo sie fehlten. Er verzichtete auf Ansprüche, die nicht durchsetzbar waren (in Westeuropa oder in Form eines Mandats für das ehemals italienische Libyen), und forderte die gleiche Bereitschaft zum Verzicht bei seinen Partnern (bezogen auf Ost- und Südosteuropa).

Offensichtlich störte Stalin auch nicht, wenn seine Gesprächspartner von «Russland» und «russisch» sprachen, wo die korrekte Bezeichnung «Sowjetunion» und «sowjetisch» gewesen wäre, ja Stalin benutzte diese Begrifflichkeit (sprach von den «Russen» und der «russischen Delegation») immer wieder selbst. Zeigte die Begrifflichkeit, dass es auch für ihn nicht um Ideologie, sondern um traditionelle Machtpolitik ging? Oder waren auch in seinem Denken Russland und die Sowjetunion deckungsgleich geworden?

Dass Truman ihn während der Konferenz am Rande einer Sitzung vom erfolgreichen Test der Atombombe informierte, nahm er ohne sichtbare Regung hin, vermutlich war er darauf vorbereitet. Ob sich damit der sowjetische Kriegseintritt in den ostasiatischen Krieg erübrigt haben könnte, war für ihn keiner Nachfrage wert. Die Rote Armee setzte die Eroberung der ihm dort zugesagten Faustpfänder fort, auch nach den Bombenabwürfen in Hiroshima und Nagasaki und der Kapitulation Japans. Stalin wollte sich (wie in Deutschland und Österreich) auch an der «Besetzung» des japanischen Mutterlandes beteiligen und empörte sich im Gespräch mit dem amerikanischen Botschafter Averell Harriman darüber, dass die USA dies verhinderten: So behandele man keinen Verbündeten. Gleichzeitig sah er sich in seinem eigenen Verhalten, gegenüber Rumänien und Ungarn, bestätigt. Die Gemeinsamkeiten waren aufgebraucht, jeder ging nun eigene Wege.

Außenpolitisch mochte das ein Vorteil sein. Der Krieg war gewonnen, die USA hatten ihre Waffen-, Rohstoff- und Lebensmittellieferungen seit Sommer ohnehin eingestellt. So gesehen, mochte die neue Entwicklung für die sowjetische Führung ein Stück zurückgewonnener außenpolitischer Souveränität sein: Entscheidungen in der eigenen Machtsphäre mussten künftig nicht mehr mit den ehemaligen Verbündeten abgesprochen werden.

Doch innenpolitisch, für die sowjetische Bevölkerung, war die Entwicklung eine Katastrophe. Wie sollte es ohne Hilfe von außen weitergehen? Hinter der stolzen, waffenstarrenden Fassade der neuen Weltmacht, die die Grenzen ihres Einflusses im Westen und Osten weit vorgeschoben hatte, lag ein in weiten Teilen verwüstetes, armes, hungerndes Land. Eine mit der Feststellung der Kriegsschäden beauftragte staatliche Kommission registrierte 1945 1710 zerstörte und niedergebrannte Städte und über 70 000 ländliche Siedlungspunkte; zu den Verwüstungen zählten 71 Millionen Hektar Saatfläche, zu den Verlusten 31 850 Fabrikanlagen, 98 000 Kolchosen, über 1800 Sowchosen mitsamt ihren riesigen Viehbeständen und 2800 Maschinen- und Traktorenstationen; ebenso 40 000 Krankenhäuser und Heilstätten, 84 000 Schulen und Bildungseinrichtungen, 43 000 Bibliotheken; schließlich 65 000 Kilometer zerstörte Schienenwege mit 4100 Bahnhöfen und 36 000 Einrichtungen von Post, Telefon und Telegraphie. Sechs Millionen Häuser waren zerstört, 25 Millionen Menschen obdachlos geworden.

Für den Sieg im Großen Vaterländischen Krieg hatte die sowjetische Bevölkerung einen höheren Blutzoll entrichtet als jedes andere Volk in Europa. In einem Interview mit der «Prawda» bezifferte Stalin im März 1946 die Zahl der sowjetischen Verluste, der Opfer des deutschen Angriffs und der deutschen Besatzungsherrschaft auf sieben Millionen. Eine riesige, unfassbare Zahl, und doch war dies, wie die Führung wusste, nur ein Teil der Wahrheit: die amtlich erfasste Anzahl der gefallenen sowjetischen Soldaten. Tatsächlich waren deutlich mehr, nach heutigen Berechnungen an die 27 Millionen (sowjetische Soldaten und Zivilisten), umgekommen. Das unermessliche Leid, das hinter diesen Zahlen stand, für jede Familie, die lokale Gesellschaft, die Wirtschaft und den Staat, ist allenfalls zu erahnen.

Von den 8,5 Millionen «Frontkämpfern», die bis 1948 demobilisiert wurden, kehrten zwei Millionen als Invaliden zurück, als Menschen mit Arm- oder Beinprothesen, als Blinde oder Verkrüppelte. Viele waren von der Schulbank weg eingezogen worden und ohne Berufsausbildung geblieben; entsprechend schwer fiel es ihnen nun, eine angemessene Beschäftigung zu finden. Physisch und psychisch erschöpft, ohne Arbeit und Wohnung, fanden sie sich im zivilen Leben nur schwer zurecht, fühlten sich als «überflüssige Menschen», zumal sie bei Wohnung und Arbeit mit den «Evakuierten» konkurrierten. Elf Millionen Menschen waren 1941/42 vor der immer näher rückenden Front in den Osten und Norden des Landes verbracht worden. Die Wohnverhältnisse waren dort miserabel, die Arbeitsbedingungen in den neu errichteten Fabriken extrem hart; man hatte sie ertragen, solange Krieg herrschte. Doch nun wollten viele zurück in die «Heimat», sosehr sich die Führung auch dagegen sperrte. Doch wenn sie sich in ihre alte Heimat durchschlugen, fanden sie in den völlig verwüsteten Regionen weder Wohnung noch Arbeit, hausten in Erdlöchern, Ruinen, Lagern. Eine Gruppe für sich waren die 5,2 Millionen «Repatrianten» (1,8 Millionen sowjetische Kriegsgefangene und 3,4 Millionen Zivilisten), die nun – wie in Jalta vereinbart – in die Sowjetunion zurückgeführt wurden und das Chaos noch vergrößerten.

Wenn diese Menschen etwas verband, war es die Zuversicht, dass nach Ende des Krieges, nach dem triumphalen Sieg über die «Faschisten», nach den Entbehrungen und Opfern, die er ihnen abverlangt hatte, «alles» besser werden würde. Man habe sich das redlich verdient. Bei den selbstbewussten Soldaten gründete die Erwartung auch auf der Erfahrung, dass es den Menschen im kapitalistischen Westen – trotz aller kommunistischen Propaganda – weit besser ging als den Sowjetbürgern zu Hause. Die Führung hatte hingenommen, dass die Bauern, schon um zu überleben, ihre Eigenwirtschaft erweiterten und wieder mehr Land in eigener Regie bestellten. Dies trug zu Gerüchten bei, das Kolchossystem werde nach dem Krieg ganz abgeschafft, die USA und Großbritannien würden dabei helfen. Die Intellektuellen hofften, dass die während des Krieges zu beobachtende Entspannung nach Kriegsende andauern werde.

Hatte auch Stalin den Eindruck, dass sich die Bevölkerung ein besseres Leben verdient und die Führung nach ihrem Anfangsversagen eine Bringeschuld hatte? Hatte er vielleicht sogar Zweifel am bisherigen Kurs? Ließ er zumindest Offenheit gegenüber dem Gedanken erkennen, die langfristigen Ziele und die Methoden, mit denen er sie durchgesetzt hatte, noch einmal zu überdenken? Dafür gibt es keinen Anhaltspunkt. Die Brutalität, mit der er noch während des Krieges Zaudern und Widerstand im Keim erstickte, die Kaltschnäuzigkeit, mit der er den Erfolg zu seinem eigenen erklärte, die Rigorosität, mit der er allen Erwartungen nach dem Sieg ein Ende setzte, sprechen dagegen.

Noch während des Krieges hatte Stalin ganze Völkerschaften – unter dem Vorwurf der Kollaboration mit dem Feind – zwangsdeportieren lassen. In sorgfältig vorbereiteten Operationen wurden deren Wohngebiete von Soldaten des NKWD, der seit 1938 Lawrenti Berija unterstand, umstellt, die Bewohner aus ihren Häusern geholt, auf LKWs verladen und zur nächsten Bahnstation gebracht. Man hatte ihnen kaum eine halbe Stunde Zeit gegeben, das Nötigste an Kleidung und Lebensmitteln mitzunehmen. Die Güterzüge, die sie nach Sibirien, Kasachstan, Usbekistan und Kirgisien brachten, waren oft wochenlang unterwegs und die Zielorte, die Tausende von Neuankömmlingen aufnehmen sollten, darauf in keiner Weise vorbereitet. Die Sterblichkeit war schon auf dem Transport hoch, immer wieder mussten die Toten unterwegs aus dem Zug geschafft werden. Am Zielort, in den eilens errichteten provisorischen Lagern und Notunterkünften, war es kaum besser.

Als Erstes traf das Fallbeil der Zwangsumsiedelung Ende August 1941 die Russlanddeutschen an der Wolga, dann die Deutschstämmigen aus anderen Gebieten Russlands; ein Jahr später waren etwa 1,4 Millionen, über 80 Prozent der in der Sowjetunion lebenden Deutschen, deportiert. Zehntausende von deutschstämmigen Offizieren und Soldaten der Roten Armee wurden aus dem Dienst entlassen und den Strafbataillonen der «Arbeitsarmeen» im hohen Norden, im Ural und Mittelsibirien zugewiesen. In mehreren weiteren Deportationswellen folgten seit November 1943 die Tschetschenen und Inguschen, die Tataren von der Krim, die Karatschaier, Balkaren und Kalmücken, alle vom Nordrand des Kaukasus bzw. der angrenzenden Krim – erneut etwa 900 000 Menschen. In ähnlichen Operationen wurden zwischen Juli und Dezember 1944 auch die Griechen, Bulgaren, Krimarmenier, Turkmescheten, Kurden und Chemschinen, wiederum über 90 000 Menschen, vom Nordrand des Schwarzen Meeres und aus Georgien nach Asien deportiert.

Der Bannstrahl traf alle Angehörigen der Volksgruppe, die Mühe nachzuforschen, wer sich tatsächlich der «Kollaboration mit dem Feind» schuldig gemacht hatte, machte man sich nicht; Widersetzlichkeiten aus früheren Jahren gegen die Kollektivierung und die Sowjetisierung des eigenen Lebens wurden gleich mit bestraft. Wie wichtig Stalin als dem eigentlichen Auftraggeber die Maßnahmen waren, zeigt schon der Umstand, dass Berija ihm darüber ausführlich Bericht zu erstatten hatte und dass für die groß angelegten Operationen, die Hunderttausende von Menschen betrafen, noch mitten im Krieg Tausende von Soldaten, Hunderte von Lokomotiven und Güterwaggons zur Verfügung gestellt wurden. Tschetschenische Zeitzeugen erinnerten sich später, dass sie mit LKWs aus amerikanischer Produktion (Studebakers) abgeholt worden waren.

Das gleiche Misstrauen, der gleiche Generalverdacht richtete sich gegen alle, die zeitweilig unter deutscher Besatzung gelebt hatten und mit der Rückeroberung der Gebiete durch die Rote Armee nun wieder sowjetischer Herrschaft unterstanden. Überall galt es, die Regionen erneut in Besitz zu nehmen, sie erneut zu sowjetisieren, was hieß: «Deserteure» und «Kollaborateure» ausfindig zu machen, «Banditen, Fahnenflüchtige, sozial fremde Elemente und Mitglieder nationalistischer Gruppen» festzunehmen und in die Lager zu schaffen.

Das weitverzweigte Lagersystem hatte sich während des Krieges etwas geleert. Obwohl die «Politischen», nach Artikel 58 Strafgesetzbuch verurteilte «Konterrevolutionäre», auch nach Verbüßung ihrer Strafe nicht freikamen, sondern eine zweite «Frist» erhielten, waren Hunderttausende «leichtere Fälle» nach

Kriegsbeginn amnestiert und sofort zur Armee eingezogen worden, Hunderttausende an harter Arbeit und Unterernährung in den Lagern verstorben. Nun füllten sich die Lager erneut, wobei vor allem der Anteil der Häftlinge aus der Ukraine und aus dem Baltikum sprunghaft anstieg. In den neu annektierten Gebieten entwickelten sich die Widersetzlichkeiten zum regelrechten Partisanenkrieg, der bis in die Anfänge der 1950er Jahre anhielt.

Mit größten Misstrauen begegnete die Führung auch den «Repatrianten», die nach dem Jalta-Abkommen in die Sowjetunion zurückgeführt werden mussten: den sowjetischen Soldaten, die in deutsche Kriegsgefangenschaft geraten und nicht verhungert waren wie Millionen ihrer Kameraden; und den zivilen «Ostarbeitern», die, angeworben oder verschleppt, in der deutschen Industrie und in der Landwirtschaft tätig gewesen waren. Für sie wurden Kontroll- und Filtrierungslager geschaffen, wo der NKWD die Zivilisten, die militärische Spionageabwehr (Smersch) die Kriegsgefangenen einem strengen Verhör unterzog und wo entschieden wurde, ob sie nach Hause entlassen, zur Armee eingezogen, Strafbataillonen zugewiesen, als Landesverräter ins Lager geschickt oder als Offiziere der Wlassow-Armee, die gegen die Sowjetarmee gekämpft hatte, mit dem Tode bestraft wurden. Selbst wenn sie, wie etwas mehr als die Hälfte – vor allem die Frauen und Kinder –, nach Hause entlassen wurden, blieben sie Ausgegrenzte, hing ihnen der Ruf nach, Volksfeinde und Verräter zu sein.

So traf eine entwurzelte, von Displaced Persons unterschiedlicher Art verunsicherte, von allgemeinem Misstrauen zersetzte Gesellschaft auf eine Wirtschaft, die – wo sie noch funktionierte – vor allem für den Krieg produziert hatte, erst auf Friedensbedingungen umgestellt werden musste und seit Kriegsende auch keine Lebensmittellieferungen aus den westlichen Ausland mehr erhielt. Dabei war die Produktion in der Landwirtschaft weit hinter das Vorkriegsniveau zurückgefallen; es fehlte an Arbeitskräften, Maschinen und Geräten, um die vom Krieg verwüsteten Saatflächen rasch wieder zu bestellen; noch dazu wurden landwirtschaftliche Regionen in Zentralrussland im Sommer 1946 von schweren Dürren heimgesucht, so dass die Ernte miserabel ausfiel.

Seit dem Herbst war absehbar, dass das Land erneut auf eine Hungerkrise zusteuerte. Die Rezepte der Führung waren die alten: Sie machte persönliches Fehlverhalten Einzelner dafür verantwortlich. Ende Oktober 1946 verabschiedete die Regierung ein Dekret zur «Verteidigung des Staatlichen Getreides». Es las sich wie eine Wiedervorlage des Ährengesetzes vom August 1932. In den folgenden zwei Monaten wurden über 50 000 Menschen (vor allem Kolchosbauern) wegen Getreidediebstahls zu Lagerhaftstrafen verurteilt. Zugleich wurden Tausende von Kolchosvorsitzenden wegen «Sabotage der Steuereinzugskampagne» festgenommen; tatsächlich gelang es, die Planerfüllung von 36 auf 77 Prozent zu steigern. Hintergrund und Folgen dieser Maßnahmen blieben im Westen unbekannt. Die Kolchosbauern und -vorsitzenden trieb die blanke Not, das Land stand erneut am Rande einer Katastrophe. Im Winter 1946/47 verhungerte mindestens eine halbe (nach anderen Schätzungen über eine) Million Menschen.

Die politische Führung setzte ihre Kampagne im Sommer 1947 fort und entzog damit zugleich allen Gerüchten den Boden, die während des Krieges von einer bevorstehenden Auflösung des Kolchossystems hatten wissen wollen. So wurden im Juni zwei Gesetze veröffentlicht, die für «Missachtung des Eigentums des Staates oder einer Kolchose» Lagerhaft von fünf bis 25 Jahren vorsahen und selbst für die Mitwisserschaft zwei- bis dreijährige Lagerhaft androhten. In den folgenden sechs Jahren wurden 1,3 Millionen Menschen nach diesen Dekreten verurteilt, 75 Prozent davon zu mehr als fünf Jahren; sie machten schon 1951 mehr als 50 Prozent der gewöhnlichen Häftlinge, einschließlich der «Politischen» 40 Prozent in den Gulag-Lagern aus. Darunter waren viele Frauen, Kriegerwitwen und Mütter mit Kindern, die versucht hatten, sich mit diesen kleinen Diebstählen notdürftig über Wasser zu halten. Und was die «Politischen» betraf, so wurde bei Hunderttausenden, die 1937/38 nach Art. 58 verurteilt worden waren und nun freikommen sollten, die Frist ohne weiteren Prozess um zehn Jahre verlängert.

Das Lagersystem verzeichnete Anfang der 1950er Jahre einen neuen, traurigen Höhepunkt: Anfang 1953 gab es im Gulag 2450000 Häftlinge, in 60 großen Arbeitslagerkomplexen vor allem im Norden und Osten sowie ungefähr 500 kleinere Arbeitskolonien. Die Zusammensetzung der Häftlinge war buntgemischt: neben gewöhnlichen Kriminellen und alten «Konterrevolutionären» viele Hunderttausende, die gegen die neuen Gesetze zum Schutz des sozialistischen Eigentums verstoßen hatten, sowie «Konterrevolutionäre» und «Nationalisten» aus den wiederbesetzten Westgebieten. Auch die Zahl der Verbannten in den Sondersiedlungen war mit 2750000 so hoch wie nie zuvor; hier hatten die deportierten Völkerschaften der 1940er Jahre die «Kulaken» der 1930er Jahre ersetzt.

Schon längst hatte sich auch die Hoffnung auf mehr Freiräume im intellektuell-künstlerischen Leben als Illusion erwiesen. Ein deutliches Signal in die Gegenrichtung war die Verordnung des Orgbüros des ZK der Kommunistischen Partei vom 14. August 1946, die die literarischen Zeitschriften «Swesda» und «Leningrad» kritisierte und am 21. August 1946 in der «Prawda» veröffentlicht wurde. Sie richtete sich vor allem gegen die Publikation von Werken der Lyrikerin Anna Achmatowa und des Satirikers Alexander Soschtschenko. In Anna Achmatowa sah die politische Führung eine «typische Vertreterin einer unserem Volk fremden, leeren und ideenlosen Poesie», einer «bourgeois-aristokratischen Ästhetik und Dekadenz». Soschtschenko habe sich seit langem darauf spezialisiert, «leere, unbedeutende, abgeschmackte Dinge» zu beschreiben, Schmähschriften über die «sowjetische Lebensweise und die sowjetischen Menschen». Die

Zeitschrift «Leningrad» wurde eingestellt, bei «Swesda» die Redaktion ausgetauscht.

In zwei programmatischen Reden legte der für die Kulturpolitik zuständige ZK-Sekretär Andrei Schdanow nach. Seit 1934 Nachfolger Kirows als Leningrader Parteichef und seit 1939 auch Vollmitglied des Politbüros, geißelte er den bei Intellektuellen fehlenden sowjetischen Patriotismus und die «Kriecherei vor der zeitgenössischen bourgeoisen Kultur des Westens». Er erinnerte die Schriftsteller (einem Stalinwort folgend), dass sie als «Ingenieure der menschlichen Seele» an der «ideologischen Front» stehen sollten, im Kampf gegen alles «Bürgerliche» und der Parteilinie folgend. Eine entsprechende Entschließung des Zentralkomitees zum Repertoire der Theater erging am 26. August; sie kritisierte die Dominanz nichtsowjetischer, bürgerlicher Stücke und verordnete Abhilfe. Am 4. September nahm sich das ZK des Films an, Beschlüsse zur Oper, Musik und bildenden Kunst folgten. Sie forderten «Parteilichkeit», «Volkstümlichkeit» und «Optimismus»; «formalistische Richtungen» galten als unsowjetisch, volksfeindlich und zersetzend, als Ausdruck eines «vaterlandslosen Kosmopolitismus».

Es war der gleiche Kerngedanke, den Schdanow im September 1947 – als Antwort auf die westliche Truman-Doktrin – als «Zwei-Lager-Theorie» ausformulierte. In einer Rede vor beiden Häusern des Kongresses hatte Präsident Truman es im März 1947 zu einem Grundsatz amerikanischer Außenpolitik erklärt, «freien Völkern» beizustehen, die sich bei der Verteidigung ihrer selbstgewählten Lebensformen, Freiheiten und Rechte der «angestrebten Unterwerfung durch bewaffnete Minderheiten oder durch äußeren Druck widersetzen»; wesentlicher Teil seiner antikommunistischen Strategie, seiner «Politik der Eindämmung», sollte ein Hilfsprogramm zum wirtschaftlichen Wiederaufbau Europas sein, der «Marshall-Plan». Im Gegenzug entwickelte Schdanow seine eigene «Zwei-Lager-Theorie», nach der die USA und ihre Verbündeten Imperialisten waren, der Marshall-

Plan der Versklavung Europas diente und die Sowjetunion das Zentrum eines «antiimperialistischen, demokratischen Lagers» bildete, deren kommunistische und Arbeiterparteien zur besseren Abstimmung ihrer Politik ein «Informationsbüro» (Kominform) gründen sollten, was auch geschah. Was sich in Jalta angebahnt hatte, fand hiermit seine neue ideologisch ausformulierte Grundlage und seinen strukturellen Abschluss, Fundament für den innen- und außenpolitischen Spätstalinismus.

Dass sich die repressive Kulturpolitik vor allem mit dem Namen Schdanows verband, ändert nichts daran, dass Stalin hinter ihm und seiner Politik stand, ihr die Richtung vorgegeben, an deren Ausformulierung mitgeschrieben hatte. Eine Anekdote, die Schdanow offensichtlich selbst erzählte, zeigt diese Rollenverteilung zwischen Herr und Hund: Als Schdanow in Leningrad seine Schmährede auf den Satiriker Soschtschenko gehalten hatte, entzog man diesem die Lebensmittelkarten; auf die großmütige Intervention Moskaus hin erhielt er seine Lebensmittelkarten wieder zurück.

XI. KUNZEWO – 5. MÄRZ 1953
Der Tod

Im Oktober 1945 verabschiedete das Politbüro eine Resolution, die Stalin eine mehrwöchige Ruhepause verordnete. Gerüchte wollten wissen, dass der «Führer» (Woschd), der im Herbst 67 Jahre alt wurde, einen Schlaganfall erlitten hatte. Stalin fuhr zur Erholung ans Schwarze Meer. Nach neun Jahren Unterbrechung nahm er damit eine langjährige Tradition wieder auf. Zwischen 1923 und 1936 hatte er die Sommermonate regelmäßig dort verbracht, in den Staatsdatschen am Schwarzen Meer. Die Aufenthalte verschoben sich in den folgenden Jahren eher auf den Herbst, wenn es in Moskau kalt wurde, und sie dehnten sich auf dreieinhalb bis viereinhalb Monate aus. Der Politikbetrieb in Moskau lief auch ohne ihn, selbst wenn Stalin sich Tag für Tag Berge von Papier nachschicken ließ und die Zügel keinesfalls aus der Hand geben wollte.

Übersetzten ausländischen Presseberichten entnahm Stalin im Herbst 1945, dass man in westlichen Medien über die Gründe seines Fernbleibens spekulierte und damit die Frage einer möglichen Nachfolge verband; als «zweiter Mann» galt Molotow, manchen auch Schukow. Über derartige Gedankenspiele zum eigenen politischen Ableben wenig erbaut, löste Stalin den Fall auf seine Weise: Er warf Molotow vor, in den Verhandlungen mit den Westalliierten zu nachgiebig zu sein, sich ihnen geradezu anzudienen; ja er verdächtigte ihn, ein «amerikanischer Spion» zu sein. Molotow wusste, was dies bedeutete, und tat Abbitte. Er blieb in der Führungsmannschaft, aber er war angezählt. Im

März 1949 verlor er das Amt des Außenministers, im gleichen Jahr wurde, wie erwähnt, seine Frau (Polina Schemtschuschina) verhaftet. Bei der entscheidenden Abstimmung im Politbüro darüber enthielt sich Molotow der Stimme, um sich im Nachhinein auch dafür zu entschuldigen. Dass Popularität für die Karriere gefährlich werden konnte, zumal wenn sie Stalins Monopolanspruch auf den Sieg in die Quere kam, musste auch Schukow erfahren. Ein Anlass war schnell gefunden: die Wagenladungen an Beutegütern (Teppichen, Möbeln, Gemälden, goldenen Uhren), die Schukow aus Deutschland mit zurückgebracht hatte, um damit seine Moskauer Wohnung und seine Datscha auszustatten. Schukow wurde auf unbedeutende Kommandostellen in der Provinz abgeschoben.

Das Vorgehen hatte Methode: Es sollte demonstrieren, dass die Macht auch der engsten Weggenossen wie Mikojan, Malenkow, Berija, Woroschilow, Abakumow oder eben auch Schukow nur geliehen war, vor allem von einem abhing, dem anhaltenden Vertrauen des «Woschd». Dieser Linie blieb Stalin auch in den nächsten Jahren treu: Er zwang seine leitenden Angestellten, sich von vertrauten Mitarbeitern zu trennen, setzte ihnen ungeliebte Konkurrenten an die Seite, verteilte Ämter und Zuständigkeiten anders, holte neue Leute in den inneren Zirkel, drängte andere an dessen Rand, schien bald den einen, bald den anderen besonders zu protegieren, wie in den ersten Nachkriegsjahren den Leningrader Andrei Schdanow. Das hinderte Stalin freilich nicht daran, nach Schdanows plötzlichem Tod im Sommer 1948 gnadenlos mit dessen Leningrader Anhängern abzurechnen. Ihren Führern wurde im September 1950 der Prozess gemacht, sie wurden nach monatelangen Verhören und Folterungen zum Tode verurteilt und hingerichtet. Hunderte verloren ihre Ämter, wanderten ins Gefängnis oder in den Gulag. Nach ganz ähnlichem Muster war 1951 die Mingrelier-Affäre gestrickt. Funktionären aus Mingrelien, einer Landschaft in Georgien, wurde vorgeworfen, die georgische Parteiorganisation zu dominieren

Stalin hatte seine «Nahe Datscha» seit den 1930er Jahren zur Residenz ausgebaut: Auf dem 26 Hektar umfassenden Gelände gab es einen großen Baumbestand und Teiche, ein Treibhaus und eine Steinpilzzucht im Park, ein russisches Dampfbad mit Billardraum, alles abgeschirmt gegen die Außenwelt. Stalin nutzte das Haupthaus als Wohn- und Dienstsitz; hierher bestellte er die Mitglieder der Führungsmannschaft, wobei er allein entschied, wer kommen durfte; hier hielt er Hof, Öffentliches und Privates waren dabei nicht voneinander zu trennen; hier empfing er Künstler und auswärtige Gäste. Die Rituale der Treffen zeigten: Stalin repräsentierte nicht nur, er war Partei und Staat, wie ein absoluter Herrscher.

und ein Netzwerk der Korruption gebildet zu haben. Diese Vorwürfe zielten auch auf Berija, der selbst aus dieser Region stammte. Eine Verhaftungswelle folgte. Der Verfolgungswahn erfasste 1952 auch Stalins unmittelbare Umgebung. Im Mai wurde Nikolai Wlassik seines Postens als Sicherheitschef in der «Nahen Datscha» enthoben, im Dezember verhaftet und im Januar wegen Machtmissbrauchs zu zehn Jahren Verbannung unter Aberkennung seines Generalsranges verurteilt. Im November 1952 fiel auch Alexander Poskrjobyschew in Ungnade, der Stalin seit den 1920er Jahren als persönlicher Sekretär bis zur Selbstverleugnung gedient und den Stalin in seiner Persönlichkeit längst gebrochen hatte. Angeblich hatte er 1939 Poskrjobyschew auch gezwungen, den Verhaftungsbefehl für seine Ehefrau eigenhändig zu unterschreiben, sie wurde 1941 erschossen.

Die von einem pathologischen Misstrauen getragenen und sorgsam in Szene gesetzten Intrigen zur Demonstration und zum Erhalt der Macht waren zugleich ein Kampf gegen den Verfall der eigenen geistigen und körperlichen Kräfte, der in den letzten Lebensjahren immer evidenter wurde und sicher auch Stalin selbst bewusst war. Er sträubte sich dagegen, nur noch als alter, kranker Mann wahrgenommen zu werden, er wehrte sich gegen den drohenden, schleichenden, schier unaufhaltsamen Kontrollverlust, der sich mit diesem Verfallsprozess verband – was das Misstrauen gegen seine Umgebung nur noch verstärkte und an die verzweifelten letzten Versuche Lenins erinnerte, die Zügel der Macht in den Händen zu behalten, nach den Schlaganfällen, im Rollstuhl, in Gorki.

Der Rollstuhl blieb Stalin zwar erspart, aber als ihn Anfang 1948 der jugoslawische Kommunist Djilas zum ersten Mal nach dem Krieg wieder traf, schien es ihm «nicht zu fassen, wie sehr er [Stalin] sich innerhalb von zwei, drei Jahren verändert hatte». Als überraschend klein und von «plumper Statur», mit «dicke[m] Bauch» und schütterem Haupthaar, weißem Gesicht und rosigen Wangen, ungepflegten, schwarzen Zähnen und gelben Augen, dessen linker Arm und linke Schulter «ziemlich steif» wirkten, «nicht einmal sein Schnurrbart war dicht oder straff» – so hatte Djilas ihn bereits bei früheren Begegnungen kennengelernt. Doch nun hatten sich «deutliche Anzeichen» von Senilität dazugesellt, die «etwas Tragisches und etwas Hässliches» an sich hatten. Von seiner Schlagfertigkeit, seinem rauen, selbstsicheren, oft zynischen Humor war wenig übrig geblieben. Nun lachte er über Albernheiten und seichte Witze und war beleidigt, wenn Pointen an ihm vorbeigingen. Und obwohl er «immer gern und gut» gegessen habe, habe er nun eine ausgesprochene «Gefräßigkeit» an den Tag gelegt, als fürchtete er, dass von bestimmten Speisen für ihn nicht genug übrig bleiben könnte. Dabei nahm er von einem Gericht nur, wenn andere bereits «vorgekostet» hatten.

Was Djilas nicht wusste, allenfalls ahnen konnte, war, dass es mit der Gesundheit seines Gegenübers nicht zum Besten stand; er litt an Bluthochdruck, einer Herzmuskelschwäche, einer vergrößerten, chronisch entzündeten Leber, an den Folgen eines ungesunden Lebens und an den Begleiterscheinungen eines zerebralen, arteriosklerotischen Prozesses, die ihn noch langsamer sprechen ließen, als er es ohnehin schon immer getan hatte. Chruschtschow erinnerte sich später, dass es mit jedem Jahr schlimmer wurde. Er berichtete (ohne den genauen Zeitpunkt anzugeben) von einer Episode, in der sich Stalin an Bulganin wenden wollte, der in der Endphase des Krieges Mitglied des Staatlichen Verteidigungskomitees gewesen war, seit 1946 Kandidat des Politbüros, seit 1947 Minister für die Streitkräfte und Stellvertretender Vorsitzender des Ministerrates, seit 1948 Vollmitglied des Politbüros: Stalin habe Bulganin eine Zeit lang angestarrt, es arbeitete in ihm, schließlich fragte er ihn nach seinem Namen. Oder wie Stalin nach dem 19. Parteitag 1952 unwirsch wissen wollte, was Woroschilow im Büro des ZK-Präsidiums zu suchen habe, bevor man ihn darauf hinwies, dass er ihn selbst soeben dafür vorgeschlagen hatte.

Schon längst berief Stalin das Politbüro nicht mehr zu offiziellen Sitzungen ein. Die Entscheidungen traf ein engerer Kreis in Stalins Arbeitszimmer im Kreml, zu dem neben Stalin vor allem Malenkow, Berija, Chruschtschow und Bulganin, davor auch Schdanow und Wosnessenski gehörten. Danach schaute man sich gemeinsam einen Film im Kremlkino an. Waren es vor dem Krieg vor allem sowjetische Komödien gewesen (manche Streifen hatte die Gruppe schon Dutzende Male gesehen), so gehörten nach dem Krieg Filme aus Beuteständen dazu. Diese Filme waren zwar nicht synchronisiert, aber ein «Fachmann» erklärte grob, worum es ging. Stalin liebte vor allem Western, da kam es auf die Sprache ohnehin kaum an. Nach dem Kino gehörte es zum Ritual, dass Stalin zu einem Abendessen in die «Blischnaja» (die «Nahe Datscha») einlud; Stalin konnte nicht allein sein, wie Chruschtschow in seinen Memoiren treffend bemerkte. Selbst wenn es längst nach Mitternacht und den Eingeladenen nach einem langen Arbeitstag nicht nach Essen zumute war, stimmte man begeistert zu.

Nach einer Viertel- bis halben Stunde Fahrzeit (die Bestzeit lag angeblich bei zwölf Minuten) war man dort, wo eine üppige Tafel mit schwerer Kost und reichlich Alkohol auf die Eintreffenden wartete. Man tauschte sich dabei über Personen und Tagesereignisse aus, hörte Platten mit russischer und georgischer Folklore, sang selbst oder hörte zu, wenn Stalin wieder einmal Begebenheiten aus seinem Leben erzählte, deren Pointen alle Anwesenden bereits kannten. Dazu gehörte die Geschichte von der Rebhuhnjagd mitten im Winter in Sibirien. Er hatte bereits zwölf Hühner erlegt, da ging ihm die Munition aus. Um neue zu holen, ging er auf Skiern zurück ins Dorf (immerhin zwölf Kilometer), von dort zurück in den Wald (erneut zwölf Kilometer), wo die Rebhühner offenkundig geduldig auf ihn gewartet hatten, so dass er weitere Exemplare erlegen konnte. Er band sie mit einer Schnur aneinander, die Schnur sich um den Leib und zog sie so nach Hause. Auch von Lenin erzählte er immer wieder, mitunter – was er in der Öffentlichkeit nie tat – auch kritisch, um die eigenen Verdienste umso deutlicher herauszustreichen.

Für einen Außenstehenden wie Djilas kam in diesen Treffen mit ihrer speziellen Geselligkeit und ihren Wodkaritualen, der Schlemmerei und Völlerei «die Abgeschlossenheit, Hohlheit und Sinnlosigkeit» des Lebens zum Ausdruck, das diese «um ihren gealterten Chef gescharten Sowjetgrößen führten». Das Irritierende daran war, dass bei gleicher Gelegenheit und irgendwie nebenbei auch Fragen von eminenter politischer Bedeutung besprochen und vorentschieden wurden.

Diese Abende konnten – eher die Regel als die Ausnahme – bis in die frühen Morgenstunden dauern. Das mochte lästig sein, wenn ein langer Arbeitstag auf die Teilnehmer wartete. Doch noch viel schlimmer war es, nicht oder nicht mehr eingeladen zu werden. Nach Chruschtschows Erinnerungen wurde Woroschilow (obwohl Vollmitglied des Politbüros) fünf Jahre lang nicht zu Treffen des inneren Zirkels gebeten. Von einem gewissen Zeitpunkt an wurden auch Molotow und Mikojan (obwohl ebenfalls Vollmitglieder und vorher stete Gäste) nicht mehr informiert. Sie besorgten sich die Termine von den Kollegen, kamen zunächst einfach dazu und trotteten auch bei den Essenseinladungen mit, bevor Stalin dies unterband.

Es scheint, dass Stalin eine grundsätzliche Neuordnung der Machtverhältnisse anstrebte, als er seine Weggenossen mit dem Plan der Einberufung eines Parteitags für den Herbst 1952 überraschte. Obwohl das gültige Parteistatut festlegte, dass ein Parteitag alle drei Jahre stattfinden sollte, war seit 1939 keiner mehr einberufen worden. Bis 1945 mochte der Krieg dafür als Entschuldigung dienen, doch seither waren schon wieder sieben Jahre vergangen.

Stalins Hauptanliegen bestand nicht darin, den Statuten zu entsprechen und sich auf dem Parteitag feiern zu lassen, zumal er schon aus gesundheitlichen Gründen die Hauptreferate anderen überlassen musste. Stalin selbst steuerte am Ende nur einen

Redebeitrag von wenigen Minuten bei und war stolz darauf, dass er zumindest das hinbekommen hatte. Worauf es ihm wohl ankam, war die Neugliederung der Führungsgremien: Das bisherige Politbüro mit neun Mitgliedern und zwei Kandidaten ging in einem (mit 25 Mitgliedern und elf Kandidaten) sehr viel größeren ZK-Präsidium auf. Das hieß erstens, dass die Mehrheit bei den Neuen lag, und zweitens, dass es als Entscheidungsgremium viel zu groß war. Daher sollte ein viel kleineres, neunköpfiges Büro geschaffen werden, in dem zwei seiner längsten Mitarbeiter, Molotow und Mikojan, nicht mehr vertreten waren und in dem Stalin im Grunde auch einen dritten alten Weggefährten aus der Bürgerkriegszeit, Woroschilow, nicht mehr haben wollte. Der Verdacht, dass dies der Anfang einer großen Flurbereinigung, einer neuen Säuberungswelle, sein könnte, war nicht von der Hand zu weisen.

Trotz des verfallenden Intellekts stand Stalin noch immer «über ihnen allen», so resümierte Djilas seine Treffen mit der Sowjetspitze 1948: Er war «noch immer der alte Stalin», «eigensinnig, heftig und argwöhnisch, wenn jemand eine andere Meinung vertrat als er», der anderen grob ins Wort fiel. Und «alle machten ihm den Hof, warteten, bis er zu einer Sache Stellung genommen hatte, und beeilten sich dann, ihm beizupflichten». Dies blieb auch die Grundkonstellation der folgenden Jahre, selbst wenn die Alterserscheinungen weiter zunahmen, die Aufenthalte am Schwarzen Meer immer länger und die Fahrten ins Kremlbüro, auch wenn Stalin in Moskau weilte, immer seltener wurden. Er bestellte die Funktionsträger zu sich, in die stadtnahe Residenz, was die autokratischen Züge seiner Herrschaft nur umso deutlicher hervortreten ließ, selbst wenn diese Residenz bescheiden «Datscha» hieß.

Ähnlich festgefahren wie der Regierungsstil war die Gesellschaftspolitik. Obwohl in Artikel 1 der Verfassung von 1936 stand, die Sowjetunion sei ein «sozialistischer Staat der Arbeiter und Bauern», behandelte der Staat beide wie Untertanen und war auch nicht bereit, die Kolchosbauern so zu bezahlen, dass es fürs Überleben reichte. In den ersten Nachkriegsjahren waren erneut Hunderttausende verhungert. Mit der Währungsreform Ende 1947 hatten viele ihre letzten Ersparnisse verloren. Ende des Jahrzehnts mussten Kolchosbauern 60 Tage arbeiten, um das Äquivalent von einem Kilogramm Butter zu verdienen, ein Jahr für einen Anzug einfacher Machart. Ein Überleben war nur durch die Nutzung des Hoflandes möglich, das der Staat den Bauern zur privaten Nutzung gelassen hatte.

Obwohl in der Sowjethymne kein Wort öfter vorkam als «frei» und «Freiheit», überzog ein Netz von Gefängnissen und Zwangsarbeitslagern das ganze Land mit Millionen von Inhaftierten. Und obwohl sich die beschworene «Freiheit» auch auf «Völker» und «Republiken» bezog, die die «Rus'», so die Hymne, «für immer» zur Sowjetunion zusammengeschlossen hatte, hatte Stalin im zurückliegenden Jahrzehnt nicht gezögert, ganze Volksgruppen aus ihren angestammten Siedlungsgebieten zu deportieren, und wieder andere zum Anschluss an die Sowjetunion gezwungen. Anhaltender Widerstand zeigte, dass viele dort «Freiheit» anders verstanden, was die Sowjetführung ihrerseits als Ausfluss von «bürgerlichem Nationalismus» sah und als «sowjetfeindlich» bekämpfte.

Zusammengenommen verbreiteten sie im Land ein Klima der Angst: Wer das populäre Lied von der Sowjetunion als dem «freiesten aller Länder» nicht lauthals mitsang, setzte sich dem Vorwurf des fehlenden «Patriotismus» aus. Wer Kritik an der Mangelgesellschaft, ihren Zwängen und uneingelösten Versprechungen übte, galt als «antisowjetisch», jede Manifestation kultureller Autonomie tendenziell als «nationalistisch». Im Zuge des sich entfaltenden Kalten Krieges konnte zu jedem dieser Vorwürfe noch das Totschlagsargument kommen, das Geschäft des kapitalistischen Klassenfeindes zu betreiben, sich ihm anzudienen, mit ihm in Verbindung zu stehen, im Grunde Landesverrat zu verüben.

Markantes Beispiel hierfür war das Schicksal des «Jüdischen Antifaschistischen Komitees», das 1942 von jüdischen Intellektuellen in der Sowjetunion mit Wissen und Willen der sowjetischen Regierung gegründet worden war; seine Appelle hatten sich an «Juden in der ganzen Welt» gerichtet, sie zu Spenden für den sowjetischen Kampf gegen den Nationalsozialismus aufgerufen und dabei besonders auf die amerikanisch-jüdische Öffentlichkeit gesetzt, auch was die Eröffnung einer zweiten Front betraf. Was das Komitee auf Geberkonferenzen und auf anderem Wege an Kriegsanleihen und Hilfslieferungen mobilisieren konnte, war nicht unbeträchtlich. Gleichzeitig sammelte es Material über NS-Verbrechen an den Juden und über die Teilnahme von Juden am Widerstand, das in einem Schwarzbuch in den USA und in der Sowjetunion veröffentlicht werden sollte. Dazu kam es nicht, weil Stalin die Publikation verbot und den fertigen Satz einschmelzen ließ. Die einseitige Hervorhebung der jüdischen Opferrolle widerspreche dem Faktum, dass sich der deutsche Angriff gegen das gesamte sowjetische Volk gerichtet habe.

Ende 1947 kam es zu ersten Verhaftungen, aus erpressten Geständnissen wurde für Stalin ein Gutachten fabriziert, das dem Komitee antisowjetische, nationalistische Propaganda und Verbindungen zu bürgerlich-zionistischen Kreisen bescheinigte; im Januar 1948 wurde der Vorsitzende des Komitees, der Theaterleiter, Schauspieler und Regisseur Solomon Michoels, unter Vortäuschung eines Verkehrsunfalls, von der Geheimpolizei ermordet. Ende des Jahres 1948 wurde das Komitee aufgelöst und sein Archiv beschlagnahmt. Bald darauf begann eine massive Pressekampagne gegen «wurzellose Kosmopoliten» in allen Bereichen des kulturellen Lebens, was die Auflösung jüdischer kultureller Einrichtungen und Massenentlassungen von jüdischen Journalisten, Künstlern, Pädagogen, Ingenieuren und Wissenschaftlern zur Folge hatte. Führende ehemalige Komiteemitglieder wurden verhaftet, 1952 vor Gericht gestellt, 13 der 15 Angeklagten zum Tode verurteilt und hingerichtet.

Im Januar 1953 meldete die «Prawda» die Verhaftung einer angeblich vom amerikanischen Geheimdienst angeworbenen «Terroristengruppe», an der die angesehensten sowjetischen Ärzte beteiligt gewesen seien; die von der «Prawda» veröffentlichten Namen dieser «Mörderärzte» (die Professoren Wowsi, Winogradow, Kogan, Jegorow, Feldman, Grinschtein, Etinger, Majorow) waren von russischen Lesern unschwer als mehrheitlich «jüdisch» zu identifizieren. Ihr Auftrag sei es gewesen, die oberste Riege sowjetischer Politiker und Militärs durch Fehlbehandlung um ihre Gesundheit zu bringen, ihre Demaskierung ein schwerer Schlag gegen die «internationale jüdische bürgerlich-nationalistische Organisation Joint». Zu deren Auftraggebern rechnete die Verlautbarung auch den verstorbenen Vorsitzenden des Jüdischen Antifaschistischen Komitees Michoels.

Der Brief einer Kardiologin (Lidija Timaschuk) hatte den Stein ins Rollen gebracht: Sie beschuldigte Kollegen, durch eine falsche Behandlung am Tod Schdanows, der im Sommer 1948 in einem Waldaier Sanatorium verstorben war, schuldig zu sein. In gewisser Weise war sie, so Chruschtschow in seinen Memoiren, selbst ein Produkt Stalins, seiner Politik, die Misstrauen zur ersten Bürgerpflicht machte, ringsum nur «Feinde» sah und die ganze Umwelt unter Generalverdacht stellte. Ihr Brief fand in Stalin auch den richtigen Adressaten: Er las ihn dem inneren Zirkel in seinem Kremlbüro vor, veröffentlichte das Schreiben zusammen mit einem eigenen Kommentar und löste ein breites denunziatorisches Echo aus. Die Briefschreiberin wurde noch im Januar 1953 für ihre Hilfe «bei der Enttarnung der Mörderärzte» mit dem Leninorden ausgezeichnet. Chruschtschow berichtet, wie Stalin den zuständigen Minister für Staatssicherheit Ignatjew immer wieder persönlich anrief, ihn anbrüllte, ihm drohte, ihn zu Pulver zu zerreiben, ihn aufforderte, die Mediziner zu schlagen und nochmals zu schlagen, sie gnadenlos zu prügeln und in Ketten zu legen. Alle Häftlinge gestanden.

War Stalin ein Antisemit? Obwohl die Öffentlichkeit judenfeindliche Ausfälle von ihm nie zu hören bekam, gab es sie durchaus, wenn man im kleineren Kreis unter sich war. Damit verbundene Gewaltphantasien (jüdische Streikführer von nichtjüdischen Arbeitern durchprügeln zu lassen) riefen bei Chruschtschow Erinnerungen an Pogrome wach, die er selbst als Kind im Donezbecken miterlebt hatte. Der Romanze seiner sechzehnjährige Tochter Swetlana mit dem über 20 Jahre älteren bekannten Drehbuchautor, Schauspieler und Regisseur Alexei Kapler im Winter 1942/43 setzte Stalin, vom Geheimdienst informiert, mit einer lautstarken Standpauke und Ohrfeigen ein jähes Ende. Kapler wurde in den hohen Norden verbannt und, als er 1948 nach Moskau zurückzukehren versuchte, für weitere fünf Jahre in ein Arbeitslager am Polarkreis geschickt. Dass er «nicht einmal» ein Russe war (sondern ein Jude), ärgerte Stalin nach Aussagen seiner Tochter am meisten. Swetlana heiratete zwei Jahre nach der vom Vater beendeten Affäre mit Kapler einen Klassenkameraden ihres Bruders Wassili und Kommilitonen von der Moskauer Universität. Stalin hatte schließlich zugestimmt, der Schwiegersohn sollte ihm aber nicht unter die Augen kommen, auch er (Grigori Morosow) war Jude. Als Swetlana sich 1948 von ihm scheiden ließ, soll Stalin dies auch anderen in der Bekanntschaft (etwa Malenkows Tochter, die mit einem Juden verheiratet war) zur Nachahmung empfohlen haben.

In der Auseinandersetzung mit dem Jüdischen Antifaschistischen Komitee setzte Stalin zweifellos auf das populistische Potential des Antisemitismus und gab ihm zugleich eine neue politische Ausrichtung. Er warf dem Komitee vor, sich mit dem Versuch, die eigene Opferrolle im Kampf gegen den Faschismus besonders herauszustreichen, zum Propagandisten eines bourgeois-jüdischen Nationalismus zu machen. Wieweit Gedankenspiele jüdischer Intellektueller, dass die Krim nach dem Krieg zum Ansiedlungsrajon für die Juden werden sollte, als Anmaßung empfunden wurde und die Ablehnung verstärkten, sei dahingestellt. Angesichts des gescheiterten sowjetischen Experiments, seit Ende der 1920er Jahre in Fernost an der Grenze zu China ein Autonomes Jüdisches Gebiet zu schaffen (in einer weitgehend unbesiedelten Gegend, wo die Flüsschen Biro und Bidschan zusammenfließen und wo die jüdische Zuwanderung nach anfänglicher Begeisterung bald wieder versiegte), sowie angesichts der Anziehungskraft, die die Ausrufung des Staates Israel (1948) auf sowjetische Juden ausübte, wurde das Argument gegen den «jüdischen Nationalismus» zum Vorwurf, seine Vertreter identifizierten sich nicht genügend mit dem großen sowjetischen Ganzen, ließen es an «Sowjetpatriotismus» fehlen, würden bestenfalls einen vaterlandslosen «Kosmopolitismus» vertreten.

Dieser «Kosmopolitismus» gehe mit Speichelleckerei, einer kritiklosen Verehrung alles Westlichen in der Kunst, in der Wissenschaft und in der Lebensweise einher. In der Situation des sich verschärfenden Kalten Krieges komme diese Kungelei einem Verrat am eigenen Vaterland gleich. Wie immer unter Stalin war es vom Misstrauen über den vagen Verdacht zur Unterstellung vollendeteter Tatsachen nicht weit, wie die Verhaftung, Verurteilung und Hinrichtung führender Mitglieder des Jüdischen Antifaschistischen Komitees und die Festnahme der jüdischen «Mörderärzte» zeigten. Wie man zu entsprechenden Geständnissen kam, wusste man aus jahrzehntelanger Erfahrung.

Absicherung und Ausbau des Erreichten unter strikter Wahrung des sowjetischen Führungsanspruches, verkörpert in seiner Person – dieses Ziel verfolgte auch Stalins Außenpolitik. Offensichtlich hatte sich die Sowjetführung dies leichter vorgestellt. Sie hatte erwartet, dass die Rote Armee in allen Staaten Osteuropas, die unter der deutschen Besatzungsherrschaft gelitten hatten, als Befreier begrüßt werden würde; schließlich hatte sie für den Sieg auch den höchsten Blutzoll entrichtet. Die neuen Staaten, die nach dem Ersten Weltkrieg aus der Konkursmasse des Deutschen, Russischen und Osmanischen Reiches im östlichen Europa gebildet worden waren, hatten auf der Suche nach der eigenen Identität, geschüttelt von Wirtschaftskrisen und Massenarbeitslosigkeit, mit heftigsten politischen und wirtschaftlichen Turbulenzen zu kämpfen. Fast überall hatten autoritäre Regime die ursprünglich bürgerlich-demokratischen Staatsordnungen aus den Angeln gehoben, so dass man sich am Ende des Zweiten Weltkrieges mehr Aufgeschlossenheit für das sozialistische Konkurrenzmodell erwartete, das eine neue Zukunft, Frieden und eine gerechtere Gesellschaft versprach.

Zwar hatten die Befreier kommunistische Kader mitgebracht, die aus dem Moskauer Exil in ihre Heimatländer zurückkehrten. Sie begannen, ihre Parteien und einen Sicherheitsapparat aufzubauen, und übernahmen wichtige Funktionen in der Verwaltung, beim wirtschaftlichen Neubeginn und in den Medien, vor allem beim Rundfunk. Doch der Neuanfang sollte keine bloße Kopie sowjetischer Verhältnisse sein, so hatte man ihnen mit auf den Weg gegeben. Nationale Traditionen müssten berücksichtigt, deren angestammte Parteien mit eingebunden werden, freilich unter kommunistischer Führung. Dies sollte nicht zuletzt mit Rücksicht auf die Westalliierten geschehen, die in Jalta wie in Potsdam auf die Beteiligung aller politischen Kräfte an den provisorischen Nachkriegsregierungen, als Regierungen der nationalen Einheit, gedrängt hatten.

Doch die Anfangserwartungen erfüllten sich nicht: Dazu trug nicht zuletzt die Rote Armee selbst bei, die den unguten Ruf bestätigte, der ihr vorauseilte; sie wurde als unberechenbare, plündernde und vergewaltigende Soldateska wahrgenommen, in Polen, Rumänien, Ungarn, also längst bevor sie die ehemaligen Reichsgrenzen Deutschlands überschritt. Der damit verbundene Vertrauensverlust machte auch den mit ihnen zurückgekehrten Kommunisten die politische Arbeit schwer.

Das galt selbst für Jugoslawien, wo die Rote Armee nur den Nordostzipfel durchquert hatte. Als die Führer der jugoslawischen Kommunisten den Chef der sowjetischen Mission, General Kornejew, im kleinen Kreis höflich darauf ansprachen (angezeigt wurden über 120 Fälle von Vergewaltigung und Mord sowie über 1200 Fälle gewaltsamer Plünderungen), protestierte er lautstark «gegen derartige Verunglimpfungen der Roten Armee». Stalin, dem diese Vorfälle ebenfalls zu Ohren gekommen war, vergoss «Tränen über die Leiden der Roten Armee und die jugoslawische Undankbarkeit»: Man müsse doch verstehen, «wenn ein Soldat, der Tausende von Kilometern durch Blut und Feuer und Tod gegangen ist, an einer Frau seine Freude hat oder eine Kleinigkeit mitgehen lässt».

Wer Gewaltakte der Roten Armee anprangerte, war undankbar und geriet in Verdacht, die sowjetische Vorherrschaft nicht bedingungslos anzuerkennen, auf nationale Eigenständigkeit zu pochen. Diesem Konfliktmuster galt es auch in der Außenpolitik vorzubeugen, nicht nur im Verhältnis zu Jugoslawien. Eine wichtige Voraussetzung dafür waren der weitere Ausbau der Macht in den neuen Satellitenstaaten, ihre Entwicklung zu «Volksdemokratien» mit der schrittweisen Angleichung von Staat, Wirtschaft und Gesellschaft an das sowjetische Vorbild.

Nachdem man erkannt hatte, dass die Kommunisten bei freien Wahlen nie über ein Drittel der Stimmen hinauskamen, wurde nur noch nach Einheitsliste gewählt, die die «bürgerlichen» und «bäuerlichen» Parteien in einen «antifaschistischen Block» oder eine «nationale Front» einbanden und den Kommunisten die Führungsrolle sicherten. Die «Säuberung» der Gesellschaft von «Kriegsverbrechern» und «Kollaborateuren», bereits mit dem Einmarsch begonnen, wurde forciert und geriet zur Abrechnung mit den alten Staats-, Wirtschafts- und Gesellschaftseliten. Die Enteignung des Großgrundbesitzes und die Neuverteilung des Bodens nach Aussiedelung der Deutschen ließen sich zugleich als Gelegenheit nutzen, die ärmeren bäuerlichen Schichten für sich zu gewinnen.

Als die USA 1947 die Initiative ergriffen und im Rahmen ihrer «Eindämmungsstrategie» mit einem Wiederaufbauprogramm, mit Warenlieferungen und Kredithilfen für ihren Weg zu einem neuen Europa warben, war der sowjetischen Führung klar, dass sie diesem Vorstoß außer Ideologie und Gewalt nichts entgegenzusetzen hatte. Der «Marshallplan» diene der «imperialistischen Expansion» und «Versklavung Europas», hieß es nun. Die sowjetische Führung verbot ihren Satellitenstaaten, sich daran zu beteiligen, und betrieb (im Gegenzug zum Marschallplan und zur Organisation für europäische wirtschaftliche Zusammenarbeit [OEEC]) den Zusammenschluss ihrer Staatenwelt zu einem Rat für Gegenseitige Wirtschaftshilfe (RGW), der auf die ökonomische Stärkung der sozialistischen Staaten und eine allmähliche Angleichung ihrer Lebensverhältnisse zielte.

Die Parole, jedes Land müsse seinen eigenen Weg zum Sozialismus gehen, war nun obsolet. Säuberungen in der Führung der Satellitenstaaten begleiteten diesen Prozess: In Polen wurde im September 1948 Władisław Gomułka seines Postens als Generalsekretär enthoben; man warf ihm «Rechtsabweichung» und «Kapitulation vor den nationalistischen Traditionen» vor. Im Mai 1949 wurde in Ungarn der ehemalige Innenminister László Rajk verhaftet; er wurde des «Titoismus» und der «Kontakt mit westlichen Geheimdiensten» beschuldigt, in einem Schauprozess zum Tode verurteilt und hingerichtet. Weitere Prozesse folgten. In der Tschechoslowakei hatte man 1948 die bürgerlichen Minister aus der Regierung gedrängt, die Vereinigung von Sozialdemokraten und Kommunisten erzwungen und dem Land eine neue Verfassung nach sowjetischem Muster verpasst, die der neue kommunistische Staatspräsident Klement Gottwald (nach dem Rücktritt von Edvard Beneš) in Kraft setzte. Im September 1951 wurde Generalsekretär Rudolf Slánský in Prag verhaftet, im Jahr darauf mit 14 weiteren KP-Mitgliedern (von denen elf ebenfalls Juden waren) vor Gericht gestellt; elf der Angeklagten wurden zum Tode verurteilt und gehängt.

Die sowjetische Politik machte den Satellitenstaaten unmissverständlich klar, dass sie sich dem Moskauer Führungsanspruch bedingungslos unterzuordnen hatten. Das Pochen auf Eigenständigkeit war einzustellen und als Ausfluss von Nationalismus zu bekämpfen. Das galt auch für die kommunistischen Führungen. Im Kampf gegen diese «Tendenzen» war jedes erprobte Mittel recht: Unterstellungen, Druck, Säuberungen, Schauprozesse nach erpressten Geständnissen, selbst die Mobilisierung und Instrumentalisierung eines noch immer virulenten Antisemitismus in dem perfiden Versuch, Juden in den kommunistischen Parteien für alle Fehlentwicklungen verantwortlich zu machen.

Jugoslawien hatte den Transformationsprozess schneller und konsequenter vollzogen als seine Nachbarn im Norden und Osten. Schon bei Kriegsende befand sich die politische Macht fest in den Händen von Kommunisten; sie bestimmten die neue Verfassungsordnung. Oppositionsparteien standen vor ihrer Auflösung, die Kirchen waren in die Defensive gedrängt. Die Enteignung der «Kollaborateure» ließ bis Ende 1945 rund 80 Prozent der wichtigsten Wirtschaftsunternehmen in Staatsbesitz übergehen. Darauf baute auch der erste Fünfjahresplan für die Jahre 1947–1951 auf, der den Wiederaufbau des Landes ins Werk setzen und nach sowjetischem Vorbild dem Ausbau der Schwer- und Grundstoffindustrie Vorrang einräumen sollte. Auch das Kreditwesen befand sich in staatlicher Regie. Im Agrarsektor war der Grundbesitz der Deutschen, der politischen Gegner, der Kirchen, von Industrieunternehmen, Banken und sonstigen juristischen Personen enteignet; die maximale Besitzgrenze hatte man auf 25 bis 35 Hektar festgelegt.

Das alles ließ Jugoslawien wie einen Musterschüler der großen Sowjetunion erscheinen, auch die Regierenden in Belgrad sahen sich durchaus in dieser Rolle. Dass sie alles weitgehend «selbständig» geschafft hatten, vermehrte den Stolz und stärkte das Selbstbewusstsein. So schien es wie eine Bestätigung dieser Verdienste, dass im September 1947 beim Treffen der kommunistischen Parteien im schlesischen Szklarska Poręba (Schreiberhau) Belgrad als Sitz des neugegründeten Kommunistischen Informationsbüros ausgewählt wurde. Umso spektakulärer war der Bruch zwischen Moskau und Belgrad nur sechs Monate später.

Eine entscheidende Rolle spielte dabei Stalin, der mit Tito so umsprang, wie er es mit seinen Mitstreitern in der Partei- und Sowjetführung zu tun pflegte, wenn sie ihm zu mächtig schienen. Auch die Eigenständigkeit und das Selbstbewusstsein Titos gingen Stalin schon im Winter 1947/48 zu weit. Nach einem heftigen Briefwechsel, in dem Stalin der jugoslawischen KP-Führung «Überheblichkeit» und «Nationalismus», «Opportunismus» und «Revisionismus», «Vernachlässigung der Arbeiterklasse» und «Unterstützung der kapitalistischen Elemente auf dem Dorf» vorwarf und mit dem Abbruch der freundschaftlichen Beziehungen drohte, wurden im März 1948 tatsächlich die sowjetischen Militärberater aus Jugoslawien abberufen und im Juni das Land aus dem Kominform ausgeschlossen.

Doch die jugoslawische Parteiführung blieb hart, ließ sich im Juli 1948 ihre Haltung von einem Parteikongress bestätigen und schlug mit stalinistischen Mitteln zurück. Da die sowjetischen Angriffe als Aufforderung an die jugoslawischen Kommunisten aufgefasst werden mussten, sich ihrer Führung zu entledigen, ließ diese nun ihrerseits Tausende von «moskautreuen» Parteimitgliedern verhaften und auf der Adriainsel Goli wegsperren. Sie warf Moskau vor, selbst vom marxistisch-leninistischen Weg abgewichen zu sein; statt der Gesellschaft die «Verfügungsgewalt über die Produktionsmittel» zu übertragen und das «Absterben des Staates» zu betreiben, habe man die ökonomische Macht an sich gerissen und eine riesige Bürokratie geschaffen. Vor diesem Hintergrund entwickelte die jugoslawische KP ihr eigenes Modell einer «Arbeiterselbstverwaltung», gefeiert als «dritter Weg» zwischen westlichem Kapitalismus und sowjetischem Staatssozialismus.

Der Bruch mit Jugoslawien oder besser: der Bruch Jugoslawiens mit Moskau verursachte ein mittleres Beben im sozialistischen Lager. Obwohl die Ereignisse für Stalin eine persönliche

Niederlage waren, veranlassten sie ihn nicht, den Anspruch auf die alleinige Führerschaft aufzugeben. Schon eher fühlte er sich bemüßigt, die Führungen der osteuropäischen Satellitenstaaten noch enger an die Kandare zu nehmen. Dies wirkte sich auch auf Stalins Verhältnis zu Mao Zedong aus, der die Kommunisten zum Sieg im Bürgerkrieg führte und am 1. Oktober 1949 die Volksrepublik China ausrief. Obwohl sich Mao schon vorher wiederholt um einen Gesprächstermin in Moskau bemüht hatte, ließ sich Stalin nicht drängen und empfing ihn erst zweieinhalb Monate nach der Ausrufung der chinesischen Volksrepublik, am 16. Dezember 1949.

Stalin war sich bewusst, dass dabei auch die Fehleinschätzungen der Moskauer Führung (die den Kommunisten einen Sieg in China lange nicht zugetraut und das Bündnis mit der Guomindang empfohlen hatte) sowie die umfangreichen Konzessionen zur Sprache kommen würden, die Stalin der nationalchinesischen Regierung Chiang Kai-sheks im «Freundschafts- und Beistandspakt» vom 14. August 1945 abgerungen hatte (wobei er seinerseits versprochen hatte, sich in die inneren Angelegenheiten Chinas nicht einzumischen und die Kommunisten nicht zu unterstützen). Das beiderseitige Misstrauen war keineswegs geschwunden, als sich Stalin und Mao am Tag der Ankunft in Stalins Kremlbüro zum ersten Mal trafen, die wechselseitigen Irritationen angesprochen wurden und Mao die Kernfrage nach einem neuen sowjetisch-chinesischen Vertrag aufwarf. Stalin schien wenig geneigt, auf die sowjetischen Sonderrechte in China zu verzichten: Sie beruhten auf Absprachen mit den USA und Großbritannien in Jalta, und ein Verzicht stelle auch die sowjetischen Ansprüche auf die Kurilen und Südsachalin in Frage.

Stalin ließ Mao danach erst einmal wochenlang warten, bis es am 22. Januar 1950 zu einem zweiten Gespräch kam, in dem man dann die wirtschaftliche und militärische Zusammenarbeit, außenpolitische Konsultationen in internationalen Fragen und die Ausarbeitung eines neuen Vertrags vereinbarte. Die drohende

Abreise Maos hatte den Stimmungsumschwung mitbewirkt. Einen weiteren «Bruch» im Lager, der die eigene Position empfindlich geschwächt hätte, wollte Stalin unbedingt vermeiden. Mitte Februar 1950 wurde der neue sowjetisch-chinesische Freundschafts- und Beistandspakt – im Beisein Stalins und Maos – unterzeichnet. Die Sowjetunion gab ihre Sonderrechte in China auf, China allerdings auch alle Ansprüche auf die Äußere Mongolei. Selbst wenn atmosphärische Verstimmungen blieben, die Wirkung des neuen Bündnisses nach außen, der Prestigegewinn für Stalin und das sozialistische Lager waren gewaltig. Sie wurde noch dadurch verstärkt, dass die Sowjetunion ein halbes Jahr zuvor, Ende August 1949, mit den USA in einem wichtigen Bereich gleichgezogen und ihre erste Atombombe gezündet hatte. Allerdings stellte Stalin schon kurz darauf das Bündnis vor eine erste «Bewährungsprobe»: im Konflikt über Korea.

Korea war seit Kriegsende entlang des 38. Breitengrades geteilt. Nach Abzug der sowjetischen und amerikanischen Besatzungstruppen wurde im August 1948 im Süden die Republik Korea ausgerufen; ihre Regierungsgeschäfte übernahm Rhee Syng-man, der Jahrzehnte seines Lebens im amerikanischen Exil zugebracht hatte. Im Norden proklamierte Kim Il-sung mit der Sowjetunion als Schutzmacht die Demokratische Volksrepublik Korea; er hatte im Partisanenkrieg gegen die Japaner gekämpft und zuletzt als Offizier in der Roten Armee gedient. Sein Ziel war die Wiedervereinigung Koreas mit militärischen Mitteln, mit einem Einmarsch in den Süden.

Wiederholt war Kim mit diesem Plan bei Stalin vorstellig geworden; nach dem Durchbruch bei den Verhandlungen zum sowjetisch-chinesischen Freundschaftsvertrag stimmte er zu. Stalin glaubte zwar nicht, dass die Amerikaner wegen dieses kleinen Landes einen Weltkrieg riskieren würden. Doch in der Außenpolitik eher vorsichtig, dachte er zu keinem Zeitpunkt daran, in den Konflikt unmittelbar einzugreifen. Er machte Kims Losschlagen von der Zustimmung Pekings abhängig und schob damit Mao die Letztentscheidung zu. Mao stellte eine Unterstützung für den Fall eines amerikanischen Eingreifens schließlich in Aussicht, obwohl der Vorstoß der Pekinger Führung ungelegen kam; man brauche alle Kräfte für den Wiederaufbau des eigenen Landes.

Am 25. Juni 1950 begann der Einmarsch der nordkoreanischen Truppen in Südkorea; sie nahmen zwei Tage später Seoul ein und stießen weit in den Süden vor. Doch noch am Tag des Überfalls verurteilte der UN-Sicherheitsrat (in Abwesenheit des sowjetischen Vertreters Jakow Malik) Nordkorea, und zwei Tage später verkündete Präsident Truman die Bereitschaft der USA, Südkorea aus der Luft und mit Seestreitkräften zu unterstützen. 15 UN-Mitgliedstaaten schlossen sich an. Damit war Kims Handstreich gescheitert. Stalin ermunterte Kim, das Unternehmen trotzdem fortzusetzen und in Peking um Waffenhilfe zu bitten. Doch Mao lehnte die Entsendung von Truppen ab. Mitte September landeten erste amerikanische Truppen in Südkorea, das inzwischen fast vollständig vom Norden besetzt worden war, und nun wendete sich die militärische Lage dramatisch. Zwei Wochen später überschritten südkoreanische Truppen den 38. Breitengrad. Dem Hilferuf Nordkoreas kam Stalin nicht nach, selbst Luftverbände wollte er nicht zusagen; eine Konfrontation mit den USA sollte um jeden Preis vermieden werden (den Rückzug Nordkoreas bis zur chinesischen Grenze und die Fortsetzung des Krieges als Partisanenkampf eingeschlossen).

Stattdessen erhöhte Stalin den Druck auf Peking. Dort war man über die Moskauer Haltung verärgert und das Politbüro der KPCh gespalten. Wenn sich die chinesische Führung Ende Oktober zur Entsendung von «Freiwilligenverbänden» in großer Zahl entschloss, geschah es wohl nicht nur als «Bruderhilfe», sondern vor allem aus Gründen der eigenen nationalen Sicherheit; denn inzwischen näherte sich die Front bedrohlich der chinesischen Grenze. Nun schickte auch Stalin Fliegerstaffeln, denn ein Übergreifen der Kampfhandlungen auf chinesisches Gebiet hätte für Moskau den Bündnisfall ausgelöst, und zur sowjetischen Grenze bei Wladiwostok war es nun nicht mehr weit; allerdings trugen die sowjetischen Piloten chinesische Uniformen und flogen Maschinen mit nordkoreanischen Hoheitszeichen.

Nun änderte sich die strategische Lage erneut, die US-Truppen wichen bis zum 38. Breitengrad zurück, Anfang 1951 musste Seoul erneut geräumt werden, bevor die UN-Truppen im Frühjahr zu einer Gegenoffensive antraten. Das Ringen wurde immer mehr zu einem ideologisch aufgeheizten Stellungskrieg, bei dem fast eine Million Soldaten und viereinhalb Millionen Zivilisten starben. Es kam zu Materialschlachten, wochenlangen Flächenbombardements, auch mit Napalm, und zu Massakern im Hinterland. Die Auseinandersetzungen zogen sich bis in den Sommer 1953 hin und hinterließen im Norden wie im Süden ein politisch wie ökonomisch völlig verwüstetes Land. Selbst wenn in der westlichen Öffentlichkeit keinerlei Zweifel darüber bestanden, wo die Strippen gezogen wurden: Stalin blieb bei seiner Taktik, die Sowjetunion so weit wie möglich aus dem unmittelbaren Kriegsgeschehen herauszuhalten, die Kampfhandlungen vor allem den sozialistischen Bruderländern, Nordkorea und China, zu überlassen, Kriegsmaterial zu liefern, nicht immer das neueste, vor allem die eigenen Interessen zu verfolgen und Peking großzügig mit Krediten zu unterstützen, die anschließend zurückgezahlt werden mussten. Ein Waffenstillstand konnte erst nach Stalins Tod erreicht werden, und es ist nicht ersichtlich, dass er auf eine frühere Beendigung der immer sinnloseren Kampfhandlungen gedrängt hätte. Dieser Stellvertreterkrieg hielt die Welt, nicht zuletzt China und die USA, in Atem.

Stalin hielt damit an der Gleichsetzung von sowjetischen Interessen mit den Interessen der sozialistischen Weltbewegung fest – eine Position, für die er 1927 die klassische Grundformel gefunden hatte: «Ein Internationalist ist, wer vorbehaltlos, ohne zu schwanken, ohne Bedingungen zu stellen, bereit ist, die

UdSSR zu schützen, weil die UdSSR die Basis der revolutionären Bewegung der ganzen Welt ist; diese revolutionäre Bewegung zu schützen und voranzubringen ist aber nicht möglich, ohne die UdSSR zu schützen.» Er hatte schon damals hinzugefügt, dass «zwei Lager entstanden» seien und es «dementsprechend zwei Positionen [gebe]: die Position des bedingungslosen Schutzes der UdSSR und die Position des Kampfes gegen die UdSSR». Eine dritte Position gebe es nicht und könne es nicht geben. Das Suchen danach komme dem Versuch gleich, «sich der Verantwortung zu entziehen». Ohne es zu begründen, ging er nun stillschweigend davon aus, dass er und er allein es war, der die Interessen der Sowjetunion im Innern und nach außen wahrnahm und der internationalen sozialistischen Gemeinschaft die gemeinsamen Ziele verbindlich vorgab. In der sowjetischen Führungsriege gab es niemanden mehr, der dies offen in Frage gestellt hätte. Auch die osteuropäischen Satellitenstaaten hatten das (mit Ausnahme Jugoslawiens) akzeptiert. Nun schlossen sich Nordkorea und China an. Vorläufig jedenfalls. Und trotz aller sichtbaren Alterserscheinungen beim greisen Führer in Moskau, von denen schon die Rede war.

Am 28. Februar 1953, es war ein Samstag, traf sich der innere Zirkel, der Fünferkreis. Malenkow, Berija, Chruschtschow und Bulganin konferierten wieder einmal mit Stalin in dessen Arbeitszimmer im Kreml. Danach sahen sie sich gemeinsam im Kremlkino einen Film an und fuhren anschließend zum obligatorischen Abendessen hinaus nach Kunzewo. Stalin war guter Stimmung, man trank, aß und redete wie üblich bis in die sinkende Nacht. Es war schon fünf oder sechs, als Stalins Gäste zurück nach Moskau fuhren. In Kunzewo erwarteten die Wachhabenden, dass der Hausherr an diesem 1. März, einem Sonntag, nicht vor Mittag aufstehen würde. Doch er meldete sich nicht und gab auch am Nachmittag keinen Laut von sich. Das war beunruhigend; niemand traute sich, nach ihm zu sehen. Die am Abend eintreffende Post schuf dafür einen willkommenen Anlass. Nachdem eine Hausangestellte oder ein Leibwächter – die Darstellungen differieren hier – mehrfach vergeblich geklopft und schließlich gewagt hatte, die Tür vorsichtig zu öffnen und in den Zimmern nach ihm zu suchen, fand man ihn endlich im kleinen Esszimmer, das Stalin als Arbeits- und Schlafraum nutzte. Er lag neben dem Sofa auf dem Teppich in einer Pfütze, offensichtlich bei Bewusstsein, aber unfähig zu sprechen.

Gemeinsam hob man ihn aufs Sofa und rief sogleich den Chef des Personenschutzdienstes und Minister für Staatssicherheit, Semjon Ignatjew, an. Doch der traute sich nicht, eigenständig eine Entscheidung zu treffen, schon gar nicht, irgendeinen Arzt seiner Wahl nach Kunzewo zu schicken; die «Kremlärzte» saßen im Gefängnis, und Stalin hatte ihm mit schlimmsten Konsequenzen gedroht, wenn er nicht die allfälligen Geständnisse aus ihnen herausprügelte. Daher verwies Ignatjew die Anrufer an die Mitglieder des inneren Zirkels. Die Leibwächter verständigten daraufhin Malenkow, der sich seinerseits mit Berija, Chruschtschow und Bulganin ins Benehmen setzte. Sie beschlossen, sich gemeinsam in Kunzewo ein Bild von der Lage zu machen. Es war schon tief in der Nacht, als sie schließlich dort eintrafen und zunächst einmal die Sicherheitsbeamten befragten. Nach den Schilderungen, wie man Stalin vorgefunden hatte, erkannten sie rasch die Brisanz ihrer Situation: Wie würde Stalin reagieren, wenn er später erfuhr, in welch peinlichem, hilflosem Zustand sie ihn angetroffen hatten? Um keine Staatsaktion daraus zu machen, platzten sie nicht alle vier ins Zimmer. Vielmehr wurden Malenkow und Berija vorgeschickt. Auf Zehenspitzen näherten sie sich Stalin, der noch immer auf dem Sofa lag und leicht schnarchende, röchelnde Atemgeräusche von sich gab, und verließen den Raum ebenso schnell und geräuschlos, wie sie gekommen waren. Ihr Befund war, seine Lage sei nicht dramatisch, man solle ihn am besten schlafen lassen; danach fuhren sie zurück nach Moskau.

Da sich Stalins Zustand über Nacht nicht gebessert hatte, riefen die Sicherheitsleute am Morgen erneut an. Nun schickten die vier ein Ärzteteam nach Kunzewo. Die Ärzte diagnostizierten, was die Autopsie später bestätigen sollte: einen Schlaganfall mit massiven Blutungen in der linken Hirnhälfte, ausgelöst durch Bluthochdruck und Arteriosklerose. Stalins Zustand war hoffnungslos. Nun wurden auch die Kinder, Swetlana und Wassili, verständigt. Als Swetlana nach Kunzewo kam und von Chruschtschow und Bulganin in Empfang genommen wurde, wusste sie bereits, wie es um ihren Vater stand. Deren Gesichter waren völlig verweint. Dass man hektische Aktivitäten entfaltete, inzwischen Großgeräte herangeschafft und ein Ärztekonzil eingerichtet hatte, änderte daran nichts.

Noch immer scheute sich die Viererkgruppe, für die nun zu fällenden Entscheidungen allein die Verantwortung zu übernehmen; sie sollte auf möglichst viele Schultern verteilt werden. Eilens war noch am Vormittag des 2. März eine Sitzung des Büros des Präsidiums des Zentralkomitees einberufen worden, das seit dem 19. Parteitag als neues, kollektives höchstes Beratungs- und Entscheidungsgremium das alte Politbüro ersetzte. Geschlossenheit schien notzutun, deshalb waren zur Sitzung auch Molotow und Mikojan eingeladen worden, obwohl sie nicht Mitglieder des Büros waren. Am Abend traf sich die Führung in Stalins Arbeitszimmer wieder und nahm das neueste Ärztebulletin entgegen. Ihm war zu entnehmen, dass Stalin nicht mehr lange zu leben hatte. Auf einer weiteren Sitzung wurde am 3. März beschlossen, die Sowjetbevölkerung von der Erkrankung Stalins zu informieren. Malenkow und Berija sollten erste Pläne für die Zeit danach vorlegen. Bei der Wache am Krankenbett lösten sich Malenkow und Berija sowie Chruschtschow und Bulganin im Zwölfstundenrhytmus ab.

Am 4. März berichteten alle Zeitungen von Stalins Erkrankung. Selbst wenn sie das Ereignis auf einen Tag später datierten – die Regierungserklärung und das nachfolgend veröffentlichte Ärztebulletin ließen keinen Zweifel, wie ernst es um Stalin stand: Er habe in der Nacht zum 2. März einen Schlaganfall erlitten, was eine Lähmung des rechten Armes und Beines, den Verlust des Bewusstseins und Sprachvermögens, eine beträchtliche Störung der Atemfunktionen, einen extremen Bluthochdruck und eine völlige Arhythmie des Pulses zur Folge hatte. Ärztliche Gegenmaßnahmen hätten diese Entwicklung vorläufig nicht zu stoppen vermocht. In Fabriken und Büros des ganzen Landes fanden Versammlungen statt, in denen das offizielle Kommuniqué über seinen Zustand öffentlich verlesen wurde. Offensichtlich sollte die Bevölkerung auf das nahe Ende vorbereitet werden. Sprecher mahnten die Arbeiter, sich umso fester um Partei und Regierung zu scharen. Das war auch der Tenor der maßgeblichen Zeitungskommentare.

Noch am gleichen Tag wurde in der erweiterten Führungsgruppe die Neubesetzung der von Stalin bisher wahrgenommenen Ämter in die Wege geleitet. Malenkow und Berija spielten sich dabei die Bälle zu. Die in der Führungsgruppe getroffenen zunächst informellen Beschlüsse stellten die Weichen für die Neujustierung der Macht und eine künftige kollektive Führung. Molotow und Mikojan sollten in den inneren Zirkel der Macht zurückkehren, ins Büro des ZK-Präsidums aufgenommen, Stalins junge Protegés ausgeschlossen werden. Nachfolger Stalins als Vorsitzender des Ministerrats sollte auf Vorschlag Berijas Malenkow werden, mit vier Ersten Stellvertretern (Berija, Bulganin, Molotow und Kaganowitsch), wie Malenkow vorschlug. Der Parteivorsitz wurde, aber das war schon weniger klar, von den Regierungsämtern getrennt werden; dass dafür Chruschtschow vorgesehen war, konnte man allenfalls der Formulierung entnehmen, dass er sich künftig auf seine Rolle als Sekretär des Zentralkomitees konzentrieren und deshalb seinen Vorsitz in der Parteiorganisation von Stadt und Gebiet Moskau aufgeben sollte. Am Abend des 5. März 1953 traten die Mitglieder des ZK-Plenums, des Ministerrates und des Präsidiums des Obersten Sowjets im Großen Kremlpalast zu einer kurzen gemeinsamen Sitzung zusammen und bestätigten die neue Machtverteilung, zu einem Zeitpunkt, als Stalin noch lebte.

Doch Stalin überlebte seine politische Entmachtung nur um gut eine Stunde. Sein Sterben war, wie sich seine Tochter erinnerte, furchtbar und schwer: «Die Agonie war entsetzlich, sie erwürgte ihn vor aller Augen. In einem dieser Augenblicke – ich weiß nicht, ob es wirklich so war, aber mir schien es jedenfalls so –, offenbar in der letzten Minute öffnete er plötzlich die Augen und ließ einen Blick über alle Umstehenden schweifen. Es war ein furchtbarer Blick, halb wahnsinnig, halb zornig, voll Entsetzen vor dem Tode und den unbekannten Gesichtern der Ärzte, die sich über ihn beugten – dieser Blick ging im Bruchteil einer Sekunde über alle hin, und da – es war unfasslich und entsetzlich, ich begreife es bis heute nicht, kann es aber nicht vergessen –, da hob er plötzlich die linke Hand (die noch beweglich war) und wies mit ihr nach oben, drohte uns allen. Die Geste war unverständlich, aber drohend, und es blieb unbekannt, worauf oder auf wen sie sich bezog ... Im nächsten Augenblick riss sich die Seele nach einer letzten Anstrengung vom Körper los.»

Schon am 5. März hatte der Rundfunk nur noch ernste Musik gebracht. Das am gleichen Tag in der «Prawda» veröffentlichte ärztliche Bulletin zum Zustand des Patienten um zwei Uhr nachts (tiefe Bewusstlosigkeit, anhaltende schwere Atem- und Kreislaufprobleme, Cheynes-Stokes-Atmung, Blutdruck 210 zu 110, Pulsfrequenz 108 bis 116) hatte die Bevölkerung auf das nahe Ende vorbereitet. Den Tod meldete Radio Moskau am 6. März 1953 im Frühnachrichtendienst um sechs Uhr morgens. Nach einem Läuten der Kremlglocken und dem Abspielen der Nationalhymne verlas der Chefsprecher des Senders, Juri Lewitan, das Kommuniqué des Zentralkomitees: «Das Herz des Kampfgefährten und genialen Fortsetzers Lenins, des Weisen Führers und Lehrers der Kommunistischen Partei und des Sowjetvolkes, Iossif Wissarionowitsch Stalin, hat aufgehört zu schlagen [...] Gemeinsam mit Lenin hat Genosse Stalin die mächtige Partei der Kommunisten geschaffen, sie erzogen und gestählt, gemeinsam mit Lenin war Genosse Stalin der Inspirator und Führer der Großen Sozialistischen Oktoberrevolution, der Begründer des ersten sozialistischen Staates der Welt. Genosse Stalin setzte die unsterbliche Sache Lenins fort und führte das Sowjetvolk zum welthistorischen Sieg des Sozialismus in unserem Lande. Genosse Stalin führte unser Land zum Sieg über den Faschismus im Zweiten Weltkrieg, was die gesamte internationale Lage grundlegend veränderte [...].»

Entstalinisierung und kein Ende

Ministerrat und Zentralkomitee hatten die Bildung einer Begräbniskommission unter dem Vorsitz Chruschtschows verfügt. Die Kommission gab noch am gleichen Tag bekannt, dass der Sarg mit Stalins Leichnam im Säulensaal des Gewerkschaftshauses aufgebahrt werden würde. Es war der gleiche Ort, an dem im Januar 1924 die Bevölkerung von Lenin Abschied nehmen konnte. Gleichzeitig schien es wie eine Ironie der Geschichte, dass hier der Schachty-Prozess und in den Jahren 1936 bis 1938 auch die drei großen stalinistischen Schauprozesse stattgefunden hatten. Für das Totendefilee sollte der Säulensaal von sechs Uhr morgens bis um zwei Uhr in der Nacht geöffnet sein. Der Andrang war riesig, es kam zu panikartigen Szenen, über 100 Menschen sollen dabei umgekommen sein.

Wie um Gerüchten vorzubeugen, hatte die «Prawda» am 6. März auf der ersten Seite neben der Bekanntgabe des Todes und einem ersten Nachruf von Zentralkomitee, Ministerrat und Präsidium des Obersten Sowjet zwei weitere ärztliche Bulletins zu Stalins Gesundheitszustand am 5. März um 16 Uhr und zu seinem Ableben am gleichen Tag um 21.50 Uhr abgedruckt. Und wie um ihre Einigkeit und Handlungsfähigkeit zu demonstrieren, wurden am 7. März wiederum auf Seite 1 die Ergebnisse der gemeinsamen Sitzung von Zentralkomitee, Ministerrat und Präsidium des Obersten Sowjet bekannt gegeben, in der die Neubesetzungen im Vorsitz des Ministerrates und bei seinen Ersten Stellvertretern, im Vorsitz des Präsidiums und des Sekretariats des Obersten Sowjet, die Zusammenlegung der Ministerien des Inneren und für Staatssicherheit, die Neubestellung der Minister des Inneren, des Äußeren, der Verteidigung, für Binnen- und Außenhandel, Maschinenbau und anderes mehr beschlossen worden waren. Die mit diesen Beschlüssen gezeigte Handlungsfähigkeit und «größtmögliche Geschlossenheit» der Führungsorgane sei das wichtigste Gebot der Stunde, unterstrich der danebenstehende Leitartikel der Zeitung.

Die Beerdigung war für den 9. März (einem Montag), zwölf Uhr, vorgesehen. Ab zwei Uhr war der Zugang zum Säulensaal, ab acht Uhr der Zentralbereich der Innenstadt für jeglichen Verkehr gesperrt, ab 9.30 Uhr gelangte man auf den Roten Platz nur mit Spezialausweis. Schließlich sollte ab zehn Uhr der Sarg mit Stalins Leichnam in der Säulenhalle von Malenkow, Berija, Molotow, Woroschilow, Chruschtschow, Bulganin, Kaganowitsch und Mikojan zum Ausgang getragen, dort auf eine Artillerielafette gestellt und zum nur wenige hundert Meter entfernten Leninmausoleum auf dem Roten Platz gefahren werden. Unter den Klängen eines Trauermarsches wurde der Zug begleitet von Familienmitgliedern, engsten Mitarbeitern aus Partei, Regierung und Militär sowie Regierungsvertretern auswärtiger Staaten, die dazu nach Moskau gekommen waren. Marschälle und Generäle trugen auf purpurnen Seidenkissen die Orden und Medaillen Stalins.

Auf dem Roten Platz, wo weitere führende Vertreter von Partei und Regierung, ausländischer Staaten, des diplomatischen Korps, aus den kommunistischen Bruderstaaten und den Arbeiterparteien den Trauerzug erwarteten, wurde der Sarg vor dem Mausoleum von der Lafette auf ein hohes Postament gestellt; militärische Fahnen und Standarten, «die der Ruhm unvergänglicher Siege in den Jahren des Großen Vaterländischen Krieges umwehte», neigten sich vor ihm. Um 10.52 Uhr eröffnete der Vorsitzende des Begräbniskomitees, Chruschtschow, die Trauerfeier und erteilte erst Malenkow, dann Berija und schließlich Molotow das Wort. Um 11.54 Uhr erklärte Chruschtschow die

Am 9. März 1953 wurde Stalins Leichnam ins Leninmausoleum überführt, das über dem Portal nun auch seinen Namen trug.

Trauerfeier für beendet. Nun stiegen die Führer der Kommunistischen Partei und der sowjetischen Regierung von der Tribüne des Mausoleums herab und trugen den Sarg ins Mausoleum, über dessen Eingang unter dem Namen Lenins nun der Stalins stand. Danach begaben sie sich erneut auf die Tribune, um die Miltärparade abzunehmen.

An diesem Tag sollte Punkt zwölf Uhr (Moskauer Zeit) in Moskau, in den Hauptstädten der Unionsrepubliken, in jenen Städten, die für ihre Verdienste im Zweiten Weltkrieg mit dem Ehrentitel einer «Heldenstadt» ausgezeichnet worden waren (Leningrad, Stalingrad, Odessa und Sewastopol), ferner in Kaliningrad (dem früheren Königsberg), in Lwow (dem früheren polnischen Lwów/Lemberg) sowie in Chabarowsk und Wladiwostok im Fernen Osten Salut geschossen werden. Zur gleichen Zeit hatte, so war angeordnet, in allen Fabriken, Transport- und Verkehrsbetrieben für fünf Minuten die Arbeit zu ruhen, und in allen Werken, bei allen Eisenbahnen und auf den Schiffen sollten für drei Minuten die Sirenen heulen und die Dampfpfeifen betätigt werden.

So laut die Lobgesänge über den Verblichenen auch in den nächsten Wochen weitergesungen wurden, die Führungsgruppe war sich einig, dass Stalins Regierungskurs und erst recht sein Regierungsstil so nicht fortgesetzt werden konnten. Sein unberechenbares Misstrauen gegen alles und jeden hatte letztendlich auch sie selbst bedroht. Er hatte keinen designierten Nachfolger hinterlassen, keiner von ihnen genoss im Land eine vergleichbare Autorität und jeder misstraute dem anderen. Das zwang zum Kompromiss, zu einer «kollektiven» Führung. Dass sie zum bisherigen Kurs sichtlich auf Distanz ging, war rasch unübersehbar: Bereits am 24. März hatte der neue Innenminister Berija dem Präsidium des Zentralkomitees eine Denkschrift zugeleitet, die zum Ergebnis kam, dass von den 2,5 Millionen Insassen der Arbeitslager tatsächlich nur zehn Prozent eine Gefahr für den Staat darstellten. Das Präsidium stimmte daraufhin einem Amnestiedekret zu, das Insassen, die zu weniger als fünf Jahren verurteilt worden waren, Müttern mit Kindern unter zehn Jahren, schwangeren Frauen und Jugendlichen unter 18 Jahren die Freiheit brachte. Hatte man Mitte Januar 1953 in der «Prawda» unter der Überschrift «Hinterhältige Spione und Mörder unter der Maske von Medizinprofessoren» einen langen Artikel über deren «terroristisches Treiben» lesen können, so erfuhr der Leser Anfang April, die Verhafteten seien inzwischen freigelassen und rehabilitiert. Ihre angeblichen Geständnisse seien durch die Anwendung illegaler Verhörmethoden erreicht worden, die dafür Verantwortlichen nun selbst in Haft. Anfang Mai verabschiedete das Präsidium des ZK eine (vom Innenminister) eingebrachte Resolution, die es verbot, künftig Politikerbilder bei Demonstrationen mitzuführen.

Am 10. April 1953 erklärte das Zentralkomitee der KPdSU, auch die angebliche nationalistische «mingrelische Verschwörung» in Georgien 1951/52, der eine Säuberungswelle gefolgt war, sei eine Erfindung der Sicherheitsorgane gewesen. Aus Berijas Sicht hatten «Ärztekomplott» und «Mingrelier-Affäre» eine gemeinsame Wurzel: «großrussischen Chauvinismus» und Vorurteile gegenüber nichtrussischen Minderheiten, in diesem Fall gegen Juden und Mingrelier. Die gleiche ethnische Diskriminierung sah er auch in der Ukraine, in Weißrussland, Litauen, Lettland und Estland am Werk, wo Russen die wichtigsten Posten im Partei- und Staatsapparat bekleideten, den Nicht-Russen vor die Nase gesetzt wurden und eine kulturelle Russifizierungspolitik betrieben. Er führte darauf einen Teil jener Schwierigkeiten zurück, mit denen Partei und Staat in diesen Gebieten, speziell in der Westukraine, zu kämpfen hatten. Auch in der Außenpolitik versuchte sich Berija einzubringen und der Führung der DDR, ohne dass dies hier im Einzelnen zu erörtern ist, einen «konsensfähigen» Kurs vorzugeben. Für seine Mitstreiter in der Führung bestand kein Zweifel: Berija versuchte, mit einer Fülle von Initiativen als Staatsmann und Reformer Statur und neues Profil zu gewinnen.

Es war diese Flut von Initiativen, die das Misstrauen seiner Mitstreiter erregte. Chruschtschow gelang es, sie davon zu überzeugen, dass es Berija mit seiner entschiedenen Distanzierung von Stalin darauf anlegte, sein bisheriges Image als dessen Bluthund abzustreifen, die kollektive Führung zu sprengen und in Stalins Fußstapfen zu treten. Da Berija inzwischen den gesamten Sicherheitsapparat und auch die Kremlwache mit seinen Leuten durchsetzt hatte, wandten sie sich an das Militär: Während einer Sitzung des Präsidiums des Zentralkomitees im Kreml, am 26. Juni 1953, nahm eine Gruppe von Generälen, die im Nebenzimmer auf das Zeichen aus dem Tagungsraum gewartet hatten, unter Führung der Marschälle Schukow und Moskalenko den überraschten Berija fest, schafften ihn in einer Staatskarosse aus dem Kreml und brachten ihn ins Gefängnis des Moskauer Militärbezirks. Hier wurde ihm im Dezember 1953 der Prozess gemacht, wobei Marschall Konew als Gerichtsvorsitzender fungierte. Das Todesurteil gegen Berija und seine engsten Mitarbeiter wurde sogleich vollstreckt.

Obwohl die Reformpolitik von beiden Seiten dafür instrumentalisiert wurde, war der «Fall Berija» wohl eher ein Machtkampf als ein politischer Richtungsstreit. Die auf eine Entspannung im Innern ausgerichtete Politik, für die sich nach einem Roman von Ilja Ehrenburg der Begriff «Tauwetter» (ottepel) einbürgerte, wurde beibehalten. Sie verband sich endgültig mit dem Namen Chruschtschows, seit er auf dem 20. Parteitag der KPdSU am Schlusstag, dem 25. Februar 1956, in einer großen internen Rede vor den Delegierten die «Intoleranz, Brutalität und den Machtmissbrauch» Stalins zum Thema gemacht hatte. Er berichtete vom Mord an Kirow 1934 und den nachfolgenden Gesetzesnovellierungen, die die Grundlage für die massenhafte Verletzung der «sozialistischen Gesetzlichkeit» lieferten; von den Massenrepressalien gegen Partei-, Sowjet- und Wirtschaftsfunktionäre 1937/38, die unter barbarischen Foltern und mit gefälschten Beweisstücken konfrontiert, auch die unwahrscheinlichsten Verbrechen gestanden, zu «Volksfeinden» erklärt und liquidiert wurden; wie Stalins Säuberungen der militärischen Führungskader die Verteidigungsfähigkeit des Landes schwächten, die Aufrüstung zu spät erfolgte, die vielfachen Warnungen vor dem deutschen Angriff in den Wind geschlagen wurden und rechtzeitige Gegenmaßnahmen unterblieben; wie trotz dieses Versagens und aller Fehlentscheidungen während des Krieges die Propaganda Stalin allein den Sieg zuschrieb, als ob es das Politbüro, die Regierung, die Armeeführung, die talentierten Kommandeure, die tapferen Soldaten und die Selbstlosigkeit des Hinterlandes nicht gegeben hätte. Chruschtschow brandmarkte auch die Deportation ganzer Völker während des Krieges als Vergewaltigung der grundlegenden Prinzipien der Lenin'schen Nationalitätenpolitik, die aus Verfolgungswahn geborenen und von den Sicherheitsorganen fabrizierten Kampagnen gegen regionale Parteigruppen, wie in der «Leningrader» und der «mingrelischen» Affäre, wozu irgendwie auch das sogenannte Ärztekomplott gehörte.

Selbst wenn Chruschtschows Rede ausdrücklich «nicht für die Presse» bestimmt war, eine «Geheimrede», wie man immer wieder liest, war sie nicht: Sie sollte laut Beschluss des ZK-Präsidiums vom 5. März an alle Gebiets- und Regionskomitees verschickt und auf allen Partei- und Komsomolversammlungen verlesen werden. Ihr Text war eine – für Sowjetbürger, erst recht für Komsomolzen und Parteimitglieder – «unerhörte» Abrechnung mit Stalin, den Malenkow in seiner Grabrede drei Jahre zuvor noch als «unseren Lehrer und Führer, teuren Freund und geliebten Genossen» verabschiedet hatte und dessen «unsterblichen Namen» Molotow «für immer in unseren Herzen» fortleben sah. Der Absetzungsprozess von seinem Vorgänger und Förderer fand seinen symbolischen Schlusspunkt auf dem 22. Parteitag, auf dem Chruschtschow – im riesigen, neu erbauten, modernen Kremlkongresspalast – vor fast 5000 Delegierten auch sein neues Parteiprogramm verkündete. Der Parteitag beschloss, dass das Mausoleum auf dem Roten Platz künftig allein dem ewigen Andenken Lenins, des «unsterblichen Gründers der Kommunistischen Partei und des Sowjetstaates, des Führers und Lehrers der Werktätigen auf der gesamten Welt», gewidmet sein sollte. Dass weiterhin neben ihm der Leichnam Stalins liege, sei «unzweckmäßig»; «die ernsthaften Verletzungen Lenin'scher Ratschläge durch Stalin, sein Machtmissbrauch, die Massenrepressionen gegen ehrbare Sowjetbürger und andere Taten» machten es unmöglich, seinen Leichnam weiterhin im Leninmausoleum zu belassen. Unmittelbar nach Abschluss des Parteitags, am Abend des 31. Oktober 1961, wurde der Leichnam Stalins aus dem Mausoleum geholt und an der Kremlmauer beigesetzt. «Stalingrad» benannte sich im November 1961 in «Wolgograd» um, zahllose weitere Umbenennungen von Ortschaften, Straßen, Plätzen und Fabriken sowie die Demontage von Stalindenkmälern folgten, auch jenseits der Grenzen in den sozialistischen Bruderländern.

Der Bruch, der Schlussstrich (wenn es denn einer sein sollte) fiel der Partei nicht leicht. Schon Chruschtschows Rede auf dem 20. Parteitag war ein schwieriger Balanceakt gewesen, schließlich sollte nicht alles, was in der Stalinzeit geschehen war, in Frage gestellt werden. Chruschtschow äußerte kein Wort des Zweifels an Revolution und Bürgerkrieg, hielt den Kampf der Partei gegen «Trotzkisten» und «Rechtsopportunisten» in den 1920er Jahren noch immer für ebenso alternativlos wie die Entscheidungen für den forcierten Aufbau der Schwerindustrie und die Kollektivierung der Landwirtschaft. Er erwähnte die Repressionen gegen die Bauernschaft, die Millionen von Hungertoten mit keinem Wort. Dass die großen Säuberungen der 1930er Jahre keineswegs nur Parteimitglieder und Staatskader getroffen hatten, war seinen Ausführungen kaum zu entnehmen; erst recht außen vor waren der Hitler-Stalin-Pakt und sein Zusatzprotokoll geblieben.

Die Gründe waren offensichtlich: Ein Großteil der Entscheidungen und Entwicklungen der Zwischenkriegszeit wurden weiterhin als «Errungenschaften» der Großen Sozialistischen Oktoberrevolution gefeiert, auf ihnen ruhte die Legitimation der Partei, des Herrschaftssystems. Ihnen verdankte auch die nun herrschende Gruppe ihren Aufstieg, sie hatte während der 1920er und 1930er Jahre daran mitgewirkt, nicht selten sogar von den Lücken, die die Säuberungen rissen, profitiert. Das Eingeständnis von Fehlern, den Fehlern Einzelner, auch Stalins, war demgegenüber nachrangig. Darüber wollte auch Chruschtschow keine breite Diskussion. So machte er Stalin als Person für alle Fehler und Entgleisungen verantwortlich und vermied es zugleich, von «Stalinismus» zu sprechen, was diesen mit «Leninismus» und «Marxismus» auf eine Stufe gestellt und ihm systemische Züge zugesprochen hätte. Schuld sei, so Chruschtschows verschwurbelte Erklärung, ein um Stalin betriebener «Personenkult», wie es ihn bei Lenin noch nicht gegeben habe und der dem Marxismus überhaupt fremd sei.

Beim Sturz Chruschtschows als Parteichef und Vorsitzender

des Ministerrates Mitte Oktober 1964 spielte seine Geschichtspolitik nur eine nachgeordnete Rolle; doch deren Pendel schlug nun allmählich wieder in die andere Richtung aus. In einer großen Rede zum 50. Jahrestag der Revolution erwähnte Breschnew (als Parteichef Chruschtschows Nachfolger) im November 1967 weder Stalin noch die großen Säuberungen. Aber indem er die Errungenschaften des Oktober und ihre Verteidigung im Bürgerkrieg mit dem Aufbau des Sozialismus, der Kollektivierung und der forcierten Industrialisierung als Voraussetzungen für den Sieg im Weltkrieg verband, strickte er mit an jener Meistererzählung, die dem politischen System im nachstalinistischen Russland Halt, seiner Geschichte Sinn zu geben, sie gegen «kleinliche», «personenbezogene» Kritik abzuschirmen, zu immunisieren versuchte. Der Versuch, Oktoberrevolution und Großen Vaterländischen Krieg mit ihren Voraussetzungen und Folgen als zusammengehörige Einheit zu sehen, wurde rituell dadurch bekräftigt, dass die Teilnehmer an den Festveranstaltungen anschließend nicht nur Lenin im Mausoleum ihre Aufwartung machten, sondern gleich um die Ecke, im Alexandergarten, am Grabmal des unbekannten Soldaten Kränze niederlegten. Symbolträchtige Gesten wie die Wiedereröffnung des Stalin-Museums in Gori oder das Aufstellen einer Büste an Stalins Grab an der Kremlmauer im Dezember 1969 zu seinem offiziellen 90. Geburtstag signalisierten, dass auch er offiziell in die gemeinsame Geschichte zurückgeholt werden sollte. Es waren zunächst kleine Schritte, aber sie blieben nicht folgenlos.

Dass Stalin seinen Platz in der kollektiven Erinnerungskultur wiedergewann und über Jahrzehnte behauptete, zeigte Gorbatschows Rede zum 40. Jahrestag des Kriegsendes im Mai 1985. Nachdem der eben ins Amt gekommene neue Generalsekretär bei einem Treffen mit den Kriegsveteranen am 5. Mai den Streitkräften schon vorab gedankt hatte, schloss er bei seiner Festrede am 8. Mai in diesen Dank «die heldenhaften Leistungen und die außerordentliche Standhaftigkeit des Hinterlandes» mit ein und

Entstalinisierung und kein Ende

vergaß auch nicht, den Zusammenhalt, die «brüderliche Einheit» der sowjetischen Nationen und Völkerschaften zu erwähnen, in der «die Weisheit und Weitsichtigkeit der Lenin'schen Nationalitätenpolitik mit aller Kraft zutage getreten» sei. Und nicht zuletzt erinnerte Gorbatschow daran, «wer die gigantische Arbeit an der Front und im Hinterland» organisierte und koordinierte: die Kommunistische Partei, ihr Zentralkomitee und das Staatliche Verteidigungskomitee unter der Leitung des Generalsekretärs des ZK der KPdSU, Iossif Wissarionowitsch Stalin – Ausführungen, die die Festversammlung mit «lang anhaltendem Beifall» quittierte.

Zehn Jahre später gab es die KPdSU und die Sowjetunion nicht mehr; mit ihnen hatte auch die große Meistererzählung an Bindekraft verloren. Das galt nicht nur für die Randregionen, die nun eigene Staaten bildeten und ihre eigenen nationalen, postkolonialen Erinnerungen pflegten. Es galt auch für Russland auf der Suche nach einem neuen Selbstverständnis und Platz in der Geschichte. Die Randgebiete taten sich damit leichter; in Russland fiel und fällt vielen Menschen die Neuorientierung sehr viel schwerer. Wo sie den alten Zeiten nachtrauern, sich nach der sowjetischen Weltmacht zurücksehnen, neoimperialen Träumen nachhängen, die aktuelle Lage beklagen, ist Stalin noch immer mitten unter ihnen.

Danksagung

Im Rahmen der Reihe «Diktatoren des 20. Jahrhunderts» ein schmales Buch über Stalin zu schreiben für eine breitere, historisch interessierte Leserschaft mit einem Kerntext von 250 bis 300 Seiten war eine interessante Herausforderung, die ich gerne, als sie mir vor einigen Jahren angetragen wurde, angenommen habe. Es war eine Herausforderung angesichts der Wirkungsmächtigkeit dieses Mannes in der Sowjetunion, in Europa und weit darüber hinaus; angesichts der Fülle neuer Quellen, die über ihn und sein Wirken seit Ende der 1980er Jahre zugänglich wurden; und angesichts der Einzeluntersuchungen und dickleibigen Darstellungen, die seither (und schon zuvor) über ihn geschrieben wurden. Das galt umso mehr, als – der biographischen Reihe entsprechend – nicht nur einzelne Phasen seiner Politik, gruppiert um zentrale Fragen der Forschung, sondern das «gesamte» Leben Gegenstand der Darstellung sein sollte, samt den staatlichen und gesellschaftlichen Voraussetzungen, die den Aufstieg ermöglichten, sowie den Auswirkungen seiner Politik, die im Lande selbst und in der Welt bis in die Gegenwart reichen.

Die Vorgaben der Reihe, vor allem aber die strikten Umfangsbeschränkungen des Verlags führten dazu, dass bei der Endredaktion der Anmerkungsapparat getilgt und auch der Text noch etwas eingedampft werden musste. Das Quellen- und Literaturverzeichnis zeigt dem Leser, welche Materialien der Darstellung zugrunde lagen, wobei aus Platzgründen in der Regel nur selbständige Titel (keine Beiträge und Aufsätze aus Zeitschriften und Sammelbänden) aufgenommen werden konnten. Für ihre Mithilfe bei der Sichtung und Besorgung der Literatur danke ich herzlich Frau Bianca Siedenschnur und Herrn Philipp Winkler, die mir über Monate hinweg Unmengen von Staliniana (Bücher, Kopien, Scans) auf den Schreibtisch und den Bildschirm luden. Für Anregungen und Zuspruch habe ich schließlich allen Kollegen und Freunden zu danken, die mit mir über das Projekt diskutierten, vor allem Lilia Antipow, Thomas Schlemmer und Hans Woller, die das Manuskript ganz oder teilweise gelesen und mir ihre kritischen Kommentare hinein und an den Rand geschrieben haben.

Bildnachweis

S. 11 o.	culture-images
S. 11 u.	entnommen aus: Miklós Kun, Stalin. An Unknown Portrait, Budapest 2003, S. 11
S. 27	ullstein-bild
S. 44	akg-images
S. 45	akg-images
S. 68	entnommen aus: David King, The Commissar Vanishes. New York 1997, S. 25
S. 113	akg-images
S. 150	akg-images
S. 215	wikipedia
S. 221	entnommen aus: Rolf Binner/Bernd Bonwetsch/Marc Junge (Hrsg.), Massenmord und Lagerhaft, Berlin 2009, S. 356
S. 242	ullstein-bild
S. 263	akg-images/Elizaveta Becker/Moskau, Staatliches Historisches Museum
S. 302	akg-images/Elizaveta Becker
S. 330	akg-images

Quellen- und Literaturhinweise

Adibekov, G. M., u. a. (Hgg.), Politbjuro CK RKP (b) – VKP (b) i Evropa. Rešenija ‹osoboj papki›, 1923–1939, Moskau 2001.
Adibekov, G. M., u. a. (Hgg.), Politbjuro CK RKP (b) – VKP (b) i Komintern 1919–1943. Dokumenty, Moskau 2004.
Adibekov, G. M., u. a. (Hgg.), Politbjuro CK RKP (b) – VKP (b). Povestki dnja zasedanij 1919–1952, Katalog, 3 Bde., Moskau 2001.
Aleksandrov, G. F./Galaktionov, M. R. (u. a.), Iosif Vissarionovič Stalin. Kratkaja biografija. 2. verbesserte und ergänzte Ausgabe, Moskau 1947 (Erstausgabe von 1939 ohne Verfasser; dt. Ausgabe nach der 2. verbesserten und ergänzten russischen: Josef Wissarionowitsch Stalin. Kurze Lebensbeschreibung, Moskau 1947).
Allilujewa, Swetlana, 20 Briefe an einen Freund, Wien 1967.
Allilujewa, Swetlana, Das erste Jahr, Wien 1969.
Altrichter, Helmut, Russland 1917. Ein Land auf der Suche nach sich selbst, 2. Aufl. Paderborn 2017.
Altrichter, Helmut, Staat und Revolution in Sowjetrussland 1917–1922/23, 2. Aufl. Darmstadt 1996.
Altrichter, Helmut, Die Bauern von Tver. Vom Leben auf dem russischen Dorfe zwischen Revolution und Kollektivierung, München 1984.
Altrichter, Helmut, Kleine Geschichte der Sowjetunion, 1917–1991, 4. Aufl., München 2013.
Altrichter, Helmut, Bernecker, Walther L., Geschichte Europas im 20. Jahrhundert, Stuttgart 2004.
Altrichter, Helmut/Haumann, Heiko (Hgg.), Die Sowjetunion. Von der Oktoberrevolution bis zu Stalins Tod, 2 Bde., München 1986/87.
Altrichter, Helmut/Baberowski, Jörg/Dolderer, Winfried/Hausmann, Guido/Hildermeier, Manfred/Neutatz, Dietmar/Stadelmann, Matthias, 1917. Revolutionäres Russland, Darmstadt 2016.
Antipow, Lilia, Der lange Abschied von der Unmündigkeit. Aleksandr Tvardovskij (1910–1971), Stuttgart 2018.
Applebaum, Anne, Der Eiserne Vorhang. Die Unterdrückung Osteuropas 1944–1956, München 2012.

Applebaum, Anne, Der Gulag, Berlin 2003.
Artamonov, Andrej, Specobekty Stalina. Ėkskursija pod grifom «sekretno», Moskau 2013.
Ascher, Abraham, P.A. Stolypin. The Search for Stability in Late Imperial Russia, Stanford 2001.
Baberowski, Jörg, Der rote Terror. Geschichte des Stalinismus, München 2003.
Baberowski, Jörg, Verbrannte Erde. Stalins Herrschaft der Gewalt, München 2012.
Baedecker, K., Russland. Handbuch für Reisende, 5. Aufl. Leipzig 1901.
Bagirov, Mir Džafar, Iz istorii bol'ševistskoj organizacii Baku i Azerbajdana, Moskau 1948.
Bauer, Henning/Kappeler, Andreas/Roth, Brigitte (Hgg.), Die Nationalitäten des Russischen Reiches in der Volkszählung von 1897, 2 Bde., Stuttgart 1991.
Bayerlein, Bernhard H./Babičenko, Leonid G. (Hgg.), Deutscher Oktober 1923, Berlin 2003.
Berelovič, A./Danilov, V., u. a. (Hgg.), Sovetskaja derenja glazami VČK – OGPU – NKVD 1918–1939, Dokumenty i materialy, 4 Bde., Moskau 1998 ff.
Berija, Lavrentij, K voprosu ob istorii bol'ševistskich organizacij v Zakavkaze. Doklad na sobranii Tbilisskogo partaktiva 21–22 ijulja 1935 goda, Moskau 1952.
Berkman, Alexander, Der bolschewistische Mythos. Tagebuch aus der russischen Revolution 1920–1922, 2. Aufl. Frankfurt am Main 2004.
Binner, Rolf/Bonwetsch, Bernd/Junge, Marc (Hgg.), Massenmord und Lagerhaft. Die andere Geschichte des Großen Terrors, Berlin 2009.
Binner, Rolf/Bonwetsch, Bernd/Junge, Marc (Hgg.), Stalinismus in der sowjetischen Provinz 1937–1938. Die Massenaktion aufgrund des operativen Befehls No 00447, Berlin 2010.
Bohlen, Charles E., Witness to History, 1929–1969, New York 1973.
Bonwetsch, Bernd/Uhl, Matthias (Hgg.), Korea – ein vergessener Krieg? Der militärische Konflikt auf der koreanischen Halbinsel 1950–1953 im internationalen Kontext, München 2012.
Borschtschagowski, Alexander, Orden für einen Mord. Die Judenverfolgung unter Stalin, Berlin 1997.
Brandenberger, David, National Bolshevism. Stalinist Mass Culture and the Formation of Modern Russian National Identity, 1931–1956, London 2002.
Brandenberger, David, Propaganda State in Crisis. Soviet Ideology, Indoctrination, and Terror under Stalin, 1927–1941, New Haven 2012.

Brent, Jonathan/Naumov, Vladimir P., Stalin's Last Crime. The Plot Against the Jewish Doctors 1948–1953, New York 2003.

Briefwechsel Stalins mit Churchill, Attlee, Roosevelt und Truman 1941–1945, Berlin 1961.

Bugaj, Nikolaj, L. Berija – J. Stalinu. Soglasno vašemu ukazaniju, Moskau 1995.

Cakunov, S. V., V labirinte dokriny. Iz opyta razrabotki ėkonomičeskogo kursa strany v 1920-e gody, Moskau 1994.

Černobaev, A. A. (Hg.), Na prieme u Stalina. Tetradi (žurnaly) zapisej lic, prinjatych I. V. Stalinym (1924–1953 gg.), Moskau 2008.

Chaustov, Vladimir N., u. a. (Hgg.), Lubjanka. Stalin i glavnoe upravlenie gosbezopasnosti NKVD, 1937–1938, Moskau 2004.

Chaustov, Vladimir N., u. a. (Hgg.), Lubjanka. Stalin i MGB, mart 1946 – mart 1953, Moskau 2007.

Chaustov, Vladimir N., u. a. (Hgg.), Lubjanka. Stalin i NKVD-NKGB-GUKR «Smerš» 1939–1946, Moskau 2006.

Chaustov, Vladimir N., u. a. (Hgg.), Lubjanka. Stalin i VČK – OGPU – NKVD, janvar' 1922 – dekabr' 1936, Moskau 2003.

Chaustov, Vladimir N./Samuel'son, Lennart, Stalin, NKVD i repressii 1936–1938 gg., Moskau 2010.

Chaustov, Vlaimir N. u. a., (Hgg.), Lubjanka. Sovetskaja ėlita na stalinskoj golgofe, 1937–1938, Moskau 2011.

Chlevnjuk, O. V., Politbjuro. Mechanizmy političeskoj vlasti v 1930-e gody, Moskau 1996.

Chlevnjuk, O. V., Stalin i Ordžonikidze. Konflikty v politbjuro v 30-e gody, Moskau 1993.

Chlevnjuk, Oleg [Oleg V. Khlevniuk], Master of the House. Stalin and his Inner Circle, New Haven, London 2009.

Chlevnjuk, Oleg, Stalin. Eine Biographie, München 2015.

Chlewnjuk, Oleg [Oleg Khlevniuk], The History of the Gulag. From the Collectivization to the Great Terror, Moskau 2004.

Chlewnjuk, Oleg W., Das Politbüro. Mechanismen der Macht in der Sowjetunion der dreißiger Jahre, Hamburg 1998.

Chruščev, N. S., Vospominanija. Vremja, ljudi, vlast', 4 Bde., Moskau 1999.

[Chruščev, Nikita S.] Die Geheimrede Chruschtschows. Über den Personenkult und seine Folgen. Rede des Ersten Sekretärs des ZK der KPdSU, Gen. N. S. Chruschtschow auf dem XX. Parteitag, Berlin 1990.

[Chruščev, Nikita S.] Memoirs of Nikita Khrushchev, Volume 1: Commissar, 1918–1945. Hrsg. von Sergei Khrushchev, Philadelphia 2004.

[Chruščev, Nikita S.] Memoirs of Nikita Khrushchev, Volume 2: Reformer, 1945–1964. Hrsg. von Sergei Khrushchev, Philadelphia 2006.

Churchill, Winston S., Der Zweite Weltkrieg, Bern 1950.
Cohen, Stephen F., Bukharin and the Bolshevik Revolution. A Political Biography, 1888–1938, New York 1974.
Conquest, Robert, Der Große Terror. Sowjetunion 1934–1938, München 1992.
Conquest, Robert, Stalin. Der totale Wille zur Macht, München 1991.
Conquest, Robert, Stalin and the Kirov Murder, New York, Oxford 1989.
Čuev, Feliks, Sto sorok besed s Molotovym. Iz dnevnika F. Čueva, Moskau 1991.
[Čuev, Feliks] Molotow Remembers. Inside Kremlin Politics. Conversations with Felix Chuev. Edited with an Introduction and Notes by Albert Resis, Chicago 1993.
Čuev, Feliks, Kaganovič. Šepilov, Moskau 2001.
Daniels, Robert Vincent, Das Gewissen der Revolution. Kommunistische Opposition in Sowjetrussland, Köln 1962.
Danilov, Viktor P./Chlevnjuk, Oleg (Hgg.), Kak lomali NĖP. Stenogramy plenumov CK VKP (b) 1928–1929, 5 Bde., Moskau 2000.
Danilov, Viktor P./Manning, Roberta/Viola, Lynn (Hgg.), Tragedija sovetskoj derevni. Kollektivizacija i raskulačivanie. Dokumenty i materialy, 1927–1939, 5 Bde., Moskau 2000.
Davies, R. W./Harrison, Mark/Wheatcroft, S. G., The Economic Transformation of the Soviet Union, 1913–1945, Cambridge 1994.
Davies, R. W./Khlevniuk, Oleg V./Rees, E. A., u. a. (Hgg), The Stalin-Kaganovich Correspondence 1931–1936, New Haven 2003.
Davies, Robert W./Wheatcroft, Stephan G., The Years of Hunger: Soviet Agriculture, 1931–1933, Basingstoke 2004.
Davies, Sarah/Harris, James (Hgg.), Stalin. A New History, Cambridge 2005.
Deutscher, Isaac, Trotzki. Bd. 1: Der bewaffnete Prophet 1879–1921, 2. Aufl. Stuttgart 1971.
Deutscher, Isaac, Trotzki. Bd. 2: Der unbewaffnete Prophet 1921–1929, 2. Aufl. Stuttgart 1972.
Devjatov, S./Šefov, A./Jur'ev, Ju., Bližnaja dača Stalina. Opyt istoričeskogo putevoditelja, Moskau 2011.
Dimitroff, Georgi, Tagebücher 1933–1943, 2 Bde. Hrsg. von Berhard H. Bayerlein, Berlin 2000.
Djilas, Milovan, Gespräche mit Stalin, Frankfurt am Main 1962.
Dolmatov, Vladimir (Hg.), Stalin. Sud'ba i ėpocha v fotografijach i dokumentach, Moskau 2011.
Eastman, Max, Since Lenin Died, New York 1925.
Engel, Christine (Hg.), Geschichte des sowjetischen und russischen Films, Stuttgart 1999.

Ennker, Benno, Die Anfänge des Leninkults in der Sowjetunion, Köln 1997.
Fischer, Alexander (Hg.), Teheran, Jalta, Potsdam. Die sowjetischen Protokolle von den Kriegskonferenzen der «Großen Drei», 3. Aufl. Köln 1985.
Fitzpatrick, Sheila (Hg.), Cultural Revolution in Russia, 1928–1931, Bloomington 1978.
Fitzpatrick, Sheila (Hg.), Stalinism. New Directions, London 2000.
Fitzpatrick, Sheila, Stalins Mannschaft. Teamarbeit und Tyrannei im Kreml, Paderborn 2017.
Flor, Patricia, Die Sowjetunion im Zeichen der Weltwirtschaftskrise. Außenhandel, Wirtschaftsbeziehungen und Industrialisierung 1928–1933, Berlin 1995.
Gaßner, Hubertus/Schleier, Irmgard/Stengel, Karin (Hgg.), Agitation zum Glück. Sowjetische Kunst der Stalinzeit, Bremen 1994.
Geifman, Anna (Hg.), Russia under the Last Tsar. Opposition and Subversion 1897–1917, Oxford 1999.
Geifman, Anna, Thou Shalt Kill. Revolutionary Terrorism in Russia, 1894–1917, Princeton, NJ 1993.
Getty, J. Arch/Manning, Roberta T. (Hgg.), Stalinist Terror. New Perspectives, Cambridge 1993.
Getty, J. Arch/Naumov, Oleg V., Yeshov. The Rise of Stalin's «Iron Fist», New Haven 2006.
Getty, J. Arch, Origins of the Great Purges: The Soviet Communist Party Reconsidered, 1933–1938, Cambridge 1985.
Gor'kov, Jurij (Hg.), Gosudarstvennyj komitet oborony postanovljaet (1941–1945). Cifry, dokumenty, Moskau 2002.
Gorlizki, Yoram/Khlevniuk, Oleg V., Cold Peace. Stalin and the Soviet Ruling Circle 1945–1953, Oxford 2003.
Graziosi, Andrea, The Great Soviet Peasant War: Bolsheviks and Peasants, 1917–1991, Cambridge, Mass. 1996.
Grossman, Wassili/Ehrenburg, Ilija (Hgg.), Das Schwarzbuch. Der Genozid an den sowjetischen Juden, Reinbek 1994.
Guboglo, M./Kuznecov, A. (Hgg.), Deportacii narodov SSSR 1930-ye-1950-ye gody, Moskau 1992.
Hamm, Michael F. (Hg.), The City in Late Imperial Russia, Bloomington, Ind. 1986.
Harriman, W. Averell/Abel, Elie, In geheimer Mission. Als Sonderbeauftragter Roosevelts bei Churchill und Stalin 1941–1946, Stuttgart 1979.
Hartmann, Christian, Unternehmen Barbarossa. Der deutsche Krieg im Osten 1941–1945, München 2010.
Hedeler, Wladislaw, Chronik der Moskauer Schauprozesse 1936, 1937 und 1938. Planung, Inszenierung und Wirkung, Berlin 2003.

Heinzig, Dieter, The Soviet Union and Communist China, 1945–1950. The Arduous Road to the Alliance, London 2003.

Hildermeier, Manfred, Die Russische Revolution 1905–1921, 4. Aufl. Frankfurt am Main 1995.

Hildermeier, Manfred, Geschichte der Sowjetunion 1917–1991. Entstehung und Niedergang des ersten sozialistischen Staates, 2. Aufl. München 2017.

Hildermeier, Manfred (Hg.), Stalinismus vor dem Zweiten Weltkrieg. Neue Wege der Forschung, München 1998.

Hillgruber, Andreas, Der 2. Weltkrieg. Kriegsziele und Strategien der großen Mächte, Stuttgart 1982.

Hillgruber, Andreas, Hitlers Strategie. Politik und Kriegsführung 1940–1941, 2. Aufl. München 1982.

Hoffmann, David L., Stalinist Values. The Cultural Norms of Soviet Modernity, 1917–1941, Ithaca, London 2003

Hoffmann, David (Hg.), Stalinism. The Essential Readings, Oxford 2003.

Holloway, David, Stalin and the Bomb. The Soviet Union and Atomic Energy 1939–1956, New Haven 1994.

Ilizarov, Boris S., Tajnaja žizn' Stalina, Moskau 2002.

[Institut istorii akademii nauk, Hg.], Dekrety Sovetskoj Vlasti, 18 Bde., Moskau 1957–2009.

Iremaschwili, J., Stalin und die Tragödie Georgiens. Erinnerungen von einem langjährigen Freund, Berlin 1932.

Irošnikov, M. P., Predsedatel' Soveta Narodnych Komissarov: Vl. Ul'janov (Lenin). Očerki gosudarstvennoj dejatel'nosti v 1917–1918 gg., Leningrad 1974.

Izvestija CK KPSS, Moskau 1989–1991.

Jakobson, Michael, Origins of the Gulag. The Soviet Prison Camp System 1917–1934, Lexington, KY 1993.

Jakovlev, A. N. (Hg.), Reabilitacija. Političeskie processy 30–50 godov, Moskau 1991.

Jones, Stephen F., Marxism and Peasant Revolt in the Russian Empire: The Case of the Gurian Republic, in: Slavonic and East European Review 3 (1989), S. 403–34.

Kaganovič, Lazar' M., Pamjatnye zapiski rabočego, kommunista-bol'ševika, prosojuznogo, partijnogo i sovetsko-gosudarstvennogo rabotnika, Moskau 1997.

Kavtaradze, A. G., Voennye specialisty na službe Respubliki Sovetov, 1917–1920 gg., Moskau 1988.

King, David, The Commissar Vanishes. The Falsification of Photographes and Art in Stalin's Russia, New York 1997.

Kirilina, A., Neizvestnyj Kirov, Moskau 2001.

Quellen- und Literaturhinweise

Knight, Amy, Beria. Stalin's First Lieutenant, Princeton, NJ 1993.

Konew, Iwan St., Aufzeichnungen eines Frontoberbefehlshabers 1943/44, 2. Aufl. Berlin 1982.

Kostyrčenko, G. V., Stalin protiv «kosmopolitov». Vlast' i evrejskaja intelligencija v SSSR, Moskau 2009.

Kostyrčenko, G. V., Tajnaja politika Stalina. Vlast' i antisemitizm, Moskau 2003.

Kotkin, Stephen, Stalin, Bd. 1: Paradoxes of Power, 1878–1928, New York 2014.

Kozlov, Vladimir A./Mironenko, Sergej V. (Hgg.), «Osobaja papka» Stalina. Iz materialov Sekretariata NKVD-MVD SSSR, 1944–1953, Moskau 1994.

[KPdSU] Der Fall Berija. Protokoll einer Abrechnung. Das Plenum des ZK der KPdSU Juli 1953, Berlin 1993.

[KPdSU] Iossif Vissarionovič Stalin. Kratkaja biografija. Hrsg. vom Marx-Engels-Lenin-Institut Moskau. Moskau 1939 (dt. Ausgabe: J. Stalin. Kurze Lebensbeschreibung, Berlin 1945).

[KPdSU] Kommunističeskaja Partija Sovetskogo Sojuza v rezoljucijach i rešenijach s"ezdov, konferencij i plenumov CK, 9. Aufl., 15 Bde., Moskau 1983–1989.

[KPdSU] Perepiska sekretariata CK RSDRP (b) s mestnymi partijnymi organizacijami (mart-oktjabr' 1917g.). Sbornik dokumentov, 7 Bde., Moskau 1957–1972.

[KPdSU] Sed'maja (aprel'skaja) vserossijskaja konferencija RSDRP (bol'ševikov), aprel' 1917g., Moskau 1958.

[KPdSU] VIII s"ezd RKP (b). 18–28 marta 1919 goda. Stenografičeskij otčët, Moskau 1959.

[KPdSU] XI s"ezd RKP (b). Mart-aprel' 1922g. Stenografičeskij otčët, Moskau 1961.

[KPdSU] XII s"ezd RKP (b). 17–25 aprelja 1923 goda. Stenografičeskij otčët, Moskau 1968.

[KPdSU] XIII s"ezd VKP (b). Maj 1924. Stenografičeskij otčët, Moskau 1963.

[KPdSU] XIV s"ezd VKP (b). 18–31 dekabrja 1925g., Stenografičeskij otčët, Moskau1926.

[KPdSU] XV s"ezd VKP (b). Stenografičeskij otčët, 2 Bände, 2. Aufl. Moskau 1961/2.

[KPdSU] XVII s"ezd VKP (b). Stenografičeskij otčët, 26 janvarja – 10 fevralja 1934g., Moskau 1934.

Krivosheev, G. F. (Hg.), Soviet Casualties and Combat Losses in the Twentieth Century, London 1997.

Kuchenbecker, Antje, Zionismus ohne Zion. Birobidžan: Idee und Geschichte eines jüdischen Staates in Sowjet-Fernost, Berlin 2000.

Kudrjašov, Sergej (Hg.), Krasnaja armija v 1920-e gody, Moskau 2007.

Kun, Miklós, Stalin. An Unknown Portrait, Budapest 2003.

Kuromiya, Hiroaki, Stalin. Profiles in Power, London 2005.

Kvašonkin, A. V., u. a. (Hgg.), Bol'ševistskoe rukovodstvo. Perepiska. 1912–1927. Moskau 1996.

Kvašonkin, A. V., u. a. (Hgg.), Sovetskoe rukovodstvo. Perepiska 1928–1941, Moskau 1999.

Lenin, V. I., Polnoe sobranie sočinenii, 5. Aufl., 55 Bde., Moskau 1958–1965.

Lenin, W. I., Werke (nach der vierten russischen Ausgabe), 44 Bde., Berlin 1961–1964 (u. ö.).

Lenoe, Matthew E., Agitation, Propaganda, and the ‹Stalinization› of the Soviet Press, 1922–1930. Carl Beck Papers Nr. 1305, 1998.

Lenoe, Matthew E., The Kirov Murder and Soviet History, New Haven, London 2010.

Lewin, Moshe, Lenin's Last Struggle, New York 1968.

Lih, Lars T./Naumow, Oleg/Chlewnjuk, Oleg (Hgg.), Stalin. Briefe an Molotow, Berlin 1996.

Loginov, V., Teni Stalina. General Vlasik i ego sporatniki, Moskau 2000.

Lustiger, Arno, Rotbuch. Stalin und die Juden. Die tragische Geschichte des Jüdischen Antifaschistischen Komitees und der sowjetischen Juden, Berlin 1998.

Maiski, I. M., Ein Diplomat im Kampf gegen Hitler 1932–1943. Die Maiski-Tagebücher. Hrsg. von Gabriel Gorodetsky, München 2016.

Maiski, I. M., Memoiren eines sowjetischen Botschafters, Berlin 1967.

Martin, Terry/Suny, Ronald Grigor (Hgg.), A State of Nations. Empire and Nation-Making in the Age of Lenin and Stalin, Ithaca, NY 2001.

Mawdsley, Evan/White, Stephen, The Soviet Elite from Lenin to Gorbachev. The Central Committee and its Members, 1917–1991, Oxford 2000.

McDermott, Kevin, Stalin. Revolutionary in an Era of War, New York 2006.

McLoughlin, Barry/McDermott, Kevin (Hgg.), Stalin's Terror. High Politics and Mass Repression in the Soviet Union, New York 2003.

McNeal, Robert H., Stalin. Man and Ruler, Oxford 1988.

Medwedew, Roy, Das Urteil der Geschichte. Stalin und der Stalinismus, 3 Bde., Berlin 1992.

Mel'tjuchov, Michail, Upuščennyj šans Stalina. Sovetskij sojuz i bor'ba za Evropu, 1939–1941, Moskau 2000.

Merl, Stephan, Bauern unter Stalin. Die Formierung des sowjetischen Kolchossystems 1930–1941, Gießen 1990.

Merridale, Catherine, Lenins Zug. Die Reise in die Revolution, Frankfurt am Main 2017.

Mikojan, Anastas, Tak bylo. Razmyšlenija o minuvšem, Moskau 1999.

Mjasnikov, A. I., Ja lečil Stalina, Moskau 2011.

Montefiore, Simon Sebag, Der junge Stalin, Frankfurt am Main 2007.

Montefiore, Simon Sebag, Stalin. Am Hof des Roten Zaren, London 2003.

Murov, J. A., u. a. (Hgg.), Moskovskij kreml' v gody Velikoj Otečestvennoj Vojny, Moskau 2010.

Naimark, Norman M., Flammender Hass. Ethnische Säuberungen im 20. Jahrhundert, München 2004.

Naimark, Norman M., Stalin und der Genozid, Berlin 2010.

Naumov, V./Sigačev, Ju. (Hgg.), Lavrentij Berija 1953. Stenogramma ijul'skogo plenuma CK KPSS i drugie dokumenty, Moskau 1999.

Nekrassow, Vladimir F. (Hg.), Berija. Henker in Stalins Diensten. Ende einer Karriere, Augsburg 1996.

Neutatz, Dietmar, Träume und Alpträume. Eine Geschichte Russlands im 20. Jahrhundert, München 2013.

Nikiforow, B. M., Kurzer Abriß der Geschichte der sowjetischen Malerei von 1917 bis 1945, Dresden 1953.

Osokina, Elena A., Our Daily Bread. Socialist Distribution and the Art of Survival in Stalin's Russia, 1927–1941; New York/London 2001.

Pestkovskij, S. S., Ob oktjabr'skie dnjach v Pitere, in: Proletarskaja revoljucija, 1922, Nr. 10, S. 94–104.

Pestkovskij, S. S., Vospominanija o rabote v narkomnace, in: Proletarskaja revoljucija, 1930, Nr. 6, S. 124–131.

Pichoja, R. G./Kozlov, V. P. u. a. (Hgg.), Katyn'. Plemenniki neob"javlennoj vojny. Rossija. XX vek. Dokumenty, Moskau 1999.

Pietrow-Ennker, Bianca (Hg.), Präventivkrieg? Der deutsche Angriff auf die Sowjetunion, erw. Neuauflage, Frankfurt am Main 2011.

Pirjevec, Jože, Tito. Die Biographie, München 2016.

Plaggenborg, Stefan (Hg.), Stalinismus. Neue Forschungen und Konzepte, Berlin 1998.

Plamper, Jan, The Stalin Cult: A Study in the Alchemy of Power, New Haven 2012.

Poljakov, Jurij A., Vozdejstvie gosudarstva na demokrafičeskie processy v SSSR (1920–1930-e gody), in: Voprosy istorii, 1995, Nr. 3, S. 122–127.

Radzinsky, Edvard, Stalin. The First in-Depth Biography based on explosive new documents from Russia's secret archives, New York 1997.

Rappaport, Helen, Joseph Stalin. A Biographical Companion, Santa Barbara 1999.

Rees, E. A. (Hg.), Centre-Lokal Relations in the Stalinist State, 1928–1941, New York 2002.

Rešin, L. E., u. a. (Hgg.), 1941 god. Rossija. XX vek. Dokumenty, 2 Bde., Moskau 1998.

Rieber, Alfred J., Stalin. Man of the Borderlands, in: American Historical Review 5 (2001), S. 1651–1691.

Rigby, T. H., Communist Party Membership in the U. S. S. R., 1917–1967, Princeton 1968.

Russell, Jesse (Hg.), Poteri v Velikoj Otečestvennoj vojne, Miami 2016.

Ržeševskij, O. A., Stalin i Čerčil. Vstreči, besedy, diskussii, Moskau 2004.

Ržeševskij, O. A./Vechviljajnen, O. (Hgg.), Zimnaja vojna 1939–1940, Bd. 1: Političeskaja istorija, Bd. 2: I. V. Stalin in finskaja kampanija. (Stenogramma soveščanija pri CK VKP (b), Moskau 1999.

Sbornik soobščenij Črezvyčajnoj Gosudarstvennoj Komissii o zlodejanijach nemecko-fašistskich zachvatčikov, Moskau 1945.

Schlögel, Karl, Terror und Traum. Moskau 1937, München 2008.

100(0) Schlüsseldokumente zur russischen und sowjetischen Geschichte (1917–1991) im Internet, unter: http://www.1000dokumente.de/index.html?c=projektinfo_ru&l=de.

Schtemenko, Sergej M., Im Generalstab, 6. Aufl., Berlin 1985.

Schwendemann, Heinrich, Die wirtschaftliche Zusammenarbeit zwischen dem Deutschen Reich und der Sowjetunion von 1939 bis 1941. Alternative zu Hitlers Ostprogramm?, Berlin 1993.

Service, Robert, Lenin. Eine Biographie, München 2000.

Service, Robert, Stalin. A Biography, London 2004.

Service, Robert, The Bolshevik Party in Revolution 1917–1923. A Study in Organisational Change, London 1979.

Sevost'janov, G. N. (Hg.), Soveršenno sekretno. Lubjanka – Stalin o položenii v strane (1922–1934 gg.), 10 Bde., Moskau 2001–2013.

Shukman, Harold, Stalin's Generals, New York 1993.

Shukow, G. K., Erinnerung und Gedanken, 2 Bde., 8. Aufl. Berlin 1987.

Simonow, Konstantin, Aus der Sicht meiner Generation. Gedanken über Stalin, Berlin 1990.

Slusser, Robert M., Stalin in October. The Man Who Missed the Revolution, Baltimore 1987.

Slutsch, Sergej/Tischler, Carola (Hgg.), Deutschland und die Sowjetunion 1933–1941. Dokumente aus russischen und deutschen Archiven, Bd. 1. München 2014.

Smith, Jeremy, The Bolsheviks and the National Question, 1917–1923, Basingstoke 1999.

Solomon, Peter H. Jr., Soviet Criminal Justice Under Stalin, Cambridge 1996.

Stadelmann, Matthias, Isaak Dunaevskij – Sänger des Volkes. Eine Karriere unter Stalin, Köln 2003.

Stalin, J. W., Werke, 15 Bde., Berlin 1950 ff.

Stalin Digital Archive, umfangreiche web-basierte Edition von Archiv- und Sekundärquellen, in Zusammenarbeit des Russischen Staatsarchivs für Sozial- und Politikgeschichte (RGASPI) und von Yale University Press (YUP), unter https://www.stalindigitalarchive.com/frontend/node/1.

Steininger, Rolf, Der vergessene Krieg. Korea 1950–1953, München 2006.

Stolberg, Eva-Maria, Stalin und die chinesischen Kommunisten 1945–1953. Eine Studie zur Entstehungsgeschichte der sowjetisch-chinesischen Allianz vor dem Hintergrund des Kalten Krieges, Stuttgart 1997.

Stöver, Bernd, Geschichte des Koreakriegs. Schlachtfeld der Supermächte und ungelöster Konflikt, München 2013.

Strafgesetzbuch (Ugolownyj Kodex) der Russischen Sozialistischen Föderativen Sowjetrepublik (R. S. F. S. R.) vom 22. November 1926, mit den Änderungen bis zum 1. August 1930, übersetzt von Dr. Wilhelm Gallas, Berlin/Leipzig 1931.

Sudoplatow, Pawel A., Handlanger der Macht. Enthüllungen eines KGB-Generals, Berlin 2016.

Suny, Ronald Grigor, The Making of the Georgian Nation, 2. Aufl. Bloomington, Ind. 1994.

Suny, Ronald Grigor, Beyond Psychohistory. The Young Stalin in Georgia, in: Slavic Review 50/1 (1991), S. 48–58.

Taylor, R./Spring, D. (Hgg.), Stalinism and Soviet Cinema, London 1993.

Tolf, Robert W., The Russian Rockefellers. The Saga of the Nobel Family and the Russian Oil Industry, Stanford 1976.

Trotter, William R., A Frozen Hell, The Russo-Finnish Winter War 1939, Chapell Hill 1991.

Trotzki, Leo, Mein Leben. Versuch einer Autobiographie, Frankfurt am Main 1961.

Trotzki, Leo, Schriften zur revolutionären Organisation. Hrsg. von Hartmut Mehringer, Reinbek 1970.

Trotzki, Leo, Stalin. Eine politische Biographie, Essen 2001.

Tucker, Robert C., Stalin as Revolutionary. A Study in History and Personality, 1879–1929, New York/London 1973.

Tucker, Robert C., Stalin in Power. The Revolution from Above, 1928–1941, New York, London 1990.

Tucker, Robert C. (Hg.), Stalinism. Essays in Historical Interpretation, New York 1997.

Überschär, Gerd R./Wette, Wolfram (Hgg.), Der deutsche Überfall auf die Sowjetunion. «Unternehmen Barbarossa» 1941, Frankfurt am Main 1991.

Uratadze, G., Vospominanija Gruzinskogo social-demokrata, Stanford 1968.

van Dyke, Carl, The Soviet Invasion of Finland 1939–1940, London, Portland 1997.

van Ree, Erik, The Nature of Stalin's Dictatorship, 1924–1953, New York 2004.

van Ree, Erik, The Stalinist Self. The Case of Joseb Jughashvili (1898–1907), Instituut voor Cultuur en Geschiedenis (ICG), Amsterdam 2010.

Van Ree, Erik, The Political Thought of Joseph Stalin. A study in twentieth-century revolutionary patriotism, London/New York 2002.

Vatlin, Alexander, «Was für ein Teufelspack». Die Deutsche Operation des NKWD in Moskau und im Moskauer Gebiet 1936 bis 1941, Berlin 2013.

Vilkova, V. P. (Hg.), RKP (b). Vnutripatijnnaja bor'ba v dvacatye gody. Dokumenty i materialy 1923 g., Moskau 2004.

Viola, Lynne, Peasant Rebels Under Stalin. Collectivization and the Culture of Peasant Resistance, New York/Oxford 1996.

Viola, Lynne, The Best Sons of the Fatherland. Workers in the Vanguard of Soviet Collectivization, Oxford 1986.

Viola, Lynne, u. a. (Hgg.), Rjazanskaja derevnja v 1929–1930 gg., Chronika golovokrušenija. Dokumenty i materialy, Moskau 1998.

Wassilewski, A. M., Sache des ganzen Lebens, Berlin 1977.

Weinberg, Robert/Gitelmann, Zvi, Stalin's Forgotten Zion. Birobidschan and the Making of a Soviet Jewish Homeland. An illustrated history, 1928–1996, Berkeley, Los Angeles 1998.

Werth, Nicolas, Die Insel der Kannibalen. Stalins vergessener Gulag, München 2006.

Werth, Nicolas, Ein Staat gegen sein Volk. Gewalt, Unterdrückung und Terror in der Sowjetunion, in: Stéphane Courtois u. a. (Hgg.), Das Schwarzbuch des Kommunismus. Unterdrückung, Verbrechen und Terror, 5. Aufl. München/Zürich 1998, S. 51–295.

Westad, Odd Arne, Fighting for Friendship: Mao, Stalin, and the Sino-Soviet Treaty of 1950, in: Cold War International History Project Bulletin, Heft 8–9 (Winter 1996/97).

Wolkogonow, Dmitri, Stalin. Triumph und Tragödie. Ein politisches Porträt, Düsseldorf 1989.

Yergin, Daniel, Der zerbrochene Friede. Der Ursprung des Kalten Krieges und die Teilung Europas, Frankfurt am Main 1979.

Zarusky, Jürgen (Hg.), Stalin und die Deutschen. Neue Beiträge der Forschung, München 2006.

Zeidler, Manfred, Reichswehr und Rote Armee 1920–1933. Wege und Stationen einer ungewöhnlichen Zusammenarbeit, München 1993.

Zubkova, Elena, Pribaltika i Kreml' 1940–1953, Moskau 2008.

Zubkova, Elena, Sovetskoe poslevoennoe obščestvo, 1945–1953, Moskau 1999.